中央高校基本科研业务费专项资金资助

Supported by " the Fundamental Research Funds for the Central Universities"

近代日本的中国留学生预备教育

韩立冬／著

北京语言大学出版社
BEIJING LANGUAGE AND CULTURE
UNIVERSITY PRESS

© 2015 北京语言大学出版社，社图号 15047

图书在版编目（CIP）数据

近代日本的中国留学生预备教育/韩立冬著. —北京：北京语言大学出版社，2015.4
ISBN 978-7-5619-4156-0

I . ①近… II . ①韩… III . ①留学生教育－教育史－研究－日本－近代 IV . ①G649.313

中国版本图书馆CIP数据核字（2015）第067252号

近代日本的中国留学生预备教育
JINDAI RIBEN DE ZHONGGUO LIUXUESHENG YUBEI JIAOYU

责任编辑：郑文全　　　　　　　　封面设计：冯志才
责任印制：陈　辉

出版发行：北京语言大学出版社
社　　址：北京市海淀区学院路 15 号，100083
网　　址：www.blcup.com
电子信箱：service@blcup.com
电　　话：编辑部 8610-8230 1019/3393/3700
　　　　　发行部 8610-8230 3650/3591/3648
　　　　　读者服务部 8610-8230 3653
　　　　　网购咨询　8610-8230 3908
印　　刷：北京中科印刷有限公司

版　　次：2015 年 4 月第 1 版
印　　次：2015 年 4 月第 1 次印刷
开　　本：710 毫米 ×1000 毫米　1/16　　　印　　张：26
字　　数：386 千字
定　　价：58.00 元

PRINTED IN CHINA

前　言

2008 年秋，我东渡日本，开始了留学生活。2009 年初，我顺利通过了入学考试，进入了梦寐以求的日本最高学府——东京大学，攻读博士学位，开始从事中国教育史、日本教育史以及中日教育交流史方面的研究。

由于本科专业便是日语，研究生期间又在由日本文部省与中国教育部合作成立的北京日本学研究中心接受了为期近三年的纯日式教育，因此，进入东京大学后，学习方面，语言基本没有障碍，也能够较快地适应教师的授课方法；生活方面，与日本同学相处融洽，并没有特别感受到所谓的"文化摩擦"。但观察周围其他中国留学生，并不尽如此。有些留学生日语基础比较薄弱，听、说、读、写都存在问题；有些则因为比较习惯国内以教师讲授为主的教学方法，对日本以讨论为主的教学方式明显不适应，课堂参与度不高；有些留学生，因缺乏对日本人思维方法及行为方式的了解，很难真正融入到周围的环境当中……诸如此类问题，不胜枚举。这些问题在留学生活中不可避免，而又是决定留学成果的重要因素。笔者认为，在留学生进入正式课程前，对其进行一定时期的预备教育，使其能够强化语言学习，逐步适应新的教学方法，了解当地的风土人情、风俗习惯，为其今后的学习和生活扫清障碍，奠定良好的基础，显得尤为重要。这种预备教育并不会造成时间的浪费，正所谓磨刀不误砍柴工。

本人在从事中日教育交流史研究的过程中发现，在近代中国人留学日本的历史上，针对中国留学生所进行的预备教育受到了当时各界的广泛重视。1896 年，13 名中国留学生进入东京高等师范学校学习，拉开了近代史上中国人赴日留学的序幕。自此之后的十年，赴日留学者络绎不绝，掀起了近代史上赴日留学的高潮。因此，学界一般称这十年为近代中日两国教育文化交流的"黄金十年"。但是，从教育水平的角度来讲，这十年间的赴日留学生，绝大多数都是在民间专门为中国留学生设立的学校里接受速成教育或中等教育后直接回国，在日本高等教育机构与日本本国学生共同接受高等教育的留学生少之又少。为扭转这种局面，1907 年中日两国政府签订了"五校特约"，指定文部省直辖的五所高等教育机构专门接收中国留学生。"五校特约"的缔结标志着中国留学生赴日的目的不再是接受面向留学生的速成教育或中等教育，而是接受真正的日本高等教育。为了使这些留学生在进入正式课程后能够更加顺利地与日本同学接受同样的教育，这五所学校中有四所专门为中国留学生设立了"特设预科"，对中国留学生进行为期一年的语言及其他基础科目的强化训练。此后，"特设预科"制度随着两国政治关系与教育制度的变化而不断变化，但一直持续至二战结束。除了上述文部省直辖校的特设预科为中国留学生进行预备教育外，民间各种私立学校也为中国留学生提供赴日后、升学前的预备教育。此外，东亚同文会在天津、汉口分别设立了两所留学预备学校，为学生提供赴日留学前的预备教育。

本书首先考察了日本文部省直辖学校特设预科制度的初建、整合和发展的过程，并以帝国第一高等学校特设预科为主要线索，调查了教学一线的留学生教育的实际情况。本书不仅通过对第一高等学校留学生的课程设置、成绩考核、教材使用等问题进行分析，考察了该校的留学生教育方针，还对当时同在一间教室内学习，同在一个屋檐下生活的中日两国学生的交往情况及其相互认识进行了考察。对于民间的预备教育机构，本书则考察了二战前日本最大的、专门招收中国留学生的私立预备教育机构，即东亚高等预备学校的

留学生教育与中国国内的天津中日学院、江汉高级中学的留日预备教育。本书除对上述三类留学生预备教育机构的具体情况进行考察外，还分析了三者之间的相互关系，并分别论证了它们对留学生教育所起的作用及存在的问题。

鉴于以往的近代中日教育交流史的研究对象主要集中在清末，本书将考察的重点放在民国时期，弥补了国内对民国时期留日学生研究的空白，相信这对于中国人日本留学史研究、中日近代教育交流史研究都具有一定的推动作用。文中大量引用了笔者留日期间在外交史料馆、国立公文书馆、东京大学驹场博物馆等地搜集的第一手历史资料，希望这些能够成为国内学者进行此方面研究时的参考资料。除此之外，相信本书还将对今后我国外派留学生及接收海外留学生具有一定的参考价值。

本书是在向东京大学提交的博士论文的基础之上经删减、增补、修改而成的。博士论文能够如期完成并在今日得以出版，首先应感谢我的指导教师、东京大学大学院综合文化研究科的黑住真教授。虽然研究领域不同，但在研究方法上，黑住教授给予了我耐心细致的指导，并在我的论文撰写因东日本大地震而遇到困难时，给予了我莫大的鼓励与支持。我还要感谢日本福冈县立大学名誉教授、国立教育政策研究所名誉所员阿部洋教授。阿部教授虽 80 岁高龄，但多次亲自带我到国立教育政策研究所图书室、东京工业大学百年纪念博物馆查阅历史资料，并对我的论文撰写提供全程指导，并全文审阅。东京大学综合文化研究科的村田雄二郎教授、三谷博教授、川岛真教授以及神奈川大学的孙安石教授或在论文撰写过程中给予了指导，或参加论文答辩会，提出了宝贵的意见，特此致谢。硕士研究生时期的导师、北京外国语大学北京日本学研究中心的严安生教授、郭连友教授也曾在研究的起步阶段给予了我指导与无私的帮助，借此机会一并表示感谢。

本书能够得以出版，最应感谢的还是我的家人。今后我将继续努力，以回报家人的支持与默默付出。

　　最后，还要感谢北京语言大学为本书出版提供的青年学者文库
出版基金资助。

　　由于时间仓促，本书暂时只能以日文形式与广大读者见面。希
望今后有机会能够译成中文出版，得到更多读者的批评与指正。

韩立冬　于北京语言大学

2015年1月6日

目　录

序章　課題と構成 1

　　第一節　問題の所在 1

　　第二節　先行研究の検討と本書のアプローチ 6

　　第三節　構成と資料 10

第一章　「五校特約」と特設予科制度の成立 14

　　第一節　「五校特約」締結の背景 15

　　　　1. 全盛期の日本留学 15

　　　　2.「量」から「質」への転換 18

　　第二節　「五校特約」の締結と特設予科制度 23

　　　　1.「五校特約」の内容 23

　　　　2. 特約校の特設予科 28

　　第三節　「五校特約」の解約 33

　　　　1.「五校特約」下の留学状況 33

　　　　2. 中国側の解約申し入れ 34

第二章　「東方文化事業」による特設予科の整備 38

　　第一節　アメリカの義和団事件賠償金による留学生受け入れ事業
　　　　　　の展開 39

1. アメリカによる中国教育文化事業への働きかけの始まり 39

2. 義和団事件賠償金の返還と清華学校の成立 40

3. アメリカ留学の隆盛とアメリカ留学出身者の活躍 45

第二節　日本の留学生受け入れ事業と「東方文化事業」............49

1. 留学生問題の浮上 49

2. 留学生受け入れ態勢の整備をめぐる動き 52

3.「東方文化事業」の成立と展開 59

4.「東方文化事業」による留学生受け入れ態勢の整備....................62

第三節　「東方文化事業」下の特設予科 70

1. 特設予科主任者会議 70

2. 各特設予科の概況 75

3. 各特設予科の独自性 84

第三章　1930 年代初頭における特設予科の改編―高等専門学
校予備教育から大学予備教育へ 90

第一節　中国人留日学生学歴の変化 90

1. 六・三・三制の定着と新留学規程の制定 90

2. 駐日留学生監督姜琦の『意見書』.....................................92

第二節　特設予科の改編 97

1. 一高・東京工大の特設予科の改編―特設予科から
特設高等科・附属予備部へ 97

2. 他の特設予科の対応 106

①他の特設予科の不振 106

②長崎高商と明治専門の年限短縮 109

第三節　偽満洲国学生の日本留学と特設予科 111

1. 偽満洲国留学生受け入れ態勢の整備 111

2. 特設予科における偽満洲国留学生の受け入れ 114

第四章　「五校特約」下の一高特設予科.....................................122

　第一節　一高たるもの 123

　第二節　特設予科成立前における一高の留学生受け入れ........128
　　1.浙江省派遣学生の入学 128
　　2.京師大学堂派遣学生の入学 131

　第三節　一高特設予科の留学生受け入れ 134

　第四節　特設予科修了者の進路 142
　　1.高等学校への配当 142
　　2.特設予科出身者の帝国大学入学 147

　第五節　一高特設予科留学生の生活状況.................................153
　　1.留学生と日本人学生との折合─日華同学会を中心に.................153
　　2.一高留学生と 1918 年の一斉帰国運動 161

第五章　「東方文化事業」下の一高特設予科.............................166

　第一節　一高特設予科の不振..166
　　1. 入学者数の減少と学力低下...166
　　2.高等学校卒業難と大学入学難 171

　第二節　留学生に対する管理監督 181
　　1.思想調査 181
　　2.留学生茶話会 183
　　3.留学生生活の不安定と学費補給 185
　　4.九一八事変時における留学生の取締まり 188

第六章　「東方文化事業」下の一高特設高等科............................192

　第一節　特設高等科における留学生教育の実態 193
　　1.入学試験...193
　　2.教育内容 196
　　3.学力低下と附属予科の増設...201

第二節　特設高等科卒業者の大学進学 204

　　　1. 30年代後半における各帝国大学の中国人留学生受け
　　　　入れ態勢 204

　　　2. 特設高等科卒業者をめぐる各帝国大学の態度 211

第七章　特設高等科問題をめぐる学生間の議論 224

　第一節　特設高等科をめぐる留学生の議論 224

　第二節　特設高等科をめぐる日本人学生の議論 232

　第三節　特設高等科問題の結末 237

　第四節　棣華会の活動 240

第八章　戦時下の一高特設高等科
　　　　──元留学生の回想文を手がかりに 246

　第一節　戦時中の特設高等科 247

　　　1. 盧溝橋事変後の特設高等科 247

　　　2. 特設高等科留学生に対する訓育事業の強化 250

　第二節　わが回想の中の一高 254

　　　1. 朱紹文（1935年特設高等科入学・1938年同科卒業）..........255

　　　2. 林連徳（1944年特設高等科入学・1947年同科卒業）..........264

　　　3. 李徳純（1944年特設高等科入学・1945年中退）.................269

　　　4. 趙安博（1935年特設高等科入学・1937年帰国）................276

　　　5. 喬鐘洲（1939年特設高等科入学・1942年逮捕）.................279

　　　6. 林義春（1943年特設高等科入学・1944年9月～1946年
　　　　3月休学・1949年3月卒業）......................................281

　　　7. まとめ 282

第九章　東亜高等予備学校の中国人留学生予備教育 290

　第一節　「東方文化事業」下における東亜高等予備学校の
　　　　整備 290

　　　1. 明治大正期の私立留学生特設教育機関 290

　　　2. 東亜高等予備学校の創設と松本亀次郎 294

　　　3. 日華学会との合併 296

　　　4. 東亜高等予備学校の改善 298

　第二節　東亜高等予備学校と特設予科 301

　　　1. 東亜高等予備学校における留学生予備教育の実態 301

　　　2. 日華学会高橋君平の『意見書』................................306

　第三節　留学生予備教育改編の動きと東亜高等予備学校 312

　　　1. 留学生学歴の変化と特設高等学校設置案 312

　　　2. 校名改称（「東亜学校」）と日本語高等班の開設 315

　　　3. 第三次留学ブーム時の東亜学校 316

　　　4. 大学予備教育へ──高等科文科の設置 318

　第四節　戦時下における東亜学校の動向 320

　　　1. 戦時中の留学生受け入れ 320

　　　2. 高等理科の新設 323

　　　3. 戦時下における留学生の指導訓育 326

　　　4. 東亜学校の終焉 329

第十章　天津中日学院・江漢高級中学校の留日予備教育 332

　第一節　天津・漢口両同文書院の創立 333

　　　1. 東亜同文会の留日予備教育機関の設立構想 333

　　　2. 天津・漢口両同文書院の発足 338

　第一節　天津・漢口両同文書院の組織変更 343

　　　1.「東方文化事業」の発足と天津・漢口両同文書院 343

　　　2. 教育権回収運動と天津・漢口両同文書院 344

　　　3. 学校の組織変更 347

　第三節　天津中日学院・江漢高級中学校と特設予科 350

　　　1. 校費による特設予科入学奨励制度 350

2. 留日予備校としての機能強化の構想と特設予科 354

第四節　留日予備教育機関の教育実態.................................361

　1. 留日予備教育と学生数の確保とのジレンマ 361

　2. 日本留学の状況...365

第五節　戦時下における天津中日学院と江漢高級中学校 369

　1. 日本語教授による日本化教育——天津中日学院の場合 369

　2. 留学予備教育の再強化——江漢高級中学校の場合 372

終　章　結論と本書の意義 378

第一節　結論と課題...378

　1. 留学生予備教育の役割と問題点 378

　2. 留学生を日本人並みに取扱う教育方針.....................382

　3. 留学生受け入れにおける国と教育現場のずれ 383

　4. 国家関係を超えた人間のネットワーク.....................384

第二節　本書の現実的意義 385

参考文献...387

図表目次

表序一1. 各年度の留日学生数 (1896 ～ 44 年) 5

表 1-1　1909 年特約校受験生数及び合格者数 27

表 1-2　山口高商特設予科授業科目と授業時間 30

表 1-3　明治専門特設予科入学状況 (1917 ～ 22 年) 31

表 1-4　文部省直轄学校留学生在籍者数 33

表 2-1　清華学校中等科授業科目と時間数 (1913 年現在) 42

表 2-2　清華学校高等科授業科目と時間数 (1913 年現在) 42

表 2-3　清華学校学生数の推移 (1912 ～ 21 年) 43

表 2-4　清華学校における留学生の派遣状況 (1909 ～ 29 年) 44

表 2-5　コロンビア大学ティーチャーズカレッジの中国人留学生
　　　　受け入れ数 (1909 ～ 44 年) 47

表 2-6　1924 年度における学費補給留学生状況 64

表 2-7　学費補給留学生数統計 (1931 ～ 36 年) 65

表 2-8　特設予科各年度修了者上級学校進入状況 72

表 2-9　東京高工特設予科中国人留学生数 (1907 ～ 28 年) 76

表 2-10　明治専門特設予科入学状況 (1917 ～ 36 年) 83

表 2-11　特設予科試験科目 84

表 2-12　特設予科における日本語の教育状況.................................85

表 2-13　特設予科学科目及び教授時数調査 86

表 2-14　各特設予科志願者と入学者数（1925 ～ 29 年）....................87

表 3-1　東亜高等予備学校在学生学歴統計（1925 ～ 32 年）............91

表 3-2　留日学生の学歴構成（1931 年現在）.....................................92

表 3-3　中国人留日学生在籍者状況（1931 年 4 月現在）.................93

表 3-4　各特設予科志願者と入学者数（1925 ～ 33 年）.................106

表 3-5　偽満洲国留日学生数の推移（1933 ～ 37 年）.....................112

表 3-6　高等専門学校・大学における偽満洲国出身留学生の在
　　　　籍状況（1936 年 9 月現在）...113

表 3-7　特設予科在籍生国籍調査..118

表 4-1　高等学校大学予科卒業生（1908 ～ 18 年）..........................125

表 4-2　高等学校卒業生の進路..125

表 4-3　高等学校志願者と入学者状況..127

表 4-4　一高特設予科第一部時間割..135

表 4-5　一高特設予科各年度志願者と入学者統計（1908 ～ 22 年）140

表 4-6　特設予科学科目及び毎週授業時数（三部制時代）.............141

表 4-7　特設予科学科目及び毎週授業時数（文理科制時代）.........141

表 4-8　一高特設予科修了者年度別統計..141

表 4-9　一高特設予科初回修了者の進路..144

表 4-10　一高特設予科修了生配当先年度別統計............................145

表 4-11　特設予科出身者の大学入学先統計 150

表 4-12　各帝大卒業中国人留学生統計（1930 年まで）..................151

表 5-1　一高特設予科志願者と入学者統計表（1914 ～ 31 年）........168

表 5-2　一高特設予科修了生配当先年度別統計......................171

表 5-3　一高特設予科修了者高等学校進学状況統計 (1931 年
　　　　現在)..177

表 5-4　一高特設予科入学者中途退学者統計 178

表 5-5　予備教育機関の給費別在学者数（1925 年 5 月現在）........186

表 6-1　特設高等科入学志願者及び合格者数 194

表 6-2　特設高等科入学統計（1932 ～ 43 年）......................195

表 6-3　1935 年度特設高等科志願者と入学者の入学前学歴統計 ...195

表 6-4　1937 年現在特設高等科学科目及び授業時間配当表 198

表 6-5　1931 年現在高等学校高等科（日本人学生）学科目及び
　　　　授業時間配当表 198

表 6-6　1934 年度特設高等科生徒出席率 201

表 6-7　1935 年度特設高等科各学年成績統計 201

表 6-8　一高特設高等科附属予科志願者、入学者、修了者年度
　　　　別統計 204

表 6-9　中国人留学生留日学生数の推移（1930 ～ 37 年）.............205

表 6-10　東亜学校在籍者学歴 206

表 6-11　大学院志願者に関する東京帝大各学部の選考方法..........207

表 6-12　東京帝大外国人留学生数（1935 年 5 月末現在）..............211

表 6-13　1935 年東京帝大日本人学生入学志願者調査.................214

表 6-14　1935 年特設高等科第一回卒業生志望大学調 215

表 6-15　1935 年度特設高等科第一回卒業者大学進入統計 216

表 6-16　1938 年度特設高等科卒業生大学入学調査 220

表 6-17　各帝大における本科生中国人留学生受け入れ状況（1936 年 6 月現在）... 221

表 7-1　一高特設予科修了生配当先年度別統計 225

表 7-2　一高特設高等科入学統計 226

表 8-1　中華民国留日学生数の推移（1939 ～ 42 年）...................... 248

表 8-2　偽満洲国留日学生数の推移（1938 ～ 44 年）...................... 248

表 8-3　特設高等科卒業生年度別統計 249

表 8-4　戦時中における各特設予科志願者と入学者数（1938 ～ 44 年）
.... 251

表 9-1　日華学堂学科設置 291

表 9-2　外務省援助資金表（1925 ～ 37 年）..................................... 298

表 9-3　東亜高等予備学校学科課程 300

表 9-4　東亜高等予備学校卒業終了者数（1927 ～ 31 年）............... 302

表 9-5　東亜高等予備学校出身者上級学校入学統計（1931 年 4 月調査）... 303

表 9-6　各特設予科入学者数とその内東亜高等予備学校出身者数統計 314

表 9-7　東亜学校年度別学生数（1925 ～ 37 年）............................. 317

表 9-8　東亜学校留学生の上級学校進学状況調査表 317

表 9-9　学科別教授時間数 319

表 9-10　1943 年度東亜学校高等科卒業生進学先.............................325

表 10-1　天津同文書院課毎週授業時数（1921 年）.........................340

表 10-2　漢口同文書院毎週授業時数（1923 年）.............................341

表 10-3　中日学院学生在籍数（1926 ～ 43 年）.............................361

表 10-4　江漢高級中学校学生在籍者数（1926 ～ 43 年）................362

表 10-5　中日学院卒業生進路（1921 ～ 39 年）.................................365

表 10-6　中日学院卒業生留日学生入学学校状況（1921 ～ 39 年）..367

序章　課題と構成

第一節　問題の所在

　本書は近代中国人留学生の予備教育の成立と展開過程を明らかにすることを目的とするが、その前に、まず、近代の中国人日本留学の流れを簡単に顧みることにする。

　1894～95年の朝鮮における国際的地位をめぐって日本と中国との間で起こった中日甲午戦争は両国関係の大きな転換点となった。これまで長い間、東アジアにおけるリーダー的地位を占め、各国の文化母体国としての誇りを持ち続けていた中国は、この戦争により、一島国に過ぎないとされてきた日本に敗れてその弱体ぶりを露呈し、その後の西洋列強による蚕食を加速させた。それに対して、長い間中国から文化、政治制度を取り入れ、文化の面で弟子として存在し続けた日本は、明治維新の成果により一挙に「中華」に完勝することになった。その結果、中国は全面的に日本に学ぶことになり、政治や教育分野の改革を日本をモデルに推進するとともに、多数の留学生を日本に派遣した。

　中国人の日本留学は、1896年に13名の中国人留学生が東京高等師範学校に入学したことを以て、その歴史の幕を開いた。その後、中国

人留学生は続々と日本に到来し、20世紀初頭には中国人日本留学の全盛期となり、ピーク時の1905〜06年頃には留日学生の数は8000人にも達したと言われる。ところが、その後中国における近代学校教育が一応整備されるにともない、速成教育や普通科教育を特徴とした日本留学のあり方への反省がなされ、高等専門教育を目指す留学生が逐次増加するに至り、日本留学は「量」から「質」の重視へと転換していった。それとともに、1907〜08年頃から留学生の数は減少に転じ、日本留学は全体として低落傾向を示すことになった。さらに辛亥革命の勃発により、留学生は相次いで帰国し、1912年には在日中国人留学生は1400名までに減少した[1]。

　1912年、中華民国が成立し、政局が安定すると、革命功労者の子弟は留学生として日本に派遣された。また、1913年7月、袁世凱の反動政治に反対する二次革命が袁世凱によって鎮められ、革命の指導者は日本などに亡命し、彼らにしたがう留学生もまた日本に集まるようになった。そのため、1914年頃に近代中国人日本留学史上の第二次ブームが到来した。しかし、この時期の留日学生数は4000名を上回ることなく、1905〜06年頃の盛況の頃の人数には戻らなかった[2]。

　一方、日本は第一次世界大戦の時期、西洋列強がヨーロッパを戦場とする戦争に付き纏われ、東アジアを顧みる余裕がない機会を利用して、1915年中国に対して二十一ヶ条要求を提出し、1918年にはロシア共同出兵をめぐる日中秘密軍事協定の締結を強要した。その結果中国人民の反日感情が高まり、中国各地で反日運動などが相次いで起こり、日本で勉強していた留学生もこうした国内での反日運動の高まりに呼応して、抗日救国を唱えて精力的に活動し、あるいは学業を中断して、大規模な帰国運動をおこした。それに加えて、第一次世界大戦

1　二見剛史・佐藤尚子「中国人日本留学史関係統計」『国立教育研究所紀要94集　アジアにおける教育交流―アジア人日本留学生の歴史と現状―』1978年3月。
2　同上。

後の日本の物価騰貴や関東大震災の直撃などにより、1910 年代後半から 20 年代初めにかけて、留日学生数は減少し、1914 年の 3700 名から関東大震災直後には 1000 名に減少していった[1]。

　この時期、日本留学に代わってクローズアップされてくるのはアメリカ留学である。中国進出に遅れをとったアメリカが、20 世紀に入って以後、いわゆる門戸開放主義を提唱して、本格的に中国への接近努力を開始することとなった。その際、アメリカが採用した方策には、教育文化を前面に押し出したところに特徴があった。キリスト教宣教会の伝道活動、ことにその手段としての教育事業や、ロックフェラー財団を代表とする非宗教的民間団体による社会・医療事業などはその代表的活動であったが、諸事業の中で、中国人留学生海外留学の流れを日本からアメリカへと転換する上で大きな役割を果たしたのは、アメリカ政府の義和団事件賠償金による留学生受け入れ事業であった[2]。その事業の結果、1910 年代後半以後アメリカ留学は隆盛期を迎え、中国人海外留学の主流を形成することとなる。それとともにアメリカ留学帰国者が、中国社会の各分野において日本留学帰国者にとってかわって重要なリーダーシップを果たすようになる。

　こうした状況の中、日本の中国への政治的軍事的進出に対する中国側の強烈な反発や日本の中国進出による日米の緊張関係を緩和させるため、日本は 20 年代に入ってから、これまでの政治外交上の強圧的な中国進出の方針を改め、アメリカなどに倣って、文化教育の面から中国に接近しようとする努力を始めた。こうした動きの結果として、1923 年には、近代日本最大の対外文化事業である「東方文化事業」が発足することになった。この事業は、義和団事件賠償金を主たる運用資金とし、中国に対して医療福祉・学術研究・人物交流など多方面にわたる文化事業を行おうとするもので、中国人留学生をめぐる厳しい国際競争を勝ち抜くため、留学生教育はこの「東方文化事業」の重

1　前掲「中国人日本留学史関係統計」。
2　阿部洋『中国の近代教育と明治日本』福村出版、1990 年 8 月、223 頁。

要な事業内容の一つとされ、強力に推進されていくことになる。しか
し、それにもかかわらず、アメリカの中国における影響力の増大や国
内混戦による留学費用の不足、1928年の田中内閣による山東出兵が
引き起こした済南惨案の影響などにより、20年代における留日学生
数は3000名以下にとどまり、低調がつづいていた[1]。

30年代に入り、九一八事変や第一次上海事変の影響により、留日
学生が帰国し、1932年度の留学生数は九一八事変前の3000名からそ
の約半分の1400名程度まで落ち込んだ。ところが、1932年偽満洲国
が建国し、まもなくそこから留学生が派遣されるようになった。ま
た、1933年5月の中日停戦協定の締結により、九一八事変後の敵対
関係が一応緩和された。国民政府は内敵、共産党の掃滅に力を尽し、
日本はまた偽満洲国の建設に専念したのである。一時中国と日本の間
には平穏な時期が訪れた[2]。そうした環境の中で、中国における日本研
究ブームの出現と為替相場の好都合などにより、留日学生数は1934
年頃から回復し、1935年には九一八事変以前の水準を突破し、5000
名以上にも達し、再び日本留学の隆盛期を迎えることになる[3]。

1937年の日本侵華戦争の勃発により、中国人留学生が大量帰国し
たが、華北や華中及び偽満洲国の傀儡政権の主導により、日本留学が
再開された。1945年の終戦まで、毎年2000名以上の中国人留学生が
日本で勉強していた。戦時中という特殊な時期の中、留学生たちは複
雑な心境を抱えて留学生活を送り続けていた。

留学生数の記録は資料によって多少違い、留学生数を正確に把握す
るのはきわめて困難であるが、留学生数の推移を大まかに示すため、
以下、その概数を挙げておく。

---

1 前掲「中国人日本留学史関係統計」。

2 衛藤瀋吉『衛藤瀋吉著作集第3巻 二十世紀日中関係史』東方書店、2004年
8月、123頁。

3 日華学会学報部『中華民国・満洲国留日学生名簿』第11版、1937年6月、14頁。

表序一 1 各年度の留日学生数（1896 ～ 44 年）　　単位：人

年度	1896	1897	1898	1899	1900	1901	1902	1903	1904	1905	1906	1907	1908
人数	13	9	18	207	—	280	500	1000	1300	8000	7283	6797	5216

年度	1909	1910	1911	1912	1913	1914	1915	1916	1917	1918	1919	1920	1921
人数	4000	3939	3328	1437	2000	3796	3111	2790	2891	3724	3455	1500	2000

年度	1922	1923	1924	1925	1926	1927	1928	1929	1930	1931	1932	1933	1934
人数	2246	1000	不詳	不詳	不詳	1924	2480	2485	3049	2972	1121	1357	3000

年度	1935	1936	1937	1938	1939	1940	1941	1942	1943	1944			
人数	6500	5662	5934	3031	2187	2438	2721	2651	2384	2051			

出典：1896 ～ 1926 年の留学生数は衛道治『中外教育交流史』湖南教育出版社、1999 年 7 月、138 ～ 145 頁より、1927 ～ 44 年の留学生数は沈殿成『中国人日本留学百年史』遼寧教育出版社、1997 年、576 頁より引用。

　以上、近代における中国人日本留学の流れを概観してきたが、本書はとくにその流れの中にある中国人留学生の予備教育に焦点を合わせる。歴史上においても、現在においても、留学生が外国で勉強する際、留学先言語の習得や出身国と留学先の学制のずれ、学力の補充・強化などの問題は不可避なものである。これらの問題を解決して、正規教育の円滑化を図るための予備教育は留学生教育の重要な一環であり、留学生教育の効果を大きく左右するものだと言えよう。明治期の中国人留日全盛期において、中国人の日本留学は、欧米留学と比べると、両国の学制が相似していただけでなく、「同文同種」の利便性があると思われ、数多くの留学生は日本に赴いた。しかし、大正期以後になると、日中関係の悪化や欧米、とくにアメリカの中国に対する教育文化面からの積極的な働きかけに加え、英語に比べての日本語の中国における普及度の低さや日中両国の学制上の差異などの問題が次第に露呈してきた。そのため、日本語の教授や学制の連絡、同時に基礎学科学力の補足などを目的とする中国人留日学生のための予備教育は、欧米諸国の場合以上に「留学生教育ノ成功スルヤ否ヤニ係ル大問題」[1] として重要視され、それに従事する教育機関も整備されることに

1　「昭和五年度特設予科主任者会議」『在本邦留学生予備教育関係雑件　特設予科関係』第 4 巻。

なった。それは日本の中国人留学生教育事業と欧米諸国のそれを区別する大きな特徴の一つであった。近代中国人の日本留学史を顧みるとき、この予備教育の状況を明らかにすることなしには、中国人日本留学の全体像がはっきり見えて来ないであろう。

近代日本の中国人留学生のための予備教育機関は、主に次の三種類に分けられる。

①文部省直轄各高等専門学校に準備段階として設置された特設予科

②東亜高等予備学校（1935 年に東亜学校と改称）によって代表される私立の留学生のための特設予備教育機関

③東亜同文会が中国で経営した留日予備校である天津中日学院・江漢高級中学校（その前身はそれぞれ天津同文書院と漢口同文書院である）がそれであった[1]。

本書は、上記の留学生予備教育機関を研究対象とし、近代日本の中国人留学生予備教育の成立と発展の過程及びその役割と問題点を考察するものである。

第二節　先行研究の検討と本書のアプローチ

中国人日本留学について、最も隆盛を極めたのは明治末期であった。そのため、研究史上において、最も多くの研究成果が蓄積されているのは速成教育と普通科教育を中心としている明治末期の中国人の日本留学であり、留学生の上級学校進学のための予備教育は十分に注目されていない。しかし、前述のとおり、留学生の予備教育は近代の中国人留学史上において重要であり、それを明らかにする必要がある。

1　近代日本が中国に対して進めた「東方文化事業」の中で、留学生の予備教育を私立留学生予備教育機関、文部省直轄学校に設置された特設予科、中国国内の留学予備校に分けた。本書はその分類に従った。

　近代中国人留学生予備教育に関するまとまった研究は管見のかぎり
皆無に等しいが、概説や各論にあたるいくつかの研究を検討してお
く。

　阿部洋の研究[1]は日中教育文化交流と摩擦の問題を中心に、「東方文
化事業」の歴史的背景、発足、展開、挫折の各過程を克明に解明し、
その中で留学生予備教育機関である特設予科や東亜高等予備学校の教
育活動の展開状況を、留学生に対する学資補給問題とともにそれぞれ
「東方文化事業」の一環として取り上げている。一方、天津及び漢口
における東亜同文会系の二つの学校が行った教育活動については、20
年代における中国の教育権回収運動との対応関係の解明に重点が置か
れ、両校が留学予備教育の機関として果たした役割に関しては、ほと
んど検討していない。そのため、「東方文化事業」下の留学生予備教
育機関の全体像は不明のままである。また、そこでの留学生予備教育
の考察は概観にとどまっており、各教育機関が実際に果した役割や、
予備教育の現場における実態などは解明されるに至っていない。

　特設予科が行った留学生教育に関しては、二見剛史の一連の研究[2]
が挙げられる。氏の研究では特設予科制度の形成と変遷のアウトライ
ンが描かれているが、研究の重点が制度の原案段階の推移を明らかに
することなどに置かれて、教育現場における留学生教育や留学生の勉
学・生活の実態は解明されていない。また30年代とくに戦時下にお
ける特設予科の詳細についてはまったく触れていない。

　そのほか、特設予科に関しては、第一高等学校（以下、一高と略

1　阿部洋『「対支文化事業」の研究：戦前期日中教育文化交流の展開と挫折』汲
　　古書院、2004年1月。
2　二見剛史「戦前日本における中国人留学生の教育―特設予科制度の成立と
　　改編―」『日本大学精神文化研究所教育制度研究所紀要』第7集、1976年、
　　69～123頁、同氏「戦前日本における中国人留学生予備教育の成立と展開」
　　『国立教育研究所紀要』第94集、1978年、61～80頁、同氏「第一高等学校
　　における中国人留学生教育」『国立教育研究所紀要』第95集、1978年3月、
　　193～207頁。

記）特設予科を取扱った夏目賢一の研究[1]と長崎高等商業学校（以下、長崎高商と略記）特設予科[2]を取扱った嶋津拓の研究が挙げられる。それらの研究によって一高特設予科と長崎高商特設予科における留学生予備教育の変遷とその実態がある程度明らかになった。しかし予備教育修了後の留学生の進路や、戦時中における特設予科の動き及び留学生の思想と生活の実態などは不明のままである。とはいえ、夏目の研究は留学生教育をめぐる教育現場と国の温度差について始めて言及した点で、中国人留学生史研究に新しい視点を提供したものとして重要な意味がある。この点で、本書は夏目の研究から貴重な示唆を与えられた。

東亜高等予備学校に関しての先行研究は、二見剛史の研究[3]と張金塗の研究[4]によって代表される。二見剛史は東亜高等予備学校の成立、発展などの歴史について基礎的な検討を行ったが、その研究は東亜高等予備学校自体よりも、その創立者である松本亀次郎に焦点を合わせている傾向がある。一方、張は日本語教育という視点から東亜高等予備学校の教育内容と効果について考察を行った。そのため、この学校で行われた中国人留学生予備教育全体としての実態とその役割につい

1 　夏目賢一「第一高等学校における留学生教育の再編と日中関係 —特設予科および特設高等科の事例—1908 年 –1937 年」『東京大学史紀要』第 25 号、東京大学史料室、2007 年 3 月、1 ～ 18 頁。

2 　嶋津拓「戦前戦中期における文部省直轄学校「特設予科」の留学生教育について :長崎高等商業学校の場合」『長崎大学留学生センター紀要』15、2007 年 6 月 30 日、同氏「戦前戦中期における文部省直轄学校の「特設予科」制度について :長崎高等商業学校を事例として」『長崎大学留学生センター紀要』15、2007 年 6 月 30 日。

3 　二見剛史「戦前日本における中国人留学生教育—東亜高等予備学校を中心として—」阿部洋編『日中関係と文化摩擦』厳南堂書店、1982 年 1 月と、同氏「東亜高等予備学校と松本亀次郎—戦時下の動向を中心として」『国立教育研究所紀要』第 121 集、1992 年 3 月。

4 　張金塗「戦前の日本における中国人留学生に対する日本語教育の歴史的研究—東亜高等予備学校を中心に」日本語教育学会『日本語教育』86 号、1995 年 7 月。

ては検討されていない。

　総じて言えば、本書は以上の先行研究の成果を踏まえたところが多いが、そこに共通している問題として、次のような諸点を指摘する必要があると思われる。

　①近代の中国人留学生予備教育の全体像とその間の相互関係が見えていない。とくに東亜同文会が中国の天津及び漢口で経営した学校の持っていた留日予備校としての性格がほとんど注目されていない。

　②上述の教育機関で予備教育を受けた後の留学生の進路についての考察が行われていない。そのため、各予備教育機関が実際上果した役割が明らかになっていない。

　③30年代初期、日本における留学生予備教育が中国人留日学生の学歴変化などに対応して改編されたが、改編後の展開や戦時中の動きなどが考察されていない。

　④予備教育の教育現場に関する立ち入った研究は見当たらない。例えば、特設予科を設けた文部省直轄高等専門学校は、専ら中国人を受け入れた東亜高等予備学校や東亜同文会系の留日予備校とは異なり、もともと日本人の教育を主たる使命とする高等教育機関であった。そうしたところで行われた留学生教育の実態を研究することにより、日本の高等教育機関が如何なる方針を以て留学生教育に当たったのかを考察することができると思われる。また留学生教育をめぐって、教育現場の教育方針が、留学生受け入れ事業を国の対外政策として大いに進めるという政府、あるいは国策との間で、矛盾やズレが存在していたかどうかを検証する必要もある。さらに、教育現場に注目する場合、学校側の教育方針や教授内容のほか、日本人学生も教育現場の重要な要素であることは言うまでもない。とくに予備教育を終え、日本人学生とともに勉強していた留学生はいかに日本人学生と関わりあっていたのか、それを詳細に考察する必要もある。しかし、残念ながら、これらの視点からの先行研究は管見の限り見当たらない。

　以上に見たような課題意識の下、本書は近代日本における留学生予

備教育機関のうち、とくに官立の各高等教育機関に設置された特設予科に焦点を合わせ、特設予科制度の成立、整備と発展の過程について、さらには特設予科における留学生教育の実態と役割について一高特設予科の場合を中心に、史料にもとづく実証的考察を行おうとするものである。一高特設予科を対象として取り上げる理由として、次のことが挙げられる。

①一高特設予科は各特設予科の中で唯一の留学生のための帝国大学入学のルートであり、この意味から言えば、各特設予科の頂点に立つ存在であった。

②一高の特設予科は長い留学生教育を行った伝統があったため、そこで行われていた留学生教育の実態を考察することによって、教育現場における留学生教育方針の一貫性或は断続性を検討するには最もふさわしい例だと思われる。

③高等学校から帝国大学へ進学するのは近代日本の正統的なエリートコースであり、一高特設予科における留学生教育の実態を考察することは、近代日本のエリートを養成することを目的とする教育機関が如何に留学生を教育していたのかを検討することに一つの素材を提供することができる。これと同時に、そこを修了した留学生の進路を考察することは、帝国大学における留学生受け入れの実態の研究にもつながると考えられる。

また、本書は特設予科の展開過程とその特徴を議論する際に、特設予科制度と当時留学生のために特設された私立の予備教育機関や中国国内の留日予備校との関係についての詳細な検討を行うよう心掛けた。

第三節　構成と資料

本書は次のような四つの課題を設定する。

①特設予科の成立と展開過程を明らかにする。1905〜06年頃をピークとした日本留学全盛期では、通訳を介しての速成教育と普通科教育が留学教育の中心とされていたため、高等教育機関への進学のための予備教育はほとんど行われていなかった。それでは、中国人留学生の予備教育を行う特設予科制度はいつ、どのような背景の下で登場したのか、その後、どのように展開されていったのかなどの問題について考察する。

②特設予科における留学生教育の実態を一高の場合を中心に解明する。日本人学生を教育対象とする高等教育機関としての各特設予科設置校ではどのような方針で留学生教育にあたったのか、そこで行われた留学生教育の実態がどのようなものだったのか、教育現場の教育方針が国の留学生政策と矛盾やズレがあったのか、それらの一連の問題を解明する。

③各留学生予備教育機関の相互関係及びそれぞれが中国人日本留学史に果した役割を検討する。特設予科と東亜高等予備学校、中国国内の天津・漢口両校はいずれも中国人留学生のための予備教育機関であるが、三者の間にいかなる関わりを持っていたのか、それぞれの予備教育機関での勉学を終えた後の留学生の進路はどのようなものであったのか、を明らかにする。

④戦時下における各留学生予備教育機関の動きを考察することを通じて、各留学生予備教育機関の性格を明らかにする。戦時下という特殊な時代状況の下、留学生予備教育機関はどのような役割を期待され、日本の対華政策とどのような関わりを持っていたのかを教育現場の留学生に対する監督と管理の角度から考察する。

以上の課題を明らかにするため、本書は序章及び終章のほか、本論を十章で構成している。

第一〜三章において、特設予科の成立とその展開過程を全般的に考察する。

1905〜06年頃をピークとした日本留学全盛期では、速成教育と普

通科教育が留学教育の中心とされ、日本の高等教育機関に進もうとする留学生が少なかったため、高等教育機関への進学のための予備教育はほとんど必要とされなかった。それでは、中国人留学生を対象とする予備教育機関としての特設予科はいつ、どのような背景の下で成立したのかを第一章では検討する。

　第二章では、「東方文化事業」による特設予科の整備状況を考察する。前述した通り、中国人留学生をめぐる国際競争や中国人の反日感情の高まりの中で、日本は1923年に「東方文化事業」を発足させた。同事業は留学生に学資補助を提供するとともに、特設予科を含む留学生予備教育をさらに整備・改善することなどにより、留学生受け入れ事業を大いに推進した。本章はその詳細を考察する。

　20年代末期、中国においてアメリカ式の六・三・三制の導入や中国の近代教育体制のさらなる整備にともなう新たな留学派遣規程の制定などにより、中国人留日学生の学歴構成が著しく変化し、大学教育を目指す留学生が増えた。そのため、特設予科制度もその対応を迫られ、高等専門学校のための予備教育機関から大学直結の予備教育機関へ改編された。第三章では、中国人留学生の学歴の変化に対応するための特設予科制度の改編の経緯と、改編後における制度の概況、及び偽満洲国の建国に伴う特設予科の新たな動きなどを検討する。

　第四章～第八章では、特設予科の教育実態とその役割について、一高特設予科の場合を中心に考察する。

　まず、第四章と第五章では、それぞれ特設予科制度の成立期と「東方文化事業」による整備期にある一高特設予科の状況、修了後の進路、留学生の生活状況などを考察する。第六章では、1932年に一高特設予科が改編された後の、新しい制度（特設高等科）における留学生教育の状況、修了後の進路を中心に考察する。第七章は特設予科の特設高等科への改編をめぐる一高における留学生と日本人学生のそれぞれの考えや改編にともなう両者の折りあい方の変化などに注目する。第八章は、戦時中に一高特設高等科に学んだ元留学生たちの留学

体験や彼らのその後の人生軌跡などについて迫っていく。

　特設予科の留学生教育をめぐる方針やその特徴を浮き彫りさせるためには、他の各種予備教育機関の教育状況とその特徴、及びこれら諸学校と特設予科との相互関係を明らかにする必要がある。そこで、本書では、特設予科と東亜高等予備学校、特設予科と天津・漢口両校との関わりを中心に、以下の二章にわけて考察する。

　第九章では、東亜高等予備学校の成立、発展の過程を顧みて、同校における留学生教育の実態及びその改編の過程を、特設予科との関連を軸にして明らかにし、さらに戦時中における東亜高等予備学校の留学生受け入れ及び彼らに対する訓育状況をも考察する。第十章では、東亜同文会が中国国内で設立した天津・漢口両校の成立、発展、及び組織変更の過程を明らかにし、そこでの留日予備教育の実態と役割を特設予科との関係を視野に入れて分析した上で、同校の戦時中の動きをも一瞥する。

　なお、本書は基本史料として、外交史料館や国立公文書館、各学校の史料館などに所蔵されている各種未公刊史料や『帝国大学新聞』『日華学報』などの新聞雑誌、更には『第一高等学校六十年史』『東京大学百年史』などの学校沿革史、『日華学会二十年史』『東亜同文会史』などの会史所収の資料・文献、各学校の一覧などを利用する。また、留学生個人の生活状況や留学体験などを描くとき、回想録や同窓会誌なども重要な資料として取扱う。

第一章 「五校特約」と特設予科制度の成立

1896年清国政府より派遣された13名の留学生の東京高等師範学校（以下、東京高師と略記）入学を皮切りに、中国人が日本に留学する歴史の幕は開かれた。その後、留学生は絶えることなく日本に留学し、1905〜06年頃はピークを迎え、近代中国人日本留学の全盛期をなしたと言われる。しかし、その時代の留学生の多数が速成生と普通科生によって占められ、速成低質の弊害を免れなかった。1906年頃から、中国と日本の双方で、そうした留学教育の実態に対する反省がはじまり、「量」から「質」の重視へと留学のあり方を見直すことになる。そうしたなか、最も注目すべき動きは、1907年、日中両国政府間でのはじめての教育委託協議、「五校特約」の締結である。「五校特約」の締結により、日本の高等専門学校ないし帝国大学の門戸が初めて中国人留学生のために正式に開かれるようになった。

「五校特約」の実施校の中で、留学生に本科で日本人学生と同学できるほどの日本語能力や基礎学科の学力を身につけさせるために、本科に入るに先立ち、一年間の予備教育を行う特設予科を設けた学校が多かった。その特設予科はその後、長く続いた特設予科制度の始まりとなった。

本章では、「五校特約」締結の背景、内容及びその終了に至るまでの過程を概観すると同時に、特設予科制度の成立過程とそこでの留学生教育の状況を考察する。

第一節　「五校特約」締結の背景

1.　全盛期の日本留学

　　1840 年のアヘン戦争を契機に、清朝政府は西洋の軍事・工業技術の力を思い知らされ、開明派官僚曽国藩、李鴻章を中心に西洋の近代軍事・工業技術を導入する洋務運動が推進された。ところが、1894 ～ 95 年の中日甲午戦争における敗北により、清朝政府は再び大きな衝撃を受けて、西洋の先進的な軍備を装備することだけでは清支配体制の維持と中国の富強が実現できないことを認識しはじめた。そうしたなか、機械技術の導入にとどまらず、日本の明治維新に倣い、国政の根本的改革を行うことが康有為、梁啓超らの変法派に提唱された。いわゆる「変法自強」運動である。彼らは、変法と興学、つまり政治改革を推進すると同時に、科挙制度を改革し、日本をモデルに各地で近代学校を設置することを唱導し、さらに興学の手段として、遊学、ことに日本への留学の必要性を力説した。ここにいたり、近代中国人の日本留学が始めてクローズアップされることになった。

　　康、梁の変法運動は西太后のクーデター（戊戌政変）により終わりを告げたが、張之洞、劉坤一などの開明派の官僚も康、梁とは政見を異にしながらも、人材養成方法としての日本留学生派遣政策は継承した。張之洞は 1898 年に『勧学篇』を著し、日本への留学生派遣を提唱した。その中で、日本を留学先として選ぶ理由として次のことを挙げていた。

　　①距離が近く、交通費がかからないため、たくさん派遣できること、

　　②中国に近く、視察しやすいこと、

　　③中国語と日本語が似ているため、覚えやすいこと、

　　④日本ではすでに西洋の重要な学問をあらまし消化している。中国

が西洋の学問を学ぶ場合、さしあたり日本のこなしている西洋文化を
習えば、直接西洋に学ぶよりも半分の時間で倍以上の効果を挙げるこ
とができること[1]。

　1900 年の義和団事件の後、新政が進められ、教育の近代化を推進
するにあたって、日本の学制をモデルとした学堂章程の制定や日本教
習の招聘のほか、新政に必要な人材を養成するため、日本留学も本格
的に推進されるようになった。また、1904 年「奏定学堂章程」が頒
布され、これにより近代教育制度が確立し、1905 年には科挙制度が
廃止され、伝統教育に代えて、近代学校教育が人材登用の正統的地
位を獲得することになった。ところが当時はまだ、国内に新しい学
校が不備であり、そのため日本留学がその代替的役割を期待された。
1904 〜 05 年に日露戦争における老帝国ロシアに対する日本の勝利は、
中国人の日本留学にさらに拍車をかけた。そうしたなか、中国人留学
生は後を絶えることなく日本に殺到するようになり、1905 〜 06 年頃の
ピーク時は 8000 人をも超え、近代中国人日本留学の全盛期を迎えた。

　中国人留学生の大挙来日に対して、日本政府の受け入れ体制は必ず
しも十分なものとは言えなかった。文部省は 1900 年に「文部省直轄
学校外国人委託生ニ関スル規程」を、1901 年には「文部省直轄学校
外国人特別入学規程」を制定したが、官立直轄学校だけでは大勢の留
学生を受け入れることは到底不可能であり、実際上、中国人留学生の
急増に対応したのは私立の留学生のための特設教育機関であった。弘
文学院[2]、成城学校[3]、東京同文書院、経緯学堂、早稲田大学清国留学生

1　張之洞『勧学篇』上海書店出版社、2002 年 1 月、2 頁。

2　弘文学院は 1902 年 1 月に教育家で講道館柔道の創始者としても知られる嘉
　納治五郎が、中国からの留学生のために当時の牛込区に開設したものである。
　のちに清の乾隆帝の諱の「弘暦」の「弘」を避諱して宏文学院と名称を改めた。
　本書では「弘文学院」の名称で統一して使用する。

3　成城学校は 1885 年に文武講習館として生まれ、翌年、成城学校と改称された。
　1898 年から陸軍士官学校に入学しようとする中国からの留学生を受け入れは
　じめた。大正後期ごろ、成城学校で留学生部ができて、留学生の上級学校進学
　のための予備教育を行った。この学校の留学生教育が 1945 年の終戦まで続いた。

部、法政大学法政速成科などがそれである。

　日本留学の全盛期においては、留学教育には二つの特徴があった。一つは、専門の学でなく普通学であったこと、もう一つは正式の教育でなく、速成教育であったことである[1]。その日本留学のあり方について、清の学部が「日本遊学の人数すでに万を逾ゆと雖も、速成を習ふ者百分の六十、普通科を習ふ者百分の三十（中略）、高等専門に入る者百分の三四、大学に入る者わずかに百分の一のみ」[2]と指摘したように、留日学生は大勢いたが、その大多数が速成教育と普通学教育を受けており、大学、専門学校などの高等専門教育を受ける者はわずかな数に留まっていた。

　当時の中国ではすでに近代教育制度の導入が始まっていたが、施設と人材の不足から、普通学の教授さえまだ難しい段階にあった。そのため、留日学生はほとんどすべてが高等専門の学を修めるためではなく、本来ならば中国で修めるべき普通学を学ぶために来日するという変則的な現象が生じていた。それと同時に、新政に対応するため多数の人材を必要とする清朝政府は、正規の方式ではなく、速成師範科・速成警務科などによって代表される数ヶ月〜一年半ぐらいの通訳つきの速成教育によってそれを養成するよう期待した。さらに普通教育と速成教育を比べれば、後者が圧倒的に中心であった。当時留学生教育にたずさわっていた弘文学院、経緯学堂、法政大学法政速成科などはいずれも建前としては長期・短期併用主義を採ったが、実際上は速成教育が中心であった[3]。例えば、弘文学院章程によれば、学校設立の趣旨として、「清国学生のために日本語及び普通教育を教授して、人材養成にあたることが主要目的であったが、清国の要請に応じて、清国

1　実籐恵秀『中国人日本留学史』くろしお出版、1960 年 3 月、79 頁。なお、本書で言う普通学は、国民が一般に受けるべきものとされている基礎教育であり、専門教育や職業教育と区別される一般教育を指している。

2　『清光緒朝中日交流史料』巻 72。前掲『中国の近代教育と明治日本』119 頁。

3　前掲『中国の近代教育と明治日本』118 頁。

現在の情勢に鑑み、別に課程を設け、速成的方法により師範人材及び警官の養成などに当たる」とし、普通科と速成科とを並行して運営する方針を建前上採用していたが、実際上、弘文学院の留学教育の中心は、速成教育に置かれ、「速成師範科」「速成警務科」「理科速成科」「速成音楽班」などが主流となり、当初5年間の統計では、卒業生1959名のうち、普通科卒業生は129名（6.6%）であったのに対して、速成科卒業生は1830名（93.4%）と圧倒的多数を占めていた[1]。

2.「量」から「質」への転換

　速成教育が清朝政府の進める各方面の新政に多くの人材を提供したことは確かである。とはいえ、その質的低下の弱点は否定できないものがあった。それを具体的に示したのは、清の学部が実施した留学帰国者登用試験の結果であった。清朝政府は海外留学を奨励するため、留学帰国者に対して法律政治科、文学科、理工科、医科、農科、商科などに分けて登用試験を行い、合格者に挙人、進士、翰林の称号を与えることにした[2]。第一回の登用試験は1905年に行われたが、日本留学の評価との関連において社会各方面から注目されたのは1906年第二回登用試験であった。その試験に合格したのは全部で32名で、そのうち日本留学出身者が15名で、全員の半分近くを占めた。しかしその中身を見ると、最優秀9名と優等5名中の3名は、すべて欧米ことにアメリカ留学出身者であったのに対して、日本留学出身者は優等2名を除いてすべて中等であった。試験の成績は日本留学出身者が欧米、とくにアメリカ留学出身者に比べて劣っていることを示してい

1　前掲『中国の近代教育と明治日本』75頁。

2　樋口秀雄『北清ニ於ケル諸外国ノ教育上ノ効果ニ関スル調査』1907年4月、15頁。阿部洋・佐藤尚子等編『中国近現代教育文献資料集2』日本図書センター、2005年1月。

た。このような結果は、日本留学者の多くが、速成の教育を受け、短期の間に卒業の肩書きを得ようとするからであると捉えられていた[1]。

こうした留学生の質的低下という問題に対して、日中両国双方から反省と批判の声があがった。1906年に、駐日公使楊枢は「密陳学生在東情形摺」において速成教育を求め、一知半解の学を修めて帰国し、文明のために資するところがないと、日本留学のあり方を次のように厳しく批判した。

　　留学生各自皆利禄功名ノ見ヲ以テ日本ニ来リ、然モ務メテ苟且ヲ事トシ一知半解ノ学ヲ得テ去ル更ニ文明ニ補ヒナシ。此レ臣ガ朝夕股憂スル所ニシテ言ハザルヲ得ザル者ナリ。日本普通学校ノ専ラ清国留学生ノ為メニ設立セラレシ学校ノ中ニテ完備セルモノハ成城学校外三四ケ処ナリ。此ノ外不完備ナルモノ十余処ヲ下ラス。或ハ三ケ月卒業ノ者アリ、或ハ六ケ月卒業ノ者アリ、其甚ダシキニ至リテハ修学科目ヲ随意ニ学生ヨリ定メシメ以テ留学生ノ意ヲ迎フル者アリ。留学生ハ即チ喜ンデ之ニ入ル（後略）[2]。（句読点筆者、以下同じ）

一方、この時期にいたって、中国国内においても、普通教育を受けるため官費で外国に派遣するのは独立国家として体面を成さないものであり、中国の学校体系もある程度整備されてきたことであるから、中等学校程度まではなるべく自国内で教育するようにすべきではないかという議論も高まっていた。

こうした中、清朝政府は、1906年2月、日本留学資格を中学校卒業以上の者に限定し、同年6月には速成留学生の派遣を停止した。さ

1　実藤恵秀『中国人日本留学史稿』日華学会、1939年3月、218頁。

2　「楊公使ノ在日清国留学生状況密奏」『東亜同文会報告』1906年5月26日。近代アジア教育史研究会編『近代日本のアジア教育認識―明治後期教育雑誌所収中国・韓国・台湾関係記事―』（中国の部）第17巻、龍渓書舎、2002年7月、314頁。

らに高等教育機関への留学を奨励するため、同年 10 月「管理日本留学生章程」を制定し、日本の高等学校・専門学校・大学に進学する留学生に対して各省から官費を支給するという方針を打ち出した[1]。

このような中国側の動向と同様に、日本側でも速成教育への批判の声が広まりつつあった。

例えば、在福建領事の外務大臣あての報告は、速成留学生の帰国後の活動に不信を抱いて、速成教育の弊害を次のように訴えていた。

　（前略）新学勃興ノ際、社会需要多キ警務師範法律ハ勢多数ノ留学生ヲ出ス事無論ナルガ、彼等ハ一日モ早ク留学ヲ畢ヘ郷里ニ帰リテ先識者タラント欲シ、多ク速成ヲ望ミタル事実ヲ知ルニ足ルベシ。然ラバ彼等速成者ガ果シテ如何ナル効果ヲ斉シ帰リシヤト云フニ、一二篤学者ノ外凡テ一知半解ノ浅識者タル此ノ如ク短日月ノ修養者トシテ当然ノ事ナルガ、新学素養少キ今日社会ハ、新学者ヲ要求スルノ切ナル何レモ高中小並ニ法政各学堂ノ教師若シクハ通訳ヲ勤メ相当ノ地位ヲ得ルモ、日ヲ過ギ月ヲ経ルニ従ヒ名声次第ニ地ニ落チツヽアリ。然モ彼等ハ海外ニ留学シタルヲ楯ニ、地方愚民ヲ欺キ郷者ヲ煽動シテ官憲ヲ蔑如シ。（中略）彼等ハ社会ニ貢献スルト云ハンヨリ、寧ロ害毒ヲ与フル大ナルモノナリト断言スルヲ憚ラズ（後略）[2]。

また、当時『教育学術界』に掲載された時論「清国留学生」も、清朝政府や留学生の希望だけを考慮して、低レベルの教育内容を短かい修業期間で留学生に提供している諸学校の安易な姿勢に対して、次の

1　劉真主編『留学教育』国立編訳館、1980 年、274 頁。

2　在福州領事事務代理佐野一郎より外務大臣林董あて「福建省海外留学生並ニ福州ニ於ケル新学修養者ノ状況成績報告ノ件」1907 年 11 月 13 日、日本外務省記録『各国へ派遣ノ清国留学生関係雑纂』。以下、「外務省記録」は件名のみを掲げる。

ように批判していた。

　一船毎に清国留学生を乗せざるはなく、しかも尚上海に取り遣さ
るもの毎船数百人ありといふ、豈盛んならずや。然れども之等の留
学生の希望する所は、概ね一年余の短期講習にしてさて其講習を終
へて何の得る所ありしかを問へば、茫乎として知るべからず。（中
略）これ素より清国各道台の希望する所にして、亦た留学生の望む
所なれば何とも致し方なきが如しと雖も、三年五年とまとまりたる
習学を為すに適当の設備を缺くも亦た一原因たらずとせず。弘文学
院の普通科、振武学校の如きは、相当の効果を挙げ得べしと雖も、
他は多くは短期のものに過ぎず。人或は、短期のものにても沢山の
清人来りて多くの財を散ずれば、其れ丈け我国の得なり。又我国の
文明の有様を観察するのみにてもよき学問なれば、兎に角彼等の希
望に投じ、沢山の留学生を来らしむべし。其内には彼等も短期のに
飽いて長期の習学をなすもの増加すべし。其時にはまた其れに応ず
る設備をなせば可なるのみと。まことに一理ある申し分にして、政
略上これも宜しかるべけれども、清国留学生の教授者が現につまら
ずと認め居る教育を、知らぬ顔の半兵衛で続け居るは、清国の扶掖
指導を以て任する、我国の教育者としては、聊か不都合なるを免れ
ず[1]。

　ここで批判されているように、当時、留学生のための特設教育機関
は数多く設けられたが、中には、留学生を争奪するため、短期速成を
売り物とする営利主義的な学校、いわゆる「学店」「学商」が少なく
なかったのである。文部省は留学生を受け入れる各公私立学校のあり
方を規制するため、1905 年 11 月「清国人ヲ入学セシムル公私立学校
ニ関スル規程」を公布した。同規定は、清国留学生を受け入れた公私

1　「清国留学生」『教育学術界』1906 年 6 月 5 日。前掲『近代日本のアジア教育
　　認識－明治後期教育雑誌所収中国・韓国・台湾関係記事―』第 11 巻、196 頁。

立学校に対して教職員名簿、留学生の学籍簿、出席簿などを完備する
よう求めており、さらに留学生教育の実態の報告なども義務付けられ
ていた。また、留学生が日本の学校に入学する際に、清国公使館の紹
介書を必要とし、校外生活も学校の監督下に置かれることなども規定
していた。そのため、留学生たちは厳しく反発し、その撤廃を求めて
いわゆる「留学生取締規則」反対運動を激しく展開した[1]。

　この反対運動はその後、一斉帰国運動へとさらに高まっていった
が、1906年1月に入ると次第に沈静化している。しかし、この事件
をきっかけとして、日本留学のあり方への反省の声が急速に高まり始
め、そこで第一に批判されたのは、速成教育の問題で、留学生たちに
よる取締規則反対運動の根本原因は、これまで留学生学校が行って来
た速成教育が彼らの放縦の悪風を増長させたことにあるのではないか
という点であった[2]。

　1907年2月、文部省は清国留学生監督処との協議を経て、留学生
受け入れ校を早稲田大学、明治大学、法政大学、弘文学院などの19
校に指定した。監督処はのちにこれら留学生教育指定校19校と「清
国留学生教育協議会」を組織し、留学生教育の充実整備に努めた。清
国留学生教育協議会は、さっそく速成科を停止し、普通科の修業年限
を従来の二年より三年以上に延長する基準を作成した[3]。

　このように、速成教育への反省と中国における普通学の整備などが
進むなか、中国人の日本留学には「量」から「質」への転換の動きが

1　この「留学生取締規則」事件について、一般的には、この規則には、文部省
　が各公私立学校のあり方を規制すると同時に、清朝政府の要求に応じて留
　学生の革命運動を取り締まるという側面があり、そのため、留学生の反対運
　動は辛亥革命期に出現した反日反清の愛国革命運動の一つだと見られている
　が、最近では、この反対運動はこの規則に対する一部の留学生の誤解と誤読
　の結果だという見方が出てきている。李喜所「清末留日学生"取締規則"事
　件再解読」中国社会科学院近代史研究所『近代史研究』2009年6月、20〜30頁。
2　前掲『中国の近代教育と明治日本』117頁。
3　同上、128頁。

始まり、それとともに留日学生の数は激減していくことになる。留日学生数の激減を促した要因として、このほか留学生が日本から欧米とくにアメリカへ流れていったことも指摘しておく必要があろう。第二章で改めて詳しく述べるが、この時期になると、欧米各国が中国の教育事業に強い関心を示し始め、なかでもアメリカは義和団事件賠償金を用いて中国人留学生を招致する活動を開始するなど、積極的な活動を展開するようになり、その結果、中国人海外留学の流れが従来の日本留学中心からアメリカ留学中心へと逐次転換し始めていた[1]。

このように中国人日本留学は最盛期を経て、下り坂になっていった。それにつれて、かつて隆盛を極めた留学生教育の本山・弘文学院も1909年の夏には閉校を迎え、ついで1910年3月経緯学堂が閉校し、同年9月には早稲田大学清国留学生部も閉鎖された。

第二節 「五校特約」の締結と特設予科制度

1. 「五校特約」の内容

前節で述べた通り、1906年頃から、速成留学生派遣の停止や高等教育機関入学の奨励、留学生受け入れ校の指定など、留学生教育には「量」から「質」への転換の動きが始まった。その動きを端的に示したのは、1907年に清朝政府と日本文部省との間で、はじめて政府間教育委託協定「五校特約」が結ばれたことであった。

中国国内の教育体制が逐次整備され、中等教育に相当する普通教育は国内で実施可能になりつつあるなか、日本留学に対して高等専門教

1 　阿部洋「中国近代における海外留学の展開―日本留学とアメリカ留学」『国立教育研究所紀要　アジアにおける教育交流―アジア人日本留学の歴史と現状』第94集、1988年3月。

育を求めようとする声が留学生の中で起こってきた。1907 年頃にな
ると、官立の高等専門学校以上の学校に入学を希望する中国人留学生
の数が 2000 人を超えたという[1]。しかし、日本の高等専門学校や大学
は皆収容人員に定員を設けているため、これらの留学生を受け入れる
余地がないのが実情であった。

　当時の文部次官沢柳政太郎は、1907 年 1 月に東邦協会が主催した
茶話会で次のような発言をしていた。

　支那留学生の多数は速成生でありますが、中には数年日本に滞在
をして、完全な予備教育を受け、さうして完全に専門教育をやらう
と云ふ者も段々出来て来て居るのであります。然るにさう云ふやう
な殊勝な者に対しても、困難がある。（中略）之を具体的に申しま
すれば、相当の予備教育を受けて、工業学校へ入つて工業の教育を
受けやう、更に数年の歳月を費して予備教育を完ふして大学に入つ
て、日本の大学を完全に卒業して行きたいと云ふ者があつても、大
学に之を収容する余地が無い為に拒絶せんければならぬと云ふやう
な有様になつて居る。（中略）折角数年を費して専門の高等教育を
受ける予備の教育を終わつた所で、更に進んで学ぶ所は余地が無い
為に門前払を受けると云ふやうな訳でありますから、之に対して
は如何にも同情を表し又甚だ苦心を致して居るのでありますが如何
ともすることが出来ない。（中略）之を解決する方法は、日本政府
が費用を惜まず学校の設備をして、支那人でも相当の学力のある者
を入れてやるだけの設備をするか、支那政府が日本の方へ、必ずし
も日本政府の学校に限らず民間の学校にでも何でも相当の費用を出
して設備をするか、其の二の中の方法より外にないであらうと思ひ

1　『第一高等学校六十年史』第一高等学校、1939 年 3 月、499 頁。

ます（後略）[1]。

　中国人留学生の多数は速成生であるが、中には数年日本に滞在して、正式に専門教育を受けたいと希望する者も逐次増加して来ているが、日本側の教育施設の不足により、留学生の希望を満たすことが出来ない状況である。その解決策としては、日本政府が費用を惜しまずに学校を整備して、留学生のなかで相当学力を有する者を受け入れるか、中国政府が日本に相当の費用を出してそれを整備するか、その二つの方法より外はない、という趣旨の発言であった。

　事実、当時の駐日本公使楊枢はすでに 1907 年 1 月に外務大臣林董に対して清国の留学生委託教育計画案を提示していた。この計画案は、清国留日学生の多くは普通科卒業後、高等専門学校に入学しようとする希望をもっているにもかかわらず、文部省直轄の各高等専門学校はいずれも定員があって、留学生を収容出来ない状況にあるということに鑑み、清朝政府は各高等専門学校に日本人学生の定員外に清国留学生のための定員を設けて、毎年継続的に留学生を受け入れるよう求めるという趣旨であった。この計画は三年間を期限とし、合計 180 名を派遣するものであった。具体的にこれを見ると、

高等学校 50 名　　　法科 10 名、文科 5 名、工科 12 名、理科 10
　　　　　　　　　　名、農科 8 名、医科 5 名
高等師範学校 25 名　国語漢文 2 名、英語 5 名、歴史地理 6 名、数
　　　　　　　　　　物化 6 名、博物 6 名
高等工業学校 50 名　応用科学科 16 名、電気 8 名、機械 6 名、染織
　　　　　　　　　　4 名、土木 4 名、
　　　　　　　　　　窯業 2 名、図案 2 名、建築 2 名、醸造 2 名、
　　　　　　　　　　冶金 2 名、造船 2 名

1　沢柳政太郎「対清教育談」『東邦協会会報』1907 年 2 月 20 日。前掲『近代日本のアジア教育認識－明治後期教育雑誌所収中国・韓国・台湾関係記事―』第 22 巻、292 頁。

高等商業学校 25 名

高等農林学校 15 名　農科 7 名、林科 7 名、獣医科 1 名

専門医学校 15 名　　医科 10 名、薬科 5 名

という内容であった[1]。

その後、清朝政府は、駐日公使館を経由して、この計画にもとづいて文部省と何回も交渉を重ねた。その結果、1907 年 8 月清朝政府と文部省との間で政府間教育委託協定「五校特約」が締結されるのである。その要領は次のとおりであった。

① 1908 年よりの 15 年間にわたり、清朝政府は一高に 65 名、東京高等工業学校（以下、東京高工と略記）に 40 名、東京高師に 25 名、千葉医学専門学校（以下、千葉医専と略記）に 10 名、山口高等商業学校（以下、山口高商と略記）に 40 名、合計 165 名の官費留学生を派遣する。

②経費に関して、建築費や経常費などの教育費は清朝政府が負担し、毎年公使館を通じて留学生 1 名に 200 円を各学校に納める。

③五校の入学試験に合格した者は、官費生として採用されるので、その学費と滞在費として、一人に年間 650 円が支給される。これらの総費用は各省が共同で負担する[2]。

この「五校特約」の所要経費は各省がともに負担するが、特約校の入学は各省からの入学人数には規制がなく、完全に自由競争によるとされた。五校入学をめぐる競争はかなり厳しいものであった。1909年五校受験生数及びその合格人数を一高、東京高師及び山口高商の場

1　駐日本公使楊枢より外務大臣林董あて、1907 年 1 月 10 日。『在本邦清国留学生関係雑纂　陸海軍学生外ノ部』。

2　当初、高等農林も清朝政府によって特約の対象とされたが、具体的に交渉が進められている過程で、各農林学校が要求する経費が清朝政府の負担をはるかに超えたこともあり、また東京帝大農科大学実科及び盛岡農林、札幌農学校などにそれぞれ 3 ～ 4 人を受け入れてもらうことは可能とされたので、高等農林は特約の対象に入れられなかった。「学界記事　遊学計画」清国遊学日本学生監督処『官報』第 8・9 期合訂本、1907 年 8 月。

合を例に見てみよう。

表 1-1 1909 年特約校受験生数及び合格者数　　単位：人

学校	受験者数	合格者数	合格率
一高	428	50	11.68%
東京高師	106	27	25.47%
山口高商	139	23	16.55%

出典：呂順長「清末『五校特約』留学と浙江省の対応」『中国研究月報』1998
年 2 月号、25 頁。

多くの中国人留学生が特約五校に殺到した理由は学費問題にあっ
た。前述したように、清朝政府は高等教育機関の入学を奨励するた
め、1906 年 10 月、各省に日本の高等学校・専門学校・大学などの高
等教育機関に進学する留学生に対して官費を支給するよう命じたが、
「五校特約」成立後、その経費も各省が分担するため、各省の負担が
重くなり、次第にすべての高等教育機関入学者に対する官費提供が難
しくなった。そこで、1908 年に清朝政府は各省の負担を軽減するた
め、新たな規程を作り、官費提供の範囲を官立高等教育機関に在籍し
ている農・工・理化・医学の四つの専攻の留学生に限ることとした。
ただし、特約五校に入学した留学生だけはこの制限を受けなかった。
その結果、五校以外の官立高等教育機関に合格しても必ずしも官費を
獲得できる保証がなくなったため、官費獲得の約束がついている特約
校に留学生が殺到することになるのである[1]。

　1911 年、清の学部はアメリカが北京で留米予備校・清華学校を設
立したのに倣って、北京に高等五校予備学堂を設置するよう上奏し、
裁可されたが、同年 10 月辛亥革命の勃発により、この計画は中止さ
れた[2]。ただし、「五校特約」そのものは新たに成立した中華民国によ
ってそのまま受け継がれていった。

1　前掲『留学教育』288 頁。
2　松本亀次郎『中華留学生教育小史』1931 年、29 頁。前掲『中国近現代教育
　　文献資料集 2』。

2. 特約校の特設予科

　「五校特約」が成立する以前、中国人留学生が高等専門学校に入った例もあったが、それらは特例として取扱われ、継続的なものではなかった。「五校特約」が成立した後、特約校に入学した留学生は高等教育機関へ進学する道が開かれた。しかし、特約校の選抜試験を経て入学した留学生が直ちに高等専門学校本科に入学したのではなかった。留学生のために特設の予科が設けられたのである。特約校のうち、1906 年にすでに特設予科を設置していた東京高工は、「五校特約」実施校になった後も、その特設予科を続けていった。このほか、一高や山口高商は 1908 年に、東京高師は 1918 年に、本科に入ろうとする中国人留学生を対象にそれぞれ特設予科を新設した[1]。

　当時、清国遊学日本監督処が発行した『官報』には、特約校における特設予科の開設をめぐる記録が残されている。それによれば、特設予科新設の意味は、普通学の不足を補うところにあるというが、普通学の不足ということに関しては、弘文学院などの私立留学生教育機関の普通科の修業年限をさらに一年間延長させることで解決できるのに、何故にわざわざ高等専門学校に特設予科を新設する必要があるのかという疑問が出された。それに対して、次のような三つの理由が挙げられていた。

　①普通科の修業年限がすでに二年から三年に延長されたため、さらに一年延長すると、留学生の抵抗を招く恐れがある。

　②留学生のために設立された私立の留学生教育機関は信頼できないものが多い。

　③高等専門学校に特設予科を設けるのは、専門と関係のある科目を

1　各校に設置された留学生のための準備科は特設予科、特別予科、特別準備科など名称がさまざまであったが、本書では便宜上、特設予科と統一して使用する。

重点的に教授することができるため、勉学上、より能率的である[1]。

　以下、各特設予科の概況を見てみよう。

　東京高工が初めて中国からの留学生を受け入れたのは 1901 年で、その年応用化学科に 2 名、機械科 1 名、電気化学科 1 名がそれぞれ入学した。同年 11 月の「文部省直轄学校外国人特別入学規程」を受け、東京高工は、外国人留学生を選科生として入学させる「選科生制度」を制定した[2]。その後、留学生が年と共に増加していくのに伴い、留学生たちは選科生としてではなく、本科生として入学することを強く要望するようになった。そこで、1905 年 2 月に東京高工は各本科課程の教授を受けようとする者のために特別生規程を制定し、1906 年 1 月より実施することに決めた。この規程により、同校は本科に入ろうする留学生のために一年間の特設予科を新設し、数学、物理、化学、日本語、英語、図画、体操などの準備的教育を施し、終了試験に合格した者を本科に入れることとした[3]。「五校特約」の実施校になった後も、この規程はそのまま続けられた。初年度たる 1908 年度には、特設予科応募者 255 名が選抜試験に参加し、その内 58 名が入学を許可され、以後入学者数は「五校特約」の結果として、急増していった[4]。

　これら東京高工特設予科に学んだ留学生のなかには、中国の現代数学のパイオニアとして著名な陳建功と蘇歩青がいる。陳は 1913 年来日し、1914 年東京高工特設予科に入学し、翌年本科に進級し、1918 年卒業した。その後一度帰国後、浙江にある工業学校で教職に就いたが、1920 年再び来日して東北帝大に入学した。1923 年卒業して後、

1　前掲「学界記事　遊学計画」。引用文は筆者が訳したもので、原文は以下の通りである。「普通年限已増至三年再増則学生不願故於高等専門設予科使之出於不覚可無反抗之事一也此間専我国学生所設之学校多不可恃徒増年限於学問未必有益二也於高等専門設予科即可各以其関係最要之科目分別予備可省無数時日三也」。

2　『東京工業大学百年史　通史』東京工業大学、1985 年 5 月、215 頁。

3　同上、218 頁。

4　同上、221 頁。

一時武昌大学教授となったが、1926 年には三度目の来日を果し、東北帝大大学院に入学し、1929 年理学博士号を取得し帰国した。蘇歩青も 1920 年東京高工特設予科に入学し、その後本科に進学して 1924 年卒業した。蘇はそのまま東北帝大の数学科を受験して入学した。その後大学院に進学し、1931 年博士学位を取得した。その後蘇は、陳とともに中国現代数学の分野で大きな役割を果たすことになる。

　山口高商は 1906 年 10 月、「清国優等学校にして相当学力あるもの約五名」[1] を無試験入学させた。「五校特約」該当校になった後、1908 年 4 月に修業年限一ヶ年の特設予科を特設し、特設予科修了後、留学生を同校の本科に編入することとした。入学資格は「品行方正にして在本邦清国当該官吏の推薦に係り入学試験に合格したる男子たること」とし、収容人員を 25 名とした[2]。特設予科のカリキュラムは下表の通りである。

表 1-2　山口高商特設予科授業科目と授業時間

学科	毎週教授時数	細目
倫理	1	道徳ノ要旨
日文	5	日本時文ト解釈、書取及日用文
歴史	2	世界史
地理	2	世界地理
数学	6	算数、代数、幾何
博物	2	動物、植物、鉱物
物理	2	全体
化学	2	無機、有機
英語	10	訳読、書取、習字、文法、作文、会話
体操	3	兵式
計		35

出典：『山口高等商業学校沿革史』1940 年 2 月、632 頁。

1　『山口高等商業学校沿革史』1940 年 2 月、631 頁。
2　同上、631 頁。

　1908 年特設予科に入学したのは 26 名で、入学試験は行われなかった。1909 年以降、日本語、英語、数学、物理、歴史などについて入学試験を課することとなり、1909 年に 26 名、1910 年に 27 名、1911 年には 29 名がそれぞれ入学し、その数は毎年定員を上回っており、1911 年には清国留学生の総数は 99 名に達する有様であった[1]。ところが、この年留学生による集団退学事件[2]が発生し、留学生 81 名が退学した。その結果、特設予科制度は廃止され、「五校特約」該当校としての機能もなくなった。

　その後、山口高商に代えて、特約校に準ずるものと位置づけられたのは、安川敬一郎によって福岡に作られた私立明治専門学校（以下、明治専門と略記）であった。1917 年明治専門学校は「特別入学規程」を制定し、中国人留学生のために一年三ヶ月の特設予科を創設した。1918 年に中国政府教育部は、各省あてに明治専門学校入学者に対し官費 10 名分の枠を与える旨を通知した。それにともない、同校の入学試験をめぐる競争は非常に激しいものとなった。

表 1-3 明治専門特設予科入学状況（1917 〜 22 年 ）　単位: 人

年度	1917	1918	1919	1920	1921	1922
志願者	117	192	210	211	128	109
入学者	7	8	9	7	6	6

　出典：野上暁一編著『九州工業大学へ　明治専門学校 40 年の軌跡』明専史刊行会、1994 年 5 月、147 頁。

1　前掲『山口高等商業学校沿革史』、632 頁。

2　1911 年第三学年留学生にして朝鮮満州方面への旅行に参加する希望を申し出たが、学校側は満州は彼等の故国の一部であることを理由として、旅行地を朝鮮方面に決定した。この事と関係ない第二学年の留学生はかえって所定の東京旅行を拒絶した。その後、留学生は新聞紙に清国学生一同の名をもって学校を非難したところ、学校側は二名の留学生を停学処分に付した。それに対して、予科生全員を含む同校留学生の大多数がこの処罰を不当として、同盟退学を行った。前掲『山口高等商業学校沿革史』673 〜 674 頁。

　東京高師の場合、すでに 1896 年に校長嘉納治五郎が清国最初の留学生 13 名を受け入れたが、「五校特約」成立後の 1908 年 6 月に初めて外国人特別入学規程細則を定めた[1]。当初、東京高師は日本人学生に対しても予科一年と本科三年の四年学制を採用していたため、留学生をも最初から日本人学生と予科で共学させ、留学生のための特設予科を設けていなかった。大正後期に至り、東京高師は従来の予科一年と本科三年の学制を本科四年制に改めたが、留学生には学力特に日本語に不備があるため、日本人学生と同一の課程を修めることは困難であるとして、1918 年 4 月から留学生のために特設予科を設置し、一年間予備教育を施し、それにより日本語と一般学科の学力補充を図ることに改めた。特設予科創設当時、志願者は非常に多く、募集人員の約七〜八倍に上って非常な盛況であった[2]。1918 年に 35 名、1919 年に 36 名、1920 年に 35 名、1921 年に 33 名、1922 年に 33 名が東京高師特設予科に入学した[3]。

　一高は 1899 年から清国留学生を受け入れはじめたが、留学生のための特設予科が設置されたのは「五校特約」該当校になってからの 1908 年 4 月のことである。一高特設予科修了者は第一〜第八の高等学校本科（当時大学予科という）に配分され、さらに帝国大学への進学が予定されているため、五校の中では競争率が最も高かった。一高特設予科の詳細について後述することにする。

　千葉医専は 1908 年から毎年 10 名あまりの中国人留学生を受け入れたが、特設予科を設けたという記録は残されていない[4]。

1　『創立六十年』東京文理科大学・東京高等師範学校、1931 年 10 月、145 〜 146 頁。
2　馬上孝太郎「本校特設予科に就て」『日華学報』第 5 号、1928 年 9 月、104 頁。
3　同上、105 頁。
4　1911 年の辛亥革命に際して、千葉医学専門学校の留学生は学校からの許可を得て、一時帰国し、赤十字隊で中国で傷病者の救護にあたった。小島淑男『留日学生の辛亥革命』青木書店、1989 年、見城悌治「明治〜昭和期の千葉医学専門学校・千葉医科大学における留学生の動向」『国際教育』第 2 号、2009 年 3 月。

第三節 「五校特約」の解約

1. 「五校特約」下の留学状況

　1908 ～ 10 年の三年間、「五校特約」により五校に入学した留学生は 460 名に及んだ[1]。その後も各特約校の留学生受け入れ数は年々増加していき、「五校特約」は着実に実行に移された。下表のように、各特約校は「五校特約」が成立する以前、すでに文部省直轄の同類学校の中で中国人留学生を最も多く受け入れた学校であったが、「五校特約」締結後の留学生受け入れ数は締結前の受け入れ数をはるかに超えた。また、一高特設予科設立後、その修了者は第一～第八高等学校に配分され、さらに帝国大学に進学するため、各高等学校と帝国大学における留学生の人数も年とともに増えていった。この時期、中国人留日学生の実数は全盛期と比べて減少したが、各特約校を中心に、文部省直轄高等専門学校における留学生受け入れ数は年ごとに増加していった。「五校特約」の締結は文部省直轄高等専門学校の中国人留学生受け入れを大いに促進したと言える。

表 1-4 文部省直轄学校留学生在籍者数　　　　単位：人

学校類別	学生数（1907 年）		学生数（1914 年）		学生数（1919 年）	
	計	学校名	計	学校名	計	学校名
帝大	45	東京（35）京都（10）	101	東京（45）京都（20）東北（33）九州（3）	158	東京（87）京都（43）東北（11）九州（13）北海道（4）
官公立大学	19	札幌農科（19）	—	—	—	—

1　『中国人日本留学史』106 頁。

	高師	46	東京（44） 広島（2）	82	東京（72）広島（4） 東京女師（6）	155	東京（113）広島 （33） 東京女師（9）
	高校	58	一高(31) 二高(5) 三高(13) 五校(3) 七高（6）	134	一高(62) 二高(14) 三高(13) 四高(5) 五高(11) 六高(11) 七高(10) 八高(8)	227	一高(82) 二高(21) 三高(21) 四高(20) 五高(24) 六高(20) 七高(17) 八高(22)
専門学校	高農	9	盛岡（9）	10	鹿児島（10）	11	鹿児島（4） 東京 蚕糸（7）
	高工	98	東京（73） 京都工芸（2） 大阪（23）	198	東京（140）大阪 （30） 京都工芸（9）名 古屋（14）熊本（1） 秋田鉱山（4）	264	東京（206）大阪 （29） 京都工芸（11） 名古屋（9）秋田 鉱山（9）
	高商	41	東京（41）	42	東京（27）神戸（3） 長崎（7）山口（5）	53	東京(28)神戸(15) 山口（10）
	外語・ 美術・ 音楽	28	東京外語（15） 東京美術（4） 東京音楽（9）	19	東洋美術（12） 東京音楽（7）	32	東京外語（2）東 京美術（13） 東京音楽（17）
	医学・ 歯学・ 薬学	19	千葉（18） 長崎（1）	79	千葉(38)岡山(12) 金沢(1) 長崎(28)	58	千葉(38)岡山(5) 長崎（15）
	その他		―	1	東京聾唖（1）	1	東京聾唖（1）
	計		363		666		959	

出典：二見剛史・佐藤尚子「中国人日本留学史関係統計」『国立教育研究所紀要94集 アジアにおける教育交流―アジア人日本留学生の歴史と現状―』1978年3月。

2. 中国側の解約申し入れ

　前述した通り、特約校の入学は完全に学生個人の自由競争によって決まるものであった。しかし、当時中国における各省の教育レベルの差は極めて大きく、特約校の入学者数も各省間に相当の開きがあった。そのため、吉林、安徽、貴州など、留学生数の少ない省は当初からそれぞれの省に課せられた五校留学費用に対する支払いに消極的で

あった[1]。とくに民国期に入って以後、軍閥相互間の混戦が続き、政治的・社会的な混乱がもたらされる一方、軍事費の増大が相次ぎ、教育経費の不足という事態となった。その結果、各省とも官費留学生経費の送付が滞ることになり、「五校特約」に伴う学費、施設費などの支給も難しくなった。こうした事態に対処して、文部省は1920年度から中国人留学生教育費を計上し、従来中国政府が負担することになっていた教育委託費を国庫より「五校特約」実施校に支出することとした。

それにもかかわらず、1921年1月中国政府は1922年の「五校特約」満期以後は、再契約しないことを文部省に通知した。その理由として、次のようなことが挙げられていた。

一、各省官費生ハ皆定額アリ、留日学生ハ特約関係アルヲ以テ、毎年ノ補助額ハ四校ノ新入生ヨリ先補助ヲ為スニ依リ、四校以外ノ官立高等以上ノ各校ノ自費生ハ、成績優良ナル者ト雖モ補助ヲ受クルノ機会ナク、事実上ニ於テ公平ヲ欠クニ似タリ。解約後ハ日本官立高等学校以上ノ学校ノ留学生ハ、悉ク成績優良ナルヲ標準トシテ補費ヲ行フ方法ヲ以テ、自費生ノ向学心ヲ督励ス

二、原案ニ因レハ、試験ヲ行ヒ官費ヲ補給スルノ規定ナルヲ以テ、国内ノ学生ハ踵ヲ接シテ東京ニ来リ試験ニ応ス。試験ニ落第セル者ハ少数ノ自費留学ニ堪フル者ヲ除キ、其他ハ進退ニ窮シ種々ナル困難ヲ生シ、学生ノ風紀頽廃ヲ見ルモ、解約後ニ於ケル此種ノ現象ハ三四校ニ止マルヘシ。光緒年間国内ノ学校未タ発達セス。故ニ特約選派ヲ為シタリ。今ヤ選派ノ留学生ハ、少クトモ曽テ本国ニ於テ専門高等学校本科ノ卒業生ナリ。故ニ外国ニ赴キ高深ノ研究ニ従事センコトヲ期ス[2]。

1　呂順長「清末『五校特約』留学と浙江省の対応」『中国研究月報』1998年2月号、25頁。
2　警視総監より外務省亜細亜局長あて「支那留日学生特約ニ関スル件」1921年1月19日。『在本邦清国留学生関係雑纂　雑ノ部』第3巻。

　つまり、①「五校特約」の関係で官費の定員が限られているため、特約校以外の各学校における優秀な私費留学生にとって不公平である、②多くの自費生が特約校の入学試験に参加するため日本に赴くが、試験に落ちた者の中には不法残留の者が多い、③国内の教育の整備により、高師、高工などの専門教育はなるべく本国において行う方針を採り、留学生にはさらに高深の研究に従事することを期待する、というのである。

　中国政府の満期解約の申し入れを受けて、京都帝大日本人学生長岡武雄は、「日支親善」には中国人留学生を受け入れるのが最も策を得たるものであるとして、留学生と連携して特約継続運動を行おうと計画した[1]が、留学生のなかでこれに応ずるものはなかった。留学生が特約の継続を希望しなかったその理由として、次のようなことが挙げられていた[2]。

　①日本の学者の多くは欧米の学者の説をそのまま講読するに過ぎない。日本に留学するより、文化の元としての欧米に学ぶほうが捷径である。

　②物価騰貴の日本に留学するより、生活しやすい、中国人を優遇する欧米へ留学するのが得策である。

　つまり、この中国側の解約の申し入れは、各省の財政状況のほか、当時中国における日本留学に比べてのアメリカ留学への評価の高まりとも関係があったと考えられる。

　「五校特約」は満期解約されたが、「五校特約」の解約により廃止されたのは、解約にともなって「俄然志願者劇減した」[3]東京高師特設

1　警視総監より外務省亜細亜局長あて「支那留学生特約廃止問題ニ関スル本邦人ノ行動」1921年4月27日。『在本邦清国留学生関係雑纂　雑ノ部』第3巻。

2　警視総監より外務省亜細亜局長あて「指定官費学校継続運動ニ対スル在京支那学生ノ言動」1921年3月2日。『在本邦清国留学生関係雑纂　雑ノ部』第3巻。

3　馬上孝太郎「本校特設予科に就て」『日華学報』第5号、1928年9月、105頁。

予科だけであり、一高と東京高工の特設予科は廃止されることなく、「東方文化事業」の傘下でさらに整備されていくことになるのである。

　解約後、官費を目当てとする私費生の新渡来が逐次減少していくことになり、中国人日本留学者数の減少傾向は、この「五校特約」の解約により止められない趨勢になったと日本の留学生教育関係者は憂慮していた[1]。

　日本留学全盛期における速成低質の留学教育の弊害が反省される中、「五校特約」が締結され、中国人留学生に対して日本の高等専門学校ないし帝国大学の門戸がはじめて開かれた。特約の成立によって、日本の高等専門学校ないし帝国大学で勉強する中国人留学生の数が留学生全体に占める割合は従来より一挙に高くなった。「五校特約」が中国人日本留学生のレベルアップを促進したといえる。特約実施校では、この特約にもとづいて各校本科に進学しようとする留学生のために、予備教育機関としての特設予科が設置された。これは特設予科制度の始まりであった。

　1922年に至り、中国各地方政府の財政困窮とアメリカの中国人海外留学における影響力の増大などにより、「五校特約」が満期解約されたが、特設予科制度はそのまま存続され、「東方文化事業」の傘下でさらに整備されていくことになるのである。

1　警視総監より外務省亜細亜局長あて「東亜予備学校長松本亀次郎ノ言動」
　　1921年1月22日。『在本邦清国留学生関係雑纂　雑ノ部』第3巻。

第二章 「東方文化事業」による特設予科の整備

　1923 年に近代日本最大の対外教育文化事業である「東方文化事業」が発足した。「東方文化事業」は中国における勢力争奪をめぐる国際競争の中で生み出された事業であり、アメリカの義和団事件賠償金による中国人留学生受け入れ事業の好成績に刺激された結果であった。留学生受け入れにおける日本のアメリカに対する敗北は「東方文化事業」が成立するに至るまでの重要背景であり、留学生受け入れ態勢の整備は当然、同事業発足後の重要な内容となった。留学生への学費補給と並行して、留学生予備教育機関の整備が留学生教育事業の重要な一環として進められていく中、「五校特約」期に作られた特設予科制度は「東方文化事業」の下で整備・拡大されることになる。1925 年「東方文化事業」を主導した外務省文化事業部は留学生予備教育の態勢を拡大・改善するため、文部省との協議を経て、一高、東京高工のほか、東京高師、広島高等師範学校（以下、広島高師と略記）、長崎高商、明治専門、奈良女子高等師範学校（以下、奈良女高師と略記）の官立高等専門学校にも特設予科を新設させた。

　本章では、まず第一節では「東方文化事業」の発足背景としてアメリカの義和団事件賠償金による留学生受け入れ事業の展開過程及びその結果を中心に考察する。第二節では大正期の日本における留学生受け入れ状況を考察した上、「東方文化事業」による留学生受け入れ態勢の整備の主要内容を紹介する。第三節では「東方文化事業」の下で

の各校特設予科の留学生教育の実態を明らかにする。

第一節　アメリカの義和団事件賠償金による留学生受け入れ事業の展開

1. アメリカによる中国教育文化事業への働きかけの始まり

　前述したように、中国人の日本留学は1905〜06年頃にピークを迎えたが、その後、急速に減少していき、辛亥革命の時点では、1400人にまで激減していった。辛亥革命後、留学生が再び来日するようになり、1914年頃に第二次留日ブームを迎えたが、かつてのような盛況に戻ることはなかった。それと対照的に、留学生は欧米とくにアメリカに赴くようになった。その背景として、アメリカ側の留学生受け入れにおける積極的な働きかけがあった。

　周知の通り、中国人最初のアメリカ留学生は1847年アメリカマサチュセッツ州のモンソン・アカデミーに入学した容閎であった。彼はのちにエール大学に学び、1854年に卒業し、帰国した。彼の提案に基づいて、1871年に曽国藩、李鴻章が船政・軍政を学習させるために年齢12〜16歳の幼童120名を四回に分けてアメリカに派遣した。しかし、この留学生派遣事業は保守派官僚の反対でのちに挫折し、その以後20年近くアメリカ留学は途絶した。20世紀初頭に、アメリカは中国進出の遅れを取り戻すため、「門戸開放」主義を打ち出し、中国市場における各国の機会均等を主張して、さまざまな面で中国への進出に力を注ぎ始めた。その中で、留学生受け入れなどの教育文化の面からの働きかけが積極的に進められた。1907年政治考察大臣の一

人としてアメリカを訪問した両江総督端方に対するエール大学、コーネル大学及びウエスレー女子大学の中国人留学生無償受け入れの申し出がまず挙げられる[1]。次にキリスト教宣教会が中国教育文化事業に対する関心を深め、中国人留学生の受け入れ事業に大きな役割を果したことである。宣教会はキリスト教伝道の手段として、中国各地にキリスト教系の教育機関を数多く設立した。それらの教育機関のなかには、20世紀初頭以来高等教育機関に昇格していくものが相次いだ。燕京大学、聖約翰大学、金陵大学、斉魯大学などはその代表的な存在であった。これらの教育機関は優秀な人材を網羅すると同時に、その卒業生をアメリカ本国に留学させることにも熱心であった。これら中国人留学生をアメリカに招致するため、宣教会は中国側に働きかけただけでなく、日本に赴いてまで、勧誘の努力を惜しまなかった。東京の神田青年会館に「中国基督教青年会」を設けて英語教授を行い、留学生をアメリカへ留学に行くよう力説したり、キリスト教青年会が駐日公使館の熱心な援助の下で、中国人教育に関係ある日本諸学校について、そこでの在学者数や、修業年限、授業科目、教授法、学費、寄宿舎などについて、詳細な調査を行ったりしたのは、その現れであった[2]。

2. 義和団事件賠償金の返還と清華学校の成立

このようなアメリカ側の様々な動きの中で、中国人のアメリカ留学をいっそう活発化させたのは、アメリカ政府による義和団事件賠償金の一部返還とそれによる官費留学生派遣制度の発足であった。

義和団事件賠償金は1900年（庚子年）義和団運動に関する賠償金

---

1 前掲「中国近代における海外留学の展開−日本留学とアメリカ留学−」『国立教育研究所紀要 アジアにおける教育交流−アジア人日本留学の歴史と現状』第94集、13頁。

2 前掲『中国人日本留学史稿』213頁。

のことで、庚子賠款ともいう。1900年に八ヶ国連合軍が北京に侵入して、反帝国主義の義和団運動を鎮圧した。その結果として、1901年9月に清朝政府が、参戦した各国と『辛丑条約』を結ぶことになり、賠償金として総額4億5000万テールを4分の利子で39年間にわたって各国に支払うことを義務付けられた。前述したようなアメリカにおける中国人教育文化事業への関心が高まっている中、1908年5月にアメリカ合衆国上下両院は共同決議を以って義和団事件賠償金の実際損害額を超過した分を中国に返還し、それを中国人留学生受け入れ事業に用いることに決定した。

1909年7月、選抜、監督などの留学生派遣に関する一切の業務を取扱う「遊美学務処」（遊米学務処）が北京に設立され、9月に選抜試験を行った結果、600名の応募者から47名が選ばれて直ちにアメリカに派遣された。次いで1910年8月及び1911年7月、それぞれ70名と62名が試験に合格し、アメリカに赴いた。1910年には「遊美学務処」に留学予備教育を施すための肄業館も付設されたが、辛亥革命により一時閉鎖され、実際に留学生予備教育機関として役割を果しはじめるのは、1912年5月「清華学校」と改称された後のことである。清華学校の創立後、「遊美学務処」は廃止され、留学生派遣事務が同校によって取扱われることになった。

開校当時の清華学校の教職員は教師アメリカ人18名、中国人15名、職員31名であったが、中国人教員の多くはアメリカ留学経験者や中国国内のキリスト教系の学校の出身者であった[1]。清華学校の学制は中等科四年と高等科四年から構成されており、それぞれアメリカのハイスクールとジュニアカレッジをモデルにしたものである。その課程設置について、授業科目のうち英語が最も重視され、一部の国学関係科目のほか、すべて英語で行われていた[2]。高等科ではアメリカ史も教授されていた。このカリキュラムの特徴から同校がアメリカの学校

1　前掲『中国人日本留学史稿』、19頁。
2　蔡孝敏「清華大学史略」陳明章編『国立清華大学』1981年、44頁。

に入学するための予備教育の学校としての色彩が極めて濃厚であった
ことがうかがわれる。

表2-1 清華学校中等科授業科目と時間数（1913年現在）単位：時間

教科目	第一学年	第二学年	第三学年	第四学年
修身	1	1	1	1
国文	5	5	5	5
中国歴史	2	2		
中国地理	2	2		
世界地理			3	3
英文読本	5	5	5	4
英文文範例句	3	3	4	
英文文範作詞学				3
英文作論				2
黙写	2	2	2	
習字	1			
英語会話		1	1	1
算術	3	3		
代数			3	3
博物	3	3		
衛生				1
化学				2
手工			2	2
図画	2	2	2	1
音楽	2	2	2	1
体操	1	1	1	1

表2-2 清華学校高等科授業科目と時間数（1913年現在）単位：時間

教科目	第一学年	第二学年	第三学年	第四学年
修身	1	1	1	1
国文	3	3	3	3

英文学	4	6	5	8
修辞作論	3			
独・仏語		5	5	
通史	3			
上古史		4		
中古史			4	
アメリカ史				4
地理	3			
生理	3			
物理	2			
化学	2			
高等算術			1	
平面幾何	3			
経済				2
政治				2
手工	2			
体操	1			1

出典：荘兪「参観清華学校紀略」『教育雑誌』第 6 巻第 5 号、1914 年 8 月。

1912 年以来、20 年代前半にかけて、清華学校は毎年少なくても数十名の卒業生が義和団事件賠償金による官費留学生としてアメリカに派遣されており、総数は 1300 名近くを数えた。

表 2-3 清華学校学生数の推移（1912 ～ 21 年) 単位：人

年度	中等科	高等科	合計
1912 年	240	120	360
1913 年	238	175	413
1914 年	239	177	416
1915 年	291	177	468
1916 年	330	238	568
1917 年	330	321	651

1918 年	335	330	665
1919 年	290	367	657
1920 年	212	352	564

　出典：『清華週刊』1925 年 4 月、6 〜 7 頁。阿部洋「中国近代における海外留学の展開－日本留学とアメリカ留学—」『国立教育研究所紀要　アジアにおける教育交流—アジア人日本留学の歴史と現状』第 94 集、1988 年 3 月、19 頁。

表 2-4　清華学校における留学生の派遣状況（1909 〜 29 年）　単位：人

1912 年	1913 年	1914 年	1915 年	1916 年	1917 年	1918 年	1919 年	1920 年
16	43	44	41	52	42	82	71	79
1921 年	1922 年	1923 年	1924 年	1925 年	1926 年	1927 年	1928 年	1929 年
96	63	91	63	70	70	61	47	47

　出典：阿部洋「中国近代における海外留学の展開—日本留学とアメリカ留学」『国立教育研究所紀要　アジアにおける教育交流—アジア人日本留学の歴史と現状』第 94 集、1988 年 3 月、21 頁。

　これらの官費留学生のほか、すでにアメリカの各大学に在学する私費留学生に対しても 1909 年以来毎年 50 名を定員とし、清華学校基金会から年に 500 ドルの補助金が支給されていた。これらの「半費生」を加えると、義和団事件賠償金に基く清華留学生は総数 1800 人に達していた[1]。

　清華留学生のアメリカでの修業状況について、1925 年当時すでに帰国していた留学生 584 名を例として取り上げると、次のようになる。まず彼らの入学先のうち、人数の多かった上位十校は、コロンビア大学 109 名、コーネル大学 70 名、ハーバード大学 67 名、MIT64 名、ウイスコンシン大学 41 名、イリノイ大学 39 名、シカゴ大学 33 名、コロラド大学 17 名、エール大学 15 名、ニューヨーク大学 15 名、

1　清華大学校史編写組『清華大学校史稿』1981 年、68 〜 69 頁。

プリンストン大学 13 名で、名門校に集中していた[1]。次に彼らの学位取得状況では、584 名のうち、102 名（17.5％）が学士学位を、225 名（38.5％）が修士学位を、57 名（9.8％）が博士学位を取得していた。彼らの帰国後における社会的活動状況を見ると、教育や技術者、実業の三分野に集中しており、その中で胡適、蒋夢麟、馬寅初、竺可楨など、その後中国各界で指導的な役割を果した人材が多かった[2]。

3. アメリカ留学の隆盛とアメリカ留学出身者の活躍

1920 年代中期頃から、清華学校に対する批判の声が浮かび上がるようになった。

まず、清華学校の教育内容がすべてアメリカ色濃厚であり、そこの教育を受けた学生は中国人としての国民性を喪失することになってしまうという非難が出されていた。また、1920 年代半ば頃から、中国教育界における教育権回収運動の動きの中で、経営権が完全にアメリカ側に握られた清華学校はその運動の対象となった。さらに清華学校のアメリカ留学における特権的地位に対する批判が生じ、ほかの一般学校卒業生も官費留学の対象として採用すべきだ、という強い意見もあった[3]。

そうした批判の中で、清華学校は 1923 年以降、旧制度による学生募集を停止し、清華大学に改組していった。1928 年 8 月北伐を完成し、全国統一を実現した国民政府は、清華大学を接収し、これを純然たる国立大学に改組した。清華学校は 1929 年最後の留学生 47 名を

1 　前掲「中国近代における海外留学の展開―日本留学とアメリカ留学―」『国立教育研究所紀要　アジアにおける教育交流―アジア人日本留学の歴史と現状』第 94 集、22 頁。

2 　同上、23 頁。

3 　舒新城『近代中国留学史』中華書局、1927 年 9 月、248 頁。

アメリカに送ったことをもって留学予備教育機関としての機能を終了し、「国立清華大学」となった。アメリカ留学派遣事業も、従来のように清華学校卒業生を優先的にアメリカに派遣するという方式をやめ、一般大学卒業生に対する公開試験によって留学生を派遣するよう改められた[1]。

アメリカ政府も1924年5月に義和団事件賠償金の第二次返還にあたり、それを第一次返還時のように留学生教育のための経費とせず、図書館の開設や科学研究などの事業に支出する方針をたてた。

このように清華学校の官費留学生派遣事業は1929年頃より停止したが、清華留学生たちの教育、学術文化、政治、実業などの各分野における活躍ぶりはさらに次の世代のアメリカ留学を刺激した。義和団事件賠償金による清華学生官費留学制度が始まる前の1908年には、アメリカ各種教育機関で在籍していた中国人留学生は354名であったが、1916年末の統計では、1596名にのぼり、その内私費留学生が1155名で、全体の72％を占めていた[2]。また、その後まもなく、「民主」と「科学」をスローガンとした五四新文化運動が展開され、デューイやモンローなどアメリカ一流の思想家、教育家が相次いで中国にわたり、アメリカの思想文化を中国社会に急速に浸透させつつあった。そうしたこともあって、さらに多くの私費留学生はアメリカ留学を志向するようになった。

このように、アメリカの政府や宣教会、各大学が相互に密接に提携しつつ、一致してアメリカ教育文化の中国社会への浸透に努めている中、日本留学の低落傾向とは対照的に、アメリカ留学隆盛の時代が到来するのである。それにともなって、中国社会各分野においてアメリカ留学帰国者は大いに活躍するようになった。

1　前掲『「対支文化事業」の研究：戦前期日中教育文化交流の展開と挫折』947頁。
2　外務省『支那人教育ニ関スル欧米諸国及本邦ノ事業現況概要』1918年4月、16～17頁。『外国ニ於ケル支那留学生調査関係雑件』。

　アメリカ留学帰国者の活躍ぶりをコロンビア大学ティーチャーズカレッジ出身者を事例としてみてみよう。コロンビア大学の中国人留学生受け入れの歴史はきわめて長く、早くも洋務運動期には、唐紹儀、周寿臣、呉仲曽、張康仁などの留米幼童がコロンビア大学で勉強していた。また、義和団事件賠償金による官費留学制度発足後、コロンビア大学が清華留学生を最も多く受け入れていた。事実、同大学と近代中国とのかかわりの中で、とくに注目すべきなのは、同大学のティーチャーズカレッジの中国人留学生受け入れである。コロンビア大学ティーチャーズカレッジは当時世界の最大の教育研究センターであり、デューイやモンローなどのアメリカ一流の教育学者を集めていた。そうしたティーチャーズカレッジは開放的な態度で中国人留学生を受け入れていた。早くも10年代に、蒋夢麟、郭秉文、陶行知、陳鶴琴、張伯苓などの近代中国の代表的な教育家はそこで教育政策学や教育哲学、教育行政学などを勉強していた[1]。1923年2月、ティーチャーズカレッジはロックフェラー財団の資金援助を受けて、国際研究所を設立した。研究所成立後、毎年、世界各地から数多くの留学生と研究員が集まり、1923〜38年の15年間に、50ヶ国からの3652名の外国人がそこで勉強しており、その内、中国人留学生が565名に達し、カナダに次いで第二位であった[2]。

表 2-5 コロンビア大学ティーチャーズカレッジの中国人留学生
受け入れ数（1909〜44年）単位：人

年度	1909	1910	1911	1912	1913	1914	1915	1916	1917	1918	1919	1920
人数	1	2	3	5	6	5	8	12	14	20	20	22

1　陳競蓉「孟禄与中国留学生」『長江大学学報』第30巻第2期、2007年4月。
2　陳競蓉「哥倫比亜大学与中国留学生」『河北師範大学学報』第12巻第7期、2010年7月、32頁。

年度	1921	1922	1923	1924	1925	1926	1927	1928	1929	1930	1931	1932
人数	29	30	48	64	58	51	51	36	41	42	33	26
年度	1933	1934	1935	1936	1937	1938	1939	1940	1941	1942	1943	1944
人数	15	23	26	25	32	19	15	10	21	23	21	26

出典：沈嵐霞『20世紀上半叶美国対華教育伝播研究―以哥倫比亜大学師範学院為例』華東師範大学博士学位請求論文、2010年、71～72頁。

　1909～50年の間、コロンビア大学ティーチャーズカレッジで各種学位を取得した者は合計408名であり、そのうち理学学士学位18名、文学修士学位308名、理学修士学位7名、哲学博士学位32名、教育学博士学位13名、ディプロマ32名であった[1]。彼らは帰国した後、ほとんどが各級教育行政部門や高等教育機関、教育・学術団体に就職した。この408名のうち304名に対してその進路が調査されたところ、大学教授90人、中央や地方の教育行政官38人、学院院長36人、大学各学科主任20人、中学校校長13人、大学校長11人であった[2]。このように、中国の各教育機関や団体で活躍していた者のなかには、コロンビア大学ティーチャーズカレッジ出身者が多かった。

　教育界だけでなく、ほかの各分野でもアメリカ留学帰国者の活躍が見られ、中国国内における社会的リーダーシップは徐々に日本留学出身者からアメリカ留学出身者へ移行していった。

1　沈嵐霞『20世紀上半叶美国対華教育伝播研究―以哥倫比亜大学師範学院為例』華東師範大学博士学位請求論文、2010年、70～71頁。
2　前掲「哥倫比亜大学与中国留学生」35頁。

第二節　日本の留学生受け入れ事業と
「東方文化事業」

1. 留学生問題の浮上

　アメリカの義和団事件賠償金による中国人留学生教育事業の展開
は、日本の留学生教育関係者に強い危機意識を持たせるようになっ
た。例えば、1908 年 1 月、早稲田大学清国留学生部の青柳篤恒は次
のように述べた。

　（前略）殊ニ最近注意せざる可からざるの要あるものは、先般亜
米利加合衆国国会開院式に於て発表せられたる大統領ルーズブェル
トの教書是れなり。大統領教書の一節には腹蔵なく清国留学生誘引
に就て其抱懐せる政策を宣明せり。其要旨に曰く。
　米国は清国をして自ら漸次に欧州近代の制度を採用するの実力を
得せしむる為め実際に適する方法を以て支那人を教育するに就き助
力を惜しまざる可し、而して清国学生の米国留学を奨励し、米国の
各大学をして彼等を引附くることを努めしむるは此目的を達する一
の手段なり。
　今や米国は支那青年教育事業に対し従来の宗教的仮面を脱ぎ棄て
赤裸々なる政治的態度を以て其怪腕を揮ふを憚らざるに至れり。此
事業は愈々公然　国　際的競争　と　なり。露骨に此教書の
一切を評せしめば、是れ日本に対する　決　戦状なり　宣　戦の
布　告なりと受取るを得べし[1]。

---

[1]　青柳篤恒「支那人教育と日米独間の国際的競争」『外交時報』第 11 巻第 1 号、
　　1908 年 1 月 10 日。前掲『近代日本のアジア教育認識―明治後期教育雑誌所
　　収中国・韓国・台湾関係記事―』第 28 巻、186 頁。

　青柳篤恒は、義和団事件賠償金による中国人留学生受け入れ事業の展開を宣告したアメリカ大統領令を評して、中国人教育事業をめぐる国際競争において、アメリカが従来の宗教的仮面を脱ぎ捨て、赤裸々な政治的手段を以て臨むことに至ったとし、これを日本に対する宣戦布告であると捉えた。のちの歴史が証明しているように、青柳篤恒が憂慮していた通りに、アメリカの義和団事件賠償金による留学生受け入れ事業はアメリカの期待に応えて、大きな効果をあげ、中国人海外留学生の主流の日本からアメリカへの転換を促進するのである。

　留学生の人数だけではく、日本留学とアメリカ留学生をめぐって、「留日反日」「留米親米」という「奇怪な現象」[1]が生じた。アメリカ留学帰国者が大抵アメリカに対する感情が良好であったのに対して、留日帰国者は度々排日論者となり、排日運動の先頭に立った。1915年の日本が中国に対して提出した二十一ヶ条要求や1918年の日中秘密軍事協定[2]、1919年のパリ講和会議における中国の山東主権回収をめぐる問題などは激しく中国人の感情を刺激し、中国国内における民族ナショナリズムが高まり、「五・四運動」をピークとした大規模な反日運動が起こった。中国国内の反日ナショナリズムの高揚に呼応して、日本に留学している中国人留学生も学業を中断して、大規模の帰国運動をおこし、帰国後も反日運動の先頭に立つようになった[3]。

　この「留日反日」「留米親米」という現象の要因として、日本における留学生受け入れ態勢の不備が指摘された。例えば、『東京朝日新聞』には、1918年6月4日から六回にわたって掲載された上海特派員美土路昌一による社説「日本留学生と排日―列国の対支教育政策」

1　「支那人教育法の改善」『大阪毎日新聞』1918年6月19日。
2　第一次世界大戦中、ロシアで社会主義革命がおこると、日本は干渉戦争を準備し、中国を基地としてしようし、且つこれを機に日本の中国における軍事的影響力、支配力を一層強化しようと、1918年2月はじめから中国政府に軍事協定の締結を強要した。
3　小野信爾『五四運動在日本』汲古書院、2003年2月を参考した。

は、日本の留学生受け入れ態勢の不備と留学生の反日との関係を指摘した。

この社説では、該特派員は「支那の近き将来に於て、各国より帰朝せる留学生の勢力分布は、即ち本国の勢力分布である。換言すれば将来の支那は何国の勢力によつて支配さるゝかと云ふ問題にまで到達し得る」ため、「留日支那学生及び日本の各学校出身の支那人間に多年澎湃として漲れる排日思想について十分なる研究を行ふ事が、刻下の急務」[1]であると問題提起し、次いで、中国で見聞した留学先に対する感情をめぐるアメリカ留学帰国者と日本留学帰国者の差異を指摘した。

余が支那各地歴遊の途上、及び上海到着後数月間に見聞したる結果は日本学校出身者の殆ど全部は悉く排日派に変じて日に益其色彩を濃厚ならしめつゝある事である。(中略)一方に、米国の赤十字義金募集が米国大学出身の支那青年を以て組織せる米国大学協会及び女子大学協会の発起によつて主唱され米国総領事以下米国人と連合して日々非常なる成功を収めつゝあるが如きは非常なる皮肉と云はなければならぬ[2]。

続いて、彼は長文にわたって各国の対中国教育政策を分析し、その上で日本留学帰国者が排日論者となる原因は「一つは対支政策の錯誤により、一は留学生教育自体の缺陥によるものである」と述べた。「留学生教育自体の缺陥」について、具体的に、彼は「日本官民の冷淡」「教育営業者の無理解」「留学生の差別的待遇」「相互交際機関の絶無による誤解」「卒業後の無連絡」「就職に対する無保障」[3]などを列挙し、

---

1 「日本留学生と排日─列国の対支教育政策（一）」『東京朝日新聞』1918 年 6月 4 日。
2 同上。
3 同上。

留学生受け入れ態勢改善の必要性を力説した。

2. 留学生受け入れ態勢の整備をめぐる動き

こうしたなか、留学生教育がすでに中国における各国の勢力分布にかかわる重要な問題になっているということが、日本でも逐次深刻に認識されるようになった。その結果、日本も中国人留学生受け入れ態勢の整備に本格的に乗りだすことになった。

まず民間における留学生受け入れ態勢を改善する動きを見てみよう。

1918 年 4 月に設立された、留学生の世話団体としての日華学会はその代表的な例であった。1911 年 12 月辛亥革命のため学資が途絶した中国人留学生へ学資援助を行うため、第一銀行渋沢栄一・日本銀行高橋是清・三井物産山本条太郎などの実業家が発起人や出資者として「支那留学生同情会」を発足させ、留学生に学資を貸与するか、帰国の費用を援助した。1918 年 4 月、支那留学生同情会は、事業の残額金の処分について協議した。その結果、その残額金を用いて中国人留学生の世話機関日華学会を組織することになった。日華学会設立の趣旨は次のように書かれている。

日華両国ハ、古来修好尋盟互ニ関聯セル歴史ヲ有シ、特ニ封疆近接シ、自然ノ形情、唇歯輔車、相依ラサルヲ得サルモノアリ。(中略)方今中華民国ノ人、学術技芸ヲ研修センカ為、来東スル者多シ。是等負笈遠遊ノ人ハ、概ネ言語ノ不熟、住食ノ不便等諸般ノ事情ニ因リ、其ノ目的ヲ達スルニ於テ、障碍少カラサルカ如シ。然ルニ之ニ対シ紹介斡旋ヲ為スヘキ、施設ノ備ハサルハ、吾人ノ常ニ遺憾トスル所

ナリ。茲ニ聊其ノ闕漏ヲ補ハンカ為、日華学会ヲ設置シ、本会規程ニ
列記スル事項ノ遂行ヲ期セントス。惟フニ東亜ニ於ケル、文化ノ発達
ハ、育英ノ道ニ依ラサルヲ得ス。本会ノ事業ニシテ、日華両国共同ノ
福利ヲ増進シ、輔車相依ルノ一助トナルコトヲ得ハ、洵ニ幸甚トスル
所ナリ[1]。

　日華学会は「中華民国人ニシテ帝国ニ来リ留学シ、又ハ教育等ニ関
シ研究調査ヲ為サントスル者ノ為、諸般ノ便宜ヲ図ルヲ以テ目的」[2]と
して、留学生の入学退学などの紹介や、実地練習と見学の斡旋、研究
上必要な図書の収集と閲覧提供、留学生の在学する各学校及び教育者
間の連絡、留学生宿舎の選定など留学生の勉学から生活まですべて便
宜を提供することを業務内容としていた[3]。会長は枢密院副議長・元文
部大臣小松原英太郎で、理事は内藤久寛・山本条太郎・白岩龍平・浜
野虎吉らである。そのほか、顧問に渋沢栄一・沢柳政太郎・江庸ら
10名、評議員は寺尾亨・嘉納治五郎・佐野善作・松本亀次郎らの留
学生教育の実践者を含む36名からなっていた[4]。

　1919年6月、日華学会は留学生のための寄宿舎、予備教育機関及
び会館の新設と経営の費用として、文部省に国庫補助を申請し、1921
年5月、文部省より留学生寄宿舎設置に関する臨時費として補助金が
下付された[5]。同年文部・外務両大臣の許可を得て、日華学会は財団法
人となった。

　日華学会の事業の中で、寄宿舎の建設は最も重要な位置を占めてい
た。第一中華学舎、第二中華学舎、白山女子寄宿舎、翠松寮、人和町
女子寄宿舎、中野学寮などがそれであった。また、留学生の見学・実

1　『日華学会二十年史』1939年5月、5頁。前掲『中国近現代教育文献資料集2』。
2　「日華学会規程」『日華学会関係雑件』第1巻。
3　同上。
4　前掲『日華学会二十年史』22〜23頁。
5　同上、28頁。

習などの斡旋や各種団体への後援も行われた。毎年、夏期休暇に、海水浴や遠足、運動会なども企画されていた。1923年の関東大震災の際に、留学生の救援も日華学会を中心に行われた。それらの事業のほか、留学生予備教育も重要な事業内容とされ、1925年に日華学会は東亜高等予備学校を合併し、その経営主体となった。その詳細については第三部に譲る。

日華学会の設立のほか、東亜高等予備学校に対する実業界の支援、実業家望月軍四郎による成城学校留学生部に対する寄付、私立明治専門学校の中国人留学生受け入れなどもこの時期における民間による留学生受け入れ態勢の整備の動きとして挙げられる。

東亜高等予備学校成立の詳細については後に譲るが、簡単に述べると、辛亥革命後、留学生が再び日本に渡来し、彼らを受け入れる教育機関が必要となったため、1914年、留学生の需要に応えてかつて弘文学院の教師であった松本亀次郎が東亜高等予備学校を設立するのである。1915年7月、この学校の基礎を固めるため、渋沢栄一や伊集院彦吉らの呼びかけで「東亜高等予備学校賛助会」が組織され、資金募集が行われた。三井、三菱、満鉄などの会社のほか、服部宇之吉、加藤定吉などの実業家も寄付金を贈った。その後、東亜高等予備学校は私立の中国人留学生予備教育学校の中で、最も中核的機関としての地位を確立していった。

成城学校は明治期以来長く中国人留学生教育を携わってきたが、1918年、望月軍四郎がアメリカを訪問した際、アメリカにおける中国人留学生教育の充実ぶりに感銘を受け、それに対して日本社会があまりに留学生問題に無関心であることを慨嘆し、1919年2月当時成城学校校長だった沢柳政太郎に50万円を託して、留学生教育の資に供した。望月の寄付金により、成城学校は経営基盤が強固となり、東亜高等予備学校とともに私立の留学生教育機関の中で大きく実績を収めた学校となった[1]。

1　前掲「対支文化事業」の研究：戦前期日中教育文化交流の展開と挫折』126頁。

　また、前述したとおり、実業家安川敬一郎が福岡に設立した私立の明治専門学校も 1917 年に至り、「特別入学規程」を制定し、中国人留学生を収容して理工系専門教育を施すようになった[1]。

　そうした民間の動きとともに、政府もアメリカに倣って、義和団事件賠償金を留学生受け入れ事業に用いることによって、留学生受け入れ態勢改善のための方策を検討しはじめた。

　当時の中国駐在林権助公使は早くからアメリカに倣って日本も義和団事件賠償金を利用して中国人留学生教育の充実整備を行うべきことを主張していた。彼は 1917 年 12 月に外相宛ての上申の中で、義和団事件賠償金を中国人留学生養成の経費に用いて、日本における留学生教育施設の系統の確立を図ることを提言した。

　　尚ホ此機ヲ以テ附言致度ハ本邦ニ於ケル支那留学生ニ対スル教育施設ニ有之。右ニ関スル卑見ニ就テハ、本使今春帰朝中親敷ク及具陳置候次第モ有之、殊ニ米国ノ逸早ク決行シタルカ如ク団匪賠償金ノ一部ヲ減免シ、之ヲ以テ完全ナル支那留学生養成ノ経費ニ充当スル如キハ最モ望マシキ処ニ有之、現ニ米国留学生出身者ノ如キ衷心ヨリ親米主義ヲ懐抱シ、同志相糾合提携シテ、国事其他ノ各方面ニ於テ活動シツツアルニ拘ラズ、事実ニ於テ最多数ヲ占ムル日本留学出身者ガ、未タ強固ナル団体ヲモ組成スルニ至ラズ、甚ダシキハ其修養ノ地タル日本ニ対シテ悪感ヲ抱持シ、進ムテ排日運動ニ参与スル者アルヲ耳ニスルカ如キハ、畢竟支那留学生ニ対スル我教育施設ノ何等系統ノ確立セルモノナク、当該学校中往々営利的観念ニ囚ハルルノ致ス処ニ有之、誠ニ忽諸ニ付スベカラサル儀ト被存ニ付テハ日支関係ノ極メテ重大ナルニ鑑ミ、此際前顕本使具陳ノ次第ヲモ御高鑑ノ上団匪償金ノ減免其他ノ方法ニ依リ速カニ支那留学生教育施

1　明治専門の中国人留学生教育についての研究は主に陳昊『近代日本における中国人留学生受け入れに関する研究－明治専門学校、東京・九州帝国大学の事例に即して－』九州大学博士学位請求論文、2008 年がある。

設ノ完備セラルル様深甚ナル考量相仰度（後略）[1]。

　これを受けて、外務省は 1918 年 6 月に『支那人本邦留学状況改善
案』を作成し、義和団事件賠償金などを財源として、寄宿舎の設立・
生活状況の改善・予備教育機関の整備を企画しはじめた。『支那人本
邦留学状況改善』の趣旨は「日支両国国民大多数ノ相互諒解、感情融
和」[2] と規定され、その趣旨を達成するため、以下のような実行案が列
挙された。

甲　主トシテ日本ニ於テ為スヘキ事業
　　①優秀学生優遇法ノ講究
　　②官立諸学校ニ於ケル補助費制度ノ廃止
　　③日本人教師学生ト支那人留学生トノ親睦ヲ計ルコト
　　④私立諸学校ニ於ケル監督ノ緊縮
　　⑤支那人教育ノ為ニスル健全ナル学校ノ発達補助
　　⑥支那人留学生言動、特ニ政治的煽動者ノ取締
　　⑦日支人社交機関ノ設立
　　⑧寄宿舎ノ設立、生活状態ノ改善
　　⑨金融関係
乙　主トシテ支那ニ於テ為スヘキ事業
　　①支那ニ予備学校ヲ設置スルコト
　　②支那各地ニ日本学校入学試験制度設置
　　③支那各地学校設立補助
　　④日本語普及及方法ノ講究[3]

1　中国駐在林権助公使より外務大臣本野一郎あて「支那海外留学生ニ関スル件」
　　1917 年 12 月 5 日。『各国へ派遣ノ清国留学生関係雑纂』。
2　外務省『支那人本邦留学状況改善案』1918 年 6 月、115 頁。前掲『中国近現
　　代教育文献資料集 2』。
3　同上、121 頁。

　また、該改善案はこれらの事業に要する経費の支出は、①国庫支
弁、②日中両国人の寄付、及び③義和団事件賠償金の利用、の三財源
によるべきとしていた。1918年の時点で、外務省はすでに義和団事
件賠償金の利用を前提に、留学生受け入れ態勢の整備を検討しはじめ
たことが分かる。

　外務省はさらに1920年1月に『在本邦支那留学生養成待遇法改善
案』を制定した。この案では、まず、「日支親善ノ要諦ハ彼我国民相
互ノ諒解ト感情ノ融和ニ在」り、その実行手段としては「慈恵的公益
事業ノ施設ニ向テ特ニ努力ヲ傾倒スル」のが「一捷径」[1]であり、その
中で「特ニ教育ノ施設ト之ニ関連スル留学生ノ待遇改善ノ如キハ其ノ
最モ喫緊ノ問題」[2]とされた。

　外務省のほか、文部省も実際的に動きだし、前述した通り、中国政
府の財務負担を軽減するという理由で、1920年より従来中国政府が
負担すべき「五校特約」に関する留学生教育委託費を謝絶し、文部省
の予算内に中国人留学生教育費として、およそ7～8万円を年々計上
することとした[3]。また、前述したように、1921年に、日華学会寄宿舎
経営に補助金を支給した。これは、留学生教育のため政府が民間の事
業に補助を与えた最初であった。

　このように留学生問題は各界の関心を集め、ついに帝国議会の議題
にまでのぼった。1918年3月の第40帝国議会において、関和知ほか
4名が「日支文化の施設に関する建議」を提出したのがその始まりで
あった。彼らは次のように主張した。

　　日支両国ノ文明ハ既往ノ歴史ニ於テ離ルヘカラサル関係ヲ有スル

1　外務省『在本邦支那留学生養成待遇法改善案』1920年1月、80頁。前掲『中
　　国近現代教育文献資料集2』。
2　同上、80頁。
3　前掲『中国人日本留学史』124頁。

ノミナラス、将来東洋民族ノ発展進歩ニ至大ノ関係ヲ有セリ。従テ両国民ノ思想文化ノ上ニ融合協和ノ途ヲ講スルハ所謂日支親善ノ根本義ニシテ、東亜百年ノ大計ナリ。近来我カ国支那人教育ノ業漸ク衰退シ、両国民ノ意思動モスレハ疎隔セムトス。此ノ際大ニ支那人教育ノ施設ヲ盛ニシ、隣邦国民ノ教化誘掖ニ努ムルハ、実ニ帝国ノ東亜ニ於ケル責任ニシテ、併セテ世界文明ニ貢献スル所以ナリ。政府ハ速ニ之カ相当ノ施設ヲ講スヘシ[1]。

この建議案は議会各委員の検討を経て、下記の希望条件を付け加え、衆議院で可決された。

一、日本留学支那学生の教育及び待遇に関して一層の便宜を供にするの施設をなす事
二、支那に於て日支両国の協力に依る高等教育の施設を為すべき事
三、支那に於て日語学習の便を得せしめんが為めに適当なる方法を講ずべき事[2]

以後、帝国議会では多くの中国人留学生教育や中国国内の教育文化事業に関する建議案、意見書などが相次いで提出されるようになった。列挙すれば、

①第 43 帝国議会

清水留三郎ほか 33 名「支那共和国留学生に関する質問主意書」1920 年 7 月 19 日

②第 44 帝国議会

清水留三郎ほか 29 名「支那共和国留学生に関する質問主意書」1921 年 2 月 22 日

一宮房次郎「支那共和国留学生教育に関する建議案」1921 年 3 月

1　前掲『中国人日本留学史』121 頁。
2　同上。

24 日

③第 45 帝国議会

荒川五郎ほか 11 名「義和団事件賠償金還付に関する建議」1922 年 3 月 6 日

山本條太郎ほか 6 名「対支文化事業施設に関する建議」1922 年 3 月 9 日

松本亀次郎ほか 6 名「支那共和国留学生に関する請願書」1922 年 3 月 14 日

などがそれであった。

3. 「東方文化事業」の成立と展開

前述したとおり、留学生受け入れ態勢の整備や中国国内の教育文化事業の展開の必要性が政府や民間の共通認識となっていく。

一方、大戦期における日本の中国進出がアメリカ各国の不満を引き起こし、日本とアメリカなどとの間の摩擦が大きくなった。大戦後の国際秩序を規定するワシントン会議が 1921 年 11 月に開催され、大戦後の東アジアの相対的安定化の原則と日・米・英三国協調主義の下で九ヶ国条約が結ばれた。中国問題については、中国領土全部にわたって商工業に関する機会均等主義を確立すること、特定の地方について外国が勢力範囲を作らないことなどが定められた[1]。これらは中国に対する日本の進出を阻止するというアメリカの意図で作られたことは言うまでもないが、中国における五四運動を機とする民衆の排日運動の高まりやアメリカとの関係が緊張化する中で、日本は国際協調の姿勢でこの問題に対処したのである。このワシントン体制の下で、日本は従来の政治外交的手段を改めて、アメリカの対中国教育事業に対抗して文化的手段などを通して中国における日本の影響力を広げていく方

---

1   前掲『衛藤瀋吉著作集第 3 巻　二十世紀日中関係史』64 頁。

針を取るしかなかった。第46帝国議会に、アメリカに倣って、義和団事件賠償金などを返還し、これを中国に対する医療・文化・教育事業に用いるという「対支文化事業特別会計法草案」が政府から上程され、可決された。1923年3月30日に「対支文化事業特別会計法」が法律第36号をもって公布され、同年4月1日同事業が発足した[1]。執行機関として、政府はまず1923年に外務大臣の下に「対支文化事務局」を置き、翌年官制を改正して、外務省アジア局内に文化事業部を設けたが、1927年に至り、さらに官制改正の結果、文化事業部は外務省内の独立した一部となった。

この事業の内容は以下の通りである。

一、支那国ニ於テ行フヘキ教育、学芸、衛生、救恤其ノ他文化ノ助長ニ関スル事業

二、帝国ニ在留スル支那国人民ニ対シテ行フヘキ前号ニ掲クル事業ト同種ノ事業

三、帝国ニ於テ行フヘキ支那国ニ関スル学術研究ノ事業[2]

事業発足後、最初に着手されたのは、学費補助や予備教育機関の整備などを内容とする留学生受け入れ態勢の整備と東亜同文会や同仁会

1　この事業は最初「対支文化事業」と呼ばれていたが、日本側の用いた「対支」という呼称に対して、中国側が強く反発した。この事業は義和団事件賠償金を基金として、日中両国が共同して、相互の文化交流を図り、中国の文化の発展に寄与しようとするものというなら、「対支」というのはおかしい、と反論した。また、中国を「支那」と呼ばれること自体に強く反発した。結局、日中双方で協議をした上、この文化事業を「東方文化事業」と呼ぶことになったが、実際には、その後、共同事業は破綻し、日本独自で展開するものになってしまった。本書では、中国人としての立場に立って、引用文や「対支文化事業特別会計」「対支文化事業調査委員会」などの固定された名称以外に、「東方文化事業」と呼ぶことにする。

2　外務省文化事業部『文化事業部事業概要』1934年12月、1頁。前掲『中国近現代教育文献資料集2』。

を実施主体とする中国国内における教育・医療事業であった。ところが、このような日本によって単独に展開された事業に対して、中国側は強く反発した。その結果、この文化事業の進め方に関して、両国間で協議が行われ、1924年2月、外務省「対支文化事務局」局長出淵勝次と駐日公使汪栄宝との間のいわゆる「汪-出淵協定」が結ばれた。「汪-出淵協定」の成立によって、同事業は、当初の留学生教育や中国国内における教育・医療活動を中核とした日本側「単独」の事業から、その活動の中心を研究所や図書館の設立運営のような日中両国共同経営による学術研究事業に移す方針が確定された[1]。事業の名称は正式に「東方文化事業」と呼ぶこととなり、日中両国共同の文化事業を管理運営するための機関である東方文化事業総委員会が設立された。

しかし、その後、蒋介石がリードした国民革命軍による北伐を機に、中国における反日・反帝ナショナリズムが高まり、教育文化界においても、外国人経営学校に対する「教育権回収運動」などが大きく展開された。そうした中、「東方文化事業」は日中共同運営の形式を取っているが、実際には日本による文化侵略ではないかと批判する声が広まりつつあった。さらに、1927年4月田中内閣が成立し、その下で対華強硬外交が進められ、1928年4月に、北伐は華北への進攻を開始するやいなや、日本政府は居留民の保護を理由に山東に出兵し、5月北伐軍と衝突した。いわゆる済南惨案である。この済南惨案を機に、中国人の反日感情が一挙に噴出し、両国の共同文化事業も決定的な打撃を与えられた。済南惨案がおこり、中国側委員は東方文化事業総委員会からの退出を宣言した。翌年になって、中国政府は文化事業協定の廃止及び義和団事件賠償金の全面返還を申し入れるに至った。そうした中、日本側は、強硬な姿勢を示し、すでに発足していた北京・上海両研究所を単独でも継続させていくことを決めたほか、中国人研究者との共同による中国国内での研究事業よりも、むしろ日本

1　前掲『「対支文化事業」の研究 戦前期日中教育文化交流の展開と挫折』10頁。

で日本人研究者のみによって研究事業を推進する方針を打ち出した。その結果、1929 年東方文化学院東京・京都両研究所が外務省文化事業部の助成を得て発足した。ここにおいて、日中共同の文化事業は途中で挫折して、日本単独の文化事業に後退することとなった。

その後、1931 年の九一八事変、それにつづく偽満洲国の建国や華北分離工作の推進、さらに 1937 年日本侵華戦争の勃発などにともない、「東方文化事業」は対華軍事進出のための手段としての「文化工作」の一端を担うものへ変質していき、具体的には、「対満文化事業」を着手し、偽満洲国留学生の受け入れや満蒙に関する人文科学及び自然科学研究の助成を推進し、さらに、北京・上海近代科学図書館を設立し、閲覧業務のほか、日本語講座の開設や各種の日本文化紹介活動を展開した[1]。

1938 年 10 月日本政府は日中戦争下における占領行政専門機関として興亜院を設置し、同年 12 月外務省文化事業部がこれまで管掌してきた「東方文化事業」の関係諸事業の大半は、興亜院に移管された。1940 年 12 月、外務省文化事業部が廃止され、その傘下にあった業務のすべてが興亜院に移管され、「対支文化事業特別法」も 1943 年 3 月に廃止することとなった。

4.「東方文化事業」による留学生受け入れ態勢の整備

以上、「東方文化事業」の成立とその推移をおさえたが、以下、「東方文化事業」による留学生受け入れ態勢の整備の主要内容を学費補給制度と予備教育機関の整備を中心に概観しよう。

学費補給制度は、1923 年から実施された、中国政府の選定した留学生を補給対象とする「一般補給生」制度と、専門教育修了後日本

1　前掲『「対支文化事業」の研究 : 戦前期日中教育文化交流の展開と挫折』16 ～ 23 頁。

でさらに学問を修めようとする学生を対象とする「特選留学生」制
度、及び 1926 年から実施された各学校が推薦した留学生を対象とす
る「選抜留学生」制度に分けられた[1]。民国初年以来、中国国内におけ
る政治の不安定と軍閥相互間の混戦が続き、軍事費の増大と教育文化
事業関係経費の減少を招き、官費生の留学経費送付の遅延、あるいは
途絶え状態は続いた。私費生も国内政治的混乱や内乱により送金が難
しくなった。そのため、留学生の欠費問題は深刻化しつつあった。そ
うした中、留学生の窮状を救うため、義和団事件賠償金の一部を留学
生の学費補助にあてるべきだという声が高まっていた[2]。「東方文化事
業」発足直後の 1923 年 6 月、外務省は在北京公使を経由して、同事
業の一環として、留学生に対する学費補給を開始することになった旨
を中国政府に申し入れ、学資の分配支給方に関しては、駐日公使の裁
量に一任するが、学生の選定については、あらかじめ日本政府と協議
のうえ、決定することが望ましいとした[3]。駐日公使館では早速学費補
給の実施方を検討したが、留学生の間で学資補給の実施方をめぐる対
立が激しかった。実施方法をまとめ得ないままになっていたが、9 月
に関東大震災が起こり、留学生の生活は震災前より一層厳しくなっ
た。そこで、外務省は公使館の協力を得て、1923 年度の応急的な学
費補給を実施した。1924 年 2 月にいたり、「汪‐出淵協定」が成立し、
その本文のなかに、学費補給に関する合意事項が盛り込まれた。この
合意事項をもとに中国政府教育部は 1924 年 3 月 8 日、24 年度以降の

---

1 前掲『「対支文化事業」の研究：戦前期日中教育文化交流の展開と挫折』
41 ～ 44 頁。学費補給制度についての先行研究として、前掲『「対支文化事業」
の研究：戦前期日中教育文化交流の展開と挫折』第Ⅱ部第 4 章と第Ⅲ部第 3
章が挙げられる。

2 例えば、1922 年 7 月 27 日付の『東京日々新聞』の社説「支那留学生の窮状―
義和団賠償金の流用を勧む」はその代表的なものの一つである。また、前述
した第 45 帝国議会における荒川五郎や山本條太郎らによる義和団事件賠償
金などに関する建議案も同じ意見を表明した。

3 小幡公使より沈瑞麟外交部務代理あて「対支文化事業ニ関スル件」1923 年 4
月 19 日。『在本邦一般留学生補給実施関係雑件』第 1 巻。

学費補給に関する規程を作成し、「日本対華文化事業補助留学生学費分配弁法」として公布した。その主要規定を示せば、以下のとおりである。

①学費を支給すべき学生定数を320名とし、各省の衆議院議員数及び賠償金負担額の比率に応じて、その人数を決定する。

②一人一ヶ月の学費支給額は、日本円七十円とする。

③各省振当人数は官費生・私費生各半数をもって充てる[1]。

この学費補助は、その分配弁法がその後改訂を経たが、1924年10月から実際に開始された。同年度の学費補助状況を概観すれば、次のとおりである。

表2-6 1924年度における学費補給留学生状況 単位: 人

資格別		官立大	私立大	官立高専	私立高専	特設予科
各省	官費生	104	4	41	1	
	私費生	8	30	52	57	1
合計		112	34	93	58	1

出典：「大正13年度学資補給支那留学生数調」『在本邦留学生補給実施関係雑件』。

この「一般補給生」制度とは別に、すでに1923年から、専門教育の課程を終え、さらに学術の研究に従事するものを対象に「特選留学生」制度が発足した。定員枠は10名（後に増員して20名以内）、関係大学長の推薦にもとづいて選定のうえ、一人月額80円〜150円の学費、及び必要ある場合は、さらに年額300円以内の研究費を補給するというものである[2]。

また、1926年9月になって、日本側が独自に実施した「選抜留学生」制度が始まった。というのは、1924年に中国側が制定した学資補助

---

1 「日本対華文化事業補助留学生学費分配弁法」『在本邦一般留学生補給実施関係雑件』第1巻。多賀秋五郎編『近代教育史資料』民国篇(中)403頁より再引。

2 文化事業部「対支文化事業関係執務参考書 乙巻」1929年4月。『東方文化事業関係雑件』第1巻。

弁法に対し、それが学業成績を基準とせず、もっぱら省別定員や官費・私費折半主義にもとづいて決定されたことに関して、日本側は当初から不満で、しばしば公使館に対してその改善方を要望していたが、容易に受け入れられなかった。そこで、日本が独自に実施に踏み切ったのが「選抜留学生」制度であった。選抜補給生制度は従来の学資補給が省別・学費別の基準にもとづいて公使館や留学生監督が候補者を推薦し、これをもとに文部省、外務省が選考するという方式をとっていたのに対して、日本側が独自に、専ら学業成績や修学態度を基準としたものであった。当初、選抜補給制度は定員50名の予定であったが、1927年に70名に、1928年に80名に増員された。

その後も、日本側は「一般補給生」制度の選考にも、学業成績本位主義を採用すべきだとする立場を堅持し、北伐により全国統一に成功した国民政府と学費補給問題について交渉した。ところが、前述したとおり、28年5月に起こった済南惨案を機に日中関係が急速に悪化する中、1929年に入ると国民政府は日本政府に対し、日中共同文化事業協定の廃棄と義和団事件賠償金全面返還の要求を打ち出した。これに対して、日本は単独でも文化事業を継続していく方針を明らかにした。この日本側の態度に対して、中国政府教育部は、1930年7月に学費補給を全面拒否することとした。そのため、「一般補給生」は急速に減少することとなり、その後の学費補給制度は日本側単独選考による「選抜留学生」制度を中心とするようになった。

表 2-7 学費補給留学生数統計（1931 〜 36 年）単位：人

年度	一般補給生	選抜補給生	特選補給生	合計
1931	217	27	5	249
1932	133	190	19	342
1933	85	236	16	337
1934	54	219	6	279
1935	26	319	5	350

| 1936 | 7 | 298 | 3 | 308 |

出典：日華学会学報部『中華民国・満洲国留日学生名簿』第 13 版、1939 年 6 月現在。

　上記の学資補給制度のほか、「支那留学生教育ノ実績ヲ挙クル為予備教育機関ノ一層充実改善ヲ図ルヲ最急務」[1] として、外務省は留学生の予備教育を「東方文化事業」の重要な柱とした。実は、義和団事件賠償金をもって留学生予備教育機関を整備することの重要性はすでに 1918 年の時点で外務省によって提起された。外務省が 1918 年 6 月に制定した『支那人本邦留学状況改善案』は日本における留学生予備教育機関について、次のように述べている。

　　支那人教育ヲ目的トシ又ハ目的ノ一部トスル学校ノ健全ナル発達ヲ勧奨セサルヘカラサルハ云フ迄モ無キ義ナルカ、其内特二注意スヘキハ支那留学生ノ本邦到着後第一着歩トシテ入学スヘキ日本語研究ヲ目的トスル予修学校ヲ完備セシムルコトナリ。支那人留学生ノ成績カ其日本語ノ知識ト重大ナル関係アルハ云フ迄モナク、又此等留学生ノ本邦滞在ノ初期二方リテ、充分ノ監督ヲ受ケ真面目二修学ノ慣習ヲ作ラシムルハ本邦留学生一般成績上ノ上進上特二注意スヘキ要点ナリ[2]。

　中国国内における留日予備教育の重要性もそこで述べられ、それを行う学校の設置は「焦眉ノ急務」とされていた。

　　本邦二留学セムトスル支那学生ノ為二予備智識ヲ興フルノ必要アルカ故二、支那各地二右二応スル相当ノ予備学校ヲ新設シ特二之二

1　「在本邦支那学生予備教育施設経過」『在本邦留学生予備教育関係雑件　特設予科関係』第 4 巻。
2　前掲『支那人本邦留学状況改善案』126 頁。

ヨリ日本語ヲ修得セシムルコトハ、本邦渡来後初メテ日本語ヲ学ヒツツ同時ニ其志ス其ノ学科ヲ修ムルニ比シ、遥ニ便宜ナルノミナラス、又一面優良学生誘致上ニモ裨益スル所アルヘシ。従来我国ハ支那ニ於テ此種ノ設備ヲ缺クヲ以テ、此際斯ル予備学校ノ設置ハ焦眉ノ急務ナリ[1]。

　外務省が 1920 年 1 月に制定した『在本邦支那留学生養成待遇法改善案』も、「支那ニ予備校ヲ設立スルコト、及其他支那人留学生ノ養成ヲ目的トスル学校ノ補助」を「最モ当面ノ急務」[2]とした。まず、東亜同文会の天津・漢口両地に学校を新設する計画が、留学生に渡日する前に日本語とその他の予備的知識を習得させることによって、留学生の成績向上に役立つのみならず、優良な学生の誘致にもつながるものとして、その意義を認め、その拡張発達に資金援助する旨を示していた。そのほか、日本国内における各種の予備教育機関の発達への補助の計画も提起された。具体的に言えば、

　①中学卒業程度の学力を有し、大学予科又は専門学校に入学しようとする者のために、高等科諸学科のための入学準備科（年限一年、定員年間 50 名以上とする）の施設充実を図る。

　②中国に予備学校を設立するが、それを経ず渡来した留学生のために日本到着後第一着歩として入学すべき日本語研究を目的とする予修学校の完備も必要である。

　①の高等専門学校に入学しようとする者のための入学準備科の設置計画は、のちに文部省直轄学校に設置された特設予科として実現された。また②が示すように、中国に留日予備教育を行う学校を設置すると同時に、それを経由しない留学生のために、日本における日本語教育を中心とする予備教育機関を完備することも外務省の計画に入っていた。この案は後に「東方文化事業」による留学生予備教育の整備事

1　前掲『支那人本邦留学状況改善案』134 頁。
2　前掲『在本邦支那留学生養成待遇法改善案』83 頁。

業の基礎方案となったと言えよう。

帝国議会における議論の中においても、留学生予備教育の改善は度々提起された。のちの留学生予備教育の整備に決定的な意味を持ったのは、第 44 帝国議会に一宮房次郎によって提出された「支那共和国留学生教育に関する建議」である。その建議案の内容は以下の通りである。

一、支那共和国留学生に対して諸般の経済的便宜を與ふへし。

一、支那共和国留学生に対しては諸学校の門戸を開放し、煩瑣窮屈の規定に拠らすして、其の入学を簡便にすへし。

一、支那共和国留学生に日本語を主とする中学程度予備教育を施すを目的として設立し而して相当の成績を顕し居る私立学校あり。此等に対しては相当の保護を與へて其の設備を充実しめ以て完全の効果を挙けしむへし。

一、従来我か文部省と支那共和国教育部との間に成れる毎年一定の官費留学生を第一高等学校、東京高等工業学校、東京高師、千葉医学専門学校の四校に入学せしむるの特約は、大正十一年度を以て満期となせり。政府は支那当局者と隔意なき折衝を遂け、永く之を続行するの協定を為し且能ふへくむは、官費留学生の数を増加し前期四校以外にも広く収容するの計画を立つへし（後略）[1]。

一宮の建議案は、とくに留学生の予備教育に着目して、「日本語を主とする中等程度予備教育を施すを目的」とする私立予備教育機関の充実と、「五校特約」以来の文部省直轄学校の留学生受け入れの継続とその拡大を主張していた。

「東方文化事業」発足後、留学生予備教育機関の整備はさっそく着手された。当時において、1922 年の「五校特約」の満期解約と 1923

年9月の関東大震災の直撃のため、日本で中国人留学生の予備教育を実施しているのは文部省直轄の一高と東京高工の特設予科、それに私立の成城学校及び東亜高等予備学校のみとなった。外務省はまず私立の東亜高等予備学校の改善方を考究したが、「何分短期間内ニ同校ノ改善ノミヲ以テ所期ノ目的ヲ達スルコトハ困難」[1] として、「第一高等学校及東京高等工業学校附設ノ特設予科ノ成績良好ナルニ鑑ミ」[2]、文部省にこの両校以外の直轄学校にも中国人留学生のための予備教育機関を設置するよう求めた[3]。文部省はこれを受けて「直轄学校ニ於ケル支那人予備教育施設計画案」を作成した。内容は次のとおりである。

　一、目的　直轄学校ニ於テ外務省ノ委託ニ依リ当該学校ニ入学セムトスル者ノ為特別予科ヲ設クルコト
　一、入学資格　中学校・高等女学校卒業者ト同等以上ノ学力ヲ有スルト認メタル者トスルコト
　一、設置学校　東京高等師範学校、広島高等師範学校、長崎高等商業学校、明治専門学校
　一、修業年限　一年トスルコト
　一、学科及毎週教授時数　当該学校長ニ於テ適当ニ之ヲ定ムルコト
　一、学級編制　特別学級ヲ編制スルコト（二十五人以内）
　一、経費　外務省ヨリノ補助金一校二千円宛及授業料等ヲ以テ之ニ充ツルコト
　一、授業料等　授業料等ハ之ヲ徴収スルコト
　一、経営者　学校直接ノ施設トスルコト[4]

　同年4月、奈良女高師もこの計画に加えられた。この計画はのちに

1　前掲「在本邦支那学生予備教育施設経過」。
2　前掲『文化事業部事業概要』46頁。
3　前掲「在本邦支那学生予備教育施設経過」。
4　同上。

外務省に認められ、一高と東京高工のほかに、東京高師、広島高師、長崎高商、明治専門、奈良女高師にも中国人留学生のための予備教育機関＝特設予科が設置されるようになった。

　特設予科増設のほか、私立の東亜高等予備学校と天津・漢口両同文書院も「東方文化事業」下の留学生予備教育の整備の対象となった[1]。外務省文化事業部は東亜高等予備学校を改善するため、1925 年同校を日華学会に合併させ、これによって同校の財政上の安定を図った。中国における天津・漢口両同文書院もその経営主体である東亜同文会が「東方文化事業」の補助団体になったことにより、「東方文化事業」傘下に組み込まれ、さらに書院の組織変更を通じて改善を試みた。

第三節　「東方文化事業」下の特設予科

1. 特設予科主任者会議

　本章では、「東方文化事業」傘下に整備された留学生予備教育機関のうち、とくに各特設予科の状況を概観し、そのほかの諸学校の詳細については第三部で論じることにする。

　外務省文化事業部は、文部省直轄七校に設置された特設予科の相互連絡・調整を行うため、文部省と共同して、毎年一回東京で各特設予科設置校の代表者を招いて特設予科主任者会議を主催した。第一回特設予科主任者会議は 1926 年 2 月 5 日に開催され、岡部長景文化事業部長は席上、各特設予科関係者に留学生教育に関して以下二点の要望を提示した。

　①留学生の中で、日本を理解する者は極めて少数である。この問題は政治外交にも影響があるので、各校関係者に留学生を善導してほし

1　外務省『対支文化事業ノ概要』1927 年 12 月、4 頁。前掲『中国近現代教育文献資料集 2』。

い。

②帰国後の留学生との連絡の点に各校関係者に尽力してほしい。

この発言からも特設予科制度が政治外交的配慮によって行われた留学生事業であることがうかがわれる。

第一回主任者会議では、特設予科修了者の取扱い方を中心に協議が行われた。特設予科の修了者が同校の本科にそのまま進まず、他の上級学校へ入学を希望した場合の処置をめぐって、各校の意向はかなり異なっていた。一高は他校からの志望生を受け入れる余裕がなく、転学は従来どおり高等学校間に限定すべきだと述べたが、東京・広島両高等師範は特設予科修了者に対して広く他種の学校へ進学させたいという意見であった[1]。

この問題は最終的に高等学校は高等学校、工業は工業、商業は商業、師範は師範と同種の学校間での転学に限定して認めるという方向で調整された。会議後、文部省は特設予科修了者の取扱い方について、各校に対して次のように通知している。

　　一、特設予科トハ第一高等学校、東京高等工業学校、東京高等師範学校、広島高等師範学校、奈良女子高等師範学校、長崎高等商業学校及明治専門学校ニ於テ支那国留学生ノ学力補充ノ為設置セル予科ヲ謂フ

　　二、特設予科修了者ハ当該学校ノ本科（学校令ニ基ク其ノ校ノ予科ヲ有スルモノニ在リテハ其予科）ニ無試験ヲ以テ進学セシムルコト。但シ特別ノ事情ニ依リ、他ノ学校ニ入学ヲ希望シ当該希望学校ニ於テ之ヲ入学セシムルモ差支無キトキハ、左ノ区別ニ従ヒ、予科附設ノ学校長ト協議ノ上、之ヲ本科（学校令ニ基ク其ノ校ノ予科ヲ有スルモノニ在リテハ其ノ予科）ニ入学セシムルヲ得ルコト
同種ノ学校ニ於テハ無試験ヲ以テ入学セシム

1　「大正十五年度特設予科主任者会議」『在本邦留学生予備教育関係雑件　特設予科関係』第4巻。

異種ノ学校ニ於テハ試験検定ヲ経テ入学セシム

　三、第一高等学校特設予科修了者ニシテ高等学校ニ入学ヲ希望スル者ニ付テハ、従前ノ例ニ依リ之ヲ配当ス[1]。

このように、特設予科修了者は同種の学校での無試験入学が認められたが、実際上、他校へ進学した者はごくわずかであった。以下の1925～33年各特設予科修了者の進路に関する調査に見る通り、修了者を第一～第八の高等学校へ配分する一高特設予科を除くほかの各特設予科では、修了者は大抵本校本科にとどまった。

表 2-8 特設予科各年度修了者上級学校進入状況　　　単位：人

学校	1925	1926	1927	1928	1929	1930	1931	1932	1933
東京高工（工大）	22(22)	27 (27)	41 (41)	無	無	18 (18)	8(8)	19(19)	12(12)
一高	13	15	13	23	16	27	23	無	無
長崎高商	13(12)	8(8)	7(6)	8(7)	13(13)	10(10)	1(1)	4(4)	6(6)
東京高師	21(21)	18(18)	21(21)	21(21)	22(22)	20(20)	3(3)	7(7)	9(9)
広島高師	6(5)	8(5)	5(2)	7(6)	11(11)	13(12)	4(4)	4(4)	2(2)
奈良女高師	1(1)	7(7)	3(1)	7(7)	5(5)	8(8)	3(2)	1(1)	3(3)
明治専門	3(3)	7(6)	8(8)	6(6)	9(9)	12(12)	2(2)	3(3)	2(2)

　出典：「昭和八年度特設予科主任者会議」『在本邦留学生予備教育関係雑件　特設予科関係』第4巻。

　注：()は本校本科に進学したものの内数である。

1926年2月の第一回特設予科主任者会議には文部省直轄七校の代表者のみが参加したが、翌年の第二回会議から東亜高等予備学校の代

1　前掲「在本邦支那学生予備教育施設経過」。

表者も正式に加入した。また、1929年度には天津中日学院の関係者も傍聴を許された。特設予科会議に東亜高等予備学校や中国に設置された留日予備校の関係者も招かれるようになるのは、「東方文化事業」下の各留学生予備教育機関の連絡と協調を図るためであったと思われる。

第二回以降の各会議の協議事項を外交史料館所蔵の各年度特設予科会議議事録にしたがって整理してみると、次のようである。

第二回　1927年11月21日

①各校状況並びに希望　②各校予科修了者の取扱い方　③外務省委託による施設の経理状況　④本年度経費令達を要求すべき概算に関する件　⑤予備教育に関する文部外務両省の希望

第三回　1928年10月18、19日

①支那留学生の素質向上とくに日本語学力増加の方法　②支那における三年制中学校卒業の留学生が増加する場合、特設予科年限を延長することの可否問題　③支那における三年制及び四年制中学卒業生を区別して取扱うことの可否問題　④特設予科授業開始時期の問題　⑤特設予科年限一年半乃至二年を延長し、又は三年制及び四年制中学卒業生を区分して取扱う場合を仮定して所要経費の問題　⑥各学校特設予科の授業料　⑦東亜高等予備学校、天津中日学院、漢口江漢高級中学、上海同文書院支那学生部卒業生の特別待遇及び各特設予科優秀学生待遇の問題　⑧特設予科収容人員問題

第四回　1930年2月3、4日

①各校特設予科の教育状況　②支那において高級中学卒業者に限り留学資格を認める規定を設けることの各校特設予科に及ぼす影響　③在支那優良学校に対し日本における予備教育ことに特設予科制度を紹介する方法　④支那学生の思想問題及び排日運動に対する措置　⑤各校の特設予科経理状況

第五回　1930年11月19、20日

①各校特設予科の教育状況及び各特設予科の経理状況　②高級中

学卒業者の増加に伴う現在の特設予科制度に改正を要する点　③入学試験に関する方法

第六回　1932 年 3 月 22、23 日

　①各校特設予科の教育状況に関する件　②高級中学出身者と他種学校出身者との間における差別的取扱いに関する件　③特設予科と上級学校との連絡状況及優良学生を得る方法に関する件　④一高に設置しようとする新制特設予科に関する件　⑤満洲及び上海事変の留学生教育に及ぼす影響及びその対策　⑥満洲の新事態に鑑み東北四省より誘致すべき留学生に与える特殊待遇に関する件　⑦外務省委託による施設の経理状況に関する件

第七回　1933 年 3 月

　①各特設予科の教育状況

　　入学志願者、受験者、入学者、入学試験の方法

　　現在生徒数、入学者の素質、入学後の一般成績、終了後の状況

　②留学生教養上特に留意すべき事項

　　留学生の思想行動、排日反日の傾向

　　事変後本邦学生と留学生との関係

　　満洲国と中華民国留学生との関係、多数の満洲国に忠誠な人材を養成する方策

　③特設予科と上級学校との連絡に関する件

　④特設予科教授法に関する件

　　留学生の学科教授に関する件

　　特に日本語教授に関する件

　⑤満洲国より優良な学生を誘致する方法

　⑥特設予科経理状況

第八回　1934 年 4 月

　①中華民国海外留学生規程改正の本年度入学者に及ぼした影響並びに授業上この変化に対する方策　②満洲国及び中華民国留学生の一般教育状況並びにその改善策　③同留学生の訓育状況並

　びにその対策　④優秀な留学生を誘致する具体的方案
(以下略)[1]

　以上の通り、協議事項は各特設予科の教育状況、年度経費支出、留
学生の思想状況、教育法・教科書・カリキュラムなどの特設予科の全
般にわたる問題からなっていた。また、特設予科主任者会議の開催に
先立ち、各学校は該年度の入学試験の志願者数、受験者数、入学者数
に関する統計数字、特設予科在学者の氏名、年齢、入学年月、出身
地、入学前学歴、学資の出所、特設予科終了後の希望進路など、詳
細な調査表を提出するよう求められた[2]。これにより外務省文化事業部
は、特設予科会議を通じて、各特設予科の運営状況と留学生の勉学、
生活及び思想状況などを一括して把握することができた。

2. 各特設予科の概況

　①東京高工特設予科
　1906 年に成立した東京高工特設予科は、1908 ～ 23 年の「五校特
約」期を経て、1925 年に「東方文化事業」下の特設予科制度として
再編され、特設予科規程も作成された。特設予科の収容定員は色染科
5 名、電気化学科 4 名、紡織科 6 名、機械科 7 名、窯業科 3 名、電気
科 5 名、応用化学科 7 名、建築科 5 名、合わせて 42 名であった。入
学試験は中学校卒業程度により、日本語、数学、物理及化学、英語、
用器画法、自在画の科目で試験を行い、合格者を選抜した。修業年限
は一年とし、毎週授業時間数は修身 1 時間、数学 8 時間、物理 3 時
間、化学 4 時間、日本語 4 時間、英語 4 時間、図画 8 時間、体操 4 時
間、合計 36 時間であった[3]。

1　『在本邦留学生予備教育関係雑件　特設予科関係』第 4 巻。
2　同上。
3　「特設予科」『日華学報』第 1 号、1927 年 8 月、35 頁。

　当時、東京高工において、「各学年各学級内に多少の支那学生無きことなく」、留学生が学生全体に占める割合は二割前後にも達したという[1]。

表 2-9　東京高工特設予科中国人留学生数（1907 ～ 28 年）単位：人

年度	1907	1908	1909	1910	1911	1912	1913	1914	1915
在学者数	31	65	54	44	42	30	48	49	57
年度	1916	1917	1918	1919	1920	1921	1922	1923	1924
在学者数	56	58	60	51	43	36	29	27	29
年度	1925	1926	1927	1928					
在学者数	25	30	46	25					

　出典：「東京工業大学昭和 15 年度支那留学生教育施設拡張ニ関スル件」1939年 7 月、『在本邦留学生予備教育関係雑件　特設予科関係』第 3 巻。

　1929 年に東京高工は東京工大に昇格した。文部省では大学昇格後原則として高等専門学校程度の機関を残置させない方針であった。そのため、1906 年以来の東京高工本科の特設予科も廃止の運命を迎えるはずであったが、留学生の人数が全体学生数の一割ないし二割を占め、卒業生の数が 630 余名にも達するという東京高工時代の留学生教育の実績が文部省に認められ、工学の大学教育を目指す留学生に便宜を図るため、従来の一年制の特設予科を三年制の大学予備教育機関に改編し、そこで東京工大に進学する留学生を対象に高等学校高等科理科程度の教育を行う三年制の大学予備教育機関に改編させるという東京工大の提案が特別に許可された[2]。1929 年 4 月 1 日「東京工業大学特設予科規則」が制定され、毎年新たに入学すべき者の定員が 23 名とされ、この特設予科で三年間の全課程を修了した者は東京工大に無試

1　「本校に於ける中国留学教育大要並に新設特設予科の概況」『日華学報』第 4号、1928 年 6 月、74 頁。
2　『東京工業大学九十年史』財界評論新社、1975 年 5 月、443 頁。

験入学できることとされた[1]。

②東京高師特設予科

　東京高師では、1918年に本科に入学しようとする留学生に設けられた一年間の特設予科が1923年「五校特約」の満期終了によって廃止されたが、1925年3月に「東方文化事業」の下で再び設立された。1927年1月に特設予科規定が作成され、「外国人ニシテ本校ニ入学セントスルモノニ対シ其ノ準備教育ヲ施ス」ことを目的とし、修業年限は一年とし、定員は25名以内であった。入学試験は中学校卒業者と同等以上の学力を有する者に対して、日本語、英語、数学の三科目の選抜試験が行われた。授業科目は、修身1時間、日本語8時間、英語5時間、数学6時間、歴史2時間、地理2時間、物理2時間、化学2時間、博物2時間、体操2時間、毎週全部で32時間であった[2]。

　1928年、東京高師教授、留学生教育主任の馬上孝太郎が「本校特設予科に就て」と題する文章を『日華学報』第5号に載せ、同校特設予科の現状を紹介した。それによると、同特設予科志願者数は1925年75名、1926年67名、1927年93名、1928年87名で、それに対して、入学者数はそれぞれ26名、26名、30名と28名であったという。入学率は30％強であり、しかも、入学者の実数が年々定員を上回っていた[3]。

　特設予科の教育が本科に入学するための準備段階であるため、その教育にあたっては、とくに中国人留学生の欠点である学科の学力補充に重点を入れるのが東京高師特設予科の基本方針であった。そのため、日本語の聞き分けと会話に半分以上の時間を費やし、さらに自然科学方面の学力が足りないとして、数学、物理、化学、博物などの科

1　「東京工業大学特設予科規則」『日華学報』第4号、1928年6月、75頁。
2　前掲「特設予科」『日華学報』第1号、35頁。
3　前掲「本校特設予科に就て」『日華学報』第5号、106頁。

目の学力補充に力点が置かれたという[1]。

③広島高師特設予科

広島高師は 1926 年 4 月に特設予科を設置した。その目的は「外国人ニシテ本校若クハ他ノ文部省直轄学校ニ入学セントスルモノニ対シ其ノ準備教育ヲ施ス」[2]とされた。修業年限は一年で、生徒定員は 25 名以内とし、入学資格が中学校、師範学校卒業者またはこれと同程度の学力を有する者とされた。選抜試験は、日本語、英語、数学、地理、歴史、物理、化学、博物の科目が課された。教授科目及び毎週授業時数は、甲班（文科及び教育科）において修身及び教育 3 時間、日本語 10 時間、英語 7 時間、数学 5 時間、歴史 4 時間、地理 4 時間、計 33 時間で、乙班（理科）において修身及び教育 2 時間、日本語 10 時間、英語 7 時間、数学 7 時間、物理 3 時間、化学 2 時間、博物 2 時間、計 33 時間であった[3]。成立初期の 1926 ～ 30 年の入学者数はそれぞれ 13 名、12 名、14 名、10 名、20 名であった[4]。

④奈良女高師特設予科

1910 年 4 月、5 名の清国政府留学生が聴講生として奈良女高師に入学したが、辛亥革命の勃発により全員が退学して帰国した。その後の十数年間奈良女高師に中国人留学生の姿は現れなかった[5]。「東方文化事業」発足後、奈良女高師では 1925 年 5 月に入学を希望する中国人女子留学生に対して予備教育を施す目的で特設予科が設けられた。同特設予科は定員を 15 名以内とし、そのうち文科志望 6 名、理科志望 3 名、家事科志望 6 名であった。修業年限は一年とし、修身 1 時間、

1　前掲「本校特設予科に就て」『日華学報』第 5 号、106 頁。

2　前掲「特設予科」『日華学報』第 1 号、86 頁。

3　同上。

4　『広島大学二十五年史　包括校史』1977 年 1 月、31 頁。

5　周一川「中国人女子留学生を受け入れた官立三校について」『史学』67 号、慶応義塾大学、1997 年 9 月、166 頁。

国語 16 時間、数学 6 時間、英語 4 時間、体操 2 時間、音楽 1 時間で、一週間合計 30 時間の授業であった[1]。入学資格は高等女学校卒業以上の学力を持ち、日本語を話せる者で、学力選抜試験を通った者とされた。その選抜試験の科目は特設予科規定には明確に記されていなかったが、1925 年 5 月に志願者 4 名、同年 10 月に志願者 10 名に対して、試験を行わずに直ちに入学を許可し、1928 年度の入学試験では日本語だけが考査されたようである[2]。

⑤長崎高商特設予科

長崎高商では、1922 年 4 月、辛亥革命より中断されていた中国人留学生に本科生としての特別入学が再開されたが、日本語の学力などが甚だ不十分であった。そのため、同年 11 月長崎高商外国人特別入学規程細則が改正され、始めて準備教育科が開設され、11 月より翌年 3 月まで五ヶ月間、主として日本語を補習し、同科の修了生を無試験で本科第一学年に編入させることとなった[3]。これが長崎高商特設予科の濫觴であった。その後、日本語習得の準備教育は、わずか五ヶ月では到底完全を期することができないとされ、1925 年 3 月 31 日修了年限を一年とし、毎年 4 月に始まり、翌年 3 月に終わることと改められた。同年度以降、長崎高商の準備教育科は「東方文化事業」下に置かれ、外務省文化事業部より補助金を受けるようになった。1926 年 3 月 31 日、名称が準備教育科から特設予科へと改称され、特設予科規程も同年 10 月 1 日に改正された。新たな特設予科規程では、特設予科は「本校所定ノ全学科目ヲ履修セントスル者ニ必要ナル準備教育ヲ施スヲ以テ目的」[4]とし、入学資格は中学校卒業者、商業学校卒業者

1　『奈良女子大学六十年史』1970 年 3 月、68 頁。
2　「各高等専門学校中国学生募集要項（昭和三年度）」『日華学報』第 3 号、1928 年 2 月、63 頁。
3　『長崎高等商業学校三十年史』1935 年 10 月、123 頁。
4　前掲「特設予科」『日華学報』第 1 号、87 頁。

及びそれと同等以上の学力を有する者とされ、定員は 50 名とされた。
また、修業年限は一年六ヶ月に延長され、第一学年の入学期は 10 月
と定められた[1]。その措置は中国の教育制度と日本の教育制度の相違点
を考慮して、その連絡関係を円滑にし、留学生の便宜を図ろうとした
ためであったという。それについて、学校側は次のように述べてい
た。

民国の教育制度は、所謂三三制度であつて、初等小学三年、高等
小学三年、初等中学三年、高等中学三年、大学三年といふ風になつ
てをるのであつて、其初等中学三年を卒業したものが、我国の専門
学校に向つて来る志願者であるから、我国中等学校五年、又は四年
を修了したものよりは、幾らか年限も短かく、従つて学力も低い様
な関係もあり、且つ又我国語の力も準備せしめなければならないか
ら、其が為めに一ヶ年半の予備教育を彼等の為めに我校内に於て施
さうといふのである。尚ほ民国の学制は、六月が学年の終末である
から、我国の学制たる四月の入学期とは、うまく連絡がとれて居ら
ぬ、其が為めに種々なる不便不利益があるので、其点に鑑む所あつ
て、我校の特設予科では、其第一学年の入学期を十月とし、九月末
に本校及東京等適当なる地に於て、国語、数学、英語等につき、入
学試験を行ふて選抜したものを入学せしめて、十月から其教育を開
始することにしたもので、此方法によりて、彼我学制の相違を調和
連絡することが出来て、極めて便益が多くなつた次第である[2]。

長崎高商特設予科入学試験は 1926 年東京と長崎の国内の二ヶ所で
実施されたが、1927 年度からは中国国内の天津中日学院と江漢高級
中学校でも実施され、両校の卒業者を選んで特設予科二年に編入させ

1　前掲『長崎高等商業学校三十年史』124 頁。
2　田崎仁義「中華民国留日学生と長崎の国際的使命」『日華学報』第 1 号、
　　1927 年 8 月、22 頁。

た[1]。

長崎高商特設予科は「民国学生には、国語、数学、英語、薄記、商事其他二三の学科を以て編成したる課程を教育するのであるが、特に国語即ち日本語は、一週間十四五時間を課して、其進歩を期して居る」とある[2]。特設予科を修了した留学生は一般の日本人学生と一緒にして、本科一年から規定の教育を施したが、その課程は「全然内地学生と同一であつて、頗る厳格なる教授、訓育、訓練を施すもので、毫末も差別的取扱や、特別なる手加減などを加ふることなく」、「所定の教育目的を充分に達成したものが、内国学生同様なる卒業証書を受けて卒業して行く次第」であったという[3]。

⑥明治専門特設予科

前述した通り、明治専門は1917年より一年三ヶ月の特設予科を創設し、同校本科に進もうとする中国人留学生のために予備教育を施し、山口高商に代えて特約校に準じる学校としてそこの入学者も官費をもらえる資格を与えられた。その時代において、特設予科を修了して本科へ進学した者の成績は平均73点で、卒業席次が日本人学生に「伯仲セル」のみならず、中には、日本人学生を越えて主席で卒業した留学生が4名、恩賜記念賞を授与された優良な者も3名いたほどであったという[4]。

1925年、同校の特設予科は「東方文化事業」の下で整備され、外務省の依託により特設予科入学規程も改訂された。修業年限は一年とされ、鉱山工学、冶金工学、機械工学、応用科学、電気工学の各科を通じ、中学校卒業程度の者に対して学力試験を行った上、合計約15

1　「昭和五年度特設予科主任者会議」『在本邦留学生予備教育関係　特設予科関係』第4巻。

2　前掲「中華民国留日学生と長崎の国際的使命」『日華学報』第1号、22頁。

3　同上、23頁。

4　「明治専門学校特設予科年限延長ニ関スル件」1930年7月。『在本邦留学生予備教育関係　特設予科関係』第1巻。

名を特設予科生として募集すると規定していた[1]。特設予科の学科課程
及び毎週授業時数は日本語 12 時間、数学 8 時間、英語 6 時間、図画
4 時間、兵式体操 3 時間とされた[2]。しかし、旧特設予科時代と比べて、
1925 年以降の特設予科は大きな問題を抱えることとなった。という
のは、新特設予科出身者が本科に進学した後の成績が平均 60 点で、
卒業席次が日本人学生と比べると大いに遜色があり、「其ノ成績不良
ニシテ憂慮スベキ状況」に陥ったからである。学校側から見れば、新
旧特設予科出身者の成績における大きな違いの由来には、二つの原因
があった。一つは、旧特設予科時代では、入学試験に合格すれば、中
国側から官費を支給されるため、明治専門の入学をめぐる競争は非常
に厳しく、入学志願者が毎年 100 名ないし 200 名おり、素質良好な留
学生を選ぶことが可能であった。しかし新特設予科では、志願者が減
少し、さらに中国における学制の改革、国情不安定などで、留学生の
質が低下したためである。もう一つは、現制度における修業年限は旧
特設予科と比べると、三ヶ月ぐらい短かった。そのため、新制度下の
特設予科生の成績は不良に陥り、日本人学生に対して格段の遜色を見
せるようになったという[3]。明治専門は特設予科生の成績不良が「独リ
本校ニノミ限レルニ非ザルベシト雖、之ヲ漫然軽視シテ有耶無耶ニ葬
リ去リ、実力薄弱ナル卒業生ヲ民国ニ送リ、以テ能事終レリトナスガ
如キハ啻ニ特設予科設置ノ主旨ニ反スルノミナラズ、之ヲ日華親善ノ
上ヨリ見ルモ将タ又民国ニ於ケル日米勢力角逐ノ上ヨリ見ルモ、真ニ
遺憾ニ堪ヘザルナリ」[4]と憂慮し、1929 年末、外務省文化事業部に、特
設予科の修業年限を一年から一年六ヶ月に延長し、9 月を新学年の開
始とする案を提出した。それによって、特設予科の年限を半年間延長

1　「各高等専門学校中国学生募集要項（昭和三年度）」『日華学報』第 3 号、
　　1928 年 2 月、63 頁。

2　前掲「特設予科」『日華学報』第 1 号、89 頁。

3　前掲「明治専門学校特設予科年限延長ニ関スル件」。

4　同上。

できる一方、他校より先に入学試験を行うため、7月に中国の学校を卒業した留学生のうち、比較的優良者を確保することができるというのが明治専門の狙いであった[1]。この案は外務省の承認を得て、1930年より特設予科規程が改訂された[2]。

表 2-10 明治専門特設予科入学状況（1917 ～ 36 年） 単位：人

年度	1917	1918	1919	1920	1921	1922	1923	1924	1925	1926
志願者	117	192	210	211	128	109	16	2	16	32
入学者	7	8	9	7	6	6	2	0	5	6
年度	1927	1928	1929	1930	1931	1932	1933	1934	1935	1936
志願者	56	55	71	116	52	5	4	12	53	72
入学者	8	6	12	19	7	3	2	2	8	7

出典：野上暁一編著『九州工業大学へ　明治専門学校40年の軌跡』明専史刊行会、1994年5月、147頁。

⑦一高特設予科

「五校特約」期の一高特設予科は「東方文化事業」発足後そのまま同事業に組み込まれた。一高は1925年8月特設予科規程を制定し、「高等学校ノ高等科ニ入学セムト欲スル者ニ予備教育ヲ授クル」ことを目的とし、中学校第四学年修了程度の者に対し、日本語、英語、数学、歴史、地理、物理、化学の七科目中から検定を行い選抜することとした[3]。一高特設予科修了者は、従来通りに第一～第八の高等学校高等科に配分されるため、帝国大学入学コースとして終始留学生の間で競争が最も激しかった。その詳細は第二部で考察する。

1　前掲「明治専門学校特設予科年限延長ニ関スル件」。

2　同上。

3　前掲「特設予科」『日華学報』第1号、84頁。

3. 各特設予科の独自性

　特設予科はいずれも「東方文化事業」に整備された留学生予備教育機関であったが、それぞれ一定の独自性を保っていた。その具体例を見ると、次のようなものがあった。

　①この七つの特設予科では、修業年限がそれぞれ違っていた。多くの特設予科は修業年限を一年間とし、学年開始時期を 4 月としたが、明治専門と長崎高商だけは他校と違って修業年限を一年半として、学年開始時期を 10 月としていた。

　②入学試験科目は同様ではなかった。東京高師と広島高師、奈良女高師、及び東京高工と明治専門はそれぞれ同種の学校であるにもかかわらず、入学試験の科目はそれぞれ大きく違っていた。

表 2-11 特設予科試験科目

	日本語	歴史	数学	物理	化学	英語	図画	地理	博物
一高	○		○	○		○		○	
東京高師	○		○			○			
広島高師	○	○	○	○	○	○		○	○
東京高工	○		○	○	○	○	○		
長崎高商	○		○			○			
明治専門	○		○			○			
奈良女高師	○								

出典：「東亜高等予備学校学制改正」1931 年.12 月『特設予科関係』第 1 巻。

　③ 日本語の毎週授業時数と使用教科書は学校によってそれぞれ大きく違っていた。

表 2-12 特設予科における日本語の教育状況

学校名	教師	時間数	科目	教科書
一高	4名	6	読み方 会話 作文 説話	『徒然草』 夏目漱石『虞美人草』 『高等国文選　地ノ巻』
東京高師	4名	8	読み方 会話 作文 文法	吉田弥平『中学　日本文典』上下 『新定国文読本』1 幸田露伴『五重塔』 『現代文学読本』1、2 夏目漱石『吾輩は猫である』
広島高師	4名	10	講読 会話 作文 文法	吉田弥平『中等国語読本一般』 広島高師附属中国語漢文研究所 『中等新国文』巻一 斉藤清衛『文芸鑑賞読本』（大正篇） 明治書院編『現代文学読本』上
奈良女高師	9名	18	講読 文法 書取、聞取 作文	教科書は附属高等女学校において使用 する 一、二、三学年の分を順次に取扱う
明治専門	3名	8	講読、解釈 書取 時文和訳	八波則吉『現代実業国語読本一、二』 鶴見祐輔『中道を歩む心』 薄田淳介『茶話抄』 『申報』『時報』の記事を翻訳・論評
長崎高商	5名	14	読方　訳解、 会話、書取 作文、文法 商業簿記 商事要項 法学通論	清水坂田『最新法制経済教科書』 武田英一『改訂最新商業綱要』 堀越浅井『日本文法精義』 吉田良三『簡易商業簿記』
東京工大	4名	10	会話 書取 作文、文法	文部省『国定尋常小学校国語読本』 岩谷小波『日本お伽噺集』 吉田弥平『現代文新抄』 八波則吉『新制中等作文』上級

出典：「特設予科学科目教科書及教授要目等文部省ヨリ回付」1931年3月。

『在本邦留学生予備教育関係雑件　特設予科関係』第1巻。

このように、特設予科設置各校で使用されている教科書はそれぞれ

違っていたが、日本語を母語とする生徒のために編まれた教科書を、日本語を母語としない留学生のための日本語教育にも使用している点は、いずこも同じであった[1]。

④各特設予科のカリキュラムも違っていた。

表 2-13 特設予科学科目及び教授時数調査　　単位：時間

学校	修身	日語	英語	歴史	地理	数学	物理	化学	博物	図画	音楽	体操
一高	1	6	6	2		6	2	2	2	2		3
東京高工	1	4	4			8	3	4		8		4
東京高師	1	8	5	2	2	6	2	2	2			2
奈良女高師	1	16	4			6					1	2
長崎高商		14	11（一年）12（二年）	2（一年）	2（一年）	2（一年）3（二年）	2（二年）					3.
明治専門		8	6			8	2	2		4		3（兵式）
広島高師（文）	3	10	7	4	4	5						2
広島高師（理）	2	10	7			7	3	2	2			2

　出典：「特設予科ニ於ケル学科目ニ関スル件」1931 年 2 月『在本邦留学生予備教育関係　特設予科関係』第 1 巻。

⑤各特設予科の志願者と入学者の数もかなり異なり、志願者は東京にある一高と東京高工、東京高師の特設予科に殺到する傾向が強く、それに比べて地方の学校は大いに遜色があった。

1　前掲「戦前戦中期における文部省直轄学校『特設予科』の留学生教育について一長崎高等商業学校の場合」。

表 2-14 各特設予科志願者と入学者数（1925 ～ 29 年）　単位：人

学校名	年度	1925	1926	1927	1928	1929
一高	志願者	95	91	145	134	171
	入学者	17	17	15	24	18
東京高工（東京工大）	志願者	119	150	93	81	124
	入学者	35	40	46	27	20
東京高師	志願者	64	67	93	87	153
	入学者	28	26	30	28	27
奈良女高師	志願者	14	5	7	11	19
	入学者	14	5	6	9	5
長崎高商	志願者	18	32	14	23	13
	入学者	18	21	10	17	10
明治専門	志願者	16	32	56	55	71
	入学者	5	6	8	6	12
広島高師	志願者	24	10	16	17	24
	入学者	18	8	12	14	10

　出典：「昭和六年度特設予科主任者会議」『在本邦留学生予備教育関係　特設予科関係』第 4 巻。

　このように「大抵同等であるべき之等七校の特予」が、「年限課程共標準の拠るべきものがなく、相互の連絡も全々缺けて居り、各校各別の状態」にあった[1]。それは「各学校が自分だけの立場、便宜等に従て只其処だけの問題として取扱たことに由る」と、特設予科の統一性の欠如を批判する意見も出されていた[2]。

　外務省文化事業部も 1932 年 3 月「中国留学生予備教育機関に於ける学科目其の他に関する調査」を行っている。その調査報告書には次のように記されていた。

1　高橋君平「現在日本に於ける留日中華学生予備教育我観―特設予科存立の疑義―」『日華学会』第 4 号、1928 年 6 月、28 頁。

2　同上、35 頁。

　　教科書は特殊の学科を除き出来得るだけ多く使用され居るが、（一）多数の教科書中一つとして二校以上に使用され居るものなきこと、（二）修身科に於て教科書を使用し居るは奈良女高師一校のみなる事、（三）日本語科に於て普通の国語読本の外小説、随筆、論説等の単行本を採用し居ること、（四）同じく日本語科の教科書として他学科の夫れを使用し居ること、（五）同一学科に於て一方小学校の教科書を用ふるものあると共に他方相当難解なりと思はるる教科書を使用し居ること、（六）同種の学校にて或る学科につきて総合的教科書を用ふる学校ある一方、分科的に教科書を使用し居ること、（七）歴史地理科に於ては全く之れを課さざる学校あり、又課するにしても日本に関するものに重きを置くものと然らざるものとあること等なるも類似予備教育機関が斯くの如く多様の状態に置かれ居るは注目すべき事なり（後略）[1]。

　　特設予科設置校は各自の事情や教育方針に合わせてカリキュラムや選抜基準などを制定し、教育内容も学校によって大きく異なっていた。それは各校が特設予科の役割に対する期待あるいは認識がそれぞれ異なっていることに起因していたであろう。日本語教育に偏重している特設予科もある一方で、中学校程度の学科の学力補充に重点を置く特設予科、あるいはまた本科に入るための準備として専門学に関する基礎知識を中心に教授する特設予科もあった。外務省としては、このような各特設予科の不統一性や多様性には注目したが、それに立ち入って干渉することはなく、各特設予科に留学生教育を一任する方針を採っていた。

　　本章は1910年代〜1920年初頭にかけて日本とアメリカにおける中国人留学生受け入れのそれぞれの状況を中心に、「東方文化事業」発

1　「昭和七年度特設予科主任者会議」『在本邦留学生予備教育関係　特設予科関係』第4巻。

足の背景を説明した上、同事業の重要な内容の一つとしての特設予科制度の整備と各特設予科留学生受け入れの状況を考察した。

　アメリカに対する日本における留学生受け入れの「失敗」は「東方文化事業」発足の背景であったため、留学生受け入れ態勢の整備は当然同事業の重要内容となり、「五校特約」期以来の特設予科制度の充実と拡大を含む留学生予備教育態勢の改善と留学生への学資補助を中心に展開された。「東方文化事業」を主導した外務省文化事業部は毎年特設予科主任者会議を主催し、各特設予科の連絡や協調、意見交換を図り、さらに各特設予科における留学生の勉学や思想状況などを一括に把握した。このように、制度上には各特設予科は統一に管理されていたが、実際の教育現場では、各特設予科は入学試験から教育年限、教授科目まで類似しておらず、それぞれ独自性が保たれていた。それは特設予科のあり方に対して各学校がそれぞれ異なる期待あるいは認識を持っていることを示していた。

第三章 1930年代初頭における特設予科の改編―高等専門学校予備教育から大学予備教育へ

　前章で見た通り、特設予科は設立当初、すべて高等専門学校に進学しようとする留学生のために一年～一年半の日本語及び基礎学科の教育を施すものであった。ところが、20年代末期になると、中国人留学生の学歴が大きく変化し、従来の高等専門学校志望者に代わって、大学ないし大学院レベルの教育機関に入学しようとする者が留学生の主流となった。そのため、高等専門学校の予備教育機関としての特設予科は、その対応に迫られ、改編せざるを得なくなった。

　本章は、特設予科制度はどのように中国人留学生の学歴変化との対応関係の中で改編されていったのか、その過程を明らかにすることを目的とする。

第一節　中国人留日学生学歴の変化

1. 六・三・三制の定着と新留学規程の制定

　中国は清末において日本をモデルに教育の近代化を推進したが、後に日中関係の悪化に伴って、日中の教育文化交流も次第に悪化していった。一方、20年代になると、アメリカの積極的な働きかけやアメリカ留学帰国者の活躍などにより、中国の教育に与える影響におい

て、アメリカははるかに日本を超えるようになった。1922 年 11 月、
中国では小学校六年・初級中学校三年・高級中学校三年のいわゆる六
・三・三制の壬戌学制が、1904 年に日本をモデルとして作られた癸卯
学制に取って代わったことがその最も代表的な現れの一つであった。
新学制がその後、国内政治の混乱などにより揺らぎ、しばらく旧学制
と並存していたが、ようやく定着したのは 1928 年頃であった。その
ため、中等教育では、四年制の旧制中学校は完全に三年制の初級中学
校と三年制の高級中学校に取って代わられた。さらに 1929 年 9 月、
国民政府が「修正発給留学証書規程」を公布し、高級中学卒業程度以
上の者でなければ、その留学資格を認めず、留学証書を発給しないこ
とになった。その結果、中国人日本留学生の学歴構成には大きな変化
が生じ、従来の旧制中学校卒業生や新制初級中学校卒業生が主流であ
ったのが、新制高級中学校卒業以上の者を中心にするようになったの
である。多くの留学生が来日後の第一着歩として通っている東亜高等
予備学校在学生の学歴変化から、渡日中国人留学生における学歴構成
の変化を窺うことができよう。

表 3-1 東亜高等予備学校在学生学歴統計（1925 ～ 32 年）単位：人

	大学	専門	高中	初中	旧制中学	師範	実業	其他	計
1927 年	26	18	21	61	146	15	11	25	323
1928 年	78	25	106	90	141		33	8	481
1929 年	174	69	256	86	130	32	15	8	770
1930 年	81	23	145	26	60	29		13	377
1931 年	31	24	31	2	14			2	104
1932 年	40	19	45	12	2	3	4		125

出典：高橋君平「再び留日予備教育に就いて」『日華学報』第 40 号、1933 年 5 月、
2 頁。

上表は 1925 ～ 32 年各年度秋学期の中国人留学生在学者数である。
数字の示している通り、中国における新学制の実施や新たな「留学証

書規程」の発布に伴う留学生学歴構成の変化が現れてくるのは1929年頃のことである。1927年当時全体の45％を占めた旧制中学卒業の学歴所有者は、1929年には17％に激減し、1930年に16％、1931年には13％とさらに減少していった。それにかわって新制高級中学卒業程度の者が留学生全体の4割を占めるようになり、大学専門卒業以上の者も3割に上り、これまでのような旧制中学卒業生と新制初級中学校卒業生を主とした日本留学から、高中卒業程度乃至それ以上の者が主流となすようになったのである。

　中国教育部による統計からも、これと同じ傾向が見られる。例えば、1931年、留日学生303名の中、大学卒業生は135名、専門学校卒業生は27名、高級中学普通科や高級中学職業科・師範科卒業生は89名であった。これに対して旧制中学校卒業生は26名、国外学校卒業生は20名、軍事学校などは6名であり、高級中学校卒業生以上の学歴を持つ留学生が主流をなしていたことが分かる。

表 3-2 留日学生の学歴構成 （1931 年現在）　　　　単位： 人

類別	大学	専門学校	高級中学	旧制中学	国外学校	軍事学校	合計
人数	135	27	89	26	20	6	303
百分比	44.5%	8.9%	29.4%	8.6%	6.6%	2%	100%

　　出典：『民国史料叢刊　中国教育年鑑』第3冊、伝記文学出版社、1971年10月、1436頁。

2. 駐日留学生監督姜琦の 『意見書』

　このような中国人留学生学歴の変化は、中国人留学生が日本に求めるのが従来のような高等専門学校レベルの教育ではなく、大学教育になったことを意味していた。

　しかし、当時中国人留学生の受け入れに関しては、官立高等専門学校レベルでの受け入れ態勢は特設予科の整備によりある程度整えられてきたものの、官立大学レベルでの留学生受け入れ態勢はほとんど未

整備の状態であった。中国人留学生が日本で官立の大学教育を受けようとする場合、普通はまず東亜高等予備学校などで日本語を学習し、さらに特設予科を経て高等専門学校に入学し、さらに大学に進学するというルートを辿らなければならないので、留学生が大学に進学するまで時間がかかりすぎるのである。そのため、当時、大学教育を目指す中国人留学生のほとんどが在籍したのは私立大学であり、帝国大学や官公立大学に在籍するものは少数に過ぎなかった。下表の示すとおり、当時大学に在籍していた留学生の総数は1388名であったが、そのうち、その圧倒的多数である1023名が私立大学在籍者であった。

表3-3 中国人留日学生在籍者状況（1931年4月現在）　単位：人

学校種類	帝大	官公立			私立	計
		計	本科	特設予科		
大学	185	180	113	67	1023	1388
専門学校		194	171	23	37	231
高等学校		108	79	29		108
高等師範		210	168	42		210
中学校		13			33	46
女学校		6			18	24
実業学校		29				29
各種学校						38
小学校						292
計						2366

出典：文部省「中華民国留学生ニ関スル調査」1931年4月。『在本邦留学生関係雑件』。前掲二見剛史・佐藤尚子「中国人日本留学史関係統計」116頁。

そうした状況のなか、中国側は日本にその対応を求め、留学生の予備教育をも従来の高等専門学校のための予備教育から大学予備教育へと改編するよう要望するのである。それを最初に提起したと思われるのは中国留日学生監督処浙江省経理員であった。彼は次のような意見を述べた。「五校特約」の時代では、中国の教育系統は小学校七年、中学校四年であり、日本の小学校六年、中学校五年の制度と比較

して年限の差がなかったため、「特約五校ニ於テ特別予科補習日本語及中学課程一年ヲ設置シテ高等及専門学校ニ進学スルハ首尾相整ヒ」、何の問題もなかった。しかし、「今時移リ事情変リテ学制ハ改革セラレ」、「高等中学卒業生ハ已ニ小六、中六即チ十二年ノ教育ヲ経ルヘキコト」となり、「ソノ程度年限ハ之ヲ日本ノ中学ニ比シテ余アリ、日本ノ高等学校ニ比スルハ不足スルコト」となったため、当然問題が起こった。解決策として、一高の特設予科を廃止し、同校に別に二年の特別高等班を設け、中国高級中学卒業生で、東亜高等予備学校において日本語を予備した者を入学させ、二年後各大学への入学を許可する、と提案していた[1]。

　また、1929 年 11 月、国民政府から初代駐日留学生監督に任命された姜琦は『中華民国留日学生入学方案意見書』を作成し、中国教育部に提出し、日本の留学生受け入れ制度、とくに特設予科を含む予備教育制度の改革を提案するのである。姜琦は清末から民国初期にかけて日本に学び、東京同文書院を経て、東京高師及び明治大学を卒業した後、中国の高等教育機関で活躍した後、アメリカのコロンビア大学ティーチャーズカレッジで教育行政・中等教育を専攻して修士号を取得した人物であり、中国の教育事情、アメリカ及び日本における留学生受け入れ事情などに最も詳しい教育行政官の一人であった。彼は『意見書』の中で、アメリカと日本における中国人留学生に対する対応の差異を次のように指摘した。すなわち、中国高級中学校卒業生がアメリカに留学する場合、アメリカの大学の第一学年に入学できるのに対して、日本留学者は、高等専門学校にさえ直接入学できず、特設予科を経由しなければならない。そのため、中国高級中学校卒業者は日本に留学する場合、大学卒業までの年限がアメリカに行く場合より四～五年も長くなってしまう。アメリカの留学生受け入れ制度がきわめて柔軟であるのに対し、日本は留学生の特殊性を認めず、その制度

1　「高中卒業生的入学資格問題」中華民国駐日留学生監督処『学務旬報』1929年 2 月。『在本邦留学生予備教育関係雑件　特設予科関係』第 1 巻。

は留学生の需要と乖離している[1]。姜はこのように指摘し、最近の留学生学歴の変化を踏まえて、日本側に対して留学生受け入れ政策の転換を求めるのである。彼は、下記のように留学生の学歴のそれぞれに対応した受け入れ方を日本側に提示した。

一、国内大学卒業生

(a) 中国省立大学卒業生ニシテ、日本帝国大学大学院或ハ私立大学大学院ニ入学セント欲スル者ニハ、日本文部省ニ於テ無試験入学ヲ許可セラレ度シ

(b) 私立大学（立案セルモノニ限ル）卒業生ニシテ、日本帝国大学大学院或ハ私立大学大学院ニ入学セント欲スル者ニハ、日本文部省ニ於テ試験入学ヲ許可セラレ度シ

二、国内大学修業生

コノ種修業生ニシテ日本帝国大学或ハ私立大学本科ニ入学セント欲スル者ニハ、日本文部省ニ於テ、欧米ノ弁法ニ倣ヒ、各ソノ学生ノ既ニ修業セル年限ニ按ンジ試験入学ヲ許可セラレ度シ

三、国内高級中学校卒業生

コノ種卒業生ニシテ日本官私立各高等学校ニ入学セント欲スル者ニハ、各学生ノ学力ノ高下ニ按照シ、各校第三学年或ハ第二学年第一学期ニ編入ヲ許可シ、予科アル専門学校ニ於テハ直接本科ニ入学スルコトヲ許可セラレ度シ

四、国内専門学校卒業生

コノ種卒業生ニハ、日本文部省ニ於テ、各大学本科第一学年ニ試験入学ヲ許可シ、並ニ各専門学校ノ研究科ニ入ルヲ得セシメラレ度シ

五、現在ノ各校一年制特設予科ヲ廃止スルコト

今後ハ日本文部省ニ於テ一高及高師等ノ学校ニ附設セル特設予科

---

[1] 総領事重光葵より外務大臣幣原喜重郎あて「日本留学生ノ各学校入学ニ関スル留日学生監督姜琦ノ意見書訳報ノ件」1930年1月。『在本邦留学生関係雑件』第7巻。

ヲ廃止セラレシ

六、東京工業大学ノ三年制特設予科ヲ改メテ二年制トナスベキコト

　コノ種特設予科ハ、暫時旧ニ照シテ存立セシムルモ、但シ亦我中
国高級中学校卒業生ヲ収容スルヲ原則トシ、今後ハ第一学年級ヲ廃
止シ、程度ヲ高メテ改メテ各高等学校第二部第二学年級ト同程度タ
ル学級ヨリ始ムベシ[1]

　この案のポイントをまとめてみると、二点がある。一つは専門知識
を勉強しようとする留学生の要望に基づいて、日本側に大学ないし大
学院の門戸開放を強く求めていること、もう一つは現行の特設予科制
度の改革によって、帝国大学やほかの官立大学までの修学年限を短縮
させることであった。

　現行の特設予科について、姜は高等専門学校の準備段階としての特
設予科がすでにその意味と役割を失っており、それを廃止すると同時
に、東京工大における三年制大学予科を二年に改めるべきだと主張し
た。その理由は、日本の小学校は六年で、中国の学制と同じである
が、日本の中学校は五年であり、その内、成績優秀なものは中学校四
年生の段階で入学試験を受け、高等専門学校に入学できるとされてい
る。留学生の場合、従来、新制三年の初級中学校あるいは四年の旧制
中学校を卒業した者が主流であったため、彼らの日本語能力及び各学
科学力の不足を補うために特設予科がそれなりの機能を果たしていた
が、新学制の定着と留学生規程の改正により、1929 年頃より、日本
に留学するもの、或は今後日本に来る留学生はその主流が新制高級中
学校卒業以上の者になり、その学力は日本人の中学校卒業生と比べて
も遜色ないものとなっており、これまでのような特設予科はもはやそ
の存在意義を失っていると指摘する。さらに姜によれば、中国教育部
は社会の需要に応じ今後高級中学校課程内に英、独、仏のほか、日本

1　『在本邦留学生関係雑件』第 7 巻。

語をも設ける計画があるので、特設予科の持つ学力補充と日本語教授の二つの機能は今後不必要になり、中国高級中学校卒業生の成績優秀な者は直ちに日本高等専門学校の第三学年に、成績普通の者は第二学年に編入すべきであると主張した[1]。つまり、高等専門学校の準備段階としての特設予科を廃止し、高等専門学校に留学生のために編入学制度を立て、一方、東京工大の三年制特設予科を二年に改め、大学までの時間を短縮させるべきだというのである。

浙江省経理員及び姜琦の『意見書』は、いずれも二年制の大学直結の留学生予備教育機関の創設を日本側に求め、留学生の大学進学までの時間短縮を図ろうとするものであった。中国教育部は1930年1月姜の『意見書』を駐日公使を経由して外務省と文部省に申し入れた。

第二節　特設予科の改編

1. 一高・東京工大の特設予科の改編—特設予科から特設高等科・附属予備部へ

中国教育部の申し出を受けて、外務省は文部省あての公信の中で、日本が中国人留学生の予備教育において精神的にも物質的にも相当の考慮を払い、その便利を図っているにもかかわらず、中国側が突然一方的な意志で従来の計画に対して打撃を加えるような留学規定を作り、日本の特設予科制度を根本から破壊するものだと不満を述べた[2]。

しかし、それにもかかわらず、外務省も中国側の要望に応じて特設

1　『在本邦留学生関係雑件』第7巻。

2　吉田外務次官より中川文部次官あて「支那留学生ノ入学願書受理方ニ関スル件」1930年1月9日。『在本邦留学生関係雑件』第7巻。

予科の改革を行う必要は認めていた。1930 年 11 月に開かれた特設予科主任者会議では、高級中学卒業者の増加に対して、現在の特設予科制度が如何に対応すべきかを中心に議論が行われた[1]。しかし、明治専門と長崎高商は、留学生の入学後の学業成績は主として日本語のレベルによって決められるため、初級中学卒業者と高級中学卒業者では学力の差があるとしても、日本語レベルにおいて大した差が存在せず、日本語の教授を中心に行う特設予科を取り消し、留学生を直接本科に入学させることも、特設予科の修業年限を短縮することも無理だと答えた。そのため、特設予科主任者会議では特設予科の今後のゆくえについて結論がなかなか出なかった。

それと同時に、外務省文化事業部は欧米各国、とくにアメリカにおける中国人留学生受け入れ状況を参考にしようとして、東京工大外国学生部長奥田寛太郎に嘱託して調査を行わせた。1930 年 1 月、奥田寛太郎は留学生数、入学及び修学の状況、学費などの項目に分けてアメリカにおける中国人留学生教育の事情を報告書にまとめて提出した。以下、その報告書の主要内容を紹介する。

アメリカにおける中国人留学生の入学状況について、彼は次のように報告した。1924 年、アメリカは外国人労働者のアメリカ入国を防止するため、移民法を改正した。この移民法の改正により、渡米外国人学生に対する各種資格制限が強化された。渡米前、本人は留学希望学校に成績証明などを送付し、入学許可書を得て始めてアメリカ領事館に入国査証の交付を申請できることになっている。アメリカ各大学が中国人留学生に入学許可を与えるかどうかは、中国における各出身学校の推薦、並びに学業成績証明によって決定される。アメリカ各大学の中国各学校に対する信用程度は北京の清華大学を第一とし、上海の聖約翰大学をはじめとする諸ミッションスクールがそれに次いで第二とし、各官公立学校の信用ははるかにそれらの下に位される。その

---

1 「昭和五年度特設予科主任者会議」『在本邦留学生予備教育関係雑件 特設予科関係』第 4 巻。

理由はさまざまあるが、信用程度の高下は学生の英語の能力に準じたものと思われる。このように留学生は中国を発つ前に既にアメリカでの入学先が決まっているため、アメリカの大学が入学試験を実施することもなく、またアメリカに到着後直ちに志願学校に入学し、予備教育の学校に入る必要もなく、特設予科などの予備教育機関を設ける大学、専門学校もまったくない。さらにアメリカへ留学に赴く中国人留学生は大学入学にあたって必ずしも一年生から始まらずに、各自の学力に応じて二年や三年、四年に入る者が多い。アメリカの制度をそのまま日本に移して日本に応用するのは難しいが、「所謂画一主義ヲ破リ融通ヲ利カストイフコトハ少クトモ外国留学生教育ノ上ニハ或ハ他山ノ石トシテ用アル場合アルヘシ」と奥田は提案した[1]。

彼はまた、日本の今後の大学門戸開放の必要性を指摘した。彼は「現在世界各国ニ於ケル支那留学生ノ数ハ我国ニ於ケル二千四五百名ヲ最高トシ、米国ノ千四百名之ニ次キ即チ数ニ於テハ米国遙ニ我ニ及ハスト雖彼ノ千四百名ハ殆ント全ク大学教育ノ学生タルコト亦一顧ニ値スヘシ」と、アメリカは中国人留学生の数において日本に及ばないが、受け入れる留学生のレベルがはるかに日本を超えていることを指摘した。今後、中国人留学生の海外留学は大学で学理の蘊奥を究め、実際の研究をしようとする者が増えるため、日本もこの情勢に順応すべきで、大学教育の門戸を開放し、大学に入ろうとする者の便宜を図る必要があると、日本側が中国人留学生の学歴の変化に順応して受け入れ態勢を整備するように呼びかけている。留学生の大学入学に関しても、中国国内における英語と日本語の普及度の差などにより、日本の各学校がアメリカ各大学のような受け入れ方を模倣するのは、やや難しいと思われるが、日本でも大学門戸をもう少し留学生に開放する必要があることを示唆していた。

このように、大学の門戸開放が必然な趨勢になっていく中、外務・

---

1 奥田寛太郎『北米合衆国ニ於ケル支那留学生教育状況』1930年1月29日。『欧米諸国ニ於ケル支那留学生ノ状況調査ニ関スル件』。

文部両省は大学との連絡を円滑にさせる妥当な施設を創設するため、1931年始め頃から、従来の特設予科を改編して、特設大学予科を新設し、大学への進学ルートを整備することに乗り出した。ところが、実はすでに留学生のための大学予科にあたるものが存在していた。東京工大の三年制の特設予科がそれである。この特設予科は同校の本科に入るための準備段階であり、全国的な留学生の大学予科ではなかったが、それが留学生の大学進学ルートのモデルともなるべきものを提供していたからである。

　そうしたなか、留学生のための全国的な大学進学ルートを開くため、文部省は、1931年1月、文部省龍山義亮督学官、東亜高等予備学校三輪田輪三学監と椎木真一講師、東京工大奥田寛太郎教授を中国へ現地調査に派遣した。龍山義亮一行は、遼寧、天津、北平、済南、青島、南京、上海、杭州などの各地における高級中学校の学科内容及び程度を考察し、教育庁と学校当局と意見を交わした。その視察報告書として、同年3月に「特設大学予科案」が文部・外務省に提出された。そこには三つの具体案が用意されていた。本科二年制の第一案と、本科二年制及び日本語予科一年制の第二案、本科三年制の第三案がそれである[1]。

　この「特設大学予科案」をもとにして、文部省は1931年8月、「特設予科新設ニ関スル経費」という経費予算書をまとめた。経費予算書では、「国民党政府カ海外留学者ノ資格ヲ高級中学卒業者ニ限定シタル事実ハ以テ我大学教育ヲ要望スルモノト視ルヲ得ヘク、且其ノ国情ニ鑑ミルトキ可及的我帝国大学及官立大学ノ門戸ヲ開放」[2]しなければならないと、特設予科改編の理由を述べた上、経常費各年度増加額調、職員定員増加調、経常費所要額算出の基礎などを提出していた。

1　『在本邦留学生予備教育関係雑件　特設予科関係』第4巻。二見剛史「戦前日本における中国人留学生の教育―特設予科制度の成立と改編」105頁より再引。

2　同上。

ただし、特設大学予科新設の場所については未確定であった。とはいえ、一高の一年制の特設予科を三年制に昇格し、大学とくに帝大に直結させるか、あるいは現に三年制となっている東京工大特設予科に文科を併置させ、それを全国的なものに再編していくかのいずれかに落ち着くというのが自然の成行きであった。

そうしたなか、東京工大は特設大学予科の設置場所が同校に選定されるよう積極的な働きかけ開始し、特設予科改編案を作成のうえ、これを外務・文部省に提出した。そこでは、次のように中国人留学生のための特設大学予科の新設の必要性が強調されていた。

従来、中国人の日本留学帰国者は主として日本の高等専門学校卒業者であるのに対して、欧米留学帰国者はほとんどそちらの大学教育を終えたものである。日本留学帰国者が欧米留学帰国者と比べて実力において劣らないにもかかわらず、履歴の差異により、往々にして彼らの下風に立たざるを得ない。それに加えて、最近、国民政府が海外留学資格を高級中学卒業生に限定した結果、今年に入ってから、日本に来る留学生の数は激減した。そのため、日本の中国人留学生の教育体系を抜本的に改革し、彼らのための大学教育の道を開く必要があることはすでに衆論一致のことであるが、中国の官尊民卑の国情に鑑み、日本の帝国大学及官立大学の門戸を彼らに開放することは最も時宜に適するものである。しかし、現在の施設を見ると、帝国及び官立大学に入学しようとする中国人留学生に対する高等学校教育あるいは大学予科教育の道は単なる一高と東京帝大の特設予科のみである。両者はいずれも毎年20名ぐらいの入学を許可しているだけで、その数は中国人留学生の要求に遙かに及ばない。そのため、現に専ら中国人留学生を収容する帝国及び官立大学のための特設大学予科を創設し、収容定員を拡大する計画を立てる必要がある。特設大学予科設立場所の選定に関して、一高の特設予科を改編するより、現存の東京工大の三年制特設予科に文科を併置させ、全国的な特設大学予科へ改編したほう

が最も適宜な方法である、というのである[1]。

しかし、こうした東京工大の積極的な姿勢にもかかわらず、文部省は、その後新設場所を一高とする方向で、特設大学予科新設計画を検討していった。特設大学予科を東京工大ではなく、一高に選定する理由を示す史料はまだ見つかっていないが、一高が正統的な帝国大学進学コースであるという事実が最も考えられる理由であろう。

1931年11月10日、文部省は「特設予科新設ニ関スル経費」を作り、同月16日「特設予科ニ関スル協議会」が一高において開かれ、外務省、文部省、一高の関係者が特設大学予科の官制、名称、修業年限、予算、修了者の進路などについて協議した。同年12月4日、文部省は最終的な特設大学予科案をまとめ、外務省に予算を申請した。その文書の中で、文部省は特設大学予科を新設する理由について、次のように述べていた。

　　中国政府ハ昭和四年九月教育部令ヲ以テ海外留学生ノ資格ヲ高級中学卒業者（初級中学三年高級中学三年）ニ限定シタル為、而後是等学生力既設ノ第一高等学校特設予科一年、高等学校本科三年ヲ経テ帝国大学ニ入学スルトキハ卒業期著シク遅延スルノ結果トナレリ。然ルニ欧米ニ於テハ、概ネ高級中学卒業ノ中国留学生ハ直ニ大学本科ニ入学シ得ル為、僅々三、四年ノ課程ヲ経テ卒業スルコトヲ得、帰国後ハ外国大学卒業者トシテ相当ノ地位ヲ与ヘラレ居ルニ対シ、本邦留学生中国学生ハ大学卒業マテ七八年ヲ費スニ拘ラス帰国後ハ欧米留学出身ト同様ニ取扱ハルルヲ以テ、近年中国留学生ニシテ欧米方面ニ赴クモノ漸増ノ傾向アリ。(中略) 中国ノ外国貿易額ハ在外中国留学生ノ数ト相比例スト言ハレ居ル処、右ハ必スシモ偶然ノ事実ナリト言ヒ得サルヘク、本邦ニ留学スル中国学士ハ其本邦一般事情殊ニ経済事情ニ対スル理解ヨリシテ、帰国後ニ於テ日本商

1　『在本邦留学生予備教育関係雑件　特設予科関係』第4巻。

品ノ紹介者トモナリ、又一般ニ日華両国間ノ提携者トシテ活動スル
モノナルヲ以テ、是等留学生就中我帝国大学其ノ他ノ官立大学入学
志望者ノ為便宜ヲ計リ、之レカ誘致手段ヲ講スルコト必要ナリ。而
シテ之レカ為ニハ、先ツ第一中国留学生ニ最モ適合スル様大学予備
教育ノ内容ヲ改善スルト同時ニ、第二修業年限ヲ短縮スルコト緊要
ナリトス。仍テ現在ノ第一高等学校附設ノ一年制特設予科ヲ廃シ、
中国留学生ノ為ニ三年制高等学校ヲ之ニ附設シ、卒業後ハ帝国大学
並官立大学ニ夫々入学セシメントス[1]。

　つまり、日本の留学生受け入れにおける制度上の問題により、留日
学生が帝国大学を卒業するまでに欧米留学以上の年数を必要とする。
そうした日本の留学生受け入れ制度の不備のため、日本へ留学する者
は欧米への留学生より著しく不利な立場に立たされる。留学生は日本
より欧米へ赴くようになり、それは日本経済を含む日本の利益に不利
である。そのため、誘致手段として、一高に留学生のための三年制の
高等学校を創設することにより、中国人留学生の大学予備教育の教育
内容を改善し、修業年限を短縮するというものであった。
　具体的な「特設予科設置要綱」も作成された。それによると、特
設大学予科の名称を「特設高等科」とし、その目的は中国人留学生
に対し高等学校高等科の程度による高等普通教育を授けることと規
定され、修業年限は三年とし、生徒定員は文科 90 名、理科 90 名で、
計 180 名とする案であった。同年 12 月 8 日外務省は「中国留学生ノ
為ニ三年制高等学校設立方文部省ニ委嘱方ニ関スル件高裁案」をまと
め、文部省案通りに実施することが可決された。これにより、1932
年 4 月をもって現行の一高一年制の特設予科が正式に廃止され、それ
にかわって高等学校高等科に相当する三年制特設高等科が設置される
こととなった。同年 6 月、特設予科在学生が考査を経て、特設高等科

1　「特設予科新設ニ関スル経費」（文部省第四回案）1931 年 12 月。『在本邦留学
　生予備教育関係雑件　特設予科関係』第 2 巻。

第一学年に編入されることになった。従来の制度では、一高特設予科
で一年間の高等学校予備教育を受けた者はそれぞれ第一～第八の高等
学校高等科に配分され、そこで三年間の高等学校教育を受けた後、大
学に進学するシステムであったが、新制度では、一高特設高等科で三
年間の大学予備教育を受けた者が直接大学に進学することとなった。
この一高特設予科の改編は、留学生のための大学直結の留学生予備教
育の成立を意味した。

　一方、特設大学予科新設をめぐる競争に「敗れた」東京工大は、そ
の後も引続き同校に進学する留学生のために高等学校高等科理科に相
当する大学予備教育を行った。しかし、この制度は同校官制上の機関
ではなく、教授も置かれず、講師制度を採って、他学科に属する教官
が余暇を利用し、または単に外部から講師を招聘して教授に充てると
いうものであった。東京工大は、これでは留学生の教育に欠陥をもた
らす恐れがあるとして、特設予科を東京工大官制上のものとして制度
の確立を図るよう文部省に上申した。1932 年 9 月勅令をもって東京
工大の官制が改正され、特設予科は「附属予備部」へ改編されるこ
ととなった[1]。これに伴い、従来、講師名義であった教官は主事以下 8
名の教授、副教授となり、留学生予備教育の制度化が実現した[2]。同月
「東京工業大学附属予備部規則」が制定され、附属予備部は「学部ニ
入学セムトスル外国人留学生ニ対シテ高等学校規程ニ準シ必要ナル予
備教育ヲ為スヲ以テ目的」とし、定員は23 名、具体的には染料化学
科 2 名、紡績学科 3 名、電気化学科 2 名、機械工学科 4 名、窯業学科
2 名、電気工学科 4 名、応用化学科 3 名、建築学科 3 名を募集する。
入学試験は中学校第四学年修了の程度により、数学、日本語、英語、
物理、化学などの科目で行われることとされた[3]。

　ここに至って、一高と東京高工における高等専門学校のための予備

1　前掲『東京工業大学九十年史』473 頁。

2　前掲『東京工業大学百年史　通史』517 頁。

3　「東京工業大学附属予備部規則」『日華学報』48 号、1934 年 12 月、45 頁。

教育機関は大学に進学しようとする留学生のための予備教育機関に改編された。そのうち、一高特設高等科は、大学とりわけ帝国大学のための予備教育機関であるのに対して、東京工大附属予備部は専ら東京工大に進学しようとする留学生のための予備教育機関であった。

ところが、国民政府はさらに1933年6月、「国外留学生規程」を制定し、留学生の資格制限をさらに強め、公費留学生は公私立の専門学校卒業以上の学歴を有し、二年以上の技術・研究職務にあったもの、ないし公私立大学を卒業したものと限定した。1934年、外務省はその新しい留学規定に対して、中国側に次のように規程の緩和を求めた。中国より欧米に留学する留学生は専科以上の学校の卒業者が多いが、日本に留学する者はむしろ高級中学校卒業者が多数を占めるのが実情である。この新しい留学生規程は高級中学校卒業者の留学を認めず、実質上留学生が日本に来るのを防ごうとするもので、「甚敷排日的色彩ヲ有スル」ものである。つい数年前に、留日学生の多数が高級中学卒業程度のものであり、そうした留学生が日本の大学に入学するための予備教育機関を設置するようという中国側の要望を受けて、外務省文化事業部と文部省は一高特設高等科と東京工大附属予備部を設置して、高等学校高等科の教育を施し、留学生の大学入学に便宜を図った。そのほかにも、東京、広島、奈良の三高等師範学校及び長崎高商、明治専門に特設予科を継続させ、専門学校入学者の予備教育を施し続けてきた。このように日本としては相当多額の犠牲を払っているにもかかわらず、中国側が突然留学規定を改正し、日本に対して不都合な措置を取ることに決めたことは非常に遺憾なものであり、その新たな留学規程を緩和させ、高級中学校卒業者の日本留学を認めるべきだという[1]。

中国側はこの日本側の要望を部分的に受けて、臨機的方法として、

1　広田外務大臣より在上海有吉公使あて「中華民国教育部頒布国外留学生規程ニ関スル件」1934年12月28日。『民国政府の外国留学生に対する諸調査関係雑件』。

高級中学卒業者の一高特設高等科及び東京工大附属予備部への入学に
限って、特別に承認し留学証書を発給する方針を決めた[1]。つまり、中
国側は高等専門学校に入るための予備教育機関である特設予科の意味
を否定したが、大学教育と直結する予備教育機関としての一高特設高
等科と東京工大附属予備部の意味だけを認めた。その後、両校は日本
の官立大学に入るための経なければならない関門であり、「日本留学
の正系にして且つ主流」[2]と見做される存在となった。

2. 他の特設予科の対応

■ ①他の特設予科の不振

　前述した通り、一高と東京工大の特設予科は大学入学の予備教育機
関に改編されることをもって、中国人留学生の学歴の変化に対応し
た。では、ほかの各特設予科は30年代に入ってから、どのような様
相を呈していたであろうか。

表 3-4　各特設予科志願者と入学者数（1925 ～ 33 年）　　単位：人

学校名	年度	1925	1926	1927	1928	1929	1930	1931	1932	1933
一高	志願者	95	91	145	134	171	173	111	28	38
	入学者	17	17	15	24	18	27	29	24	26
東京高工（東京工大）	志願者	119	150	93	81	124	145	83	25	30
	入学者	35	40	46	27	20	27	23	21	24
東京高師	志願者	64	67	93	87	153	153	79	9	17
	入学者	28	26	30	28	27	27	22	5	8

1　広田外務大臣より在上海有吉公使あて「中華民国教育部頒布国外留学生規程
　　ニ関スル件」1935 年 12 月 16 日。『民国政府の外国留学生に対する諸調査関
　　係雑件』。

2　「上級学校入学状況」『日華学報』第 56 号、1936 年 6 月。

奈良女高師	志願者	14	5	7	11	19	21	16	2	7
	入学者	14	5	6	9	5	9	7	1	5
長崎高商	志願者	18	32	14	23	13	40	3	4	4
	入学者	18	21	10	17	10	26	2	4	4
明治専門	志願者	16	32	56	55	71	93	5	5	4
	入学者	5	6	8	6	12	12	1	3	2
広島高師	志願者	24	10	16	17	24	37	13	1	4
	入学者	18	8	12	14	10	20	8	1	2

出典：「昭和九年度特設予科会議」『在本邦留学生予備教育関係　特設予科関係』第4巻。

　留学生数が外的な諸条件、例えば中国の国内状況、銀相場の変化、とくに日中国交関係の疎隔から受ける影響が大きいことは言うまでもない。上表において、1932年度各特設予科入学志願者の激減は1931年9月の九一八事変の影響を示している。しかし、各特設予科における志願者減少は九一八事変発生前の1931年度にすでにその兆しを見せていた。それは、20年代末期に現れてきた中国人留日学生における学歴の上昇から大きな打撃を受けたことを示すものであったと言えよう。

　1933年5月、日華学会北京駐在員高橋君平の「再び留日予備教育に就いて」が『日華学報』第40号に掲載された。高橋は、一高特設高等科及び東京工大附属予備部は、三年制の大学予科で直接官立大学に連絡し、かつそれぞれ長い歴史的伝統があるので、年限が長くても留学生は志願するが、ほかの特設予科は、学生の要求と学校の制度とが相当乖離しているので、「今後益々不振に陥るべきは必然の勢である」と断定した。彼はまた、同年3月の特設予科会議で、わずか1名の学生のために十数名の教師がその教育に当っているという奈良女高師や広島高師などの特設予科の現状が報告されていたことを挙げて、「衰減の必然性ある特設予科の維持に日本が斯くも多大な犠牲を忍ば

ねばならぬ理由は極めて薄弱」だとも述べていた[1]。

次いで高橋は、同年2月東亜高等予備学校の在学生147名を対象に行った調査結果を踏まえて、特設予科存在の必要性についてさらに異議を申し立てた。彼らの来日前の学歴を見ると、大学卒37名、大学未卒11名、専門学校卒26名、専門学校未卒1名、高級中学卒（師範を含む）47名、高級中学未卒10名、初級中学卒11名、初級中学未卒1名、旧制中学卒3名であり、高級中学卒業以上の学歴を持つ留学生は合わせて122名で、全体の80%を上回っていた。

さらに、この147名のうち、すでに大学や専門学校に在籍している6名及び志望学校未定の20名を除く121名に対して進学志望調査を行った結果、東京帝大（大学院9名を含む）22名、京都帝大1名、九州帝大1名、東京商大5名、東京文理大1名、早稲田大学（専門部高等学院をも含む）20名、慶応大学3名、明治大学（専門部を含む）7名、日本女子大学1名など、官公私立大学進学を希望する者は合計61名で、全体の半数を占めていた。そして帝国大学へ直結する予備教育機関としての一高特設高等科及び東京工大附属予備部への進学志望者は、それぞれ6名と24名であった。その他の志望先を見ると、東京女高師3名、東京医専2名、東京女医専2名、東京女歯科医専1名、陸軍士官学校3名、東京美術学校3名、警察講習所2名、陸軍軍医学校1名、上田蚕糸専門学校4名、農林省水産講習所1名、成城中学校1名、東京工大選科1名など、特設予科を設けない専門学校への進学を志願する者は30名であった。それに対して、特設予科を設ける高等専門学校に進学を志望するものは、奈良女高師3名、広島高師3名のみで、東京高師、明治専門、長崎高商の特設予科の志望者は一人もいなかった。これについて高橋は、特設予科を設ける高等専門学校が「他の特設予科なき学校の志願数に比し何等の出色を見ない」ことを示していると指摘する[2]。

---

1 高橋君平「再び留日予備教育に就いて」『日華学報』第40号、1933年8月、6頁。
2 同上、7頁。

　以上のような調査結果に基づき、高橋は少数の留学生のみを収容する特設予科の存在意義がすでになくなっているとして、日本は独善的な主義方針をやめ、中国の学制や留学制度をよく研究し、多数の大学出身者及び専門高中出身者を如何に取扱うのか、これを今後の留学生受け入れの重点に置くべきだと提案していた[1]。

■ ②長崎高商と明治専門の年限短縮

　高橋が指摘したように、1920年代末以降の中国人留学生の学歴が大きく変化していった中、一高と東京工大の特設予科は改編によって新情勢に適応していったが、ほかの各特設予科は依然として不振が続いていた。そうしたなか、長崎高商と明治専門は、特設予科の年限短縮により留学生の学歴変化への対応を試みた。

　前述した通り、より多くの優秀な中国人留学生を確保するために、中国が6、7月を卒業期としていることを考慮して、長崎高商特設予科は設立以来、また明治専門特設予科は1930年以来、10月を学年の始まりとし、修業年限を一年六ヶ月としていた。しかし、実際の留学生募集状況を見ると、それは両校の期待とかけ離れていた。というのは、中国では、東亜同文会経営の天津・漢口両校、満鉄経営の南満中学のほかに、日本語を教える中学校はほとんどなく、6、7月に中国国内の学校を卒業して直接来日した留学生の中で長崎高商や明治専門の特設予科入学試験に応じるほどの日本語能力を持つ者は少なかった。留学生の多くは、来日後東亜高等予備学校などで日本語を中心とする予備教育を受けなければならなかったため、中国での卒業期はほとんど意味がなく、6、7月に中国の学校を卒業して来日し、私立の予備校で半年以上の日本語などの予備教育を経て、翌年3月に行われる各高等専門学校の試験に合格すれば、そのまま4月に入学するという留学生が多かった。そのため、長崎高商・明治専門の特設予科が行

1　前掲高橋君平「再び留日予備教育に就いて」『日華学報』第40号8頁。

う9月の入学試験に応募する留学生は極めて少なく、両校当初の期待を完全に裏切るものであった。さらに、1930年以降、留学生の学歴は大きく変化し、従来旧制中学校卒業生や新制初級中学校卒業生が主流であった留学生は、新制高級中学校卒業以上の者が中心になってきた。そもそも、こうした留学生の多くは日本の大学への入学を志願しており、高等専門学校を志願する者は少なかった。さらに、これら少数の高専志願者にとっても、両校特設予科の修業年限一年六ヶ月は長すぎて、身を引く者が少なくなかった。そのため、両校では応募者が年々減少し、募集はうまく行かなかった。

前述した通り、長崎高商が特設予科年限短縮を最初に要請されたのは、1930年11月東京で開かれた第5回特設予科主任者会議の席上においてであった。しかし、長崎高商は、高級中学卒業者が初級中学卒業者より学力上やや高いとしても、日本語レベルにおいて大した差が存在しないかぎり、特設予科の年限短縮に反対するとの立場を崩さなかった[1]。ところが、その後、九一八事変の影響もあり、1933年の募集では、「六月以来夫々準備ヲ整へ、募集ニ着手致候得共応募者皆無ノタメ、遺憾ナガラ本年度ニ於テハ当該学年ノ授業ヲ休講スルノ止ムナキニ立チ至リ」という状況に追い込まれた[2]。その結果、これまで特設予科の年限短縮に難色を示していた長崎高商も年限短縮に踏み出さざるを得ず、1934年1月20日規則改正を行って修業年限を一年に改め、入学時期も4月とした。併せて定員も半減して25名に改めた。同時に教授科目も単純化して、理化、地理、歴史の科目をなくし、国語、英語、数学、体操だけを教授するようになった[3]。それにもかかわらず、この年の学生募集では、15名の志願者の中からようやく12名の

1 「昭和五年度特設予科主任者会議」『在本邦留学生予備教育関係雑件 特設予科関係』第4巻。
2 明治専門学校より外務省あて「特設予科第一学年授業休止ニ関スル通知ノ件」1933年10月。『在本邦留学生予備教育関係雑件 特設予科関係特設予科関係』第5巻。
3 前掲『長崎高等商業学校三十年史』199頁。

合格者を確保できたに過ぎなかった[1]。

一方、明治専門も 1934 年 2 月修業年限をふたたび一年に改め、入学時期も長崎高商と同じように 4 月とした。それにもかかわらず 1934 年 2 名、1935 年 8 名、1936 年 7 名と、特設予科在学生の数は増加せず 1 桁に留まっていた。そして、ついに 1937 年 2 月同校は文部省より 1938 年度より特設予科を廃止するよう指令を受け、1938 年 3 月、最後の特設予科生の本科進級に伴い、明治専門の特設予科は廃止されることになった[2]。

長崎高商と明治専門の特設予科は、従来の枠組みの中で修業時間の短縮だけで不振打開を試みようとしたもので、その失敗の最大の要因は、高等専門学校入学のための予備教育がすでに中国人留学生の需要と大きくかけ離れてしまっていたことにあると思われる。

第三節　偽満洲国学生の日本留学と特設予科

1. 偽満洲国留学生受け入れ態勢の整備

1932 年 3 月偽満洲国が建国し、東北三省及び熱河省出身の中国人留学生は偽満洲国の国籍となった。偽満洲国政府は教育再建の方策と

1　「昭和九年度特設予科主任者会議」『在本邦留学生予備教育関係雑件　特設予科関係』第 5 巻。
2　野上暁一編著『九州工業大学へ　明治専門学校 40 年の軌跡』明専史刊行会、1994 年 5 月、147 頁。

して、日本に留学生を派遣する事業を開始した[1]。一方、外務省文化事業部も偽満洲国の成立とともに、「東方文化事業」の対象を拡大して、「対満文化事業」を展開し、偽満洲国留学生に対して学資補給を再開・拡充するなど、積極的に偽満洲国留学生の受け入れ態勢を整えた。そうした中で、下表の示すように、偽満洲国留日学生数は増加する一方であった。

表 3-5 偽満洲国留日学生数の推移 (1933 ～ 37 年)

年度	1933	1934	1935	1936	1937
人数	314	757	1133	1805	1939

注：いずれも毎年 6 月 1 日現在数。
出典：日華学会学報部『中華民国・満洲国留日学生名簿』第 12 版、1938 年 6 月。

しかし、偽満洲国留学生の急増に対応したのは、主に私立学校であった。その間の状況について、『満洲国学生日本留学拾周年史』は次のように述べている。

　日本国の大学、高等専門学校の多くは、入学志願者数収容人員を遥かに超過し、満洲国留学生に対し特別の施設を有する学校たる東京、広島の高師、奈良女高師、山口、長崎の高商、東京工大、一高の学校以外は、収容人員の一部を割きて入学せしむる余裕なく、為めに入学容易なる文科的私立学校等に入学し、満洲国政府にては本意とせざる学科を履修するの己むなきに至り、留学派遣の目的を達すること能はざる状態にあり (後略)[2]

1　偽満洲国留学生についての先行研究として、前掲阿部洋『「対支文化事業」の研究 :戦前期日中教育文化交流の展開と挫折』第Ⅳ部第 3 章、劉振生「『満洲国』日本留学生の派遣」大里浩秋・孫安石『中国人日本留学史研究の現段階』東京御茶の水書房、2002 年 5 月、周一川「『満洲国』の留学政策と留日学生―概況と事例研究」『アジア教育史研究』8 号、1999 年 3 月などが挙げられる。

2　謝廷秀『満洲国学生日本留学拾周年史』満洲国大使館内学生会中央事務所、1942 年、157 ～ 158 頁。

外務省文化事業部の下記の調査によれば、偽満洲国留学生は、半分以上が私立大学に在籍しており、専攻分野を見ても、法文・商経など文科系が中心であった。

表 3-6 高等専門学校・大学における偽満洲国出身留学生の在籍状況（1936 年 9 月現在）単位：人

学校種類・専攻	大学院	師範	法学	文学	経商	理工学	医学	農学	芸術	特設	その他	計
官公立大学	4		17	6	34	20	2	23		24		130
私立大学	17	1	279	17	94	1	8	21			115	553
官公立高専		72		2	76	10		9	5	104	6	284
私立高専				30	5	9	51	11	7		16	129
計	21	73	296	55	209	40	61	64	12	128	137	1096

出典：外務省文化事業部「中華民国及満洲国留学生ニ関スル調査」1936 年 9 月 15 日。『東方文化事業調査会配布資料関係雑集』。

そうした留学生教育の現状を改善するため、偽満洲国は 1937 年 10 月に外務省文化事業部に「日本国各大学専門学校ニ於ケル満洲国留学生学席設置ニ関スル件」を提出し、文部省直轄学校を中心に、偽満洲国留学生のために一定数の「学席」を設置し、定員外に特別入学の便宜をはかるよう、日本に留学生受け入れ体制のさらなる整備を求めた[1]。外務省はこれを受けて、積極的に対応し、文部省と協議を行い、具体案の作成に入った。その結果、文部省は偽満洲国は日本と「密接不可分ナル関係」にあり、「盟邦ノ教学ノ基礎ヲ強固ナラシメ、併セテ我ガ対満文化国策遂行ニ極メテ重大ナル意義ヲ有スル」[2] ものとして、1938 年度から文部省直轄の大学、高等専門学校を中心に偽満洲国留学生に対する一定数の学席を設置し、毎年素質優秀な者約 200 人

---

1 「日本国各大学専門学校ニ於ケル満洲国留学生学席設置ニ関スル件」1937 年 10 月 12 日。『在本邦選抜留学生補給実施関係雑件　方針関係』第 2 巻。

2 『昭和十三年度追加概算書』文部省専門学務長、1937 年 11 月。『在本邦留学生予備教育関係　特設予科関係』第 3 巻。

（七割は理科系統、三割は文科系統）を選抜し入学させる方針を決めた。

　これらの学席設置校の関係者において、偽満洲国留学生の英語及び数学の学力不足がしばしば取り上げられ、その原因が偽満洲国の中等教育の程度・内容の問題、とくに同年、中等教育が従来の初・高級中学の六年制から国民高等学校の四年制へと改められたことによって、修業年限が二年短縮され、しかもそのカリキュラムが実科的な色彩が濃厚であることにあると指摘されていた。1938 年 6 月新京に開設された留学生予備校は精神的訓練とともに、日本語及び英語、数学、理科の補習教育をおこなうことが目的とされたが、それは留学生の学力不足問題への対策としての意味を持っていた[1]。

　このように、偽満洲国建国後、偽満洲国留学生受け入れ態勢は「対満文化事業」の下で整備されつつあり、偽満洲国留日学生数は増加する一方であった。

2. 特設予科における偽満洲国留学生の受け入れ

　以下は偽満洲国の建国にともなう特設予科の新しい動きを見てみよう。

　まず、偽満洲国建国後、各校は偽満洲国留学生の監督と管理を強化するよう求められた。各特設予科も、その教育対象を「中華民国留学生」と「満洲国留学生」と明確に規定するほか、偽満洲国留学生に対

1　前掲『「対支文化事業」の研究 :戦前期日中教育文化交流の展開と挫折』851頁。なお、酒井順一郎（『改革開放の申し子たち—そこに日本式教育があった』冬至書房、2012 年 10 月、25 頁）は、この新京にある留日予備校は中国国内の初の官立の日本留学のための予備教育機関であると指摘しているが、本書は日本に設置された、あるいは日本側によって中国に設置された留学生予備教育機関に着目しているので、新京留日予備校の詳細については割愛した。

する監督と管理を強化する措置を取った[1]。奈良女高師の学校史では、九一八事変以後、同校内の中国人留学生に対する監視の目は一層厳しくなり、「支那人ノ排日運動ニツイテハ従来政府ハ寛大ニ取扱ツテ来タノデアルガ、今後ハ厳重ニ取締ルコト」との通牒が下され、留学生の中には些細なことで退学にされるという不幸な事例も起こったという[2]。特設予科主任者会議においても、1932年から会合の中心議題に「満洲国留学生ノ誘致」や「満洲国留学生ト中華民国留学生トノ関係」がしばしば取り上げられていた。外務省文化事業部は「満洲国ノ誕生ハ該地方出身ノ留学生ヲシテ帰趨ニ迷ハシメ」、「彼等ト中華民国留学生トノ関係ヲ如何ニ規律シ、如何ニシテ多数ノ満洲国ニ忠実ナル人材ヲ養成スヘキヤ」をめぐって各特設予科関係者に意見を求めていた。それに対して、一高特設予科担当者は一高における偽満洲国留学生が「一般ニ満支ノ対立ヲ忌避スル傾向」あり、「満洲国学生ニ国家意識ノ薄弱ナルコトハ寧ロ密ニ慨嘆スヘキ事態ニ属ス」[3]と報告している。長崎高商では中華民国留学生と偽満洲国留学生の同窓会を厳重に区別するほか、運動会も別々に行わせたという[4]。

　偽満洲国建国に伴う留学生受け入れに関する特設予科の新しい動きの中で注目されるのは、山口高商のケースである。ここでは専ら偽満洲国留学生を受け入れるための特設予科が新設された。前述した通

1　奈良女高師特設予科規程の第一条は、「奈良女子高等師範学校ニ入学セントスル中華民国ノ女子ニ対シ予備教育ヲ施スガタメ特設予科ヲ設ク」という内容であったが、1938年6月の奈良女高師は「特設予科規定中改正案」を作成し、特設予科規程を変更し、「中華民国」の前に「満洲国及」という文字が加えられた。前掲「中国人女子留学生を受け入れた官立三校について」『史学』67号、65頁。一高も1935年3月に特設高等科規程第二条にある「支那」を「中華民国及満洲国」へと改正した。『第一高等学校六十年史』533頁。

2　前掲『奈良女子大学六十年史』71頁。

3　「昭和九年度特設予科主任者会議」『在本邦留学生予備教育関係雑件　特設予科関係』第4巻。

4　「昭和十年度特設予科主任者会議」『本邦留学生予備教育関係雑件　特設予科関係』第4巻。

り、山口高商はかつて「五校特約」の実施校として特設予科を設けて
いたが、1911年中国人留学生の集団退学事件を機に中止されていた。
1932年偽満洲国の建国により、「支那満蒙経営ヲ以テ其重要ナル特別
使命」[1]とした山口高商は、対満教育施設の拡充を図って、満洲人科及
び同予科の設置に着手したが、大蔵省より経費上の支持を得られなか
った。そこで、同校は当分の間、外国人特別入学規程により、定員外
として特別入学生を募集することとし、1933年3月、偽満洲国文教
部を通じて試験を行い、4月に8名、5月に10名の入学を許可した。
しかし、「教育実施上最困難ヲ感ズル一事ハ之等学生ガ日本語ノ修得
未熟ナル点ニシテ果シテ日本人学生ニ伍シ講義ヲ理解シ得ルヤ否ヤ」
を憂慮し、そのうち日本語が上達している5名に本科第一学年の課程
を授け、他の13名を対象に予科に相当する臨時施設としての日本語
講習会を開設し、外務省文化事業部より補助を受けて、一年間の特別
教育を施した[2]。その後、同校はこの日本語講習会を確定的な制度とし
て特設予科を設置することとし、特設予科規程案並びに教官配当表な
どを作成して外務省に予算を要求した[3]。

留学生特設予科規程

特設予科ハ本校本科ニ入学セントスル満洲国又ハ中華民国留学生
ニ対シ必要ナル予備教育ヲ施スヲ以テ目的トス。

特設予科ノ定員ハ二十名トス。

特設予科ニハ左ノ各号ノ一ニ該当シ外務省及本邦所在ノ外国公館
ノ紹介アル志願者ニ就キ考査ノ上入学ヲ許可ス

一、満洲国又ハ中華民国ニ於ケル補給費留学生試験ニ合格セシ者

二、満洲国又ハ中華民国所定ノ中等学校卒業者又ハ之ト同等以上

---

1 山口高商より外務省あて「昭和九年特設予科設置並本科組数増加ニ伴フ経費
要求」1934年。『在本邦留学生予備教育関係雑件　特設予科関係』第5巻。

2 前掲『山口高等商業学校沿革史』911～912頁。

3 前掲「昭和九年特設予科設置並本科組数増加ニ伴フ経費要求」。

ノ学力アリト認ムル者

　入学志願ノ手続ニ就テハ規則第十三条第一項本文及第二項ヲ準用ス

　特設予科ノ修業年限ハ一箇年トス

　特設予科ノ学年ハ四月一日ニ始マリ翌年三月三十一日ニ終ル其ノ学期区分ニ就テハ規則第三十八条ノ二ヲ準用ス

　特設科目及毎週授業時数左ノ如シ

　修身1、日語17、英語9、歴史及地理2、数学及理科3、体操2、計34時間

　所定ノ課程ヲ修学シタル者ニハ修業証書（規則第七号書式）ヲ授与シ本科第一学年ニ無試験入学ヲ許可ス

　授業料ハ一学年65円トシ、三期ニ分納セシム

　特設予科ニ対シテハ本課程ニ別段ノ定メナキ限リ本校諸規則ヲ準用ス[1]

　1936年10月にいたり、山口高商特設予科の新設が許可された。ここにいたり、山口高商特設予科は「対満文化事業」に加わることができた[2]。

　山口高商特設予科授業科目は修身1時間、日本語17時間、英語9時間、歴史地理2時間、数学理科3時間、体操2時間、合計毎週34時間であった[3]。規程上では山口高商特設予科はその対象を「中華民国」及び「満洲国」と規定していたが、実際上専ら偽満洲国留学生のみを受け入れ、1936年26名、1937年22名、1938年11名、1939年8名の偽満洲国留学生が入学した[4]。

1　前掲『山口高等商業学校沿革史』914頁。
2　文部省実業学務局長より外務省文化事業部長あて「山口高等商業学校特設予科規程制定ノ件」1936年4月20日。『在本邦留学生予備教育関係雑件　特設予科関係』第2巻。
3　前掲『山口高等商業学校沿革史』913頁。
4　前掲『山口高等商業学校沿革史』1035頁。

　そのほか、各特設予科は偽満洲国留学生に対して特別な便宜を図り、1937年までにはすでに多くの偽満洲国留学生を受け入れたが、1938年以降、偽満洲国留学生数を収容定員の半数以上に拡大し入学させる計画が立てられた[1]。そのため、特設予科入学試験で偽満洲国留学生に対して特別取扱いする傾向が見られた。例えば、広島高師は1938年と1939年度の特設予科入学試験において偽満洲国派遣の特設予科入学志願者にとくに学科試験を省略し、口頭試問と身体検査で入学させる措置を採っていた[2]。

表 3-7 特設予科在籍生国籍調査 単位：人

学校名	1936 年	1937 年
東京工大	65（24）	73（24）
東京高師	22（12）	14（9）
広島高師	14（12）	11（7）
奈良女高師	7（1）	5（4）
長崎高商	16（11）	15（12）
山口高商	24（24）	22（22）
一高	107（43）	95（37）
明治専門	7（1）	3（2）

　注：（）は生徒数中偽満洲国留学生の内数である。

　出典：『昭和十三年度追加概算書』文部省専門学務長、1937年11月、『在本邦留学生予備教育関係雑件　特設予科関係』第3巻。

　最後に、蒙古人日本留学の動き及び彼らのための予備教育の状況を簡単に見ておこう。偽満洲国建国後、東部蒙古では偽満洲国内の特殊行政区域として興安省が設置され、その下に北・東・南の三分省が設けられた。西部蒙古では徳王は一部蒙古知識青年の支持を得て、国民

1　前掲『山口高等商業学校沿革史』。

2　広島高等師範学校長塚原政次より外務省文化事業部長蜂谷輝雄あて「特設予科生徒入学許可ノ件報告」1938年4月10日。『在本邦留学生予備教育関係雑件　特設予科関係』第3巻。

政府に対して蒙古の高度自治を要求していた。一方、満蒙において利益を拡大しようとする日本は、偽満洲国の建国により満洲問題が一応解決されたため、西部蒙古に対する関心がいっそう高くなっていた。1933年10月に財団法人善隣協会が成立し、調査・医療・教育とともに、蒙古人留学生の指導援助を標榜した。偽満洲国興安省と西部蒙古出身の蒙古人留学生は、来日後区別されることなく、ともに善隣協会経営の蒙古寮に寄宿し、そこで日本語・数学・英語などの予備教育を受けた[1]。1936年7月、善隣協会専門学校（1939年4月善隣高等商業学校に改称）に蒙古留学生特設予科が設置され、蒙古人留学生の予備教育がそこで行われるようになった。特設予科での一週間の授業時間は計35時間で、日本語16時間、体操・教練・武道4時間のほか、英語5時間、数学8時間、物理・化学2時間が設定された[2]。予備教育終了後の留学生は同校本科へ進学するか、他大学や専門学校を受験することになっていた。

　1936年5月、日本は徳王を後押しし、蒙古軍政府を成立させた。盧溝橋事変が勃発した後、日本は1937年10月に西部蒙古・察南・晋北に自治政府を成立させ、さらに1939年9月、この三つの自治政府を統合し、蒙古聯合自治政府を樹立した。これらの傀儡政権はいわゆる「蒙疆政権」である。聯合自治政府は1940年3月に「留学生規定」を発表し、「民族協和」の理念にもとづいて、その管轄内における漢人・回民・蒙古人に均しく留学機会を与えるようになった[3]。外務省記録によると、1940年8月、蒙古聯合自治政府は蒙古人9名、漢人2名、回民4名、合計15名を外務省文化事業部に選抜留学生として採

1　塔鴿塔『20世紀前半期日本留学的蒙古学生的考察』内蒙古大学修士学位請求論文、2010年、40頁。しかし、1935年9月満洲国留学生会館成立後、偽満洲国の蒙古人留学生が引き続き善隣協会によって管理されていたかどうかについては明らかでない。

2　田中剛「『蒙疆政権』の留学生事業とモンゴル人留学生」『歴史研究』38号、大阪教育大学、2001年3月、120頁。

3　同上、116頁。

用されるよう推薦した。これを受けて、外務省文化事業部はこの15名を選抜留学生として選定し、善隣協会経営の寄宿舎に収容し、善隣高等商業学校特設予科で予備教育を施し、1941年3月から各自の志望する専門学校に入学させるという高裁案を発表した[1]。この記録から、善隣協会・善隣高等商業学校特設予科は日中戦争期には「蒙疆政権」下の蒙古人留学生のみでなく、その管内の他民族の留学生をも管理・教育していたことがうかがわれる。

　1920年代末、中国における六・三・三制の定着と新たな留学規程の発布により、留日学生の学歴は大きく変化し、従来旧制中学校卒業生や新制初級中学校卒業生を中心としていたが、新制高級中学校卒業生ないしそれ以上の者が主流となった。そのため、姜琦の『意見書』などの示すように、中国側は日本の大学門戸開放と大学直結の予備教育機関の新設を要求した。日本側は中国側の要望に完全には応じなかったが、従来の留学生受け入れ政策を見直して新情勢への対応を試みた。その政策の見直しは、特設予科制度の面において、特設予科が従来持っている高等専門学校入学のための予備教育機関としての機能を改めて、それに官立大学入学のための予備教育機関としての機能を持たせることに表されている。この動きの結果、一高と東京工大の特設予科は、それぞれ特設高等科・附属予備部に改編され、官立大学直結の大学予備教育機関になった。それによって、留学生のための大学直結の進学ルートが開かれた。従来の高等専門学校入学のための予備教育も、大学入学のための予備教育に昇格した。

　一方、長崎高商と明治専門特設予科は留学生の学歴変化に年限短縮で対応を試みたが、根本的な改編は行われず、留学生の大学入学という要望と乖離していったため、ほかの各校の特設予科とともに低迷を

1　在張家口総領事渡辺信尾より外務大臣松岡洋右あて「選抜学生選定ニ関スル件」1940年8月17日。『在本邦選抜留学生補給実施関係雑件　選定関係』第4巻。

続け、留学生予備教育の役割を十分に果せなかったと言えよう。ま
た、この時期偽満洲国の建国を受けて、特設予科にも新しい動きが現
れ、偽満洲国留学生のみを収容する山口高商特設予科が新設され、ほ
かの各特設予科も日満の特殊関係に鑑み、さまざまな優遇政策を通し
て偽満洲国からの留学生を誘致する方策を取っていると同時に、偽満
洲国留学生を中華民国留学生と区別して管理監督することにしてい
た。

第四章 「五校特約」下の一高特設予科

　「五校特約」が締結された翌年の 1908 年に一高で特設予科が設立され、年間 50 名ほどの中国人留学生が同特設予科に入学し、一年間の予備教育を経て、全国の官立高等学校に配分され、三年間の高等学校教育を受けて、帝国大学に進むということになった。こうして、高等学校から帝国大学へという日本の正統的な学歴エリートコースの門戸が中国人留学生にも開かれた。一高特設予科は、中国人留学生が高等学校、さらに帝国大学に進学するための留学生の中の学歴エリートコースの出発点であったと言えよう[1]。

　本章は一高特設予科の留学生の選抜や入学後の勉学の実態などを明らかにし、また一高特設予科出身者の進路がどのようなものであったのか、言い換えれば、一高特設予科が具体的にどのように高等学校、さらに帝国大学に進学するための予備教育機関としての役割を果たしていたのかについて考察する。さらに、留学生が一高の日本人学生といかに関わりあったのか、日中関係が悪化しはじめた 1910 年代後半における留学生の生活や活動の様子についても解明を試みる。

1　永田英明「戦前期東北大学における留学生受入の展開－中国人学生を中心に＜資料＞戦前期東北大学の留学生に関する統計調査」『東北大学史料館紀要』第 1 期、2006 年 3 月、1 頁。

第一節　一高たるもの

　一高における留学生受け入れの状況を考察するに先立って、まず高
等学校とりわけ一高の歴史的変遷とその性質を概観しておく必要があ
ろう。

　1886 年、文相森有礼は、教育制度の抜本的改革に着手し、帝国大
学令、中学校令、師範学校令などの諸学校令を制定して、国家主義的
教育制度の原型を創出した。高等中学校は中学校令の一環として設立
され、森有礼によれば、それは「上流の人にして官吏なれば高等官、
商業者なれば理事者、学者なれば学術専攻者の如き社会多数の思想
を左右するに足るべきものを養成する所」[1] として性格づけられた。さ
らに 1894 年に高等学校令が発布され、高等中学校は中学校から独立
して、高等学校と改称された。そして明治末年までに全国に一高（東
京、1886 年）、二高（仙台、1887 年）、三高（京都、1886 年）、四高（金
沢、1886 年）、五高（熊本、1887 年）、六高（岡山、1900 年）、七高（鹿
児島、1901 年）、八高（名古屋、1908 年）が設置されるが、これら八
つの高等学校は、のちに大正時代に至って創設される地名校に対して
ナンバースクールと呼ばれた。高等学校令によれば、高等学校は専門
学科を教授する所であるが、それと同時に帝国大学に入学する者のた
めに大学予科を設けることができると規定されていた。各高等学校に
は、当初医学部や法学部などの専門部と大学予科が併設されたが、の
ちに専門部が漸次廃絶しまたは独立し、事実上高等学校は純粋な大学
予科となり、帝国大学との関係から言えば、唯一の帝国大学予備教育

1　森文相が 1888 年、地方巡視の際に行なった演説の一節であった。教育史
　編纂会編『明治以降教育制度発達史』第三巻、教育資料調査会、1964 年、
　152 ～ 153 頁。

機関となった[1]。その特徴を見ると、まず第一に、各高等学校では、分科大学の組織に対応して三部に分けられ、第一部は法科及び文科志望者、第二部は工科、理科及び農科志望者、第三部は医科志望者を収容した。この学科設定からも高等学校の大学予科としての性格がうかがわれる。第二に、高等学校への入学はそのまま帝国大学への入学を保障するものであった。帝国大学はその入学資格を高等学校卒業生に限り、欠員が出る場合のみ、高等学校卒業者と同等の学力を有すると認定されたものの入学も認めていた[2]。つまり、高等学校はほかの各教育機関と比べて、帝国大学入学上、絶対的な優先権を持っていた。高等学校から帝国大学へ進学するのは、帝国大学入学の正系コースであるのに対して、専門学校や師範学校などの諸学校から帝国大学に入学するのは、傍系コースと呼ばれた[3]。1918年の高等学校改革まで、高等学校は全国に八校だけだったのに対し、帝国大学は四校あった。1918年まで各高等学校が毎年送りだす卒業生の総数は1300～1700名であった[表4-1]が、当時の帝国大学収容能力はこの高等学校卒業生総数を超えていた。1918年当時における帝国大学各学部の定員を見ると、法・文各学科では、東京帝大870名、京都帝大370名であり、医・工・理・農各学科では、東京帝大732名、京都帝大320名、東北帝大165名、九州帝大327名で各帝国大学各学部は合計2782名を収容できる計算であった[4]。こうして、高等学校卒業生のみでは帝国大学の定員に満たない状態が続いていた。そのため東京帝大と京都帝大では基本的に正系入学だけを認めたが、九州帝大や東北帝大では高等学校卒業者のみでは埋められない募集定員を満たす方策として、高等学校卒業と同等と認定された諸専門学校の卒業者にも入学資格を認め、これ

---

1 前掲『第一高等学校六十年史』272 頁。
2 東京大学百年史編纂委員会『東京大学百年史　通史二』1985 年、122 頁。
3 竹内洋『学歴貴族の栄光と挫折』中央公論新社、1999 年 4 月、31 頁。
4 前掲『東京大学百年史　通史二』379 頁。

ら両帝大にはいわゆる傍系入学も多かった[1]。そうした状況の下、高等学校卒業者はほとんど無試験で帝国大学に進学でき、換言すれば、帝国大学入学者の選抜は高等学校卒業の時点ではなく、高等学校入学の時点であった[2]。大正中期までに高等学校は完全な帝国大学の予備教育機関であったといっても過言ではなかろう。

表 4-1 高等学校大学予科卒業生（1908 ～ 18 年）　単位：人

	1908	1909	1911	1912	1913	1914	1915	1916	1917	1918	1919
一高	273	260	310	295	338	328	295	322	335	314	321
二高	193	167	172	186	240	214	238	201	203	193	219
三高	193	150	202	199	237	306	273	273	257	256	252
四高	154	178	196	183	200	173	200	191	200	197	199
五高	206	197	247	221	244	267	251	243	220	224	205
六高	153	131	152	129	155	139	168	171	164	179	178
七高	131	126	196	213	196	186	160	172	173	173	177
八高				159	165	173	215	181	173	161	205
合計	1303	1209	1475	1585	1775	1786	1800	1754	1725	1697	1756

出典：東京大学百年史編纂委員会『東京大学百年史　通史二』120 頁。

表 4-2 高等学校卒業生の進路　単位：人

	東京帝大		京都帝大		そのほか帝大		進学その他		進学せず・不明	
	実数	倍率	実数	倍率	実数	倍率	実数	倍率	実数	倍率
1907 年	966	78.5%	259	21.0%	0	0%	0	0%	6	0.5%
1912 年	1144	64.8%	389	22.0%	185	10.5%	0	0%	47	2.7%
1916 年	1105	64.7%	397	23.3%	179	10.5%	0	0%	26	1.5%
1921 年	1560	62.6%	615	24.7%	251	10.1%	17	0.7%	50	2.0%

注：竹内洋『学歴貴族の栄光と挫折』中央公論新社、1999 年 4 月、75 頁。

ところが、高等学校は大正中期に至って増設された。高等学校の入

1　折田悦郎「九州帝国大学における留学生制度について」『九州帝国大学における留学生に関する基礎的研究』九州大学史料室、2004 年 3 月、9 頁。

2　前掲『東京大学百年史　通史二』118 頁。

試競争の激化に対応して、1917 年臨時教育会議が開催され、高等教育の拡張計画が策定された。そのうち高等学校に関しては、1918 年12 月に新しい高等学校令が発布された。新高等学校令は以下のような特徴を持っていた。①高等学校が「帝国大学ニ入学スル者ノ為メ予科ヲ設クル」学校から、「男子ノ高等普通教育ヲ完成スル」学校に性格が新しく規定された、②高等学校は従来のように官立に限定することなく、公私立による高等学校も認可されるようになった、③高等学校の年限は尋常科四年と高等科三年の七年制とするが、高等科のみを置くこともできる、④高等学校では従来の三部制が廃止され、「文科」と「理科」の二部制に切り替えられた、などであった。この新高等学校令の発布により、多くの地名校や七年制高等学校が新しく設置されたが、ナンバースクールは従来どおり高等科のみの三年制であった。

この新高等学校令では、第一条に「高等学校ハ男子ノ高等普通教育ヲ完成スルヲ以テ目的トシ特ニ国民道徳ノ充実ニカムヘキモノトス」とあるように、高等学校は単なる大学附属の予科としての地位にとどまることなく、高等普通教育の完成機関として、学生がそこを卒業して直ちに社会の実用の役に立つようになることがねらいとされたが[1]、実際上高等学校卒業生のうち大学進学を進学せず直ちに社会に出る者はほとんどおらず、いずれも帝国大学進学を目指していたため、事実上高等学校は依然として大学予科として存在し続けた[2]。

このように、高等学校は、その制度的な変遷にもかかわらず、実質的には帝国大学の予備教育機関としてエリートの選択と教育の機能を保持し、帝国大学を頂点とするエリート教育の中核的役割を終始変わることなく果たしていた。そしてこれらの高等学校のうち、一高は帝国大学への進学ルートとしては、質量ともに主流の位置にあり、高等学校のトップであり、「エリート中のエリート」を養成する学校であった。それだけに、毎年ほかの高等学校の二倍ぐらいの志願者が集まり、その入学試験をめぐる競争もほかの高等学校以上に厳しいものがあった。

---

1   前掲『第一高等学校六十年史』345 頁。
2   高橋佐門『旧制高等学校全史』時潮社、1986 年 9 月、745 〜 746 頁。

表 4-3 高等学校志願者と入学者状況　　　　単位：人

学校	1916 年			1915 年			1914 年			1913 年		
	志願者	入学者	合格率	志願者	入学者	合格率	志願者	入学者	合格率	志願者	入学者	合格率
一高	2256	360	16.0%	2286	350	15.3%	2129	343	16.1%	2125	336	15.8%
二高	1508	268	17.8%	971	231	23.8%	1146	225	19.6%	1032	215	20.8%
三高	1544	284	18.4%	1368	308	22.5%	1319	286	21.7%	1363	284	20.8%
四高	972	240	24.5%	1071	237	22.1%	884	235	26.6%	1073	223	20.8%
五高	1128	276	24.5%	1043	274	26.3%	1041	279	26.8%	1069	286	26.8%
六高	727	207	28.5%	907	213	23.5%	831	209	25.2%	737	197	26.7%
七高	935	217	23.2%	903	225	24.9%	1027	205	20.0%	706	204	28.9%
八高	1069	221	20.7%	1057	223	21.1%	1015	208	20.5%	928	214	23.1%

出典：筧田知義『旧制高等学校教育の成立』ミネルヴァ書房、1975 年 2 月、203 頁。

　一高は日本の近代学校史において極めて特色のある学校であるが、また日本の思想史・社会史においても特異な位置を占めていた。一高は、その校風や伝統がほかの高等学校にとってモデルとなったと同時に、「天下の一高」と呼ばれ、一般青年たちの憧れ的な存在でもあり、一高生は度々『伊豆の踊り子』や『金色夜叉』などの文学作品において主人公として出場するほどであった。一高は世俗からおのれを守る籠城主義を標榜し、正門主義をかかげ、女性禁制を課し、学生自治による皆寄宿寮制度を取っていた。こうした伝統は明治 20 年代に当時の欧化風潮と対抗するために教頭木下広次によって提唱されたものであったが、一高の伝統として定着していった。一高生の生活は「万年床」「黄金文学」「寮雨」「弊衣破帽」「ストーム」によって代表される寮生活の一切のだらしなさと不潔さをぬきにしては考えられないものであった[1]。これらの、どのような観点から見てもとうてい正当化しうる

1　寮雨は二階から小便すること、黄金文学はトイレで落書きすること、ストームは深夜酒を飲んだ上級生は寮に戻ると、新入生などに説教したり、暴力をふるったりすること。

はずのない蛮風は、一高生にとっては、エリートとしての自分たち以外のものや常識的な日常生活に対するある種の差別感の標識であり、同時に、一種特有の誇らしさと気分的に相通っていたと指摘されている[1]。

　そうした排他的、独善的な伝統のほか、一高はまた強い国家主義的なところとして知られていた。一高には国家の中堅を養成するところとしての役割が期待されており、実際にもその校旗が「護国旗」と呼ばれることに象徴されるように、一高生は「尚武護国」を掲げ、強い国家主義的な思想の持ち主であった。しかし、一方、明治末期新渡戸稲造校長の人格主義や教養主義的思想の影響を受けて、さらに大正時代の自由主義的、文化主義的な思想を背景として、一高生の中にも国家や政治などと一線を画する自由と独立の精神が何よりも重んじられるべきだと考える人も増えつつあった。また新渡戸によって唱えられたソシアリティー精神及びその延長戦としての国際協調主義も一部の一高生によって受け入れられた。一高はその終焉を迎えるまでナショナリズムとヒューマニズムが同時に存在した学園として見られていた[2]。

第二節　特設予科成立前における一高の留学生受け入れ

1. 浙江省派遣学生の入学

　一高に特設予科が設置され、制度的に中国人留学生を受け入れるようになる以前において、すでに中国人留学生の教育を行っていた。

1　真下信一「伝統をこえて—旧制高等学校論」旧制高等学校資料保存会『旧制高等学校史研究』15 号、1978 年 1 月、5 頁。

2　拙論『旧制一高における新渡戸稲造の教育実践の考察』北京外国語大学修士学位請求論文、2004 年 10 月。

1899年9月外務省の依頼で浙江省巡撫より派遣された8名の留学生を受け入れたのは中国人留学生による一高入学の嚆矢であった[1]。

8名の留学生は汪有齢・呉振麟・章宗祥・胡礽泰、銭承誌・陸世芬・陳榥・何橘時で、いずれも当時すでに日華学堂で日本語を身につけた者たちであった[2]。そのうち汪有齢・呉振麟・章宗祥・胡礽泰は一部（法科）第一学年に、銭承誌・陸世芬・陳　榥・何橘時は二部（工科）第一学年に聴講生として無試験入学した。そして呉振麟、何橘時、章宗祥、胡礽泰の4名は本人の希望により、それぞれ東寮14番、西寮30番、南寮12番、北寮6番に入寮した。彼らの入寮に対して、『校友会雑誌』は「入寮の清国遊学生を迎へ且つ之に告ぐ」と題して、次のような文章を掲げた。

想起す、星霜二千年の昔、日出処天子、書を日没処天子に、致せし当時を。工芸に、将た美術に、吾人の祖先が、当年の文華に於て、負ふ所のもの、大小真に尠少にあらざりき。吾人は其後裔として、今却つて、我か恩国に貢献する所有らんと為すを見て、豪もその間に、傲気と驕心を挟まざるのみに非らず、こを祖宗に対する正当の義務とし、正義真理人道に対する上席の命令を做し、寧ろ我帝国の誉として、自から進んで其衝にあたり、其責を竭すの労を辞せざるを以て、屑となす者なり。校友諸兄、寮生諸子の取らる可き態度に至ては、蓋し復た絮説する要を須るじ、燃ゆるかごとき、真摯なる同情と、骨肉の若き、油然たる愛情とを以て、此新来の同胞を待つべきは、勿より論なく、これが師父となり、兄長と為つて、左提右携、奮て善隣の遊学生のため、其偏狭なる見解を広め、窮縮せる謬見を啓かんことに、力められよ。

清国遊学の諸子、諸子若し、内に包蔵する意見有らば、翼くは無遠慮に開陳発露せよや、敢て或は蔵匿する有る勿れ、此実に吾人の傾

1　前掲『第一高等学校六十年史』481頁。

2　駒場博物館蔵『外国人教師・外国人入学　明治25年～35年』。

聴せんと欲する所のものたり。迂紆曲折、牆を寮生に城くが如きは、我自治寮の大禁物にして、諸子の為めに取らざる所也[1]。

　この文章には署名がないが、おそらく『校友会雑誌』の編集にあたる校友会文芸部の学生の手になるものと思われる。留学生に対して腹蔵なく開襟を開き、歴史上中国から受けた文化的な恩恵に対する恩返しの思いで温かく留学生を抱擁しようと、日本人寮生に対し、呼びかけていた。

　この 8 名の留学生の入学後の状況について、1900 年 3 月文部省の照会に一高側が提出した調査報告からその様子がうかがわれる。第一部第一学年に属する 4 名は学科目のうち、ドイツ語、英語、政治地理、体操の 4 科目を聴講し、第二部第一学年に属する 4 名はドイツ語、英語、代数、三角、図画、体操を聴講した。一高はその 8 名に対して、入学料、授業料、図書貸付料、寄宿寮料などを一切徴収しなかった。寮生活においては、寄宿寮委員の特別看護を受けたほか、体操なども一般生徒と一斉に授業を受けるだけの素養がないとして、体操教員が時間外にとくに兵式体操の初歩を教授するという特別措置が取られた[2]。

　8 名のうち、のちに帝国大学に進学したのは 5 名であった。章宗祥、呉振麟、銭承誌は東京帝大法科大学政治学科選科に、陳榥は東京帝大工科大学造兵科選科にそれぞれ入学した[3]。何橘時は最初東京帝大工科大学採鉱冶金科選科に入学したが、のちに同科の正科に転入した[4]。当時の東京帝大では、高等学校を卒業し、帝国大学各分科大学の全課程を修了し正規の試験に合格した正科生に対して、選科生制度が

1　「入寮の清国遊学生を迎へ且つ之に告ぐ」『校友会雑誌』90 号、1899 年 10 月30 日。

2　前掲『第一高等学校六十年史』482 ～ 484 頁。

3　『東京帝国大学一覧』(1902 ～ 1903 年) と『東京帝国大学一覧』(1903 ～ 1904 年)。

4　『東京帝国大学一覧』(1903 ～ 1904 年) と『東京帝国大学一覧』(1905 ～ 1906 年)。

あり、高等学校卒業の学歴を持たない者に対して、正科生に欠員ある
場合に限り、一科目或いは数科目についての修学を希望するものに大
学教育課程を開放するものであった[1]。選科生は一般的には学士号を獲
得する資格はないが、学力検定などを経て正科に転入し学士号を取得
するという特例もあった。これら5名の留学生は一高に聴講生として
入学したため、高等学校卒業の学歴が認められず、帝国大学には選科
生として入学し、のちに何橘時だけが正科生に身分を変え、学士号を
取得したと思われる。1940年興亜院が作成した『日本留学中華民国
人名調』の東京帝国大学卒業生の欄にも章宗祥ら4名の氏名が載せら
れず、何橘時の氏名だけがあった。何は帰国後、京師大学堂工科監
督、工商部鉱務司司長などを歴任し、1912年北京大学学長に就任し
た[2]。

2. 京師大学堂派遣学生の入学

　1903年12月、清朝政府は京師大学堂の学生31名を選抜して、日
本に留学させた。将来大学の教員に任用するのが目的であった[3]。この
31名は余榮昌、曽儀進、黄徳章、史錫倬、屠振鵬、朱献文、范煕壬、
張耀曽、杜福垣、唐演、馮祖荀、景定成、陳発檀、呉宗栻、鐘賡言、
王桐齢、王舜成、朱炳文、劉成志、顧徳隣、蘇振潼、朱深、成雋、周
宜、何培琛、黄芸錫、劉冕執、席聘臣、蒋履曽、王曽憲、陳治安であ
る。当時、清朝政府の張百煕、栄慶両管学大臣が時の駐清公使内田康
哉にこれら31名の留学計画と目標を提示した。それによれば、日本
に到着してまず言語文字及び普通課程を勉強し、その後高等学校に入
学し、卒業後、さらに帝国大学に進学するという計画であった。31
名の分科希望は文科大学志望者3名、理科大学志望者7名、法科大学

1　前掲『東京大学百年史　通史二』123 ～ 126頁。
2　呉文娟『世界華人図典』上海文芸出版社、2010年12月、34頁。
3　陳学恂・田正平『留学教育』上海教育出版社、1991年7月、19頁。

志望者 9 名、農科大学志望者 2 名、工科大学志望者 5 名、医科大学志望者 3 名、法科大学兼文科大学志望者 1 名、高等商業学校志望者 1 名であった[1]。外務と文部両省は協議を経て、これら 31 名を一高に入学させ、留学中の教授に関する一切を一高に委託した。留学生に関する費用は清朝政府が負担することになった。

　1904 年 1 月より 1906 年 3 月かけての二年間における 31 名の留学生の学習状況及び成績について、一高校長より文部大臣に提出した報告書が残されている。それにより、彼らの教育状況及び進路をある程度把握することが可能である。

　1904 年 1 月 23 日より 25 日までの三日間、一高はこの 31 名に対して日本語や英語、ドイツ語、フランス語、歴史、地理、数学など諸科目の学力検定試験を行い、日本語の成績に基づいて、仮に甲乙丙の三組に分けて授業を行うことにした。最初は、「他日本科編入ノ時知識吸収ニ充分ナル素地ヲ作」らせるため、しばらく「専ラ日語日文ノ教授ノミニ力ヲ注グ方針」が取られた[2]。4 月になると、留学生の日本語レベルが向上を見せたため、新たに歴史、数学などの基礎科目を加えた。また、夏休みを廃し、7 月 15 日より、軽井沢で集中講義を行い、毎週日本語を 18 時間、数学を 12 時間、歴史地理を 12 時間、博物学を 12 時間教授した。1904 年 9 月の入学式には 31 名の留学生も列席し、そこで初めて一高の学籍に編入され、各自の志望学科により適当の部に配属された。彼らの成績評価と進級について、学校側は「本邦学生ト其学力ヲ同視スル能ハザル」ため、「各部トモ進級規程ニ拘泥セズシテ皆一年ヨリ二年ニ昇級セシメタリ」という特別な措置を採っていた。一高は 31 名の留学生に一高の制服を着用させ、病気などのため下宿を認められた 3 人を除いた 28 名が寄宿寮に入った。最初の二ヶ月間、南寮の日本人学生とは別の三部屋に入寮したが、その後南

1　前掲『第一高等学校六十年史』488 頁。
2　同上、489 ～ 493 頁。

北中の三寮に分配され、日本人学生と雑居するようになった[1]。寮内では「本邦生徒ニ対スルト異ナラザル一般ノ取締ヲ行ヒ寄宿寮ニ在テハ等シク寮規及ビ規約ニ従」わせた。留学生も一般に「軽薄ノ風ニ赴ルコトナク着実ニシテ学業ニ勉励シ更ニ警戒ヲ要ス所ナキ」状態であったという。

　これら31名が学科を修了した後の進路について、一高は「学力不充分」な者に対して、「試験成績ニ幾分ノ手加減ヲ加ヘ学科修了ノ上ハ外国人特別入学規程第四条ニ依リ証明書ヲ交付」し、「東西帝国大学選科ニ入学」することを許可するが、「成績佳良」で、「規定ノ点数ニ達シタル者ニハ特ニ『本校卒業生ト同等ノ学力アルコトヲ証ス』ト云ヘル文句ヲ証明書中ニ記入シテ他ト分チ」、東京・京都帝大に正科生として入学できる資格を与える、という措置を取った[2]。後にこれら31名のうち、10名が東京帝大選科に、9名が東京帝大正科に、9名が京都帝大に進学し[3]、3名が進路不明であった。彼らが帰国した後、京師大学堂の教員や職員になったのは14名であったという[4]。そのうち、余榮昌は北京大学の法学科主任となり、その後北京政府大理院院長や司法官懲戒委員会会長などを歴任した。張耀曽は北京や上海の多くの大学の法学部の主任となり、中国における著名な法学者として活躍した。馮祖荀は北京大学数学部の教授及び主任となり、中国の近代数学教育の発展に貢献した。王桐齢は京師大学堂の文学と歴史学の講師となり、その後、清華大学、北京大学、燕京大学、東南大学の教授を歴任し、著書も多く、著名な歴史学者になった。景定成は帰国後政治活動に熱心に参加し、中華民国の国会議員になった[5]。

1　前掲『第一高等学校六十年史』493頁。

2　同上、505頁。

3　前掲『東京帝国大学一覧』『京都帝国大学一覧』。

4　『国立北京大学二十周年記念冊』職員一覧、1917年、5頁。

5　この京師大学堂派遣留学生の研究として、薩日娜「旧制第一高等学校に学んだ初期京師大学堂派遣の清国留学生について」日本科学史学会『科学史研究』第49巻（256号）、2010年、が挙げられる。

　「五校特約」が締結されるまでに、一高はこれら浙江省や京師大学堂より派遣された留学生のほか、他にも何人かの留学生を受け入れたが、制度的なものではなく、あくまで特例として入学を許可したもので、入学後も成績評価などで日本人学生と区別した特別措置が取られていた。そうした留学生は一高の課程終了後、多くが選科生として帝国大学に入学した。

第三節　一高特設予科の留学生受け入れ

　一高が制度的に中国人留学生を受け入れるのは、「五校特約」締結以後のことである。「五校特約」該当校になった後、一高は 1908 年に特設予科を設置し、留学生を対象として、高等学校本科に入るための日本語と中学校各学科の教授を行った。特設予科第一回の入学試験は 4 月 10、11 日に次のような日程で行われた[1]。

4 月 10 日	午前 8 時より 10 時まで	日本語の書取、作文
	午前 10 時より	日本語の会話
4 月 11 日	午前 8 時より 12 時まで	数学（算数、代数、幾何）
	午後 3 時より 5 時まで	英語（日語英訳、英語日訳）

　この年は志願者 210 名の中から 60 名を入学させた。これらの合格者は、いずれも少なくとも二年間日本に滞在し、弘文学院や東京同文書院、大阪高等予備学校などの「諸種ノ学校ニ学ヒ普通文ニ於テハ素養アルモノ」であった[2]。彼らは二組に分けられ、将来高等学校本科に進入の際、第一部（法科、文科など）入学を志望する者を一組とし、倫理、日本語、漢文、英語、独語、歴史、数学、物理、化学、博物、体操を教授し、第二部（工科、理科、農科など）及び第三部（医科）

1　前掲薩日娜「旧制第一高等学校に学んだ初期京師大学堂派遣の清国留学生について」501 頁。

2　同上 506 頁。

を志望する者を一組とし、倫理、日本語、漢文、英語、独語、数学、物理、化学、博物、図画、体操を教授した[1]。

特設予科が設立された当初は、教師は主に嘱託教員であり、その都合もあり、授業の多くは午後に特別に行われていた。学科目及び授業時間数は第一部を例とすれば、[表 4-4] の通りである[2]。初年度は一年三ヶ月としたが、1909 年より学制を一年間とするようになった。

表 4-4 一高特設予科第一部時間割

		月	火	水	木	金	土
午前	8-9				博物		
	9-10		英語				
	10-11	英語	体操		独語		
	11-12	歴史	歴史	日語	倫理	物理	物理
午後	1-2	数学	化学	日語	化学	倫理	歴史
	2-3	数学	日語	数学	体操		日語
	3-4	体操	日語	独語	日語	英語	数学
	4-5	独語		英語			

注：第一高等学校『第一高等学校六十年史』1939 年 3 月、502 ～ 503 頁。

発足当時の留学生の教育状況は以上の通りであるが、その後の特設予科の教育に関しては、特設予科規程を設けずに、大抵、次のとおりに施行された[3]。

一、毎年二月清国公使館留学生監督署二於テ本邦在留ノ学生二限リ志願者ヲ募集シ其人名履歴書並二写真ヲ本校二移牒ス
二、本校二於テハ毎年三月初メ試験期日ヲ定メ、左（下－筆者注）

1　前掲薩日娜「旧制第一高等学校に学んだ初期京師大学堂派遣の清国留学生について」501 ～ 502 頁。
2　同上 5、502 頁。
3　同上 5、503 頁。

ノ学科ニ就キ選抜試験ヲ施行ス

日本語　　　作文　書取　会話　読方

外国語（英語）和文英訳　英文和訳

数学　　　　算数　代数　幾何　但二部三部志望者ニハ三角（初歩）

地理、歴史　一部志望者ニ限ル

物理、化学　二部三部志望者ニ限ル

三、試験成績順ニ依リ一部二部三部ヲ通シテ約五十名ヲ入学セシム

四、入学ヲ許可シタルモノハ、一部志望者ヲ一組トシ、二部三部志望者ヲ一組トシテ（予科授業中ニ限ル）、毎日（主トシテ）午後本校生徒ノ授業済ノ上特別ニ授業ヲ施行ス

五、学期ハ毎年 4 月～ 7 月ヲ第一学期トシ、9 月～ 12 月ヲ第二学期トシ、翌年の 1 月～ 3 月ヲ第三学期トスル。

　　一高特設予科の入学をめぐる競争は非常に激しいものであった。前述したとおり、「五校特約」成立後、特約五校以外の官立高等教育機関に合格しても農・工・格致・医学の四つの専攻でなければ官費を獲得できなくなり、その結果官費獲得の保証がついている特約五校に対して私費留学生の応募が殺到したからである。なかでも一高は、唯一の帝国大学へ進学するための正統的な門戸であるため、競争が最も厳しかった。例えば、1909 年度の一高特設予科入学試験の志願者 428 名のうち、官費留学生 94 人、公費 3 人、そのほかの 331 名はすべて官費獲得を目指す私費留学生であった[1]。

　　当時、一高特設予科を目指す留学生は、みな猛烈な受験勉強をしていた。中国近代著名な文学団体「創造社」の中心メンバー、近代文壇の有名な作家郁達夫もその一群の中の一人であった。彼は 1913 年 10 月長兄と来日し、一高特設予科を受験するため、翌月から神田にある

1　「調査報告　第一高等学校報考学生姓名籍貫年齢学科表」清国遊学日本学生監督処『官報』第 27 期、1909 年 2 月。

正則予備学校[1]に入学し、昼は中学校の授業を補習し、夜は同校で日本語の授業を受けていた。後日、彼は自叙伝の中で当時の受験勉強の様子を以下のように記している[2]。

　　毎朝五時に起き、まず付近の神社の芝生へ行って「上野の桜が咲きました」「私には大勢の友達があります」などと、日本語の教科書を朗読し、八時になるとパンを頬張りながら三里（一里は500メートル—筆者注）あまり歩いて、神田の正則学校へ補習に行った。小遣は毎日二十銭、ミルクホールで昼と夕を食べ、晩は三時間日本語の夜学であった。

　　（中略）翌年の入学試験がせまった。私は官費五校のうちの一校を受けることにしたので、試験課目に向かっていちだんと努力を加えた。もとは毎晩おそくも十一時には床にはいる習慣だったのが、三月以後は毎日のようにのびた。時には本にかじりついて、付近の砲兵工場の汽笛が朝五時の夜業修了を報ずるころまで寝ないこともあった。必死の努力はついに報いられ、その年の夏、第一高等学校の入学試験に見事一番で合格した。

郁達夫の一高特設予科の同期、後に「創造社」での文学仲間になった張資平も 1914 年一高特設予科に入学した。彼も受験期に、「午前中は理化、午後は数学、夜は日本語の補習」で、「午前中は、十時から十二時まで、午後は一時から五時まで、夜の授業は八時から十時まで、その以外の時間はすべて三畳の部屋の中で自修する、十二時前に寝ることはなかった」[3] というほど受験勉強に没頭していた。

1　1896 年成立した英語学校であるが、1902 年から上級学校への入試のための予備教育に携わるようになった。留学生のための学校ではなかったが、そこへ通う留学生も少なくなかった。

2　松枝茂夫編『中国現代文学選集 5　郭沫若・郁達夫』平凡社、1962 年 12 月、309 ～ 310 頁。

3　『張資平自伝』江蘇文芸出版社、1998 年 9 月、203 頁。

　これほどの難関であるだけに、一高特設予科は留学生にとって憧れの的であった。後に汪兆銘政府の大漢奸とされた周仏海は、1918年の一高特設予科の入学試験を見事くぐり抜けた時の気持ちを次のように述懐していた。

　　五校の中、最も目を付けられ、当時の女子学生に慕われるのは一高の学生だった。二つの白線の制帽をかぶり、マントを着し下駄を履いて町中で堂々と歩きながら、高らかに歌っていた。すこし常識はずれのことをやっても、警察にも言われないし、周りの人にもかわいいと思われる。当時、私はこの一高に入りたくてたまらないが、競争がたいへん厳しかった。一高在学の中国人留学生をみると、とてもうらやましい気持ちだった。今、意外に合格し、白線の制帽はよく私の頭の上にも飛んできてくれた（筆者訳）[1]。

　一方、努力をしたにもかかわらず、夢が果せなかったものもたくさんいた。周恩来がその中の一員であった。周恩来は1918年7月の一高特設予科入学試験を準備するため、「友人との付き合い、手紙のやりとりは一律に簡単にしなければならならず、重要なことを除いて、けっして勉強を犠牲にして別のことをやってはいけない」と決心し、「一日は睡眠七時間、勉強十三時間半、休憩その他が三時間半」にして、「勉強に没頭」していたが、結果は不合格であった[2]。

　そうした厳しい競争のなか、カンニングなどの不正手段を採ったた

<hr />

1　『陳公博・周仏海回憶録合編』春秋出版社、1967年4月、108頁。原文は次のとおりである。「五个学校之中，最出风头，最为当时女学生所倾慕的是一高的学生，戴一顶两道白圈的制帽，披一件披风，脚下却穿一双下屐，在街上大摇大摆，昂首高歌。略略做出一些出轨的事，不但警察都不去管，社会人士还认为可爱。我当时一心一意想进一高，而一高又非常难考，见着一高的中国留学生，非常羡慕。现在我居然考中了，两道白边的帽子也飞到我头上来了」。

2　周恩来著・矢吹晋編・鈴木博訳『十九歳の東京日記』小学館文庫、1999年10月、149〜150頁。

め、受験資格が取り消される事例が少なくなかった。例えば、1909年5名、1911年4名が「試験中不都合ノ行為」が発見され、入学試験受験資格を取り消された[1]。また、激しい競争試験の中で勝ちぬくため、試験場以外での「競争」も厳しかった。他人のカンニング行為を告発するとの内容の手紙などがしばしば学校側に送られた[2]。そういうことからも当時競争の激しさの一端がうかがわれる。

辛亥革命のため、1912年度には募集しなかったのを除けば、一高特設予科は1922年の「五校特約」満期解約までに毎年50名ぐらいの留学生を入学させ、高等学校への予備教育を実施していた。

1　駒場博物館蔵『支那留学生入学試験書類　明治41年〜大正4年』。
2　同上。原文は以下の通りであった。
　　拝啓
　　今度試験ヲ受ケタ人達ニ監督ノ厳密ニ拘ラズ幾人モ舞弊シマシタ勿論私遞ト参考書ヲ私携スル或ル数人ハ当時見付ラレマシタガ又他ノ人ニ頼ンデ試験サセル幾人モ有リマシタカラ何卒答案ノ前後筆跡ヲヨクヨク調ベル様ニ奉願ヒ但シ右ノ事及ビ此手紙ヲ発表シナイ様ニシテ被下サレル
　　　　　　　　　　　　　　　　　　　　　　　　　　　受験者ノ一人
　　　第一高等学校長
　　　　執事諸君　　　御中
　　また、1911年にも、新渡戸稲造校長は、次のような手紙が送られた。
　　先生殿
　　一昨日余ハ或ル人先生ニ手紙ヲ寄越シテ他人ヲ指害スルコト有リ、其ノ手紙ノ中ノ言葉ハ左ノ如シ。「今回清国入学ノ中ニ不品行者ハ数人有リ。学校ニ入ラルルコトハ勿レ」ト言ソコレヲ聞ケリ。余等ハコトヲ聞キテ甚ダ不思議ナリ。深ク考ヘテ詳ク探聞スルヨリ概シテ手紙ヲ寄越シタル人ハ三種アリ。
　　（一）同考者ト同考者嫉忌スルコト
　　（二）下宿営業者生計上ガ為ニ、維持スルコト（若シ彼ノ下宿ニ住ンデ居ル人ハ及第スレバ、学校ノ寄宿舎ニ入ル或ハ他ノ寮ニ転居スレバ、其ノ生計ヲ妨グ）
　　（三）コレヲ利用シテ私仇ヲ報復スルコト
　　以上ノ三種ノ人ノ言語ハ偽テハナイカ。
　　先生ハ通達事理世故ニ老ケタル人ナルガ故ニ、必ズ小人ニ誘惑サラレザル余等ソレヲ信ジテ居ル。

表 4-5 一高特設予科各年度志願者と入学者統計（1908 ～ 22 年）単位：人

年度	1908	1909	1910	1911	1913	1914	1915	1916	1917	1918	1919	1920	1921	1922
志願者	243	428	378	302	123	337	325	255	336	216	542	488	418	339
合格者	60	52	51	50	47	45	50	50	50	49	50	50	50	50
合格率（%）	24.7	12.1	13.5	16.6	38.2	13.4	15.4	19.6	14.9	22.7	9.2	10.2	12.0	14.7

注：各年度の文部省年報より。なお、1914、1915 年度は文部省年報に記録が
ないため、『日華学報』6 号、1928 年 11 月をもって補填した。

　1919 年以前の一高は、三部制の下で教育が行われていたため、特
設予科においても、それに合わせて三部制を採用していた。三部制の
下での授業の様子について、郁達夫、張資平と同じ年に一高特設予科
に入学した郭沫若は次のように証言していた。

　　日本の高等学校の課程は、当時、三つの部門に分かれていた。文
　哲政経などが第一部、理工科が第二部、医学が第三部であった。予
　備クラスも同じように部に分かれて授業が行われたが、人数の関係
　で、三つの部は共同で授業をやった。達夫は最初一部だったが、後
　に我々の第三部へ転部してきた[1]。

　1919 年 9 月、新しい高等学校令が公布された結果、従来の大学予
科三部制が廃止され、文理科制に切り替えられた。一高特設予科の学
科課程も同年により、従来の三部制より文理科制に改められた。文理
科制が三部制と異なる点は、まずドイツ語が除かれていること、次に
文理とも博物を加えること、さらに文科の授業に自然科学系の学科目
が置かれていたことである。

1　郭沫若「論郁達夫」『人物雑誌』第 3 期、1946 年 9 月。李麗君「『大正日本』
　の留学生郁達夫」立命館アジア太平洋大学言語研究センター『ポリグロシア』
　11 期、2006 年 3 月、143 頁。

表 4-6 特設予科学科目及び毎週授業時数（三部制時代）単位：時間

	修身	日語	英語	独語	歴史	数学	物理	化学	博物	図画	体操	合計
第一部	1	8	8	3	4	3					3	30
第二部	1	6	6			8	3	3		2	3	32
第三部	1	6	6	3		8	3	3			3	33

注：『第一高等学校六十年史』1939 年 3 月、511 ～ 512 頁。

表 4-7 特設予科学科目及び毎週授業時数（文理科制時代）単位：時間

	修身	日語	英語	独語	歴史	数学	物理	化学	博物	図画	体操	合計
文科	1	7	6		3	4	2	2	2		3	30
理科	1	6	6			6	2	2	2	2	3	30

注：第一高等学校発行『第一高等学校六十年史』1939 年 3 月、515 頁。

「五校特約」下の一高特設予科は、辛亥革命の影響を受けた
1912 ～ 14 年を除いて、ほぼ安定した状況を保ち、毎年 40 数名の修
了生を送り出している。具体的な数字は以下の通りである。

表 4-8 一高特設予科修了者年度別統計 単位：人

	第一部	第二部	第三部	合計
1909 年	13	28	3	44
1910 年	17	20	10	47
1911 年	17	19	11	47
1912 年	2	7	4	13
1913 年	4	16	2	22
1914 年	13	21	1	35
1915 年	17	20	11	48
1916 年	18	24	8	50
1917 年	14	21	6	41
1918 年	14	26	5	45
1919 年	11	29	8	48

	文科	理科	
1920 年	23	30	53
1921 年	20	30	50
1922 年	22	28	50
1923 年	20	30	50

注：『第一高等学校一覧』より作成。

　1915 年 7 月 1 日より特設予科修了者に対して、一高は修了証書を授与することになった。書式は次のとおりである[1]。

```
校印
                                    支那何々省
                                      何之某
                          当何十何年
右者本校特設予科第何部ノ課程ヲ修了セリ仍テ之ヲ証ス

大正四年七月一日

                    第一高等学校長位勲　氏名　校長印
```

第四節　特設予科修了者の進路

1. 高等学校への配当

　「五校特約」が結ばれた当時は、一高の留学生受け入れの詳細についてはまったく定められなかったため、特設予科第一回生が修了するにあたって、清朝政府と日本側との間で特設予科修了生の取扱い方をめぐってさまざまな議論が見られた。

1　前掲『第一高等学校六十年史』510 頁。

　まず、「五校特約」が結ばれた時点では、特約に準じて日本に派遣された官費留学生の高等学校教育はすべて一高によって担当すると規定されたが、1908年7月になって、一高側は設備などを理由として特設予科修了生全員を収容するのは困難だとした。

　また、特設予科修了生が高等学校へ進学した後、日本人学生と同学するか、分離して教育を受けるかをめぐっても、派遣側と受入れ側の意見には相違があった。清朝政府は留学生派遣の目的は日本人学生と同時に同様な教育を受けさせることにあり、授業分離へ頑固反対との意見を表明した[1]。しかし、一高の新渡戸稲造校長は、留学生を日本人学生と共学させるより、独立した教育機関を設けるほうが教育上効果的であると主張した。

　　政府が隣邦の扶掖に黽むる結果、本年より清国留学生の多数を引受け、一高にても二百五十名を限り入校せしむることとなれり。併し（中略）将来の為に計るに、同学生の教育は、政府が資を下して、専ら清国学生をのみ収容すべき一の官立学校を設くることを可とす。日本人と混じて学ばしむるは最良の策にあらず。□（判読不能）に清国大使は余に嘱するに、是非とも日本学生と混交して同化せしむるやうとの事なりしも、□（判読不能）は断じて留学生の利益にあらず。仮令ば歴史地理は勿論法律文学の教に至るまで、教師は先づ多数の日本学生を標準として解説の事例を日本に採るが故に、聴く処の講義に隔靴掻痒の感あればなり[2]。

　そうした中、文部省は1909年3月各高等学校長会議を開き対策を講じたところ、一高特設予科修了者を一高を含む各高等学校へ配分し、そこで日本人学生と同学させるという折衷案を打ち出した。清朝

1　前掲「遊学計画」。
2　新渡戸稲造「清国留学生」『教育時論』1908年7月15日。前掲『近代日本のアジア教育認識－明治後期教育雑誌所収中国関係記事―』第10巻。

政府はこの各高等学校への分配制は留学生派遣の本意ではないとしたが、最終的には妥協した[1]。

1908年一高特設予科に入学した60名の留学生のうち、翌年6月の修了試験に合格したのは44名であった。彼らは、下表に示す通り全国の第一～第八の高等学校に配分された。

表 4-9 一高特設予科初回修了者の進路　　　　　単位：人

学科	一高	二高	三高	四高	五高	六高	七高	八高	札幌	計
文	1		1							2
工	2	2	2	1	1	2	2	2		14
理	1	2	1	1	1	1	1	1		9
農	1			1	1			1	2	6
医		1				1				2
法	1	1	1	2	2	1	2	1		11
計	6	6	5	5	5	5	5	5	2	44

注：「咨学部抄存第一高等学校予科卒業学生名数分配表」清国遊学日本学生監督処『官報』第30期、1909年4月。

特設予科修了者の配分の原則に関して、『第一高等学校六十年史』では、原則的に「本人の希望と学校設備の都合」を参酌した上、第一～第八の高等学校に分配して、本科第一学年に入学させるという内容の通牒を下したと記されている[2]。しかし、全員の「本人の希望」を満たすことも不可能であり、実際上、配分先が成績で決められたと思われる。1915年に特設予科を修了した郭沫若は、当時の配分方法は、特設予科修了試験に合格したものは総合成績の順位で第一～第八高等学校に配属されることになっており、つまり、一位は一高、二位は二高、八位は八高で、第九位からまた一高、十位は二高というように終

1　厳平「近代中国留学日本大学予科研究―以『五校特約』為中心」『清史研究』第4期、2012年11月、57～58頁。

2　前掲『第一高等学校六十年史』508頁。

始循環するものであったという[1]。

表 4-10. 一高特設予科修了生配当先年度別統計　　単位：人

	計	一高	二高	三高	四高	五高	六高	七高	八高	札	東北	松山	不詳
1909 年	44	6	6	5	5	5	5	5	5	2			
1910 年	47	8	8	5	5	4	5	5	5		2		
1911 年	47	6	7	7	6	6	5	5	5				
1912 年	13	2	2	2	2	2	1	1	1				
1913 年	22	4	3	2	1	3	2	3	2				2
1914 年	35	5	4	4	5	5	4	4	4				
1915 年	48	7	5	7	6	6	6	5	6				
1916 年	50	8	7	8	1	7	6	6	7				
1917 年	41	6	5	5	5	5	5	5	5				
1918 年	45	7	4	6	5	6		5	6				
1919 年	48	6	5	7	5	5	6	5	6			3	
1920 年	53	6	7	7	2	3	14		5			2	1
1921 年	50	8	4	5	3	6	7	6	10			1	
1922 年	50	10	3	3		10	8	4	7			4	1
1923 年	50	7	5	5		5	14	3	10				1

出典：『第一高等学校一覧』（1936 〜 37 年度）より作成。「札」は札幌農科大学
予科を、「東北」は東北農科大学予科を、「松山」は、松山高等学校を示す。

　一高特設予科修了者は一高を含む各高等学校に配分され、日本人学
生と同じ学級で勉強していた。1932 年にいたって、中国人留学生学
歴の変化や中国人留学生の帝国大学入学問題をめぐる環境の変化など
にともない、特設予科が特設高等科に改編され、中国人留学生の高等
学校教育ははじめて日本人学生と分離して行われるようになった。そ
の詳細について、後述する。

1　郭沫若著・大高順雄・武継平等訳『桜花書簡—中国人留学生が見た大正時代』
　　東京図書出版会、2005 年 6 月。武継平『異文化のなかの郭沫若—日本留学の
　　時代』九州大学出版会、2002 年 12 月、20 頁。

　日本人学生と一緒に勉強していたため、この時期における留学生の高等学校での勉学の様子に関して、まとまった資料は容易に見出せない。そのため、留学生の自伝や回想を通じて、その一端をうかがうしかない。岡山の六高の第三部（医科）に配分された郭沫若は、『学生時代』（1942年）のなかで六高在学時の勉学についての印象を、次のように語っている。

　　高等学校を受かってから最初の一年は予科にいて中国人学生と一緒に補習を受けた。予科修了後さらに本科に入って日本人学生と同じ教育を受けた。日本の医学の元祖はドイツだから、第三部の講義はドイツ語の時間がもっとも多く、週に十数時間のドイツ語がある。ドイツ語の他に、またラテン語と英語も学ばなければならなかった。科学の面においては、解析幾何、高等代数、微分、積分および物理、化学、動物植物学の講義と実験はいずれも三年以内で修了せねばならない。勉強は相当きつかった。日本人の教育は啓発を重んぜず、詰め込みを重んじる。それに加えて私たちは外国人だから同時に二ヵ国語を学んで西洋の学問を受け容れなければならなかったので、それは実に苦業であった[1]。

以上の記述から見ると、日本人学生と同じクラスの中で同じ教育を受けている中国人留学生が、勉学上特別な困難に直面していたことがわかる。試験や進級などにおいても留学生は日本人学生とまったく同じような取扱いされており、郭の場合、卒業時の平均点は73.5点で、卒業順番は日本人を含む34人の中の22番であった[2]。
　一高本科に配分された留学生の成績をみると、1919年一高本科在籍の留学生は三学年合わせて21名であったが、そのうち、落第が一

1　前掲『異文化のなかの郭沫若』30頁。
2　同上、30頁。

回の者が4名、二回落第のため除名されたものが3名であった[1]。特設
予科終了後、一高に配分された周仏海は、当時高等学校の試験の厳し
さがとくに印象深いと述べたが、留年は留学生だけの特有な現象では
なく、日本人学生もよく留年を余儀なくされたと証言している。

　日本の高等学校では年に二回学期試験があり、非常に厳しいもの
でした。留年したのは中国人留学生だけではなく、日本人学生の中で
も留年した者も少なくありませんでした。中では、二年、三年も留
年する者もいました。山西省から来た一人の留学生がいて、私と一
緒に住んでいましたが、学年ごとに留年しました。普通は三年かか
りますが、彼の場合、六年間もかかりました（筆者訳）[2]。

留学生は日本人学生と共学し、教育、試験や進級などにおいてすべ
て日本人学生と同じような取扱いを受けていたため、日本のエリート
を養成する高等学校での勉強生活は、留学生にとって、けっして楽な
ものではなかった。

2. 特設予科出身者の帝国大学入学

「五校特約」をめぐる交渉が正式に始まる以前、清朝政府はすでに
日本側に対して、高等学校さらに帝国大学という日本の学歴エリート
コースを、中国人留学生に対してその門戸を開放するよう申し入れを
行っていた。1906年7月、清朝政府が公使館を通して次のような希
望を文部省に提示していたのがそれである。

1　「民国八年五校在学生名冊」『中国留日学生監督処文献』1919年4月〜9月。
2　『陳公博・周仏海回憶録合編』春秋出版社、1967年4月、128頁。原文は以
　　下の通りである。「日本高等学校毎年両次的学期考試是非常厳格的。不単是
　　中国留学生留級的很多，日本同学留級的也不少，甚至有留二、三年的。一位
　　山西同学，和我同住，毎一年級，必留一次。人家只要三年，他却読了六年」。

　一、高等学校ニ於テ毎年選抜試験ヲ行ヒ、清国学生三十人ヲ入学セシムルコト

　二、右清国学生高等学校ヲ卒業シタルトキハ、之ヲ東京帝国大学（東京帝国大学ニ於テ都合付カサルトキハ京都帝国大学）ニ収容セラレ度コト。但シ毎年ノ高等学校卒業生ヲ三十人ト看做シ、其内六人宛法科、医科、工科、理科、農科ノ五分科大学ニ入学スルモノトス[1]。

文部省はこれを受けて、東京帝大の意向を打診したが、東京帝大は評議会で審議した結果、「本邦ノ入学志望者モ満足ニ収容スヘカラサル現今ノ状態ナルヲ以テ清国人ニ特約スルハ不可ナリ」[2] ということを理由として、この要望を断った。東京帝大の留学生受け入れ態度は極めて消極的で、清朝政府との間で留学生の入学に関する特約を結ぶことを拒絶した。

その後、高等学校・帝国大学の留学生受け入れ問題は「五校特約」の締結に伴い再びクローズアップされた。特設予科が一高に設けられ、その修了者が各高等学校に配分される原則が決められたことにより、中国人留学生の高等学校進学への途がようやく開かれるようになったが、清朝政府や留学生にとっては、高等学校はあくまで通過点に過ぎず、最終目標は帝国大学であった。つまり、一高特設予科は留学生の帝国大学に入るための入り口として想定されているに過ぎず、特設予科修了者の帝国大学進学問題こそこの留学生のためのエリートコースの成立可否にかかわる鍵であった。契約締結当時の 1907 年 8 月に、清朝政府は一高出身留学生の進路について文部省と協議したところ、留学生が高等学校を出るのが四年後であり、その時、新設される

1　東京大学史料館蔵『文部省往復』明治 39 年 2 冊之内乙。『東京大学百年史通史二』1985 年 3 月、153 頁。

2　同上。

東北帝大や九州帝大が留学生を収容できる一方、東京・京都帝大を志望していた日本人学生も新設の大学へ分流されるため、東京・京都帝大にも留学生を受け入れる余裕が生じてくるはずだと、特設予科修了者の帝国大学入学について文部省より承諾を得た[1]。

1908 年 6 月、一高新渡戸稲造校長は、東京帝大は特設予科出身の留学生を全部受け入れる余裕がないとして、自ら京都に赴き、京都帝大が留学生を受け入れるよう交渉を行った[2]。同年 11 月、文部省は各高等学校へ配分された一高特設予科出身者の高等学校卒業後の取扱い方をめぐって正式に東京・京都両帝国大学総長に照会し、「本邦人志望者ヲ収容シテ尚缺員アル場合ニ限リ本科学生トシテ入学ヲ許可セラレ候上其卒業者ハ他ノ学生ト同様学士ノ称号ヲ許可」[3] するよう求めた。つまり、文部省は、両帝大に、日本人学生を受け入れる上でなお欠員がある場合に、一高特設予科を経て高等学校に配分され、日本人学生と同一の学級において日本人学生と同一の程度の教育を受け、同一程度による試験に合格した者の帝大入学を許可し、さらに卒業者を日本人学生と同様の学士号を授与するよう求めた。

上述の文部省側の希望に対して、東京帝大と京都帝大は、それぞれ 1908 年 12 月と 1909 年 2 月に回答を行った。東京帝大の全ての分科大学、京都帝大の法科大学以外の各分科大学は文部省の希望に応じた。京都帝大の法科大学は留学生の入学を許可したが、ただし「本邦人学生ニ対シ清国人学生比較的多数トナリ授業上障害ヲ生スル虞アリト認ムル場合ニ於テハ、缺員アルトキト雖モ清国学生ノ人員ヲ限定シテ入学ヲ許可スルコトニイタシ度」[4] という条件を付けた。1909 年 6 月両大学総長の回答を添えた通牒が文部省専門学務局長より一高に下された。定員に欠員があるのを前提としての受け入れという厳しい条件

1　前掲「学界記事　遊学計画」『官報』第 8・9 期合訂本。
2　「清国学生と帝大」『読売新聞』1908 年 6 月 8 日朝刊。
3　前掲『第一高等学校六十年史』507 頁。
4　同上。

が付されていたが、ここにいたって、両帝国大学入学の門戸は原則上中国人留学生のために開かれることになった。前述した通り、この時期において、帝国大学の収容能力は高等学校卒業者総数を超えるものであり、高等学校卒業者の帝国大学進学をめぐる競争は昭和期のような厳しいものではなかった。したがって、留学生にとって、一高特設予科の入学試験が留学生の学歴エリートコースの中の唯一の選抜試験であり、その競争試験をくぐりぬければ、特別な事例を除き、帝国大学を卒業できたのである。

　では、特設予科出身者の大学進学の実態は如何なるものであっただろうか。1940年興亜院が作成した『日本留学中華民国人名調』には、当時各帝大より卒業した中国人留学生の氏名、卒業年月、出身校などが載せられている。その名簿を『第一高等学校一覧』の中の「特設予科修了者名簿」と照合して分析することによって、特設予科出身者の進路を捉えることができる。

　まず、「五校特約」期間の特設予科出身者の大学進学先を見てみよう。1911年の辛亥革命の影響などのため、最初の数年間には、特設予科修了者のうち帝大入学の者はやや少なかったが、1915年頃より、特設予科も安定した状況を見せるようになり、毎年40数名の修了生を送りだしており、そのうち、毎年30名前後の留学生が帝国大学卒業まで学業を続けられたことがわかる。また、各帝大の中で、特設予科出身者の主要な受け入れ先は東京・京都帝大で、その次は九州帝大であり、東北帝大に進学した者はわずかであった。

表 4-11 **特設予科出身者の大学入学先統計**　　　　単位：人

特設予科修了年度	特設予科修了人数	特設予科修了生のうちの帝大卒業人数				
		合計	東京帝大	京都帝大	九州帝大	東北帝大
1909	44	20	16	1	2	1
1910	47	20	16		3	1
1911	47	20	14	3	3	

特設予科 修了年度	特設予科 修了人数	特設予科修了生のうちの帝大卒業人数				
		合計	東京帝大	京都帝大	九州帝大	東北帝大
1912	13	10	4	5	1	
1913	22	10	4	5	1	
1914	35	12	15	6	1	
1915	48	37	11	17	8	1
1916	50	33	18	7	5	3
1917	41	31	14	12	5	
1918	45	36	18	14	2	2
1919	48	29	12	12	4	1
1920	53	30	11	14	4	1
1921	50	30	11	11	4	1
1922	50	30	10	14	5	1
1923	50	27	10	10	6	1

　注：第一高等学校編『第一高等学校一覧』及び興亜院『日本留学中華民国人名調』（1940年10月）より作成。『第一高等学校一覧』の特設予科修了者数に関する統計の中では、東北地方の出身者も含んでいるが、『日本留学中華民国人名調』の帝大卒業者に関する統計には東北地方の出身者が含まれていないため、「特設予科修了生のうちの帝國大学卒業人数」が実際上上表より多いものと思われる。

　次に、特設予科の成立と帝国大学の中国人留学生受け入れとの関係をみてみよう。「五校特約」が1922年より満期解約されたため、「五校特約」に準じて最後に一高特設予科に入学した留学生は、高等学校を経て帝国大学を卒業するのが1929～30年であると推算できるため、ここでは『日本留学中華民国人名調』に沿って作成した1930年までの各帝国大学を卒業した中国人留学生の統計を掲げておこう。

表 4-12 各帝大卒業中国人留学生統計（1930 年まで）単位：人

卒業年度	合計	東京帝大	京都帝大	九州帝大	東北帝大
1906	2	1	1		
1907					

卒業年度	合計	東京帝大	京都帝大	九州帝大	東北帝大
1908					
1909	2		2		
1910	3	1	2		
1911	2	2			
1912	10	9	1		
1913	6	5	1		
1914	3	3			
1915	12（4）	7（4）	5		
1916	15（8）	10（6）	4（1）	1（1）	
1917	22（17）	18（15）	3（1）	1（1）	
1918	19（15）	12（9）	3（2）	2（2）	2（2）
1919	24（22）	10（10）	6（5）	5（4）	3（3）
1920	25（22）	13（13）	9（7）	1（1）	2（1）
1921	24（23）	12（11）	9（9）	2（2）	1（1）
1922	38（30）	15（13）	19（13）	3（3）	1（1）
1923	38（27）	13（11）	12（6）	9（9）	4（1）
1924	45（36）	23（21）	15（11）	3（3）	4（1）
1925	41（37）	16（15）	18（17）	4（3）	3（2）
1926	31（24）	13（10）	14（11）	3（3）	1
1927	48（35）	18（16）	15（11）	13（6）	2（2）
1928	47（33）	13（13）	20（13）	11（4）	3（3）
1929	56（39）	16（14）	21（17）	17（7）	2（1）
1930	23（13）	4（3）	11（6）	7（3）	1（1）

注：興亜院『日本留学中華民国人名調』1940年10月より作成。（）の中の数字は、そのうちの特設予科出身者の内数を表す。以上の統計には東北地方の出身者を含まない。

　上表に示す通り、特設予科の設立以前の時期に、東京・京都両帝大を卒業した中国人留学生もいたが、それはほとんど制度的に受け入れられたものではなく、その人数も少数にとどまっていた。特設予科が

設置され、とくに大正期以後相対的に安定期に入ったのに対応して、各帝大、とくに東京・京都両帝大では、1916〜17年頃より、毎年継続的に、数多くの中国人留学生が送り出されているようになり、その中の殆どは、一高特設予科から高等学校へ、さらに帝国大学へ進学するというコースを歩んできた者であった[1]。一高特設予科は、名実共に帝国大学に進学する留学生の養成所としての役割を果たしたと言える。

第五節　一高特設予科留学生の生活状況

1. 留学生と日本人学生との折合―日華同学会を中心に

　1908年6月、「五校特約」に準じて一高に入学した留学生の入寮を前にして、寮の舎監は留学生との付き合いに日本人寮生の注意を喚起した。それまで、一高で勉学していた留学生がほとんど年長者や家族連れの者が多かったため、一高生と親和することが容易ではなかったが、今度新しく入学した留学生は年齢も学識も日本人寮生と同じくらいで交際しやすいので、大いに交流するよう呼びかけていた[2]。6月10日、新しく入学した60名の留学生の入寮式が行われ、生徒監は入寮の意味、その必要及び入寮後の心得などを述べた[3]。

　辛亥革命後、特設予科が安定するようになった以後、一高では、留

---

1 北海道帝大が独立した大学となったのは1918年であったが、「五校特約」は北海道帝大にほとんど大きな影響を与えず、高等学校卒業の中国人留学生で正科生として本科に入学したのは3人のみであった。北海道帝大の留学生はほとんど実科や専門部に入学した。許晨「北海道帝国大学の中国人留学生」『北海道大学文書館年報』第5号、2010年3月、34頁。
2 「第三学期全寮茶話会記事」『校友会雑誌』第178号、1908年6月。
3 「清国留学生入寮式」『校友会雑誌』第178号、1908年6月。

学生と日本人学生の親和を図る組織が現れはじめた。1912 年 11 月、日本人学生小島禄郎、宮崎龍介[1]、小畑忠良と留学生陳啓修[2]、丁紹伋[3] などが会合を開き、一高在学の両国学生からなる会合を組織し、「互に相識り相逢ふの機を繁く」しようとすることについて議論した。その結果、会名は「日華同学会」と名づけられ、会則の草案も作られ、第一回懇親会は 11 月 16 日に根津娯楽園で開かれることに決まった。その後、日華同学会成立に関する檄文が生徒控え所に掲示され、そこに日華同学会の設立理由は次のように述べられていた。

近時両民（日中両国国民―筆者注）の意志漸く疎通を缺き、動もすれば互に誤解して大事を錯らんとするものあり。嘆ずべきの極なり。即ちその誤解を釈き、その意志疎通を謀るは目下の最急務なりとす。吾人が日華学会を設立せる理由の一は実に此にあり。

加之我が第一高等学校に於ては数十名の華国留学生の在学するあり。我校風が友情を以てその最重要素とせるに関はらず、日本生徒と双方の交情甚だ冷淡にして、同じく柏葉樹陰に蛍雪の功を積みつゝ相逢ふも尚他人の如し。遠く同胞をはなれ異国にさすらふ留学生が温かき、友を慕ふは自然の情にして、独座嫈然として故国を思ふ遊子に満腔の同情を捧げ、慰藉を與へや。吾人が本会を起す所以のもの、これを以て第二の理由とす[4]

11 月 16 日の第一回懇親会では、参加人数は予想の 20 人を大幅に

1　宮崎龍介（1892 〜 1971）大正・昭和期の社会運動家であり、辛亥革命など中国の革命運動を支持し続けた宮崎滔天（1871 〜 1922）の息子である。

2　陳啓修は一高卒業後さらに東京帝大に進み、1917 年東京帝大法学部政治科を卒業した。帰国後、北京大学財政学教授や法商学院政治学系主任兼教授などを歴任した。

3　丁紹伋は一高卒業後さらに東京帝大に進み、1917 年東京帝大法学部政治科を卒業した。帰国後、各大学で教授にあたったが、その後駐日公使館一等書記官、参事官などを歴任した。

4　一高同窓会『向陵誌　第一巻』1984 年 12 月、967 頁。

超えて、50人にも達した[1]。当日、会則が次のように制定された。

日華同学会会則
一、本会ハ日華両国学生相互ノ親交ヲハカリ、同文同種ノ誼ヲ厚ク
　　スルヲ以テ目的トス
二、本会ハ第一高等学校在学両国学生有志及ビソノ出身者ヲ以テ組
　　織シ、一般ノ有志ハ会員ノ紹介ニヨリ入会スルヲ得
三、本会ハ毎学期一回定会ヲ開クモノトス
　　但シ臨時ニ会合ヲ催スコトアルベシ
四、本会ニ幹事四名（第一高等学校在学日華学生各二名）ヲ置キ、
　　事務ヲ取リ扱ハシム
　　幹事ハ会員コレヲ選挙シ、任期ハ一年間トス
五、本会会則ノ改正増補ハ会員ノ合議ニヨル[2]

　その後、1913年3日に第二回例会、同年5月に第三回例会、同年
10月に第四回例会、1914年2月に第五回例会、同年5月に第六回例
会が行われた。
　ところで、1915年頃になると、一高に在学する中国人留学生は日
華同学会の活動から身を引くようになった。1915年10月の第七回例
会の幹事選挙にあたって、中国人留学生は幹事を務めるのを断ったた
め、幹事は二人の日本人学生のみとなった[3]。また、1916年1月28日
日華同学会は阪谷芳郎[4]を招いて「支那観」について講演会を開くこ
とを企画したが、前日の1月27日、日華同学会中国側の会員は講演
会の撤回を求め、もし講演会が開かれる場合、中国側は一人も出席し

1　前掲一高同窓会『向陵誌　第一巻』969頁。
2　同上968頁。
3　同上971〜972頁。
4　阪谷芳郎（1863〜1941）は1906年西園寺公望内閣の大蔵省大臣となり、
　　1911年〜1915年東京市長をつとめ、1917年貴族院委員となった。

ないとの通告を発した。そのため、講演会は最終的には取り消される
ことになった。ついに、1月31日、留学生は中華民国留日一高学生
同窓会の名義で一高日華同学会の存立の必要を認めず、日華同学会中
国側会員が同会より全体脱会するとの意志を日本側幹事に通告した。

　全体脱会の理由について、留学生は、日本人学生と精神上の連合を
図り、形式上の交際を避けるとして、国界の感をかえってあらわにす
る日華同学会の存在の必要を認めないというのを挙げた[1]が、留学生
の全体脱会は、日本の中国に対する野心の高まりにともない、日華同
学会が中国研究機関に化していったことに対する中国人留学生の反発
であると考えられる。そもそも日華学生の親和を趣旨としていた日華
同学会は、中国研究に関する講演会の主催などをその主要なイベント
とするようになり、例えば、1915年10月7日の第三回講演会では、
犬養毅が招かれ、袁世凱の帝政や中国の将来、日中交渉における兵器
問題と宗教問題などをめぐって講演を行った[2]。日華同学会の中国研究
機関化は、中国人留学生の感情を著しく刺激するものであったことは
言うまでもない。

　また、留学生の全体脱会は、日本が中国に対して強要した二十一ヶ
条要求をきっかけに中国における出現した反日ナショナリズムの高ま
りと関係ないとは言えないであろう。二十一ヶ条要求によって日本の
中国に対する野心が明らかになり、国内の反日ナショナリズムが高ま
るのと呼応して、留学生界においても、一致団結が図られ、反日運動
が起こるようになった。一高においても、二十一ヶ条要求が締結され
た翌月の6月に、中華民国留日一高学生同窓会が結成された[3]。それは
言うまでもなく反日ナショナリズムが高まりつつある中で中国人留学
生同士の更なる団結を図るのを目的として成立したものであったと思
われる。

1　前掲『向陵誌　第一巻』973頁。

2　前掲『向陵誌　第一巻』970頁。

3　前掲『第一高等学校六十年史』510頁。

　二十一ヶ条要求をめぐる日中関係の険悪化が進んでいる中、一高留学生は、当然、日本人学生によって高く語られた「日華親善」に疑念を持つようになった。

　日支親善なるものは決して実現出来るものではない。それは両国は利害相容れない立場に立つてゐるからである。夫の二十一箇条の日支交渉を見給へ、日本はその中に如何なる事を我我に要求してゐるか。又山東問題について如何なる心を持つてゐるかと思ふ時、我等は晏如として尚握手をなし得るであらうか[1]。

　中国側会員からの通告書を受けた日本人側幹事は「事重大」として、一応相談の上回答することを約した。4月21日、日華同学会日本側会員は外務省支那課長広田弘毅を招いて、袁世凱の人物論や日本の対中国政策などを内容とした講演会を開いた。参加者は25名であった。講演会が開始する前に、日本側幹事は上述の留学生側の通告書の趣旨を報告し、日華同学会の将来について参会者の意見をうかがった。議論の結果、「支那留学生の日華同学会の存立を忌む事歴然」であるし、且つ「諸名士の演説等我等に興味少なからざる者も往々にして誤解せられ勢ひ演説者も通り一遍当らず障らずの話に限らるゝの恨」があるので、「如かず此の際分離して有志を糾合して支那研究の機関」を作ろうと決された。こうして、五年の歴史を持った日華同学会は終焉を迎え、それを基礎とした中国研究機関が成立し、「東興会」と名づけられた[2]。東興会の活動は講演会や茶話会を中心に展開されており、1916年9月に後藤新平が「東西文明の新潮流」をテーマとして講演し、1917年5月に上田万年[3]が「支那漫遊談」を話し、1918年3

1　宮脇参三「一高の日本学生と支那留学生」『校友会雑誌』第284号、1921年6月。
2　前掲『向陵誌　第一巻』975頁。
3　上田万年（1867～1937）国語学者、言語学者であり、東京帝大学長、貴族院議員なども歴任した。

月に服部宇之吉[1]が「支那国民性に就いて」をテーマとして講演を行った。そのほか、前駐中国公使日置益や寺尾亨博士[2]、参謀本部支那課日下操などを招いて茶話会を開くことがあった[3]。このように東興会は完全なる中国研究機関として活動を続けていた。

　一方、中国への進出のために唱えられた「日華親善」を否定して、人類愛という見地から一高の留学生と親しく接することを通じて真の日華親善を遂げようと主張する日本人学生もいた。日本人学生宮脇参三は『校友会雑誌』に「一高の日本学生と支那留学生」と題した文章を寄せ、留学生に寮生活を通じて親しく日本学生と接することを勧めると共に、日本人学生にもまた留学生に対する十分な理解と同情を与えようと呼びかけていた。彼は次のように言った。

　　私は国家を否定するものではない。唯国家の主張を更に一段高い世界的の見地から洞察すべきであらうと信ずるのみである。一部野心家の口角に唱へられてゐる日支親善は支那人をして益々逡巡せしめる外何の効果も齎さない。すべては愛に出立せねば嘘である。人類間の愛、此の千古動かし難き、東西通ぜざるなき大本に依つて、初めて如何なる難渋の国際的の関係も誤解も氷解され得る。愛を本としてこそ其処に真の日支親善、東洋の平和は当然確定するのである。

　　（中略）我一高は留学生が七十人程ゐる。我等は正に絶好の機会と条件とを附與されてゐるのではあるまいか。彼等を懐柔せよと言ふのではない。互に相愛し、相敬し、喜憂を分ち、同じく橄欖の葉

1　服部宇之吉（1867 ～ 1939）東京帝大教授、中国哲学者。1902 年～ 1909 年北京京師大学堂速成師範館総教習に招かれた。

2　寺尾亨（1859 ～ 1825）明治・大正期の国際法学者。東京帝大法科大学教授であったが、1914 年東京に政法学校を設立し、中国人留学生の教育にあたっていた。

3　前掲『向陵誌　第一巻』976 頁。なお、東興会に関する記述は、『向陵誌』では 1920 年 1 月まで、『校友会雑誌』では 1921 年 5 月までとなっており、その後の様子は不明である。

陰に憩つた追憶をいつまでも心に銘したい。その昔仲麿が唐土から
東の空をあこがれ苦んだ、その苦しみを慰めて共に袂を濡した友情
を再び喚起したい[1]。

宮脇参三は国家的立場や政治的顧慮ではなく、ヒューマニズムの見
地から一高の留学生を温かく抱擁しようと主張した。留学生との関わ
りをめぐって、宮脇参三の態度は東興会のそれとやや異なって、もう
一つの流れをなしていった。一高生の中で、宮脇参三と同じような立
場に立って、中国人留学生と真の友情を結ぶことを主張し、留学生の
信頼を受けた日本人学生はほかにも多くいた。終戦後、日中覚書貿易
などを積極的に推進した岡崎嘉平太はその中の一人であった。岡崎嘉
平太は1916年一高に入学し、同じクラスに当時留学生の反日活動の
リーダーで、後の反日活動家として知られている龔徳柏がいた。そう
した龔徳柏にもかかわらず、岡崎嘉平太と親しく信頼関係と国籍を超
えた友情を築いた。岡崎嘉平太はのちに一高在学中における龔徳柏と
の友情を次のように回想している。

　私のクラスに龔徳柏という一人の中国の留学生がおりました。体
も大きくて年も私より上ですが、その当時は日本が青島を占領し
て、二十一カ条を無理遣りに突き付けていたときですから、誰も中
国の話をしないんですよ。私はその同級の留学生が、一人でぼんや
り放課時間なんか窓にもたれているのはかわいそうだから話し掛
けると、向こうも喜んで話をしてくれました。その話の中で、中国
が外国から苛められてひどい目に遭っているということを知りまし
た。日本も苛めている方なんですが、日本の悪口は無論言わないん
ですけれども、段々話してくれました。(中略) その龔徳柏が、あ
るとき『岡崎、ちょっとグランドへ出て来い』と言うんです。グラ

1　前掲「一高の日本学生と支那留学生」。

ンドに出るというのは大体鉄拳制裁をやるときの言葉なんです。何を怒っているのかなと思いながらグランドへ行きましたら、『岡崎、私はもう中国へ帰る』と言う。『そんな君、学校だけは済ませて帰ったらいいじゃないか』と言うと、『いや、こんな嫌な日本だと知っていたら来るんじゃあなかった。私は貧乏だったから中国から近い日本へ来たんだけれど、もう一日も居たくない』と言って、それでさよならして別れたんです。それは大正六年の終わり頃だったか、そのときは私もちょっと寂しかったですね。彼は私以外殆んど話し掛ける者はいないんですからね。二人は大変仲良くなっていたんです[1]。

後に、岡崎嘉平太はインタビューの際、永い間一貫して日中問題に取組んでいたその熱意の根源はどこにあるかという質問に対して、「若い頃、殊に一高在学時代の体験に根ざすもの、つまり当時の中国留学生との交友により培われた友情の芽生えによる」ものだと答えている[2]。

1　岡崎嘉平太伝刊行会『岡崎嘉平太伝』ぎょうせい、1992 年 9 月、57 ～ 59 頁。龔徳柏（1891 ～ 1980 年）中国のジャーナリスト、反日活動家。湖南省出身。1915 年第一高等学校特設予科に入学、翌年本科に進学した。在学中、反日活動に参加、1917 年退学した。その後、中国の新聞『京津タイムズ』の東京駐在通信員などを務める傍ら、留学生グループの指導者の一人として活躍した。帰国後、『東方時報』中国版、中国米国通信社などの編集長、外交部特派湖南交渉員、内政部参事などを歴任した。戦時中、著作と講演に専従して国民の抗戦を呼びかけた。終戦後、南京に赴き、日本軍の投降を受け入れた。1949 年台湾に渡った。『中国必勝論』『日本必亡論』などを著した。

2　岡崎嘉平太「日中友好の礎（談）」一高同窓会『向陵』第 1 号、1974 年 4 月、4 頁。

2. 一高留学生と 1918 年の一斉帰国運動

　1915 年の二十一ヶ条問題が発生して以来、留日学生は祖国の前途
と運命を憂慮し、非常に複雑な気持ちを抱えて留学生活を送り続け
た。留学生のエリートコースで勉強している留学生も例外ではなかっ
た。郁達夫は一高特設予科在学中、「日本の言語風習を熟知し、自分
の独立した経済的収入源を手に入れ」たが、「心を最も悩ます」のは、
「祖国の国際的地位が低いことによる悲しみそのものであった」とい
う[1]。日本による中国進出にともなう中国国内に高まりつつあった反日
ナショナリズムと呼応して、留日学生は日本で反日運動に奔走してい
た。1918 年、留学生界では日中秘密軍事協定による一斉帰国運動は
留学生による反日運動の一つであったが、この運動の中で一高の留学
生が重要な役割を果した。

　1918 年 2 月はじめから日本は中国政府に軍事協定の締結を強要し
たが、日本側は政府間のもので、しかも軍事問題は機密であることを
理由とし、交渉自体を極密で行い、日本国内でも一切の報道を禁じ
た。しかし、3 月 22 日には北京の英字新聞『京津タイムス』が日中
交渉の進行を報道した。留学生は事態の進行を知り、反対と抗議の声
が絶えなかった。4 月 21 日、各省同郷会連合会が組織され、①国内
外各重要機関に通電し一致してこの亡国密約を否認する、②各省同郷
会は数名を選んで帰国させ国民大会を呼びかけ、③中文英文の宣言書
を発布することを決めた[2]。

　その後、この秘密協定反対活動は留学生の一斉帰国運動に発展して
いった。一高特設予科受験準備中の周恩来は日記の中でこの運動につ
いて次のように記している。

　5 月 2 日の日記―七時、青年会に行って会話を学び、授業のあ

1　郁達夫「雪夜―自伝之一章」『郁達夫文集』第 4 巻、花城出版社、1982 年、
　94 ～ 95 頁。前掲「『大正日本』の留学生郁達夫」『ポリグロシア』11 期、144 頁。
2　前掲『五四運動在日本』52 頁。

と、長いこと新聞を読むが、国事は益々悪し。一、二日以内に、中日新条約が成立せんとしているので、このところ、留学生のあいだに全員帰国の論議が起こっている。一高生殷汝潮（正しくは殷汝耕）がまず反乱を起こし、一高同窓会が会議を開いて賛成し、代表八人を選び、四方に遊説に出かけ、ビラを発布し、各省同郷会、各校同窓会の意見を集約している[1]。

5月3日の日記――一高同窓会が今日行動を起こし、帰国の主張を宣布したが、方法については議論しなかった[2]。

5月5日の日記―五日夜、各省同郷会、同窓会の各幹事あるいは代表は、大高倶楽部に集まって討議した。その日、「留日学生救国団」を組織し、その大綱十四条が定められた[3]。

周の日記によると、一高同窓会と、一高在学中の留学生や東京帝大在学の元一高留学生によって組織された大高倶楽部がこの運動のリーダー役であった。また外交史料館所蔵の記録もそれを裏付けている。それによると、1918年5月4日、20名の留学生が大高倶楽部で集会し、各同郷会を開催し、歩調を一致にして、地方の高等学校学生とも連絡を取り、日中秘密軍事協定に対して反対の檄文を印刷することに決めた。5月5日、一高留学生は中華民国留日一高学生同窓会の名義で、檄文を各同郷会や各校同窓会に配布した。檄文の趣旨は次のようなものであった。

今回、日本の我国に対して強要した二十一ヶ条は内容が非常に厳しいものであった。それを承認すると、中国は亡国に等しいので、我らが学業を成し遂げても、学問を使うところがない。我らは政府が承認するまでにそれに反対すべきであるが、方法としては、電報をうって宣言を発したり、代表を派遣したりするのは大した効果が期待でき

1　前掲『十九歳の東京日記』196頁。
2　同上、196頁。
3　同上、197頁。

ず、一斉帰国して政府が日本の要求を拒絶するまで国民全体を動員するしかない。数月をかけて目的を達成させてからまた学問をやり直しても遅くない。弊校留学生はすでに、一斉帰国を全体決議したが、弊校だけで力が薄弱で貴校（省）も同情を払って奮って救国運動に参加してほしい。弊校はすでに代表8名を選出し、各自に行動を展開するが、貴校（省）も速やかに集会を開いて、代表を選出し、ともに事を議してほしい。日本が我国の承諾を催促していると聞いているので、速やかに行動しないと国が救えなくなる、というのである[1]。

5月5日夜、檄文を受けた各省同郷会長及び代表、各校同窓会長及び代表は大高倶楽部で連合大会を開いて、「大中華民国救国団」を成立し、幹事長と副幹事長を選出し、同盟休学・帰国することに決め、各校が4名ずつ選んで先発隊を組織して、5月7、8日に帰国することを決議した[2]。

周恩来の日記と外交史料館所蔵の記録を照らしてみると、1918年の留学生一斉帰国運動をリードしたのはほかでもなく一高留学生であっ

1　檄文の原文は次のとおりである。「全体公鑒敬啓者　此次倭奴国向我国政府提出二十条要求条件業経中外各新聞陸続発表，初此両政府厳守秘密加以倭国新聞秘而不載故至今方昭然。披露事実確鑿毫無可疑，要求内容十分苛刻，有一於此等於亡国。吾倘学成将無所用。業経迭次抄印□□□□洞悉，吾等応乗政府未承認之前極力反対，而反対辦法如打電宣言派代表等実無大効，無已惟有一致帰国協力鼓吹国民全体反対共籌種々積極辦法，誓不達到政府拒絶要求条件之目的不止。□□□□待目的已達（至多不過数月）而後再従頭求学未為晩也。弊校已全体決議一致賛成回国惟棉力薄弱望貴校（省）俯察苦衷共表同情而済或可救国於不亡也。想亡国痛苦人所共懼而愛国熱腸更不待激而後興也。弊校已派代表八人分頭行事，亦願貴校（省）速即招集開会表決帰国併派代表共策進行。嗟々錦繍山河神明華胄，豈能低首下心任人宰割奴役耶。聞倭政府催促我政府承認甚急，時不可失速起々遅則無及矣。中華留日一高同窓会全体同呌」。外秘乙第362号「支那人ノ檄文配布ニ関スル件」1918年5月5日。『在本邦清国留学生関係雑纂　雑ノ部』第2巻。

2　外秘乙第360号「支那人ノ集会ニ関スル件」1918年5月5日。『在本邦清国留学生関係雑纂　雑ノ部』第2巻。

た[1]。

　この一斉帰国運動のその後の動きを見てみると、5月6日、東京各学校の留学生代表は神田の中華料理店維新号で集会し、「救国団」の成立を宣告し、先発隊帰国の打ち合わせしたが、警察官隊が突入し、39名を警察署に連行した。5月7日の『東京日々新聞』はこの事件を「支那留学生の不穏　四十名引致さる　民国救国団の密議後　旗亭に於て密議中　帝大、一高、高工生等も加わる」と題して報じた[2]。この「留学生拘禁事件」を導火線として、日本各地在留の留学生は相次いで帰国し、5月27日の調べでは帰国者数は総計878名、6月12日の調べでは合計1207名であった[3]。

　全員帰国の推進とあわせてクローズアップされたのは一高受験阻止の問題であった。この年の一高入試は7月3日、4日に予定されており、救国団は5月下旬から受験阻止を標榜していた[4]。6月6日の全体会議では、「本団事務所より各省経理員に致函し、東京一高を投考する諸人を阻止する手だてを講ずるよう要請する。即ち考取するも、本団より此の種無廉恥の官費生を誓って承認せざることを宣布す」[5]と決定した。周恩来もこの日の日記の中で、「救国団が『一高の受験を阻止せよ』というビラを発布」したと記した[6]。救国団の受験阻止のため、1918年の受験者数は200以上にのぼり相当の数であったが、例年よりやや少なかった。

1　前掲『五四運動在日本』52頁。

2　「支那留学生の不穏　四十名引致さる　民国救国団の密議後　旗亭に於て密議中　帝大、一高、高工生等も加わる」『東京日々新聞』1918年5月7日。

3　前掲『五四運動在日本』62頁。

4　「敬告酔心官費者　救国団啓　五月二十四日」天津『益世報』。「於公等報名官費事証之、本団決不能公等以少数之私欲、而壊我国民全体之名誉、必将有以処置之也」と一高特設予科入試の受験申し込み者に警告していた。前掲『五四運動在日本』105頁。

5　同上、74頁。

6　前掲『十九歳の東京日記』252頁。

　この一斉帰国運動の結末を見てみると、帰国した留学生は上海・天津を中心に世論の高揚に努めたが、その運動は中国政府の弾圧、運動資金の欠如などで期待した通りに進展しなかったため、8月、9月にいたって、留学生は続々と日本に戻った。

　特設予科の成立以前において、一高ではすでに少数の留学生が勉強しており、しかもそこを修了したうえ、帝国大学に入ったのである。しかし、彼らの一高入学、ないし帝大入学はあくまで特別な事例として取扱われ、制度的な受け入れではなかった。特設予科が成立した後、一高が制度的に留学生を受け入れるようになっただけでなく、特設予科を修了し、各高等学校に分配された留学生は三年間の高等学校生活を経てさらに帝国大学に進学することができた。帝国大学は留学生の受け入れに積極的ではなかったが、高等学校で日本人学生と同じ学級で同じレベルに達した留学生に自国学生の入学を優先するという条件付きで門戸を開放した。一高特設予科は留学生が高等学校から帝国大学へという学歴エリートコースの入り口としての役割を果した。

　本章では、また一高特設予科で勉強している留学生の生活を、日本人学生との折り合い方や1918年の日中秘密軍事協定反対運動における彼らの動きを中心に考察した。日中関係が険悪化しつつある中、留学生と日本人学生との交際にも微妙な変化が生じたが、国際関係を超えた友情と信頼関係が両者の間で生まれた例も少なくなかった。この留学生のエリートコースを歩んでいる一高留学生も日本の中国への進出を座視することが出来ず、あえて安定した留学生活を中断させ、自ら反日運動の中に身を投じ、且つそれをリードしたのである。

　1922年、「五校特約」は中国政府の申し込みより満期解約となったが、一高特設予科の留学生受け入れは従来どおりで、中止されることはなかった。ところが、日本の対中国政策や留学生受け入れ政策の転換及び留学生の経済状況や日本の教育事情の変化などにより、一高特設予科留学生の勉学と生活をめぐる環境が著しく変化した。この問題は次章で取扱う。

第五章 「東方文化事業」下の一高特設予科

　「東方文化事業」の発足により、一高特設予科はほかの六校の特設予科とともに同事業の傘下に入ることになった。この時期の一高特設予科はどのような様相を呈していたのか、如何なる方針で留学生教育を行っていたのか、「東方文化事業」の主導機関としての外務省文化事業部はどのように一高で勉強している中国人留学生を管理・監督していたのか、それらの問題を明らかにするのが本章の目的である。

　また、この時期、中国人日本留学や日本国内の教育事情の変化などにより、特設予科出身者の進路は「五校特約」期とは異なる様相を見せるようになった。本章ではこの時期の特設予科出身者の進路の実態についても考察を試みたいと思う。

第一節　一高特設予科の不振

1.　入学者数の減少と学力低下

　「五校特約」が満期解約されたのは1922年であり、その後、一高特設予科は「東方文化事業」の発足とともに、その傘下に組み込まれた。「五校特約」下の一高特設予科では、規程は制定されなかったが、「東方文化事業」の傘下に入って後の1925年8月には、一高特設予科

規程が正式に制定されている。その内容は以下のようなものである。

第一高等学校特設予科規程

第一条　本校ニ支那留学生ノ為ニ特設予科ヲ置ク

第二条　特設予科ハ高等学校ノ高等科ニ入学セムト欲スル者ニ予備
　　　　教育ヲ授クルヲ以テ目的トス

第三条　特設予科生トシテ毎年収容スヘキ人員ハ五十名以内トス

第四条　特設予科ノ修業年限ハ一学年トス

第五条　特設予科ノ学科目及毎週教授時数ハ左ノ如シ

　　　　修身　一時　　　日語　六時　　　英語　六時　　　歴史　二時
　　　　数学　六時
　　　　物理　二時　　　化学　二時　　　博物　二時　　　図画　二時
　　　　体操　三時

第六条　毎年一回本邦所在支那公使館ノ紹介セル入学志願者ニ就キ
　　　　入学試験及身体検査ヲ行ヒ合格者ニ限リ入学ヲ許可ス

第七条　入学試験ハ中学校第四学年修了ノ程度ニ拠リ左ノ学科目ノ
　　　　中ニ就キテ之ヲ行フ

　　　　日語　　英語　　数学　　歴史　　地理　　物理　　化学
(以下略)　[1]

　この時期の一高特設予科は、入学試験、修業年限などに関しては
「五校特約」下の特設予科時代と同じであったが、1923 年 4 月からは、
文理の両科に分けて授業を行うやり方を廃して、一組として授業を行
うようになった[2]。

　「五校特約」の下では、五校に合格・入学すれば、中国政府より官
費を支給されるため、多くの留学生が一高特設予科の入学試験に応募
していたが、[表 5-1] に見る通り、「東方文化事業」下に入った 1923
年度以後、志願者及び入学者の数はそれぞれ著しく減少している。そ

1　前掲『第一高等学校六十年史』518 頁。
2　前掲『第一高等学校六十年史』516 頁。

の理由として、対日感情の悪化や1923年関東大震災の影響が勿論考えられるが、最大の要因は「五校特約」の解約により一高入学が必ずしも官費支給を約束するものではなくなったことにあるのではないかと思われる。しかし、減少したとは言っても、志願者は常に定員50名の2～3倍であり、必ずしも少数とはいえない。

表5-1 一高特設予科志願者と入学者統計表（1914～31年）単位：人

年度	1920年	1921年	1922年	1923年	1924年	1925年
志願者	488	418	339	116	69	95
入学者	50	50	50	23	18	17
年度	1926年	1927年	1928年	1929年	1930年	1931年
志願者	91	145	134	171	173	111
入学者	17	15	24	18	27	29

注：「在本邦予備教育機関ニ於ケル各年度収容率」『在本邦留学生予備教育関係雑件　特設予科関係』第4巻。

一高特設予科では、志願者の多数に比べて毎年の実際入学者は20名前後と少なかった。定員に満たない状態が続いた原因について、杉敏介校長は以下のように述べていた。

明治四十一年以後毎年約五十名ノ留学生ヲ収容シ来リシカ、大正十二年ニ至リ学生ノ成績非常ニ不良トナリ、五十名ヲ収容スル能ハス、僅ニ二十名位ノ入学者ヲ得ルニ至レリ。学力不充分ナルモノヲ収容スルモ、一ヶ年位ノ予科ニテハ高等学校ニ進入セシムルコト能ハサルニ依リ、入学者ヲ減少スルノ止ムヲ得サルニ至レリ[1]。

つまり、入学者が定員に満たないという現象は、志願者の減少によるものではなく、一高側が特設予科の試験において、成績不良な留学生を無理に収容しないという厳選方針を終始堅持していたからだと言

1　1929年第30回留学生茶話会。駒場博物館蔵『留学生書類』1929年度。

う。その時期の特設予科入学試験も日本人学生の「本科入学試験に劣らぬなかなかの難関」[1]であり、それをめぐる競争が激しかった。

　また、入学試験において、何よりも日本語能力が最も重要視され、主要な判断基準とされていたのも特設予科入学試験の合格者が少なかった原因であった。それに対して、留学生たちは駐日留学生監督処を通じて、文部省・一高当局と交渉を試みた。次の公信は1932年1月駐日留学生監督劉燧昌が留学生の要望を踏まえて、文部省宛に送ったものである。

　　（前略）今般敵国留日大高同学会代表漆宗堂、聶恒斌、邱成仁、林誠厚等ヨリ、口頭ヲ

　以テ第一高等学校特設予科ノ入学試験ハ日語ヲ偏重スル結果、我国高級中学卒業学生ノ試験ニ応スル者ニ対シ、日語未夕能ク充分準備セサルノ故ヲ以テ往々落選セラルルモ、国内高中卒業学生ハ各種基礎学科ニ対シ既ニ相当ノ準備アルモ、日本ニ来リテ日語ヲ学習スルハ自ラ短期間内ニ充分完成シ得ル所ニアラス。更ニ日本中等学校卒業学生トハ同日ニ論シ難シ。第一高等特設予科ハ既ニ中国学生ニ対スル高等学校入学前ノ予備教育ニ係ル以上、日語ノ一科ニ対シテハ入学後ニ於テ注意訓練スルヲ妨ケス、入学試験ノ時ハアラユル科目ヲ同様ニ重視シテ、庶クハ比較的公平ナルヘキニ付、日本当局ニ考慮修正ヲ加ヘラルル様転商セラレ度等ト願出来リタル処、本人ノ称スル各節ハ見ル所ナシトナサレサルニ付、貴部長ニ於テ右御了知ノ上、第一高等学校当局ニ酌量辦理セラルル様御転商相成度、此段御依頼申進候[2]。

1　「特設予科試験―入学難は本科以上」『向陵時報』16号、1930年12月。
2　永井外務次官より粟屋文部次官あて「第一高等学校特設予科ノ入学試験ニ関スル件」1932年2月5日。『在本邦留学生予備教育関係雑件　特設予科関係』第1巻。

　つまり、特設予科が高等学校に入る前の予備教育である以上、日本語は特設予科に入学してから補習すれば十分であり、特設予科の入学試験の段階においては日本語能力偏重をやめ、基礎学科などを重視すべきではないかというのである。一高側は特設予科入学試験における日本語条件の緩和という留学生の要望に対して、留学生が一年後日本人学生と共学するため、妥当の試験制度によって選択するほかなく、「日本語ヲ度外視セル特別取扱イ今日マテモ又今後ニ於テモ本校ノナサゾル所ナリ」[1]と断った。

　特設予科留学生の成績は年々低下していった。1923年10月特設予科生24名のうち、成績優等のもの7名、中等のもの5名、劣等のもの12名であった[2]。1928年3月の特設予科会議において、一高側代表者は、「彼等ハ入学後極メテ真面目ニ勉強シ居レリ而シ学力ハ揃ハス上位ノ二、三名ハ日本ノ中学出身ナルカ故ニ優秀ノ成績ヲ示セリ、而シ其ノ他ハ勉強スレトモ劣レリ」と、留学生の学力低下の問題を指摘した[3]。

　また、1930年、特設予科規程における入学出願に関する規定は、中国側の学制と留学生派遣政策の変化にともなって、改定が行われた。1929年9月、国民政府が「修正発給留学証書規程」を公布し、高級中学卒業程度以上の者でなければ、留学資格が認められないことになった。その結果、すでに日本に渡来し、入学試験準備中の留学生は中国公使館から紹介状をもらう方途がなくなった。そのため、外務省は旧制中学出身者や初級中学出身者が留日監督処からその留学資格を認められず入学願書の提出に際して監督処からの紹介状が受給できない場合には、外務省が代わって彼らに紹介状を発給するとの方策を打ち出した[4]。1930年1月、文部省より通牒が下され、支那留学生の入

1　「昭和六年度特設予科主任者会議」『在本邦留学生予備教育関係雑件　特設予科関係』第4巻。

2　前掲『第一高等学校六十年史』517頁。

3　「昭和二年度特設予科主任者会議」『在本邦留学生予備教育関係雑件　特設予科関係』第4巻。

4　前掲「支那留学生ノ入学願書受理方ニ関スル件」。

学願書受理について、従来の「在本邦支那学生監督ノ紹介アル者ニ限リ」受理するというやり方を改めて、「学生中適当ナル者ニ対シテハ外務省ヨリ紹介スルコト致シタルニ付此等ノ願出ニ付テモ同様ニ受理シ得ル」[1]ように変更した。一高の特設予科規程もそれに応じて改訂が行われ、第六条の内容は「毎年一回本邦所在支那公使館ノ紹介セル入学志願者」から「毎年一回外務省、在外公館又ハ本邦所在支那公使館ノ紹介セル入学志願者」[2]と改められた。

2. 高等学校卒業難と大学入学難

特設予科修了者の取扱いについて、一高は、1926 年 2 月開催の第一回特設予科主任者会議において、「五校特約」期と同じように、彼らを無試験で全国の第一〜第八の官立高等学校に配分し、日本人学生と共学させる方針を継続することを報告している。同校特設予科の高等学校、さらには帝国大学に進学しようとする留学生のための予備教育機関としての機能が再確認された。

表 5-2 一高特設予科修了生配当先年度別統計　　単位：人

年度	計	一高	二高	三高	四高	五高	六高	七高	八高	札	東北	松山	不詳
1924	24	2	2	1		6	9	1	3				
1925	13	3	1			1	5	3					
1926	13	3	1	3			2		4				
1927	15	2	1	4		5		3					
1928	13	4		3			2		4				
1929	23	3	2	4	2	3		2	7				
1930	16	5	3	3				1	4				
1931	27	6	4	6	1		1		8				
1932	23	7	3	4					8				1

出典：第一高等学校発行『第一高等学校一覧　1936 〜 37 年』より作成。

1　前掲『第一高等学校六十年史』521 頁。
2　同上、521 頁。

注：「札」は札幌農科大学予科、「東北」は東北農科大学予科、「松山」は松山
高等学校を示す。

　この時期も「五校特約」期と同様に、一高特設予科出身の留学生が
各高等学校に配分された後、成績不良で落第あるいは除籍されるとい
う現象が少なくならず存在した。それは、各高等学校が留学生に対し
て「特別ノ取扱ヲナサヌ本邦学生ト全ク同一ノ取扱ヲナシ来レリ之レ
ハ当初ヨリ其ノ方針ヲ以テ教育シ」[1]、「留学生デアルカラトテ何等手心
ヲ用ヒス出来ヌ人ハ本邦ノ学生ト同様ニ落第モサセル」[2] という方針で
留学生を取扱っていたことによるものだと思われる。

　一高特設予科出身者の高等学校における学力低下の問題よりさらに
深刻なのは、彼らの大学入学問題であった。前述した通り、「五校特
約」期においては、特設予科出身者の三分の二以上の者が高等学校を
経て帝国大学に入学し、卒業することができたが、この時期になる
と、特設予科出身者の帝国大学入学が従来より厳しくなった。それは
この時期、志願者の減少により特設予科に入った留学生の質が「五校
特約」期より劣っていることによるものではあったが、日本の教育事
情の変化とも深く関係していた。というのは、1918 年新高等学校令
の公布により、従来の官立高等学校のほか、公私立の高等学校も新し
く設置され、この高等学校の拡充・増設により高等学校卒業生が激増
したからである。すなわち、全国の 20 以上の高等学校の卒業生を僅
か五帝国大学で収容する事態が招来され、日本人学生の高等学校卒業
生の間でも帝国大学入学をめぐる競争は酷烈となってきたのである。
『帝国大学新聞』掲載の 1924 年度における各帝大の入学志望状況を見
ると、「数年前までは僅八校に過ぎなかつた高等学校が最近の増設に
よつて現在廿三の多きに達し、その中今年度卒業生を出すのは十七校

1　1929 年第 30 回留学生茶話会。『留学生書類』1929 年度。
2　1927 年第 29 回留学生茶話会。『留学生書類』1927 年度。

で総数三千六百、内訳文科千七百、理科千八百の多数であ」[1]り、東京帝大でも京都帝大でも、法・医・工・経の各学部の志願者数はいずれも定員を超過しているため、「昨年度までは東京の入試で失敗しても、京大に欠員があると云ふので安心が出来たが、今度は仲々さうは行かず、高校卒業生の苦心が思ひやられる」[2]と、高校卒業生の入学難が指摘されている。1926 年になると、東京帝大の全学部、京都帝大の文・農を除く各学部、九州帝大の工学部は志願者がはるかに収容能力を超えているため、選抜試験を行うようになった[3]。1929 年に至り、全国の高等学校卒業生の大学志願者総数 5307 名に対し、各帝国大学の各学部収容総数は合計 5002 名で、その間 305 名の差がある事態が生じていた[4]。1931 年になると、東京・京都両帝大はもちろん、東北帝大の医学部、九州帝大の医学部と工学部など、いずれも志望者数が収容定員をはるかに超えており、定員割れは、東北帝大の法文学部、理学部、工学部及び九州帝大の法文学部と農学部のみであった[5]。そのため、各帝国大学のほとんどの学部は従来の無選抜試験入学制度を取り消し、選抜試験を実施するようになり、帝大入学をめぐる競争は年々厳しくなりつつあった[6]。つまり、高等学校から帝国大学への進学は明治後半期ではほぼ自動的であったが、その後高等学校が各地に増設されるにしたがい、卒業生の数が増加し、帝国大学への進学にも競争が生じるようになり、高等学校からほぼ自動的に帝国大学へという道は終了した。

---

1 「焼けても減らぬ　東大入学志望者　法医工経は依然超過」『帝国大学新聞』第 68 号、1924 年 3 月 2 日。
2 「京大でも入学難　高校卒業生の恐慌」『帝国大学新聞』第 68 号、1924 年 3 月 2 日。
3 「各学部何れも選抜試験を」『帝国大学新聞』第 157 号、1926 年 3 月 8 日。
4 「法経工医は絶対的超過　不安に戦く高校生」『帝国大学新聞』第 283 号、1929 年 2 月 4 日。
5 「高校出身者各大学出願数」『帝国大学新聞』第 373 号、1931 年 2 月 23 日。
6 前掲『東京大学百年史　通史二』500 頁。

　そうした環境の下、特設予科出身の留学生の帝大入学も難しくなってきたのである。特設予科出身者は大学難の問題についてたびたび苦言を呈していた。北京高等師範学校附属中学を卒業して医学を志して渡日した呉堅は、渡日後、まず東亜高等予備学校で一年間日本語を勉強した後、帝国大学に入学するため1923年一高特設予科の試験を受験し無事通過して入学した。一年の予備教育を修了して、八高理乙が医学の基礎であるドイツ語で有名であると聞き、そこを希望して入学した。三年の勉学を経て志望として東京帝大医学部を選んだが、第一次志願人員の発表を見ると、昨年度に比べても五六十名超過し、かつてない三人に一人という競争率であった。呉は安眠さえ出来ない状態で結果の発表を待っていたが、落第した。その後、理科方面の第二次募集はほとんど超満員であったが、幸いに慶応大学医科に欠員があり、120人の高等学校出身者とともに厳しい競争試験に応じて辛うじて合格者20人の中に加わることができた。そうした辛い実体験を踏まえて、呉は1927年8月の『日華学報』に「留学生教育に従事する諸賢に愬ふ」と題する一文を寄稿し、「個人の痛史」に鑑み、「後輩の為め」として、関係者に次のように訴えた。

　　第一高等学校特別予科は如何なる目的であるか、其は吾々をして最高学府たる帝大へ進ませるための設備ではなかろうか、然らば何故高等学校の門戸のみを開放して大学の門戸を開放しないのであらうか？（中略）近来高校の留日生徒は試験の結果志望学科を変更する傾向が非常に多い。元来工科を志望するものも入学試験を避けて第一次無試験なる九州法文学部に行く人、及工学部電気科を志望する人も試験なき鉱山に更へる人もある。始め東京を志願した人も転々して京都、九州、東北に行く、殊に我が高校留学生の近来の就学状態を見るに実科が少く、法、文、経済が多い。且つ東京に少く京都、九州に多い。試みに『是果して汝の志なりや』と問はば『仕方なきが故なり』と答へん。斯る現象の良否如何は諸賢の判断に御

委せしよう。更に高校出身者が年々増加すると共に大学の収容力は
愈々不足なり、将来如何なる大学の如何なる学部に入るにも選抜試
験を経なければならぬとすれば吾々留学生は一体如何したらいゝの
であらうか。(中略) 我々留学生には言語の関係あり学力の関係あ
り日本人と同等な競争には勿論勝味に乏しい。(中略) 吾々留日高
校出身者は年二三十人を超えず工、医、法、文諸学部の諸学科に分
てば一科殆んど一二人に過ぎない。日本官庁の委託生の如く一席を
与ふるとしても設備上必ずしも困難はなからうと思ふ (後略) [1]。

　日本は留学生のために特設予科を設けて高等学校入学において特別
の便宜を与えているが、大学入学に関しては全く日本人学生との自由
競争に放任している。そのため、留学生が志望大学の志望学科に入学
するのがほとんど不可能となり、途中で挫折を余儀なくされる者が少
なくないという深刻な問題がここに指摘されているのである [2]。

　1928 年一高特設予科に入学し、後に四高を経て九州帝大に進学し
た留学生沈学源も、この特設予科出身者の大学入学難の問題を指摘し
た。彼が一高特設予科に入学した 1928 年には、受験者 136 名で入学
者 23 名であった。彼らが大学に入学するのは 1932 年度のはずであっ
たが、その年実際に大学に入れたのは九州帝大農芸化学科 1 名、同農
学科入学者 1 名、大阪帝大医科 1 名、東京帝大造兵科 1 名、合わせて
わずか 4 名のみであった。その原因について、沈は、時局の影響や経
済関係、病気などもあったが、留学生に対する高等学校とくに大学の
教育方針が最も重要な要因になっているとした。そうした特設予科出
身者の進路における「惨状」は、留学生をして、特設予科の存在意
義、あるいは留学そのものの意義を疑わせる結果となると主張した。
具体的に、彼は次のように述べるのである。すなわち、日本における

1　呉堅「留学生教育に従事する諸賢に恕ふ」『日華学報』第 1 号、1927 年 8 月、
　　35 〜 37 頁。

2　同上。

最高の学府としての帝大は留学生の最も希望し最も憧れている学校である。一高特設予科の入学試験が難しいにも拘わらず、その志願者が毎年多く集まっていることがその明証である。しかし、その特設予科を出た留学生は果して入学当時思った通りに行けるであろうか。特設予科を出て各地方の高等学校へ分散された留学生は憧れの大学に入るまでに、多くの難関と戦い、何回も嵐を乗り越えなければならない。わずか一年、多くは一年半ぐらいで学んだ日本語ですぐ高校へ分散され、日本語を自由に使うこと自体が非常に難しいことである。先生の講義を筆記するに至っては、さらに困難である。そのために成績も悪くなる。高等学校が成績一点ばりのやり方を取り、留学生を日本人学生と全く同様に取扱う結果、遠慮なき落第がしばしば留学生を見舞うのである。たとえ絶大の努力によってこの難関をくぐり抜けたとしても、今度はまた大学入学の難関がより一層大きな障害として前途に横たわるのである。近年、大学の受験者が激増したため留学生が往々失敗するのは無理ないかもしれないが、既に一高に特設予科が設けられている以上、日本の教育当局者はその出身者の大学入学問題について考慮を払い、改善案を確立するよう切望してやまない、というのである[1]。

　この留学生の大学入学問題は一高の留学生茶話会においてもたびたび提起された。1931年6月11日の茶話会では、一高特設予科出身者陳礼節（1927年一高特設予科入学）は留学生を代表して、臨席した外務省文化事業部代表や一高幹部にこの問題を訴えた。陳礼節は該年度の一高本科卒業生のうち唯一の中国人学生であり、留学生中の秀才と呼ばれていたが、この年の東京帝大医科の入学試験で不合格となり、浪人生活を余儀なくされていた。彼は次のように発言していた。

　　最近ノ特設予科卒業生ノ状況ヲ見ルニ、約三十名ノ卒業生中優秀ナ

1　沈学源「高等と大学との連絡について」『日華学報』第35号、1932年6月、1頁。

ルモノ四、五名一高本科ニ留ル慣例ナルカ、一高ヲ卒業シ得ル者ハ僅
カ一、二名ニ過キス。此等一、二名ノ卒業生ト雖モ大学ニ入学シ得ル
コト困難ナリ。比較的優秀ナラストシテ他ノ高等学校ニ配セラレタル
学生ノ運命ノ如キハ之ニ依リ類推シ得ヘシ。(中略) 此席ニ参列セル
三十余名ノ学生中果シテ何人カ大学卒業ノ証書ヲ得テ帰国スルコトヽ
ナルヘキヤ、前途ヲ思ヘハ誠ニ心細キ次第ナリ。文科方面ノ如キ地方
大学ニ赴クコトニ依リ入学難緩和セラルヽモ、理科方面ニ於テハ、九
州ニ赴クモ東北ニ赴クモ希望学科ニ入学シ得ス、米国仏国等ニ留学地
ヲ変更スルモノ多シ[1]。

　これらの留学生の意見を受けて、外務省文化事業部は 1931 年 6 月
に一高特設予科出身留学生の進学状況について調査を行った。その結
果は下表の通りである。

表 5-3 一高特設予科修了者高等学校進学状況統計 （1931 年現在）　単位：人

| 一高特設予科 | | | 高等学校 | | | 大学 | | | | | | 計 |
年	入学	修了	入学	卒業	1931年現在在学	東京帝大	京都帝大	東北帝大	九州帝大	公立大学	私立大学	
1924	16	14	14	9	-		4	3	1	1		9
1925	15	14	14	13	-	5	5	1		1	1	13
1926	17	16	16	10	2	2	5		1			8
1927	15	11	11	5	3		2		2			4
1928	23	22	22	-	15							
1929	18	16	16	-	14							
1930	27	27	27	-	27							
合計	131	120	120	37	61	7	16	4	4	2	1	34

　出典：「特設予科在学中ノ留学生進学状況調査」1931 年 6 月。『在本邦留学生
予備教育関係雑件　特設予科関係』第 1 巻。

1　1931 年第 32 回留学生茶話会。『留学生書類』1931 年度。

表5-4 一高特設予科入学者中途退学者統計

一高特設予科		高等学校
入学年	事故	事故
1924	欠席の為除名2名	成績不良の為除籍4名 授業料未納の為除籍1名
1925	欠席の為除名1名	入学取消1名
1926	欠席の為除名1名	成績不良の為除籍2名 入学取消1名 共産党事件により送還1名
1927	欠席の為除名2名 成績不良の為除名2名	成績不良の為除名1名 欠席の為除名1名 授業料未納の為除名1名
1928	授業料未納の為除名1	授業料未納の為除名3名 入学取消1名 病気の為退学1名 家事都合により退学2名
1929	家事都合により退学2名	入学取消2名
1930	-	-

出典：「特設予科在学中ノ留学生進学状況調査」1931年6月。『在本邦留学生予備教育関係雑件　特設予科関係』第1巻。

　この調査結果にあるように、1924〜30年の期間中、特設予科の受け入れた131名留学生のうち、同特設予科を修了できたのは120名であり、全体の84％を占めた。欠席や授業未納などの理由で修了できなかったのは11名で、全体の16％であった。特設予科の修了率は決して低いものとは言えないであろう。

　ところが、特設予科出身者の高等学校卒業率となると、かなり低いものとなる。1924〜27年に一高特設予科に入学したもので、のちに高等学校に入学できたのは55名であったが、1931年の時点で高等学校卒業に至ったのは、その全体の67％を占めた37名に過ぎなかった。残りの18名の内、まだ高等学校在学中の5名を除いて、高等学校を中退した者は全部で13名であった。そのうち、成績不良により除籍された者が最も多く7名であった。それは高等学校において留学

生を日本人学生と同様に取扱い、成績不良の者は落第させ、ないし除籍する方針による結果だと思われる。

　次に、一高特設予科修了者の帝大入学状況を見てみると、1924～27年に一高特設予科に入学した者で、のちに高等学校に入学できた55名のうち、1931年の時点で大学に進学できたのは全体の61％を占めた34名であった。実は、大学に進学できたと言っても、多くの者は何年も浪人生活を経て、ようやく大学に入ったのである。1924年度特設予科入学者の場合を例に取ると、入学当時の16名のうち、特設予科を修了できたのは14名で、彼らは全員各高等学校に配分されたが、最後に高等学校を卒業できたのは9名のみであった。この9名は全員大学に入学できたが、その実、高等学校卒業の時点でそのまま大学入学試験に合格したのは、わずか4名にすぎず、その外はいずれも卒業後浪人生活を経てようやく大学に進学できたものであった[1]。さらに、彼らの進入先大学を見れば、「五校特約」期では、特設予科出身者の多くは東京帝大に進学したのに対して、今度の特設予科出身者は地方の帝国大学に入ったものが多くなっていることが特徴である。帝国大学入学が厳しくなりつつあるこの時代においても、帝国大学への入学は日本人学生との自由競争によって決められるため、留学生としては、競争がやや緩やかな地方の帝国大学へ流れていかざるを得ないからである。

　そうした特設予科出身者の高等学校卒業難と大学進学難の問題を解決するため、1931年6月外務省文化事業部は次のような方策を作成した。

　一、文部省及関係学校（一高及大学）ト交渉シテ、将来多少ノ特殊取扱ヲナスヤウ取計フコト。
　理由、中国留学生ヲ収容スル以上ハ特殊ノ取扱ヲナサザルベカラ

1　「特設予科在学中ノ留学生進学状況調査」1931年6月。『在本邦留学生予備教育関係雑件　特設予科関係』第1巻。

サルコトハ、当初ヨリ考慮スヘキコトナリ。従テ各教育関係者カ日
本学生ト同様ニ評価セントスルコトハ決シテ教育的ニアラスト信ス
ルカ故ニ、学習ノ方法、評価ノ標準ヲ特殊的トナス要アリ。カクス
ルコトニ依テ、中国留学生ヲ全人格的ニ劣等取扱スルニアラス、彼
等ハ彼等独自ノ有スル特殊的人格ニ於テ我日本学生ト特異ナル諸点
ヲ有シ、吾人亦之ヲ認ムルニ吝ナルベカラス。之レ外国学生ヲ遇ス
ル最モ肝要ナル点ナリトス。

　二、留学生自身ニ対シテハ、各関係者ニ於テ指導ノ上修業ヲ容易
ナラシムルヤウニスルコト。留学生ノ中ニハ名ニ囚ハレ実ニヨラサ
ルコースヲ取ル者アリ。之等ハ個人的ニ指導ヲ与ヘ修業ヲ容易ナラ
シメ、帰国後有用ノ人材タルヘク奨励スルコト可ナラム。米国ノ如
キハ、外国留学生ニ対シ、夫々適当ノ学校ヲ指定シ其ノ校ト協議ノ
上、留学ノ目的ヲ速セシムル方法ヲトリ居ル様ナリ。我方ニ於テモ
其点ニテ適当ノ指導ヲナス必要アルニアラサルカ[1]。

　外務省文化事業部としては、留学生を日本人学生と同等に取扱う高
等学校や帝国大学などの教育現場の方針を否定し、留学生に対して
は、学習の方法やその評価において特別扱いをなすべきだ、というの
である。このような日本人学生と異なる基準や方法で留学生を取扱う
方針は前述した新渡戸稲造の主張と同じであるが、長い間、高等学校
や大学では採用されなかった。事実上、1920 年 1 月外務省も『在本
邦支那留学生養成待遇法改善案』を作成したとき、官立各学校が「支
那人留学生入学要件ヲ日本人同等タラシメ特ニ日本語ノ試験ヲ厳」し
くし、「進級及卒業要件ヲ日本人同等タラシメ」るという原則を確認
していた[2]。しかし、一高特設予科出身者の高等学校卒業難や大学入学
難の問題がクローズアップされて来るにしたがって、外務省文化事業

1　文化事業部第一課長より文化事業部長あて「高等学校卒業生ノ大学入学難」
　　1931 年 6 月 11 日、『在本邦留学生関係雑件』第 7 巻。
2　前掲『在本邦支那留学生養成待遇法改善案』。

部としては従来の方針を改め、留学生の特殊性を認め、彼らを日本人
学生と区別して取扱うこと、それを可能にするため、専ら留学生を収
容する教育機関を設立することが必要であることを強調するようにな
る。それは、翌 1932 年に一高特設予科を廃止し、中国人留学生のた
めに三年制の高等学校高等科＝「特設高等科」を設立し、日本人学生
と分離して授業を行うという留学生予備教育改革の方向性を示唆する
ものであった。

第二節 　留学生に対する管理監督

1. 思想調査

　「東方文化事業」は外務省文化事業部の主導の下で進められた文化
事業であり、その根本な目的は中国における日本の影響力を増してい
くことであった。特設予科を含む留学生の予備教育機関が「東方文化
事業」に組み込まれた後、これらの機関で行われる留学生教育も政治
外交的な意味が付与されていくことになるのはいうまでもない。前述
した通り、1926 年の第一回特設予科主任者会議では、外務省岡部長
景文化事業部長は、各特設予科関係者に、中国において未だ日本を理
解するものは極めて少数であり、それは政治外交上にも影響あるの
で、「日本ニ於ケル教育者ニ於テ彼等ヲ善導スルコトハ最モ大切ナコ
ト」という趣旨の挨拶をした[1]。それは特設予科が行う留学生教育が政
治的な意図の下で整備され、展開されたことを端的に示したと言え
る。
　そうした意図の下、外務省文化事業部は各特設予科で勉強している

---

1 「大正十五年度特設予科主任者会議」『在本邦留学生予備教育関係雑件　特設
　予科関係』第 4 巻。

中国人留学生に対する管理監督を強化していった。留学生を管理監督する手段や形式はさまざまあるが、以下は一高特設予科を例として、その一端を見ることにしよう。

前述した通り、外務省文化事業部は毎年度特設予科会議を主催し、そこで各学校現場からの報告を受け、留学生の勉学や思想、生活状況などを総括的に把握することができた。それ以外にも、学校に対する留学生状況の調査依頼や学校現場で開かれた茶話会への参加などもその方法であった。

1923 年 11 月、外務・文部省は一高を含む各特設予科設置校に、留学生の学資出所や学業成績、性格（一般性格及び日本に関する意見及び態度）などに関する留学生状況報告書を提出するように求めた。1924 年 1 月、一高は同校本科、特設予科に在学する留学生状況報告書を外務・文部省に提出した。その報告書の大要は次のとおりである。

特設予科における留学生の成績は一般に中等以下の者が多く、1923 年 10 月特設予科生 24 名のうち、成績優等のもの 7 名、中等のもの 5 名、劣等のもの 12 名であった[1]。

留学生の思想状況について、「各人ノ性格ニ就テ断定ヲ下スコトハ困難ナレドモ目下出席スルモノニハ著シキ不良ノモノハ無キ見込」であり、「日本ニ関スル意見及ビ態度等ハ時ト場合ニヨリ変化アルハ勿論ナレモ、コレモ目下ノ処著シキ危険性ノモノヲ認メズ」というのであった[2]。

日本人学生との関わりについて、留学生と日本人学生との間は、「円満ニシテ何等感情ニ齟齬スル」ところがないが、ただ、日本人学生との交際は在寮留学生に限られており、通学生は校友会における諸運動競技や野外演習などに日本人学生とともに参加する以外に、ほとんど日本人学生と個人的な交際がない。学校側は常に留学生に入寮を

---

1   前掲『第一高等学校六十年史』517 頁。
2   同上、517 頁。

奨励しているにもかかわらず、食べ物や生活習慣などの関係で不便を
感じることが彼らをして通学生を多くした原因である、というのであ
る[1]。

2. 留学生茶話会

　特設予科の留学生及び一高本科に配られた本科留学生のために、一
高は年に一回または二回留学生茶話会を催した。この慣習は「五校特
約」下の特設予科が開始された 1908 年当時からすでに始まっていた
が、特設予科が「東方文化事業」の傘下に入って以後、同茶話会は
「東方文化事業」の一環として受け継がれ、所要経費は外務省文化事
業部から支出されるようになった。

　茶話会は、留学生がふだん生活や勉学上に直面する問題などを学校
側に打ち明ける場であった。例えば、1927 年の茶話会において、理
甲二年の荘開永は「高等学校二於テ落第多シ其ノ為二予科二入リテ充
分注意シテ教育ヲ受ケ居ルモ未タ不足テハナイカト心配二堪ヘナイ」[2]
と不安の気持ちを表していた。彼はまた、「漢文ノ授業時間ニハ出ル
モ出テサルモ可ナリト自由ヲ許サレテ居ルカ一歩ヲ進メテ試験ニモ出
ルモ出テサルモ可ナリト自由ヲ許サレタイ」[3]と、漢文の試験を免除す
るよう学校側に留学生に対する特別措置も要請していた。また 1930
年の茶話会では、留学生から一高本科ないし大学のカリキュラムとの
連絡を図るため、特設予科のカリキュラムにもドイツ語の授業を加え
るよう要請が出されていた[4]。また、当時多くの中国人留学生が直面す
る「支那」と「中華民国」の称呼問題について、ある特設予科生は席

1　前掲『第一高等学校六十年史』、479 頁。

2　1927 第 29 回留学生茶話会。『留学生書類』1927 年度。

3　同上。

4　1930 年第 31 回留学生茶話会。『留学生書類』1930 年度。

上「支那留学生ト云フ支那ハ悪イ意味デハナイト思フガ、今ハ中華民国ト云ヒマス、支那ト悪用シテ居ル場合ガアル、一高デハ悪用シテ居マセヌガ中華民国ト云フ様ニ宣伝シテ貰ヒタイ」[1] と要望していた。

　しかし、茶話会の主催者として学校側は、この茶話会の最主要な目的を「日支親善ノ基礎」を築くことにおいていた。例えば、一高が外務省文化事業部に提出した経費請求書のなかで、「学校幹部、支那留学生ノ教授ヲ担任スル教官、留学生事務ニ従事スル職員、支那留学生、寄宿寮委員（本邦学生）等会合シテ茶話会ヲ催シ胸襟ヲ披シテ懇談ヲ為シ相互ノ意思疎通融和ヲ図リ以テ日支親善ノ基礎ヲ作成スルニ努メントス」[2] ということを茶話会の目的として強調した。また、「日支親善ノ基礎ヲ作成スル」という目的を達成するため、学校側は留学生と日本人学生との交流・融合を常に図り、1930 年の第 31 回の茶話会において、森巻吉校長は「留学生諸君ハ入寮シテ日本ノ学生ト親密ニ交際セラレ当校在学中ノ親シミ何時マテモ厚ウスルニ努メラルヽトキハ相互ニ利便ヲ得ルコト多大ニシテ真ニ愉快ナル事ニアラズヤ」と述べ、留学生が入寮して、日本人学生と共同生活することを通じて、相互関係を親密にするよう呼びかけている[3]。外務省文化事業部も茶話会のたびに、代表を派して出席していた。例えば、1929 年第三十回の茶話会において、外務省文化事業部の代表が来賓として出席して、「今ヤ日本ノ学校ハ学生ノ収容力甚シク不足スル場合ニ於テ清国ノ留学生ヲ収容スルハ如何ニ隣邦ニ好意ヲ以テスルカヲ了解セラレ」たい旨を述べ[4]、留学生の日本政府に対する感謝の念を養わせるよう学校側への期待を表明していた。

　茶話会開催の後、一高側はその所要経費の精算書とともに会の様子

1　1930 年第 31 回留学生茶話会。『留学生書類』1930 年度。

2　1929 年第 30 回留学生茶話会。『留学生書類』1929 年度。

3　1929 年度特設予科主任者会議によると、この年度の一高特設予科入学者 18 名に対して、9 名が入寮した。『在本邦留学生予備教育関係雑件　特設予科関係』第 4 巻。

4　1929 年第 30 回留学生茶話会。『留学生書類』1929 年度。

を外務省文化事業部に報告していた。1929年度第30回の留学生茶話会について、一高は「各々胸襟ヲ披キテ談話ヲ交換シ大ニ相互ノ意志ヲ疎通シ留学生将来勉学上ハ勿論日支親善ノ基礎ヲナシ頗ル有益ナリ」[1]と報告している。

3. 留学生生活の不安定と学費補給

前述した通り、志願者や入学者の減少、留学生の学力低下と落第や退学者の増加、高等学校卒業難や大学入学難など、この時期の特設予科は不振の状況が続いた。それは、上述のような教育現場の留学生取扱い方針のほか、当時の留学生の生活環境とも深く関わるものであった。一高校長杉敏介は一高留学生の状況について次のように述べていた。

　　予科ノ教育ハ清国時代ヨリ始メ居ルモノニシテ順当ニ進ミツヽアリシニ動乱ノ為メニ帰国スル者多ク、少シ動乱鎮マレハ又上京シ又動乱起レハ又帰国スルト云フ訳ニテ、予科教育開始以来年数長キモ段々衰退ノ気味ナリ。始メハ志望者モ多クシテ、三百人ノ志望者中五十人ヲ選抜スルト云フ状況ナリシガ、今日ニテハ志望者モ段々少クナリ学力モ微弱トナリ、甚タ不振ノ状況ヲ呈セリ。其ノ原因ハ本国ノ内乱ニ基クモノト思ハル。早ク内乱鎮マリ、此ノ教育事業ニ志願スル者多数ニ上ランコト切望ニ堪ヘサルナリ[2]。

この時期、中国本土の内乱などのため、留学生をめぐる環境は極めて不安定であった。一高特設予科の留学生の多くも、やむを得ず学業を中止したり、日本と中国の間を行ったり来たりするようになった。

1　1929年第30回留学生茶話会。『留学生書類』1929年度。
2　1927第29回留学生茶話会。『留学生書類』1927年度。

そうした不安定な環境の下、留学生にとって、最も厳しいのは授業料と生活費の問題であった。「五校特約」下の特設予科生が全員中国政府の官費生であったのと異なって、この時期の特設予科留学生は私費留学生を中心としていた。

表 5-5 予備教育機関の給費別在学者数（1925 年 5 月現在）単位：人

学校名	総数	官費	私費
東京高工	25	14	11
東京高師	2	2	
一高	20	5	15
長崎高商	13	2	11
広島高師	16	2	14
奈良女高師	3	3	
明治専門	5	1	4

出典：文部省普通学務局「支那留学生ニ関スル調査」1925 年 5 月、『在本邦留学生関係雑件』第 3 巻。

一高においても 1927 年 4 月特設予科入学の 18 名のうち、私費生 11 名、官費生 7 名、1928 年 4 月特設予科入学の 24 名のうち、官費生は 4 名のみで、そのほかの 20 名は全員私費生であった[1]。しかし、官費生とは言っても、必ずしも安定した留学生活を送り、勉学に専念できるわけではなかった。以下の引用は 1924 年一高特設予科に入学した官費留学生田時雨が自らの生活に関して記述した一節である。

　大正十三年四月第一高等学校特設予科ニ入学スルヤ月額六十六円ノ官費生ニ編入セラシタルモ、而来四五ヶ月間ニ亙リテ漸ク一ヶ月分ノ給与ヲ得ル程度ナリ。昭和二年六月迄全ク二年間ノ官費滞リ、同年七月ニ弊国教育部ノ命令ニ依リ其ノ不給期間ノヲ取消シテ同月ヨリ月額四十円ヲ給与セラルヽコトヽナレリ。其ノ月額四十円ヲ

1　『留学生書類』1927 年度・1928 年度。

給与セラルヽモ、東京ニ於テ全ク生活費ニ不足ナルニモ拘ラス、加
之未タ本年度二三四五月分ノ官費ヲ給与セラレサル状態ナルヲ以テ、
昭和二年度第三学期ノ授業料ハ今年四月二十日ニ各方面ヨリ借用漸
ク収メ得タルカ、本年度ノ第一学期授業料ニ就テハ未タ目算立タス。
他ニ食宿料モ壱百七八十円程滞リ、全ク進退両難ノ立場ニアリ[1]。

官費生でさえ、すでにこのような「進退両難」の状況に置かれてい
たとすれば、私費生の生活が如何に困窮を極めていたかは容易に想像
できよう。1923年外務省が義和団事件賠償金の一部を用いて「東方
文化事業」を開始し、その中心事業の一つに留学生に対する学費補給
を置いたのは、こうした官費・私費留学生の苦境への対応策という意
味があった。

　一高特設予科生や本科生も学費補給の対象の範囲に置かれた。補給
を申請するにあたって、留学生は本人自筆履歴書（氏名、生年月日、
本籍、現住所、保証人、学歴、賞罰状況）や外務省文化事業部宛の願
書のほか、校長の推薦書、学費不足の事情説明書、学業成績並操行及
身体の状況に関する説明書を提出することが求められた[2]。外務省はこ
れによって、補給対象となる留学生に対し学校長宛に「誓約書」[3]の提

1　第一高等学校長より外務省文化事業部長あて「学費支給支那留学生ノ補缺者
　　選定ニ関スル件」1928年5月8日。『留学生書類』1928年度。
2　外務省文化事業部長岡部長景より第一高等学校長杉敏介あて「昭和二年度学
　　費支給支那留学生ノ補缺者選定ニ関スル件」1927年12月6日。『留学生書類』
　　1927年度。
3　一例として、1925年2月補給を受けることになった一高特設修了生、現在一
　　高文科甲類第二学年在学中の楊雲竹の誓約書を挙げておこう。『在本邦一般
　　留学生補給実施関係雑件　高等学校関係』。
　　　　　　　　　　　　　　　　　　　　　　　　　　　　　　　誓約書
　　今般留学生トシテ学費ノ補給ヲ受クルコトヽ相成候ニ就テハ専心学業ヲ勉励
　　シ諸規則ヲ遵守シ以テ御趣旨ニ副ハム事ヲ期シ候此般誓約候也
　　　大正十四年二月四日
　　　　　　　　　　　　　　　　　　　　　　　　文科甲類第二学年楊雲竹
　　第一高等学校長杉敏介殿

出を義務づけ、勉強に専念させようとするほか、留学生の情報をもつ
かむことができた。1930 年 7 月 24 日付け東京の漢字新聞は、これに
ついて補給を受ける中国人留学生に対する日本当局の圧迫、干渉とし
て報道した。そこで、「各学生カ補助金受領ノ際、学校当局ハ厳重ナ
ル訓戒ヲ為シ、補助学生ニ親日ヲ強要シ反日行為ヲ厳禁シ、違反者ハ
直ニ補助費ノ取消ヲ宣告スル」[1] と、日本の学資補給に対する批判的見
解が表明されていた。

4. 九一八事変時における留学生の取締まり

1931 年九一八事変が起こるや、帰国する者や授業を欠席する者が
続出し、留学生の生活は一層不安定となった。翌年 1 月第一次上海事
変が勃発するに至って、留学生の修学はさらに大きな影響を受けた。
一方、九一八事変勃発後、留学生の排日行動が益々熾烈となりつつあ
る中、外務省は文部・内務両省の担当者と協議し、各学校に中国人留
学生の反日・排日活動を厳しく取り締まるよう求めた。一高は、1931
年 12 月に文部省経由で外務省の機密公信を受けた。そこには次のよ
うに述べられていた。

　　従来、在本邦中華民国留学生ノ排日運動ニ対シ厳重ナル取締ヲ行
　フコトハ徒ラニ彼等留学生ヲ刺激シ、反ツテ面白カラサル結果ヲ招
　来スルノ虞アリ、且此等学生カ如何ニ策動スルモ、其ノ効果ハ殆ン
　ト云フニ足ラストナシ、大体寛容ナル態度ヲ執リ来リタル処、最近
　満洲事件勃発ト共ニ彼等留学生ノ排日行動ハ益々熾烈ヲ加ヘ為ニ、
　日本国民ノ感情ヲ害シ、留学生ノ身辺保護上ニモ支障ヲ生スルノ

1　在哈爾賓総領事八木元より外務大臣幣原喜重郎あて「支那留日学生ノ近況ト
　題スル支那新聞記事訳報ノ件」1930 年 3 月 15 日。『在本邦留学生関係雑件』
　第 7 巻。

虞アリ。且別紙調書記載ノ通留学生ノ排日運動ヲ取締ルノ必要アリ
ト認メラルルニ依リ、本省ト内務外務両省トモ協議ノ上、今後ハ左
記方針ニ依リ中華民国留学生ノ排日運動ヲ取締ルコトト致シタルニ
付、御諒承ノ上可然御措置相成度。

　イ、学校当局其ノ他ニ於テ、中国留学生カ排日行動ニ出テサル様
厳重ニ訓戒セラレ且取締ヲ行ハルルコト

　ロ、結社、団体等ノ排日取締ヲ厳重ニセラルルコト

　ハ、排日運動ニ出テタル者ニ対シテハ、懲戒処分（戒飭、停学、
退学、放校処分等ヲ含ム）ヲ行ヒ、情重キモノニ対シテハ退去命令
（諭旨退去ヲ含ム）ヲ行ハルルコト

　二、排日ニ関スル無届出版、無届集会等ヲ厳重ニ処分セラルルコ
ト[1]。

外務省文化事業部はまた九一八事変後の留学生動静調査を各学校に
依頼した。1932 年 7 月に一高が提出した報告書を通じて九一八事変
後の一高留学生の状況や学校側の対策をうかがうことができる。

一、満洲事変発生後ニ於ケル当校在学中ノ留学生ノ動静概況
　事変発生当時ハ急ニ缺席者増加セシモ間モナク平静ニ復セリ。然
ルニ年末ニ至リ、本国ヨリノ送金漸次停滞セシモノ丶如ク、授業料
始メ食費等ノ支払ニ困難ヲ来シ、而テ本年二月初ニ至リ監督処ハ彼
等ニ対シ少額ノ帰国旅費ヲ支給シ而後学資ノ配慮ハ一切不能ノ旨声
明シ、一方ニ於テハ上海事件モ益々切迫セシヲ以テ二月上旬ヨリ十
余名ノ帰国
者ヲ生スルニ至レリ。
二、留学生ノ動揺ニ対シテ当校ノ採リタル措置並ニ其ノ結果

1　文部次官より第一高等学校長あて「在本邦中華民国留学生其ノ他ノ排日運動
　取締ニ関スル件」1931 年 12 月 5 日。
　『留学生書類』1931 年度。

　　事件発生ノ当初留学生ニ対シ自重スベキ旨懇々訓諭セシニ依リ、一時動揺セントセシ

　　モ、日ナラズ平静ニ帰シタリ。然ルニ本国ヨリノ送金ノ渋滞ノ結果ハ日常ノ生活費ヲモ脅迫スルコトハ同情ノ至リニ堪ヘズ、何等カ救援ノ方法ヲ発見スヘク苦心セシモ差当リ適当ノ途モコレナク、事情已ムヲ得ザルモノハ其行先ヲ届出テ帰国セシムルコトニ取計リタリ[1]。

　　九一八事変・第一次上海事変以後は、時局不安定のため送金が停滞し、留学生活を支える柱がさらに崩れた。また、これらの事件により、日本の中国侵略の野心が完全に露呈され、日中関係はさらに悪化し、留学生の動揺は激しさを増した。一高においては、「事件発生ノ当初留学生ニ対シ自重スベキ旨懇々訓諭セシモ」という学校側による管理・説得措置にもかかわらず、九一八事変発生から 1932 年 3 月までの期間に、帰校しなかった留学生は本科生 14 名のうち 4 名、特設予科生 29 名のうち 18 名に達した[2]という。

　　「東方文化事業」発足後、同事業の主導機関としての外務省文化事業部は留学生の受け入れに積極的な姿勢を示し、特設予科制度の整備や学費補給制度をその事業の重要な内容としていた。それと同時に、そこで勉強している留学生の生活や思想状況を、特設予科主任者会議や学費補給、茶話会、思想状況調査などを通じて、厳しく、細かく管理・監督していた。

　　教育現場としては、一高を見る場合、学校側は外務省文化事業部による留学生の思想監督、生活調査に協力したといえる。しかし、留学生の受け入れにおける外務省の積極的な態度に対して、一高特設予科や各高等学校、帝国大学は、入学試験や成績評価、落第昇級、卒業と

1　前掲『第一高等学校六十年史』522 ～ 523 頁。
2　同上。

進学などにおいては、留学生に日本人学生と同等な学力を要求し、同等の取扱いをするという方針を堅持し、留学生を特別扱いしようとはしなかった。それが特設予科における入学者数減少、高等学校卒業難及び大学入学難などの原因の一つとなった。

　特設予科の抱えたこれらの問題に面して、外務省側は、留学生の特殊性を認め、留学生に対する特別取扱いするという方針を立て、さらに専ら留学生を収容する専門教育機関を設立するという意図の下で特設予科改革をリードしていった。1932 年一高は、外務省文化事業部の主導の下、特設予科を廃止し、中国人留学生のために、三年制の高等学校高等科、いわゆる特設高等科を設けることになった。従来の制度では、特設予科修了生は各高等学校に配当され、日本人学生と共学し、さらに日本人学生との自由競争を経て帝国大学の入学試験に参加したが、新しい制度では、特設高等科の留学生は日本人学生と分離され、独立したクラスで高等学校教育を受けるようになった。この特設予科から特設高等科への改革は、前述した通り、中国の新しい学制の実施などにともなう留学生の学歴変化に応じるための方策でもあったが、留学生を日本人学生と分離し、特別に取扱うことによって、特設予科の不振状況を少しでも打開しようという外務省の意図によるものでもあったと言える。

第六章 「東方文化事業」下の一高特設高等科

　1932 年、一高特設予科は特設高等科に改編された。改編後の特設高等科は文科、理科それぞれ年間 30 名の中国人留学生を収容して高等学校教育を行うことが決定された。特設高等科と従来の特設予科制度との相違点は、主に次の三点であった。

　①高等学校の教育年限は四年（特設予科一年＋高等学校高等科三年）から三年（特設高等科）に、一年間短縮されたこと。

　②これまで一高特設予科を修了した留学生は、全国八校の官立高等学校へ配分され、そこで高等学校教育を受けてきたが、以後は一高で一括してこれを担当することになったこと。

　③これまで留学生は日本人学生と共学して教育を受けたが、以後は独立したクラス＝特設高等科で高等学校教育を受けるようになったこと。

　特設予科から特設高等科への改編は、留学生に特別的な配慮を図るための留学生向けの教育機関の創設を意味し、中国人留学生の学歴構成の変化に応じるための大学直結の予備教育の確立であった。それは外務省の主導により推進されたものであり、中国人留学生の欧米への流出を食い止めることを意図していたものであった。ところで、教育現場は、はたして外務省の意図した通りに留学生を取扱ったのか、本章は特設高等科の留学生教育の状況や彼らの進路などを分析することを通じて、教育現場の留学生取扱いの実態に迫っていきたいと思う。

第一節　特設高等科における留学生教育の実態

1. 入学試験

　特設高等科は、毎年3月に入学試験を行い、その結果によって学生を選抜した。募集にあたって、学校側は志願者心得を日華学会や、東亜同文会、東亜高等予備学校などの留学生教育関連機関、中華民国・偽満洲国駐日本公使館、中国各地の教育機関、そして日本駐中国各領事館に送付した。特設高等科が設立されたのはあたかも1932年であり、九一八事変や第一次上海事変の勃発により、日中関係が急速に悪化しつつあった時期である。日華学会の調査によると、九一八事変勃発前、日本各校に在籍する中国人留学生は3096名であったが、1932年6月には1421名となっており、1931年前半期の半数以下という激減ぶりであった[1]。そうした状況のなかで特設高等科の募集もうまく行くはずなかった。当時の『帝国大学新聞』は「志望者少く　定員に満たず　一高特設高等科も頗る閑散」と題して、その年の特設高等科の募集状況を次のように報じていた。

　留日中華学生のため本邦最初の特設高等科が今春六月一高に設けられ、定員文理科各々三十名の所、今年は突然の事であり、時局の影響はこゝにも如実に現れて入学者十名に過ぎず、かつその後日支事変の発展にともなつて帰国したまゝ復校せぬものもあつて、生徒の数はますます減少したので、九月一、二三の三日間を通じて補欠入学試験行はれたが、志願者は僅十五名に過ぎず、筆記試験、口頭試問、体格検

1　「留日中華学生　著るしく減る　陸軍関係と私大が激減」『帝国大学新聞』第444号、1932年9月20日。

査の結果、理科六名文科五名計十一名が入学を許可されたのみで、い
まだに定員に満たぬといふ心細い有様である[1]。

　1933 年度の募集に際しても、文部省や関係各方面は志願者数の更
なる減少を憂慮していたが、蓋を開けてみると、志願者 40 名という
予想外の盛況で、愁眉を開いたという[2]。

　また、1933 年度から特設高等科は偽満洲国留学生にも門戸を開放
することになった。その後、偽満洲国からの留学生は逐次増加し、
1935 年に至り、一高特設高等科は正式に対象を「支那留学生」から
「中華民国及満洲国留学生」に改めた[3]。

表 6-1 特設高等科入学志願者及び合格者数 単位：人

年度	偽満洲国		中華民国	
	志願者	合格者	志願者	合格者
1932 年	4	3	14	11
1933 年	9	8	29	18
1934 年	25	15	34	15
1935 年	64	15	53	25

出典：「昭和九年度特設予科主任者会議」と「昭和十年度特設予科主任者会議」
『在本邦留学生予備教育関係雑件　特設予科関係』第 4 巻。

　志願者と入学者に関する文理科別統計は下表の通りであるが、志願
者が最も多かった 1935 ～ 37 年であっても、入学者数は収容定員を埋
められなかった。それは入学試験において厳選方針が貫かれた結果で
あると思われる。

1　「志望者少く　定員に満たず　一高特設高等科も頗る閑散」『帝国大学新聞』
　　第 444 号、1932 年 9 月 20 日。
2　「中華留学生　応募意外に盛況　満洲国にも目下勧誘中」『帝国大学新聞』第
　　469 号、1933 年 3 月 6 日。
3　前掲『第一高等学校六十年史』533 頁。

表 6-2 特設高等科入学統計（1932 〜 43 年）　　単位：人

年度		32	33	34	35	36	37	38	39	40	41	42	43
志願者	文科	9	13	21	46	32	38	12	15	24	38	29	34
	理科	19	25	38	71	81	83	14	25	33	55	55	61
	計	28	38	59	117	113	121	26	40	57	93	84	95
入学者	文科	8	10	10	13	10	7	3	10	10	14	10	14
	理科	16	16	20	27	24	13	9	8	17	24	20	23
	計	24	26	30	40	34	20	12	18	27	38	30	37

出典：国立公文書館蔵『認定指定雑載』と、『文部省年報』、『在本邦留学生予備教育関係雑件　特設予科関係』第 1、3 巻。

　入学試験には学科試験、口頭試験及び身体検査があった。そのうち、学科試験は日本の中学校第四学年修了程度に基づいて日本語、英語、数学、歴史、地理、物理、化学、博物の科目で行われた[1]。入学試験の成績についてみると、1935 年を例とすれば、「文科ハ最高七割最低四割五分」、「理科甲ハ最高七割九分最低五割五分」、「理科乙ハ最高八八割三分最低五割二分」であり、「比較的理科志願者ノ成績ハ文科ノモノヨリ優秀」であったという[2]。

　下表に示す通り、特設高等科の留学生は中国本土からの留学生、それに華僑や日本中学出身者からなっていた。

表 6-3 1935 年度特設高等科志願者と入学者の入学前学歴統計　　単位：人

		合計	日本中学校	日本中学校・小学校	偽満洲国中学校	中華民国中学校
志願者	文科	46	9	8	23	6
	理科	71	12	13	15	31
入学者	文科	13	3	5	3	2
	理科	27	0	13	5	9

1　前掲『第一高等学校六十年史』526 頁。

2　「昭和十年度特設予科主任者会議」『在本邦留学生予備教育関係雑件　特設予科関係』第 4 巻。

出典：「昭和十年度特設予科主任者会議」『在本邦留学生予備教育関係雑件　特設予科関係』第4巻。

　中国本土からの留学生のうち、東亜同文会系が経営していた天津中日学院、江漢高級中学校あるいは満鉄関係の中学校の出身者などを除けば、多くが日本語を話せないまま来日するため、まず東亜高等予備学校や成城学校留学生部などで日本語を勉強したうえ、一高特設高等科を受験するのが普通であった。1935年の入学者の場合、8名の偽満洲国出身者のうちの6名、11名の中華民国出身者のうちの10名が東亜高等予備学校や成城学校留学生部の出身者であった[1]。一方、日本中学出身者や華僑の子も少なくなく、しかも年々増加の傾向にあった。特設高等科の構成の変化について、当時の森巻吉校長は、その原因を次のように指摘していた。

　入学資格トシテ日本語ヲ重視スヘキハ勿論ナルモ、其ノ結果日本ニ育チ幼少ヨリ日本語ヲ以テ教育ヲ受ケタル留学生ハ自然有利ノ地位ニ立チ、此種留学生ノ入学率年年ニ高マリ行ク傾向アリ[2]。

　日本育ちの留学生の全体に占める割合が増加傾向にあるのは、特設高等科の入学試験において、日本語が重視される結果であったというのである。

2. 教育内容

　1932年、発足当時の特設高等科の教育内容を、日本人学生を教育する普通の高等学校高等科と比較してみると、両者の違いは、特設高

1　前掲「昭和十年度特設予科主任者会議」。
2　「昭和十年度特設予科主任者会議」『在本邦留学生予備教育関係雑件　特設予科関係』第4巻。

等科において、①第二外国語が置かれなかったこと、②日本語授業の時間数は日本人学生の二倍であること、③漢文の授業がなかったこと、という三点であった[1]。しかし、1933 年 3 月になると、特設高等科も普通の高等科と同じように、文理科ともに甲乙類に分けられ、それに伴い、特設高等科規程の学科目でも、日本人学生と同じように、第二外国語が選択科目として毎週 4 時間加わった[2]。『第一高等学校六十年史』には、その改正理由として、次のような記述が見られる。

　特設高等科卒業生大学に進入の目的は区々に分るゝに依り、在学中修むる外国語は文理科とも甲乙の二類に分ち、甲類は英語を第一外国語とし独語を第二外国語とし、乙類は独語を第一外国語とし英語を第二外国語となすは経験上有効と認むるに付き、又国語の時間を減じ新に随意科目として第二外国語を置くは、留学生予備教育上必要と信ずるに由れり[3]。

　1937 年 7 月、特設高等科のカリキュラムは再び改正され、文理科とも学科目欄の「国語」を「国語及漢文」とし、文科では第一学年 2 時間、第二学年 1 時間、第三学年 1 時間、理科では第一学年 2 時間で漢文を教授するようになった[4]。以上の通り、特設高等科のカリキュラムは教育現場での試行に従い、たえず改正された。その結果、日本語の時間数のみがやや多いほか、日本人学生とほぼ同様の課程設置になった。

1　前掲『第一高等学校六十年史』524 頁、「特設予科新設ニ関スル経費」1931年 11 月 10 日、『在本邦留学生予備教育関係雑件　特設予科関係』第 2 巻。
2　文理科ともに英語を第一外国語とし、ドイツ語を第二外国語とする者が甲類とされ、ドイツ語を第一外国語とし、英語を第二外国語とする者が乙類とされた。1937 年 7 月、文科乙類は、それまでに希望者がなく、今後も其の必要性が認められないため、廃止された。前掲『第一高等学校六十年史』535 頁。
3　前掲『第一高等学校六十年史』532 頁。
4　同上、535 頁。

表 6-4 1937 年現在特設高等科学科目及び授業時間配当表 単位：時間

科目	第一学年		第二学年		第三学年	
	理科	文科	理科	文科	理科	文科
修身	1	1	1	1	1	1
国語及漢文	7	9	5	8	4	7
第一外国語	7	7	6	7	5	6
第二外国語	4	4	4	4	4	4
歴史		3		4		4
地理		2				
哲学						3
心理及論理			2	2		2
法制経済	2			2		2
数学	5	3	4		4（2）	
物理			3		5	
化学			3		5	
植物及動物	2		2		（4）	
鉱物及地質	2					
図画	2		2		（2）	
自然科学				2		3
体操	3	3	3	3	3	3

注：第三学年の「数学（2）」及び「図画（2）」と第三学年の「植物及動物（4）」
は、二者択一である。

出典：『第一高等学校六十年史』536 頁。

表 6-5 1931 年現在高等学校高等科（日本人学生）

学科目及び授業時間配当表 単位：時間

科目	第一学年		第二学年		第三学年	
	理科	文科	理科	文科	理科	文科
修身	1	1	1	1	1	1
国語及漢文	4	6	2	5		5
第一外国語	8	9	6	8	6	8

第二外国語	4	4	4	4	4	4
歴史		3		5		4
地理		2				
哲学					3	3
心理及論理			2	2	2	2
法制経済	2			2	2	2
数学		3	4		4 (2)	
物理					5	
化学					5	
植物及動物					(4)	
鉱物及地質	2					
図画	2				(2)	
自然科学	2	2	3	3		
体操	3	3	3	3	3	3

注：第三学年の「数学（2）」及び「図画（2）」と第三学年の「植物及動物（4）」は、二者択一である。

出典：文部省「特設予科新設ニ関スル経費」1931 年 11 月 10 日、『在本邦留学生予備教育関係雑件　特設予科関係』第 2 巻。

　特設高等科の教授陣は相当優秀なものであった。1934 年の調査によれば、特設高等科の担任教授や講師は合わせて 47 名で、そのうち、教授 31 名、助教授 1 名、講師 13 名、外国人教師 2 名であった。この教授陣には青木正や、亀井高孝、三谷隆正、関泰祐、竹田復、竹山道雄、北岡馨、片山敏彦、荒又秀夫、斎藤阿具などの一高名物教授も入っていた [1]。教員構成を見る限り、一高は最も優秀な教師に特設高等科の留学生教育を担当させ、留学生を日本人学生と差別なく教育することを学校側の理想としていたと言えよう。また、教科書においても、一高は中国人留学生に日本人学生と区別せず、同じような教科書を使用させていた。1935 年に特設高等科で使用されていた日本語の教科

[1]　国立公文書館蔵『認定指定雑載』。

書を見ると、

第一学年	金子彦二郎	『昭代日本文法』(大成書院)
	舟橋聖一	『明治小説新選』(三省堂)
	倉野憲司	『方丈記』 (三省堂)
	小室由三	『新註竹取物語』(白帝社)
第二学年	高木市之助	『平家物語』(中興館)
	一高国文学部	『高等国文枕草子』(六合館)
	舟橋聖一	『明治文学新選』(大倉広文堂)
	中村孝也	『日本文化史要』(国民文化研究会)
	一高国文学部	『高等国文大鏡』(六合館)
	沼沢滝雄	『新註奥の細道』(大倉広文堂)
	夏目漱石	『草枕』(岩波文庫)
第三学年	藤村作	『日本文学史概説』(中興館)
	森本治吉	『新訂要註万葉集』(三省堂)
	中村孝也	『日本文化史要』(国民文化研究会)
	一高国文学部	『重訂高等国文源氏物語』(六合館)
	斉藤清衛	『明治十大家選』(明治書院) [1]

　日本語の教科書として使用されたのは、『万葉集』、『源氏物語』、『日本文化史要』、『平家物語』、『枕草子』、『竹取物語』などの日本文学ないし日本の古典文学がほとんどであり、明治末期以来、弘文学院や東亜高等予備学校などで編まれた中国人留学生向けの日本語教科書が利用されていた様子は全くなかった。

　外務省は、特別取扱いという留学生教育方針から出発して、特設予科から特設高等科への改革を主導したが、教育現場の一高側は、「学科目及び授業時数等に多少の斟酌を加ふると雖も、成るべく高等科の

1　「昭和十年度特設予科主任者会議」『特設予科関係』第4巻。

標準に近づけ、本邦人に匹敵するの学力を涵養せしむる」[1] ことを特設高等科の理想として、日本人学生を教育する高等科をモデルに、中国人留学生のための大学予備教育機関を作り上げた。そのため、カリキュラムや教科書、教授陣などは日本人学生とほとんど同様であった。

3. 学力低下と附属予科の増設

特設高等科留学生の出席率を見れば、特設高等科の留学生が真摯に勉強し、充実した留学生活を送っていたことが分かる。

表 6-6 1934 年度特設高等科生徒出席率

学年	文　　科			理　　科			平均
	第一学年	第二学年	第三学年	第一学年	第二学年	第三学年	
第一学期	96.1%	87.5%	90.2%	97.8%	93.1%	95.2%	93.6%
第二学期	98.5%	84.2%	92.5%	91.1%	85.6%	89.6%	90.3%
第三学期	98.1%	78.0%	90.0%	89.5%	82.0%	90.4%	88.0%
平均	97.5%	84.0%	91.6%	92.9%	87.2%	91.7%	90.8%

出典：「昭和十年度特設予科主任者会議」『在本邦留学生予備教育関係雑件　特設予科関係』第 4 巻。

表 6-7 1935 年度特設高等科各学年成績統計 単位：人

		総人数	甲等	乙等	丙等	試験欠席
文科	第一学年	15		12	3	
	第二学年	8	1	6		1
	第三学年	10	1	9		
理科	第一学年	29		24	3	2
	第二学年	23	1	12	9	1
	第三学年	15	2	11	1	1

出典：外交史料館蔵『在本邦留学生予備教育関係雑件　特設予科関係』第 4 巻。

1　前掲『第一高等学校六十年史』474 頁。

　注：甲等は 80 点以上、乙等は 60 点以上、丙等は 50 点以上である。

　しかし、それにもかかわらず、彼らの成績を見ると、それは必ずしも芳しいものではなかった。成績は甲、乙、丙で評価されたが、ほとんどの生徒は乙等であった。その理由としては、留学生が中国で受けてきた中等教育の基礎が十分でなかったことと同時に、一高側も日本人学生と同レベルの学力を留学生に要求しており、成績評価にあたって特別扱いしなかったことが挙げられるであろう。また、留学生の進級について、学校側は、成績が進級基準を満たさない場合、日本人学生と差別なく、「遠慮ナク落第セシム」[1] という方針を採っていた。特設高等科初年度にあたる 1932 年に入学した留学生 24 名のうち、翌年 1933 年 3 月には成績不足により 2 名が落第を余儀なくされた。1934 年 3 月には、第一学年 28 名のうち 2 名、第二学年 19 名のうち 6 名が落第した[2]。卒業においても、特設高等科の留学生は全員無事に卒業できたわけでなく、途中で勉強を中断せざるを得なかったことがたびたびあった。例えば、[表 6-2] の示す通り、1932 年、1933 年、1934 年、1935 年の入学者はそれぞれ 24 名、26 名、30 名、40 名であったが、三年後の 1935 年、1936 年、1937 年、1938 年の卒業者はそれぞれ 13 名、25 名、20 名、33 名となった[3]。生活の不安定や日中関係の悪化などもその原因であったが、成績不良のため、学業を中断せざるを得なかった事例もたくさんあった。外務省は特設高等科を設置して日中両国学生の授業を分離させることによって、留学生に対して特別措置を取ろうとする方針を採っていたが、一高は学力重視の方針から出発して、留学生を日本人学生と同様に取扱い、彼らに日本人学生と同様の

1　「昭和七年度特設予科主任者会議」『在本邦留学生予備教育関係雑件　特設予科関係』第 4 巻。

2　前掲『認定指定雑載』。

3　一高同窓会『第一高等学校同窓生名簿』2001 年。

学力を求めた。

1936 年に至って、学校側は「中国からの留学生は日本語の力が不十分で、偽満洲国出身者は外国語が日本語とされた結果、英語を知らず、またいずれも理科系学科の基礎を欠いていた」[1] として、直接特設高等科に入学するには日本語や学力がやや不足している留学生を 30 名収容し、特設高等科への入学に先立ち、さらに附属予科で一年間の予備教育を行い、基礎学力を養成させようとする計画を立てた。文部省、外務省と検討した結果、1936 年 9 月に特設高等科附属予科設置案がまとめられ、1937 年 7 月に正式に発足することに決められた。特設高等科附属予科は「特設高等科ニ入学セムト欲スル者ニ必要ナル予備教育」[2] を授けるところとして、中学校第四学年終了の程度により、毎週日本語（9 時間）、英語（6 時間）、数学（6 時間）、歴史地理（2 時間）、物理（2 時間）、化学（2 時間）、博物（2 時間）、体操（3 時間）などの科目について授業を行うところとされた[3]。1937 年 7 月 1 日に臨時試験が行われ、志願者 58 名に対し、10 名が入学を認められた。その後の附属予科の募集では、単独で試験が行われず、毎年 3 月の特設高等科入学試験が準用された。試験の結果によって、特設高等科課程を履修するには学力がやや不足する者を附属予科に収容し、翌年無試験で特設高等科に入れる、という方法であった[4]。しかし、附属予科の生徒定員 30 名を埋めることが出来ない状態が毎年続いた。それは日中戦争の影響によるものでもあったが、学校側が試験を厳しく行った結果でもあったと思われる。

---

1 前掲『向陵誌・駒場篇』47 頁。
2 前掲『第一高等学校六十年史』538 頁。
3 同上、538 頁。
4 前掲『認定指定雑載』。

表6-8　一高特設高等科附属予科志願者、入学者、
修了者年度別統計　単位：人

年度	1937	1938	1939	1940	1941	1942	1943	1944
志願者	58	19	34	41	75	53	60	15
入学者	10	4	5	7	11	12	12	15
修了者	－	5	4	5	7	11	12	不明

出典：『文部省年報』と第一高等学校発行『第一高等学校一覧』1943〜44年。

　特設高等科附属予科は1932年に廃止された特設予科と同様に、高等学校教育に入るための一年間の予備教育機関であったが、修了生を他の高等学校には配分せず、専ら一高特設高等科に収容する点が、特設予科との最大の違いである。しかし、特設高等科附属予科の設置によって、外務省の特設予科から特設高等科への改編による修学年限短縮の意図は結局達成できなかった。また、学校側は附属予科の生徒は寄宿寮に入らなくてもいいとしたため、この問題は一高の日本人学生の間で問題となり、さらに特設高等科のあり方をめぐる大きな議論に発展していった。その詳細は次章に譲る。

第二節　特設高等科卒業者の大学進学

1. 30年代後半における各帝国大学の中国人留学生受け入れ態勢

　特設高等科は留学生の大学、とくに帝大の予備教育機関であったため、特設高等科卒業者の進路、つまり彼らの帝大進学状況を追跡する必要があるが、その前に、まず30年代における各帝大の中国人留学生受け入れ状況について一瞥しておこう。

　1930年代半ばには、かつて1905～06年、1913～14年の日本留学隆盛期についで、いわゆる中国人日本留学の第三次隆盛期が出現した。その理由として、1933年5月に塘沽停戦協定が締結され、九一八事変以来の日中の敵対関係が一応緩和されたことや、中国における銀の価格が高騰しつつあったことのほか、中国における日本研究ブームが出現したことなども挙げられる。実籐恵秀によると、九一八事変以来、日本への注意は高くなり、日本語熱や日本研究熱は世界的趨勢となっていたが、中国においては、「抗日救国」のためにまず日本なるものを見極めようという意味が強かったという[1]。そうした中国における日本研究熱の中、留学生が再び大勢日本にやってくるようになった。下表の示すとおり、九一八事変後の1932年には留学生数は事変前の3000名近くから1400名に落ち込んだが、1934年から増加を見せるようになり、1936年の春季には5000名を上回るまでになったのである。

表 6-9 中国人留学生留日学生数の推移（1930～37年）単位：人

年度	1930	1931	1932	1933	1934	1935	1936	1937
中華民国	3049	2972	1400	1043	1411	2394	3857	3995
偽満洲国	-	-	-	314	757	1133	1805	1939
合計	3049	2972	1400	1357	2168	3527	5662	5934

　注：いずれも6月1日現在数。

　出典：日華学会学報部『中華民国・満洲国留日学生名簿』第11版、1937年6月現在。

　この時期における留学生全体の学歴状況を示す史料はないが、留学生の来日後の第一着歩として、日本語などの一般予備教育を行う東亜学校（東亜高等予備学校）の在籍者の入学前学歴を通して、当時の留学生全体の一般的な学歴状況を見ることが可能であろう。下表の示すとおり、この時期の中国人留学生のうち、80％前後が中国の高級中学

1　前掲『中国人日本留学史』129～130頁。

校卒業以上の学歴を持つ者で、しかもなかには大学や専門学校の卒業者も少なくなく、留学生全体数の40％を占めていたのである。そうした留学生のほとんどは日本の大学教育、ないし大学院教育を目指していたことは言うまでもない。

表6-10 東亜学校在籍者学歴

中国における学歴	1935年7月		1935年11月		1936年3月	
	人数	全体比	人数	全体比	人数	全体比
大学卒	256	30.9%	550	27.9%	414	28.4%
専門卒	86	10.4%	207	10.5%	109	7.5%
大学未卒	65	7.9%	140	7.1%	94	6.5%
専門未卒	13	1.6%	-	-	14	1.0%
高校卒	223	26.9%	740	37.5%	462	31.7%
高校未卒	93	11.2%	162	8.2%	219	15.0%
中学卒	59	7.1%	162	8.2%	84	5.8%
それ以下	33	4.0%	13	0.7%	61	4.2%
計	828		1974		1457	

出典：『留日学務規程及概況』日華学会、1937年、106～107頁。

この時期における留学生の在籍状況を日華学会の統計から見ると、1935年10月現在では、在日留学生全体の3786名のうち、東亜学校や成城学校留学生部などの一般予備校に在籍する827名を除くと、各教育機関などに正式に在籍しているのは2959名である。彼らのうち、帝国大学399名（13.5%）、文部省直轄大学252名（8.5%）、文部省直轄高等専門学校406（13.7%）、文部省以外の官省及び公共団体設立学校231名（7.8%）、陸軍学校93名（3.1%）、私立大学1209名（40.9%）、私立専門198名（6.7%）、女子私立学校141名（4.8%）、実習30名（1%）であり、留学生の40％以上が私立大学に在籍してい

たことが分かる[1]。

　以前と同様に、中国人留学生の大学入学の希望に対応したのは主として私立大学であったが、第三次留学ブームの中で、各帝国大学も留学生の受け入れを検討しはじめたのがこの時期の特徴である。

　東京帝大では1934年から中国国内大学卒業の留学生を大学院生として入学させるようになった。1934年1月、各学部は中国国内大学卒業の大学院入学志願者に関する選考方法を制定した。1934～37年の第三次日本留学ブームの中で大学院生として東京帝大に入学したのは、合わせて168名で、学部別をみると、中国人留学生大学院生を最も多く受け入れたのは文学部で、その次は農学部、さらに法学部という順序であり、文科系の入学を中心としていた[2]。ちなみに、農学専攻では、1935～37年の中国人留学生志願者・入学者数が日本人学生のそれを上回るほどであった[3]。

表 6-11 大学院志願者に関する東京帝大各学部の選考方法

法学部	一、本学卒業生ト同等若クハ以上ノ学力アル者タル事
医学部	同上
工学部	同上
文学部	一、中華民国ノ大学文科卒業者ニシテ本学部卒業生ト同等以上ノ学力ヲ有スル者ニシテ本学部 ノ教授会ニ於テ適当ト認メタル者ニ限ル 一、学部通則第四十五条ニ依リ教授会ニ於テ入学ニ適スルモノト認メタルモノトハ専攻科目ニ 就テ学力検定試験ヲ課ス 一、検定ヲ受クル者ハ検定料トシテ予メ金廿円ヲ納付セシム
理学部	一、選考委員会決定ス 一、其他同上
農学部	一、学部通則第四十二条ニヨル[1]

1　「留日学生の激増と現状」『日華学報』第53号、1935年10月、39頁。

2　前掲『近代日本における中国人留学生受け入れに関する研究 ―― 明治専門学校、東京・九州帝国大学の事例に即して』129頁。

3　同上、131頁。

	一、本邦ノ他ノ帝国大学法文学部経済学士並ニ京大経済学部及東大法学部政治学科卒業生ニシテ
経済学部	大学院ニ入学出願ノ場合ハ無試験検定入学ヲ許可スルコトアルヘシ
	一、外国大学ノ卒業生ニシテ本学部所属ノ大学院ニ入学出願スル者ニ対シテハ毎学年ノ始出願者
	ノ履歴ヲ考査シ適当ト認ムル学歴スル者ニ対シテハ試験ヲ施行シ入学ノ許否ヲ決定ス
	一、試験科目不定

出典：「支那留学生取扱ニ関スル件」『昭和九年　留学生関係』東京大学史料室所蔵。

東北帝大、九州帝大、北海道帝大などにおいても、1934、35 年頃より、専攻生制度を利用して多くの中国の専門学校、大学を卒業した中国人留学生を受け入れ、準大学院レベルの教育を施していた。

九州帝大では、1934 年 24 名、1935 年 48 名、1936 年 41 名と、専攻生としての入学が急激に増加した[2]。1934 年当時の規定では、「本学学部ニ於テ特殊事項ニ就キ攻究セントスル者アルトキハ設備ニ差支ナキ限リ専攻生トシテ之ヲ許可スルコト」[3]ができ、「大学院学生ニ準ズル稍程度ノ低イ取扱」[4]とされた。専攻生を最も多く受け入れた法文学部では、さらに 1936 年頃、すべての帝大に在学する中国人留学生及び将来中国で活動すると考える日本人学生を対象とする「亜細亜文化研究所」が構想され、中華民国の経済・政治・行政・法律を教えるほか、中国人留学生に対して日本史、日本文化史、日本思想史及び日本語などの日本学の教授も企画された。「亜細亜文化研究所」構想案は

1　東京帝大学部通則第四十二条は「大学院学生ハ各学部ニ分属シ指導教員ノ指導ヲ受ケテ学術ヲ攻究ス」とある。『東京帝国大学一覧』1921 年。

2　前掲「九州帝国大学における留学生制度について」『九州帝国大学における留学生に関する基礎的研究』8 頁。

3　『九州帝国大学一覧』1934 年度。

4　『第七回帝国大学事務協議会議事録』1935 年 10 月。前掲「九州帝国大学における留学生制度について」『九州帝国大学における留学生に関する基礎的研究』8 頁より再引。

実現に至らなかったが、「日本固有文化ヲ通ジテ日本精神ヲ十分把握セシムル」ことを目的とする日本学の教授実施という方針は、のちの「支那留学生特別教育事業」に受け継がれていった。同事業は1938年度から始まったものであり、放課後、九州帝大に在籍する留学生に日本文学や日本文化、宗教などの特別授業を行っていた[1]。

東北帝大において専攻生を最も多く受け入れた法文学部は、1935年の末ごろ中華民国及び偽満洲国留学生のための一年制の「法文学部特設科」を構想し、法文学部に入ろうとする留学生のために予備教育を行おうとした。この構想は結局原案段階にとどまったが、1936年より外務省文化事業部の「対支文化事業特別会計」からの補助金をもとに「特別講習会」を設けて、日本語、日本社会及び経済事情などの科目について八ヶ月間にわたって留学生の大学院予備教育を行う制度が出現した[2]。

北海道帝大も九州帝大や東北帝大と同様、専攻生制度を設け、中国国内の専門学校や大学の卒業生を受け入れ、その身分は大学院生未満とされた[3]。

以上のように、1930年代半ばころから従来留学生の受け入れに消極的だった各帝大が、日本の大陸政策の遂行に伴い、国策に呼応して積極的に中国人留学生を受け入れるようになり、留学生教育を自らの責務とみなすようになったと指摘されている[4]。しかし、上述のように、中国国内の教育機関出身の留学生の各帝大入学は文科系を中心としており、しかも専攻生や大学院生としての場合に限られていた。各帝大では、本科生として在籍する者は、日本の高等学校を経る正系入

1 前掲『近代日本における中国人留学生受け入れに関する研究－明治専門学校、東京・九州帝国大学の事例に即して－』163頁。
2 前掲「戦前期東北大学における留学生受入の展開－中国人学生を中心に＜資料＞戦前期東北大学の留学生に関する統計調査」14〜20頁。
3 前掲「北海道帝国大学の中国人留学生」『北海道大学文書館年報』第5号、35頁。
4 前掲『近代日本における中国人留学生受け入れに関する研究 —— 明治専門学校、東京・九州帝国大学の事例に即して』169頁。

学者や日本の高等専門学校や高等師範学校などからの傍系入学者にとどまり、中国国内の教育機関出身の留学生が本科生として入学することは認められなかった。東京帝大の場合を見ると、1935年の時点では、東京帝大に在学する外国人留学生は大学院、本科、選科、聴講生、専攻生の五種類に分かれて総数126名に達したが、これらのうち、文学部35名、医学部34名など大部分は大学院生として在籍するか、或は医学部29名が専攻生として勉強しており、本科生は中華民国4名と偽満洲国1名、あわせて5名に過ぎなかった[表6-12]。外国の教育機関の卒業生で東京帝大への本科生としての入学を希望する留学生には「学問の扉は固く閉じされていた」[1]ことがうかがわれる。その後、「国際関係の密接化とともに、特に学問研究の分野では世界各国とも等しく国境の介在を認めないことに鑑み」、東京帝大においても「従来の伝統や固定した規則に捉われるところなく、事情の許す範囲で外国人を正規に収容する道を開き」、門戸開放をし、規則を設けて正規の本科入学を許可しようという意見が出され、1935年9月の評議会に持ち出され、議論されるようになった。しかし、評議会では、留学生の本科生としての入学の基本方針は従来どおりに確認され、すなわち、定員内入学について「大半入試で不合格となる高校生を無視してまで外国人を容れる必要はないといふのが根本の方針」が堅持され、一方、定員外に収容するとしても各学部によって事情を異にするため、「本学予算に余地を見出し行政的に支障を来さず限りにおいて初めて入学を許可することが根底」とされた[2]。日本の中国における権益を拡大するための「日中親善の人的基礎」を築くことが必要とされる中にもかかわらず、東京帝大は留学生の受け入れにおいて中国の教育機関の出身者の本科入学を固く断る態度を崩さなかった。ほかの各帝大も東京帝大と同様に、中国からの留学生に門戸を開放しは

---

1 「増加する外人学生 本学も正規に収容 但し高校生に絶対優先権 学部毎に規定を練る」『帝国大学新聞』第583号、1935年6月24日。

2 同上。

じめたが、あくまで彼らの専攻生や大学院生としての入学のみを認めて、大学教育の中心である本科入学を許可しなかった。

表6-12 東京帝大外国人留学生数（1935年5月末現在）　単位：人

	大学院	本科	選科	聴講生	専攻生	計
中華民国	80	4	3	2	29	118
偽満洲国	3	1	-	3	-	7
米独	1	-	-	-	-	1
計	84	5	3	5	29	126

　出典：「増加する外人学生　本学も正規に収容　但し高校生に絶対優先権　学部毎に規定を練る」『帝国大学新聞』583号、1935年6月24日。

2. 特設高等科卒業者をめぐる各帝国大学の態度

　1932年、特設予科が特設高等科へ改編され、その卒業生の大学入学に関して、1934年12月文部省令第11号が公布された。それにより一高特設高等科卒業者は大学入学にあたって、高等学校高等科卒業者と見なされることになった。それに関連して、同日付けで文部次官より各帝国官公私立大学長宛に次のような通牒が下された。

　　第一高等学校特設高等科卒業者ノ大学ニ関スル取扱方ノ件
　　標記ノ件ニ関シ本年十二月十八日文部省令第十一号ヲ以テ公布相成タル処、而今右卒業者ノ貴学入学ニ関シテハ、高等学校高等科卒業者ト同様ノ御取扱相成度、従ツテ貴学則中入学資格ニ関スル規定ノ変更ハ之ヲ要セサルニ付、左様御諒知相成度依命右及通牒。
　　追而本高等科ハ満洲国及中華民国ノ本邦留学生ニ対シ、本邦ノ大学教育ヲ受ケシムル目的ヲ以テ、其ノ基礎教育ヲ為ス為特ニ設置セル施設ナルニ依リ、其ノ卒業者ノ貴学入学ニ関シテハ、右設置理由

等二鑑ミ、可及的便宜供與相成様御配慮相煩度。尚貴学設備等二於
テ支障ナキ場合、之ヲ定員外二収容セラルルモ差支無之二付御含置
相成度[1]。

　この通牒によって、特設高等科卒業生は一般高等学校高等科卒業生
と同等の資格を有することが認められ、彼らの大学本科入学が制度上
保証されることとなった。しかし、それはあくまで建前上の原則で、
各帝大や各々の学部にはそれぞれ独自の対応が見られた。

　東京帝大では、1935年1月各学部の教授会が開かれ、一高特設高
等科卒業生の取扱いをめぐって検討が行われた。

　文学部は特設高等科卒業者を高等学校高等科卒業者と同様にみな
し、定員内入学を許可することとした[2]。農学部も特設高等科出身者の
入学は一般高校出身者と同様選抜試験によることとし、「不幸にして
選抜漏れとなつたものゝ為めには特に定員十名を限度として優秀生を
銓衡の上、入学を許し門戸を開く」と、特別措置を取ることを決定
した[3]。経済学部も特設高等科修了者に対しては「一般高校卒業生と全
く同等の資格」を認め、同一の条件で考査することとしたが、定員外
として取扱うという方針であった[4]。法学部も経済学部とほぼ同様の方
針を確認していた。医学部は、特設高等科卒業生が「入学試験をパス
する程の実力ある者は殆んどなかつた」ことに鑑み、「今後は同科卒
業者を高校卒と同資格並みに取扱ふ」ことは確認したが、「入試にお
いては定員百十五名以外に同科卒業者を試験して実力を検査した上で

1　前掲『第一高等学校六十年史』532頁。

2　「第一高等学校特設高等者卒業者ノ大学入学二関スル取扱方ノ件」1935年1
　　月、『昭和九年　文部往復（一）』東京大学史料室所蔵。

3　「東大への連絡を　工学部拒否す　各学部で態度を異にし」『帝国大学新聞』
　　第560号、1935年1月28日。

4　「一高特設高等科修了　高校卒と同資格　東大経済学部で認める」『帝国大学
　　新聞』第559号、1935年1月21日。

許可する」という原則を決定した[1]。理学部も、各学科共定員が少数で
あることを理由に定員内入学を拒絶するとし、定員外入学をさせる場
合、実験費を徴収する場合があるとした[2]。工学部は「高等学校入学志
願者数は工学部収容定員に比し遙かに超過」し、また「実験、製図、
その他の設備上規定定員外に収容するの余地なし」と、特設高等科卒
業者の入学を完全に拒否する態度を取った。その理由について、工学
部長は次のように語っていた。

　工学部では必ずしも中華民国や満洲国の留学生を排斥するもので
はない。今回特設高等科生を収容しないのは一般高校生と異なつた
特別な教育を受けたものを全国でも最も競争の激烈な本学部が他の
高校出を排して特に収容するといふとは公平を欠くと信じたからで
ある、又文科系統の如く定員外に収容することもわれわれの方は単
に聴講のみでなく、実験、製図その他の設備を必要とするのである
から、収容の余裕が全くない[3]。

　総じて、各学部の態度は必ずしも一致しなかった。経済学部や法学
部、医学部、理学部は特設高等科卒業生が日本人学生の入学機会を妨
げないという条件のもと、彼らの定員外入学を認めた。競争が最も厳
しい工学部は日本人学生の教育要求を最優先とし、「まったく余地な
し」と特設高等科卒業生の入学を全面的に拒否した。特設高等科卒業
生を定員内として取扱うか、特別優遇措置を与えるのは定員割れの文
学部と農学部だけであった。各学部の態度はそれ自体の定員充足状態
と深く係っていたことがわかる［表6-11］。

表6-13 1935年東京帝大日本人学生入学志願者調査　　単位：人

1　　前掲「東大への連絡を　工学部拒否す　各学部で態度を異にし」。
2　　同上。
3　　同上。

学部	法学部	文学部	経済学部	医学部	工学部	理学部	農学部
志願者	1219	397	434	258	670	142	203
定員	650	400	350	165	324	116	215

出典：「帝国大学・官立大学第一次入学志望調査」『帝国大学新聞』第 559 号、1935 年 1 月 21 日。

　特設高等科卒業者は、制度上日本の高等学校卒業者と同等の資格を有すると見做されたにもかかわらず、東京帝大は彼らの受け入れには消極的な態度を取っていた。東京帝大の本科レベルにおける留学生受け入れに際しての消極的な態度は、1938 年におけるアフガニスタンからの留学生受け入れをめぐる事例にもよく示されていた。この年外務省は、事前に東京帝大側の諒解を得ることなしに、アフガニスタンからの留学生 4 名を東京帝大の工、文、農、経の四学部に入学させ、学士号を与えることをアフガニスタン側に約束していた。その後、その件について東京帝大に意向を打診したところ、国内に優秀な入学希望者が定員を数倍超過する多数に達し、これを収容しきれない状況にあることを踏まえ、これらの優秀な高校生を差し置いて、専ら外交政策的配慮から外国人留学生を受け入れ、学士号を与えるということは、東京帝大としては、到底容認できるものではない。外務省のやり方はあまりにも独断的で遺憾であると激しく反発した[1]。このように、東京帝大は、外務省の政治外交的な立場からの外国人留学生の積極招致の方針と異なり、本科レベルの入学では日本国内の教育需要を最優先する立場を厳守し、外国留学生に対して「門戸閉鎖主義」を採って

1　「外国人に学士号？外務当局、本学の意向打診　遺憾な外務省の手落」『帝国大学新聞』第 706 号、1938 年 2 月 7 日。

いた[1]。

　以上のことからも明らかな通り、東京帝大では、大学教育の中心である本科への門戸は、中国国内の教育機関出身者に対しては勿論のこと、特設高等科卒業生に対してさえ十分に開かれていなかったのである。その結果、1935年特設高等科第一回卒業生は、全員が東京帝大を第一志望先としていたにもかかわらず、実際上これに入学できたものは一人もいなかった［表6-12・表6-13］。

表6-14　1935年特設高等科第一回卒業生志望大学調査

科類	姓名	第一志望	第二志望	第三志望	第四志望	第五志望
文科甲	李慶億	東法法	東経経	京　法		
同上	龔礼因	東法政	東経経	京　法	京経経	
同上	張廷蘭	東法法	東経経	京　法	京経経	
同上	王士初	東文国文	東法法	京文文	京　法	
同上	李世維	東経商	東経経	京経経		
同上	廖済寰	東経経	東法政	京経経	京　法	
理甲	李樹森	東工機	東工電	京工機	京工電	九工機
同上	簡卓堅	東工土	京工土	九工土		
理乙	葉　仁	東工船	京工土	九工造	九工土	
同上	陳学曾	東理物	京理物	大阪理物	東北理物	
同上	鄧祐直	東工航	東工土	東工船	京工土	九工造
同上	冷伯華	東医医	京医医	九医医	大阪医医	東北医医

1　1941年太平洋戦争が勃発後、国際学友会や南方特別留学生制度の制定など、日本ではかつてない積極的な留学生受け入れ活動がなされていた。このような動きの中で、東京帝大も外国人留学生の受け入れを再検討する必要に迫られた。1942年評議会が開かれ、「大東亜共栄圏ノ樹立ヲ見」、来日する留学生が「漸次増大スル傾向ニアリ」、「此等ニ対シ、我国文化ノ真相ヲ十分理解セシムルコトハ国策上極メテ重要事ナリ」として、「現下ノ状勢ニ対応スル」ため、「一般外国学生志願者ノ入学条件ヲ適度ニ緩和スベク、其資格、銓衡方法、其他ニ関スル制度ノ再検討」を行うという方針が定められ、外国人留学生の入学制限を緩和する動きが見られた。『東京大学百年史　通史二』768頁。

科類	姓名	第一志望	第二志望	第三志望	第四志望	第五志望
同上	盧士謙	東医医	京医医	九医医	東北医医	千葉医

出典：国立公文書館蔵『認定指定雑載』。

注：本表において、「東法法」は東京帝国大学法学部法律学科、「東工機」は東京帝国大学工学部機械工学科の略称である。

表 6-15 1935 年度特設高等科第一回卒業者大学進入統計　単位：人

大学	学部	学科	文科卒業者	理科卒業者
京都帝大	法学部	法律学科	2	
	経済学部	経済学科	2	
	文学部	言語学科	1	
	工学部	機械工学科		1
	理学部	物理学科		1
	医学部	医学科		2
東北帝大	法学部	法律学科		1
九州帝大	工学部	機械工学科		1
		造船学科		1
		土木工学科		1

出典：「昭和十年度特設予科主任者会議」『在本邦留学生予備教育関係雑件　特設予科関係』第 4 巻。

東京帝大のこうした国内の教育需要を優先し、国際関係への考慮を欠いた特設高等科卒業生の取扱い方は、当時東亜学校名誉教頭松本亀次郎に厳しく批判された。松本は 1939 年 4 月雑誌『教育』に「隣邦留学生教育の回顧と未来」と題する評論を寄せ、「興亜教育に就きての希望」として大学に門戸開放を求め、次のように語っていた。

　　日本の朝野は単に自国民教育に熱中し、隣邦人の教育には余りに無関心であつたと言はねばならぬ。

　　第一は大学である。自国の学生すら収容し切らぬものをどうして外国の学生など容れる余地があるものか、といふ。近い噺が数年

前から第一高等学校と東京工業学校（正しくは東京工業大学—筆者
注）内に満支留学生の特設予科が設けられて、其処を卒業した者は
帝大及び官立大学に無試験で入れて呉れる約束で、文部省も同意し
て毎年一定数の留学生を養成して居る。工大の方は大部分を其の大
学に収容するから問題は少いが、一高の方では帝大なり官大なりで
取つて呉れなければ、折角養成した卒業留学生の遣り場がない。或
大学の如きは一人も引受けて呉れぬので、一高では学生に対して不
信を言つた様で、主任者が非常に当惑されたのは実際の例である。
日本で予備して日本の大学で入れて呉れないから欧米の大学へつつ
走つたものはいくらもある。欧米依存の種はこんな処でも蒔いて居
るのではあるまいか。（中略）将来は是非相当の留学生を各大学に
収容し彼等をして日本依存に転向させて戴きたい[1]。

　一方、京都帝大は、東京帝大とは異なり、特設高等科卒業生の受け
入れに積極的な姿勢を示し、無試験で全員収容する旨をたびたび外務
省に表明していた[2]。外務省としては、特設高等科卒業生の進学上京都
帝大と連絡がついたことを歓迎し、早速この京都帝大の申し入れにつ
いて一高の意思を打診している。これに対して一高側は、「特設高等
科ハ少クトモ主義上東京、京都両帝国大学ニ入学上連絡アルコト」を
希望し、「京都帝国大学ノミト連絡アルコト」に一応難色を示した[3]。
その後、外務・文部省は、この問題をめぐって一高及び東京帝大と協
議を行い、毎年工学部を除く各部に一名ずつの割合で東京帝大が特設
高等科卒業生を収容するよう交渉し、カーそれが不可能の場合、卒業

1　松本亀次郎「隣邦留学生教育の回顧と未来」『教育』第7巻第4号、岩波書店、
　　1939年4月、61頁。
2　文化事業部岡田部長より京都帝大総長松井元興あて「第一高等学校特設高等
　　学校卒業生収容ニ関スル件」1935年4月30日。『在本邦留学生予備教育関係
　　雑件　特設予科関係』第2巻。
3　同上。

生を全部京都帝大に送ることを確認した[1]。1935年4月外務省は両校との間で協議を行ったようであるが、残念ながらその協議の経過や結果に関する史料は現在のところ入手できていない。前述した東京帝大の方針やその後の特設高等科卒業生の実際の進路から見て、東京帝大との協議はうまく行かなかったものと思われる。一方、京都帝大の特設高等科卒業生の受け入れに関しては、1936年6月の『京都帝国大学新聞』に「一高特設予科の卒業生　全部を本学に収容　満支留学生への福音」という記事が掲載されている。

　　満支留学生諸君への朗らかなニュース ── 外務省の援助で満支留学生を収容せる一高特設予科（特設高等科を指す─筆者注）の卒業生を全部本学に入学せしむる案が医学部の戸田博士等の肝入りで愈々実現する□（判読不能）となつた。之により本学は一高特設予科（特設高等科─筆者注）の事実上の延長となる訳である。従来日支満学生の融和については種々考究論議されてゐたのであるが、未だ真の具体化を見す今日に到つたのである。工学部、医学部では特にこの問題に意を注ぎ今回の如き実現を見るにいたつた[2]。

　以上の記事及び後述する特設高等科卒業者の実際の進路から推測すると、京都帝大は同校を志望しない留学生を除き、特設高等科卒業生を全員無試験で受け入れることで関連機関との間で合意に達したと思われる。また、この記事から、京都帝大の積極的な姿勢の背後には、

1　『本邦留学生予備教育関係雑件　特設予科関係』第1巻。
2　「一高特設予科の卒業生　全部を本学に収容　満支留学生への福音」『京都帝国大学新聞』第247号、1936年6月20日。

医学部長戸田正三教授の働きかけなどがあったことがうかがわれる[1]。

京都帝大が無試験で受け入れる方針を打ち出したため、1936年以後の特設高等科卒業生はほとんど東京帝大の厳しい入学試験を避け、京都帝大を希望した。1936年度の25名の特設高等科卒業生の志願状況を見ると、東京帝大を希望したのは文学部、法学部、医学部、理学部、農学部それぞれ各1名、全部で5名で、京都帝大を希望したのは農学部1名、医学部5名、工学部6名、法学部5名、経済学部1名、全部で18名であり、そのほか2名は不明であった。これら25名の実際上の入学先は、東京帝大文学部、医学部、農学部に進学したのはそれぞれ1名で、法学部と理学部を志願した2名は入学できなかったが、残りの20名は全員京都帝大に進学した。具体的には医学部5名、工学部6名、農学部1名、法学部5名、経済学部3名である[2]。1938年度の卒業生の進路を見ても、2名が東京帝大農学部獣医学科に進学したのを除いて、他はほとんどすべて京都帝大に入った。2名の合格理

---

1 医学部と工学部の募集状況から見ると、両学部の入学をめぐる競争は東京帝大ほど厳しくないが、定員割れでもなかった。医学部や工学部をはじめとする京都帝大が留学生に対して積極的な態度を示した理由はどこにあるのか、未だ明らかでない。

1935年度高等学校高等科卒業生帝大入学志願者調査　　単位：人

	東京帝大		京都帝大		東北帝大		九州帝大		北海道帝大		大阪帝大	
	志願者	定員	志願者	定員	志願者	定員	志願者	定員	志願者	定員	志願者	定員
法学部	1219	650	227	400	13	300	31	300	—	—	—	—
文学部	397	400	101	210					—	—	—	—
経済学部	434	350	202	250	—	—						
医学部	258	165	199	128	73	100	163	120			129	120
工学部	670	324	261	186	48	80	82	112			72	128
理学部	142	116	49	87	13	75	—	—	0	80	21	60
農学部	203	215	43	120	—	—	9	95	—	—	—	—

出典：「帝国大学・官立大学第一次入学志望調査」『帝国大学新聞』第559号、1935年1月21日。

2 第一高等学校長森巻吉より外務省文化事業部長あて、1936年5月27日。『本邦留学生予備教育関係雑件　特設予科関係』第2巻。

由としては、この年の獣医学科は定員 25 名に対して日本人志願者が 12 名しか集まらなかったことが挙げられよう[1]。

表 6-16 1938 年度特設高等科卒業生大学入学調査

大学	学部	学科	志願者	合格者	次数
東京帝大	法学部	法律	2	0	1
同上	経済学部	商業	1	0	1
同上	理学部	化学	1	0	1
同上	農学部	土木	1	0	1
同上	農学部	獣医	2	(無試) 2	1
京都帝大	法学部	法律	3	(無試) 3	1
同上	経済学部		5	(無試) 5	1
同上	文学部	倫理	1	(無試) 1	1
同上	医学部		7	(無試) 7	1
同上	工学部	土木	2	(無試) 2	1
同上	同上	機械	1	(無試) 1	1
同上	同上	採鉱冶金	1	(無試) 1	1
同上	同上	工業化学	2	(無試) 2	1
同上	理学部	化学	1	1	2
同上	農学部	農業化学	1	(無試) 1	1
同上	同上	農学	1	(無試) 1	1
九州帝大	医学部		2	1	1
熊本医大			1	1	2

出典：外交史料館蔵『在本邦留学生予備教育関係雑件　特設予科関係』第 3 巻。

[表 6-17] は 1936 年度現在における各帝大の本科生中国人留学生受

1　「帝国大学・官立大学第一次入学志望調査」『帝国大学新聞』第 559 号、1935 年 1 月 21 日。

け入れ状況であったが、京都帝大が最も多く中国人留学生を受け入れていたことが分かる。

表 6-17 各帝大における本科生中国人留学生受け入れ状況
（1936 年 6 月現在）単位：人

	東京帝大	京都帝大	東北帝大	九州帝大
法学部	1	15	8	-
文学部	1	7		
経済学部		13	-	
医学部		5	-	1
工学部		14	1	
理学部		2	3	
農学部	2	3		
計	4	59	12	1

出典：「上級学校入学状況」『日華学報』第 56 号、1936 年 6 月、66 頁。

留学生の増加に伴って、京都帝大は留学生の受け入れ態勢の整備にさらに取り込んだ。1937 年 5 月、京都帝大では「京都帝国大学ニ在学中ノ満洲国及中華民国学生ノ修学ヲ指導シ若ハ便宜ヲ与ヘ日満華各国学生ノ親睦ヲ計ル」のを目的とし、京都帝大総長を会長とする修文会が成立した[1]。学寮の経営、学修施設の助成や、見学、旅行、講習会、音楽会、運動会などを事業内容としていた。

しかし、特設高等科卒業生は無試験で京都帝大に進学できたが、成績不良などの問題は大学進学後も依然として残っていた。例えば、1937 年 3 月 18 日、医学部戸田正三教授は一高特設高等科卒業生の成績について、次のように述べていた。

第一高等学校特設高等科ヲ卒業シテ、京都帝大医学部ニ在学セル

---

1 京都大学百年史編集委員会『京都大学百年史 資料二』1997 年～1920 年、384 頁。

学生ハ成績甚不良ナリ。学年制度ニアラサルヲ以テ十年度ハ合格セ
シメ置キタルカ、其成績不良ノ原因ハ日本語ノ出来サルニ非ス、又
学生ノ素質ノ悪シキニモアラス、主トシテ数学、物理学ノ基礎教育
不完全ナルニアリ。而シテ此両学科ニ対スル教育ノ不充分ナルハ、
第一高等学校ニ於ケル教育力不十分ナルニ由ルコト勿論ナルカ、一
方中国ノ中学教育ニ於ケル此等学科ノ教育ノ不備ニ基クモノカトモ
思料セラル。本件ニ就キテハ第一高等学校当事者トモ好ク打合セ、
今後適当ニ善処セント考へ居レリ[1]。

戸田教授の考えでは、特設高等科卒業生の成績不良の原因は、学生
の日本語能力不足にあるのではなく、中国の中等教育における基礎学
科、とくに理科教育の不足にあり、しかも一高の特設高等科教育がそ
の不足を補うのに十分ではなかったところにある。前述の通り、特設
高等科のカリキュラムは日本人学生を対象とする普通の高等学校高等
科をモデルに制定されたもので、内容がほとんど普通の高等科のそれ
と同じであった。そうすると、数学や物理などがとくに苦手であると
いう中国人留学生の特殊性が無視され、特設高等科はこれらの科目の
学力を強化することに十分な役割を果せなかった訳である。京都帝大
は、そうした特設高等科卒業生に対して、数学、物理などの科目の成
績不良にもかかわらず、留学生を積極的に招致すると同時に、留学生
の特殊性に基いて入学後も一定程度特別扱いを与えたと思われる。

1932年の特設予科から特別高等科への制度改革は、留学生のため
の教育機関を創設し、成績評価や進級・進学などに便宜を図ること、
及び大学卒業までの年限を短縮することで、より多くの留学生を日本
に招致しようとする外務省の思惑の下で進められた。
しかし、教育現場に目を向けてみると、必ずしも外務省と歩調が同

1 「便宜供与 昭和12年」『在本邦留学生予備教育関係雑件 特設予科関係』
第2巻。

じであったとはいえない。一高には日本人学生と独立した、専ら留学生のための特設高等科が設置されたにもかかわらず、カリキュラムや教科書、成績評価などにおいて、留学生は日本人並みに扱われ、特別扱いされなかった。

一方、日本人学生志願者が集中する東京帝大は、自国学生の教育を優先させ、特設高等科卒業生を収容するための特別な措置を採らなかった。自身の教育方針を堅持し、対中国政治外交政策の一環である外務省の留学生誘致政策に必ずしも歩み寄ろうとしなかった東京帝大の姿勢は、国家権力に対する大学の自由という観点からすれば評価すべきであろうが、一方、留学生教育の角度からすれば、それはあまりにも保守的・排外的だと言わなければならなかった。それに対して、京都帝大は留学生の収容及び入学後の扱いに関して積極的な姿勢を示し、特設高等科出身者の無試験収容の方針を打ち出した。それは国の対華政策の一部としての留学生招致政策への順応の結果であったかどうかは明らかでないが、国の権力核心と最も緊密的な関係を持つ東京帝大と異なり、権力の中心からやや離れ、自由開放的な学風を特徴とした京都帝大ならではの留学生受け入れ方針であろう。その結果として、特設高等科卒業生のほとんどが京都帝大に進学し、特設予科時代の留学生大学入学難の問題は、ここに至って一応緩和された。

留学生の教育効果の視点から見ると、一高には留学生のための教育機関が設置されていたにもかかわらず、カリキュラムや教科書、成績評価などにおいて、留学生は日本人学生と同等に扱われた。日本人学生と差別することなく、同じ教育を留学生にも施そうとした一高の姿勢は評価すべきであろうが、そのことは結果として、当初、特設高等科に意図された留学生のための特設予備教育機関としての役割を弱めてしまい、苦手学科の学力強化機能が十分に発揮できなくなった。留学生たちは基礎教育不足という問題が解決されないまま、大学に送られてしまった。そのことは特設高等科の一つの問題点として指摘せざるを得ない。

第七章　特設高等科問題をめぐる学生間の議論

　1932 年、一高の特設予科は特設高等科へと改編された。特設高等科と従来の特設予科の違いの一つは、これまで留学生は日本人学生と共学して教育を受けたが、以後は独立したクラスで高等学校教育を受けるようになったことであった。本章ではこの予備教育制度の改編によって生じた留学生の就学形態の変化に伴う留学生と日本人学生の関わりあい方の変化や特設高等科をめぐる両者の考え方などを取り上げたいと思う。

　資料としては、当時の学生誌『向陵時報』を中心に取扱う。『向陵時報』は自治を伝統とする一高寄宿寮が発行した寮報であり、学生が自ら投稿し、自ら編集したものであり、学生の考えがある程度明確に反映されていると考えられる。

第一節　特設高等科をめぐる留学生の議論

　1932 年までの特設予科制度では、一高特設予科を経た留学生たちは第一〜第八の高等学校に分散され、教室も寮生活も日本人学生と全く一緒であった。これに対して新制度の特設高等科は、中国人留学生と日本人学生の授業分離をもたらした。そのため中国人留学生と日本人学生が寮生活を共にすることを除いて、相互に接触する機会はなくなった。さらには従来の特設予科制度では、特設予科出身者が各高等

学校に分散されるため、一校に進学する留学生は毎年多くて 10 名ほどであったが、制度改編後、高等学校教育が一高に集中することになり、一高における留学生の数が大きく膨れあがり［表 7-1・表 7-2］、留学生のみの小世界が形成され、両国学生相互間の接触・融合が成り立ち難い状況が生まれることになった。

表 7-1 一高特設予科修了生配当先年度別統計　　　単位：人

	計	一高	二高	三高	四高	五高	六高	七高	八高	札	東北	松山	不詳
1909	44	6	6	5	5	5	5	5	5	2			
1910	47	8	8	5	5	4	5	5	5		2		
1911	47	6	7	7	6	6	5	5	5				
1912	13	2	2	2	2	2	1	1	1				
1913	22	4	3	2	1	3	2	3	2				2
1914	35	5	4	4	5	5	4	4	4				
1915	48	7	5	7	6	6	5		6				
1916	50	8	7	8	1	7	6	6	7				
1917	41	6	5	5	5	5	5		5				
1918	45	7	4	6	5		6		6				
1919	48	6	5	7	5	5	6		6			3	
1920	53	6	7	7	2	3	14	6	5			2	1
1921	50	8	4	5	3	6	7	6	10			1	
1922	50	10	3	3		10	8	4	7			4	1
1923	50	7	5	5		5	14	3	10				1
1924	24	2	2	1		6	9	1	3				
1925	13	3	1			1	5	3					
1926	13	3	1	3			2		4				
1927	15	2	1	4		5		3					
1928	13	4		3			2		4				
1929	23	3	2	4	2	3		2	7				
1930	16	5	3	3				1	4				
1931	27	6	4	6	1		1	1	8				
1932	23	7	3	4					8				1

出典：第一高等学校発行『第一高等学校一覧　1936 ～ 37 年』より作成。
注：「札」は札幌農科大学予科を、「東北」は東北農科大学予科を、「松山」は、松山高等学校を略示するものである。

表 7-2　一高特設高等科入学統計　　　　　　　　　　単位：人

年度	32	33	34	35	36	37	38	39	40	41	42	43	44	45
志願者	28	38	59	117	113	121	26	40	57	93	84	95	44	35
入学者	24	26	30	40	34	20	12	18	27	38	30	37	44	35

出典：各年度文部省年報。

　留学生予備教育の改革は外務省によって主導されており、そもそも両国学生の意見が念頭に置かれることはなかった。実際上にも、『向陵時報』の紙面を見る限り、留学生予備教育制度の改革とそれに伴う留学生の就学形態の変化は、当初、両国学生間で話題に上がることもなかった。この問題を最初に指摘したのは日本人学生井上彬夫で、それは特設高等科が設置されてから一年半後、留学生孫本遠の自殺未遂をきっかけとしてのことであった。1933 年 12 月 27 日、特設高等科理科二年生、北寮一号室に在室していた偽満洲国留学生孫本遠は、旅行先の小田原で硫酸を服し、自殺を図った。12 月 28 日付の『読売新聞』では、自殺は「家庭の複雑な事情によるもの」だと報道されている[1]。

　これに対して一高生井上彬夫は、確かに孫本遠は家庭事情に煩悶していたかもしれないが、自殺の原因はそれだけではなく、日本人学生との交流が少なく、憂悶を晴らす方途がないため、ついに自殺に追い込まれたのではないかと考えた。彼は 1934 年 1 月発行の『向陵時報』55 号に「満支留学生の新制度に就いて」という論説を発表し、次のように主張した。

　　現在一高における何より遺憾な留学生の制度に就て述べたいと思ふ。この問題は一高において現在非常に重大な問題であるにもかゝはらず、何人も、又留学生自身も言はねばならぬことを腹に沢山蔵し乍ら一言も口を開いて居らぬ。実は今日（十二月二十八日）新聞

1　『読売新聞』1933 年 12 月 28 日朝刊。

紙上に一高の留学生某君自殺の記事を見て、今まで自分の思つて居たことを書き度くなつて、此処に禿筆を上げる訳である。

　（中略）従来留学生は一年間の日本語その他の準備教育の後に、一高始め全国の高等学校に配属されて、我々と同じ一つのクラスの中に生活し、共に学び共に遊んだのであつた。自分達と同学年の留学生とは、それこそ、同君が留学生であること等はとうの昔に忘れて了つて、親密に僕等とあらゆる話をし合ひ生活を共にして来た。実にうまく行つて居る。（中略）現在の特設高等科制度において、留学生は一つのクラスに集められ、日本人学生と何の関係もなく教育されるようになって、留学生に一高精神を、日本精神を理解してもらうことはできなくなってしまった。特設高等科制度を廃止し、従来の特設予科制度に戻るべきである[1]。

　1931年に入学した井上彬夫は、ちょうど特設予科から特設高等科への変革期に一高に在学していたので、その制度の変革によってもたらされた変化を十分に実感しえたといえる。留学生受け入れ制度の改革によって、日本人学生と留学生との接触の機会が狭められ、友情が育ちにくくなってしまったことを、彼は自らの経験から指摘したのである。

　井上彬夫のそうした指摘に刺激を受けて、留学生たちはこの問題をめぐり、盛んに議論を交わした。1932年特設高等科に入学した留学生廖済寰は、『向陵時報』（58号、1934年4月）に投稿し、井上彬夫と同じように、特設予科制度を復活させようと主張した。彼は新旧制度について次のような発言をしている。

　新制度は勉学上物質上に過去の本科分配制に比べて劣らないと思ふが、しかし留学生の精神上、殊に留学生と本科生との感情問題は

1　井上彬夫「満支留学生の新制度に就いて」『向陵時報』55号、1934年1月。

昔と大きな変異があると思ひます。我々留学生が折角遠く故国を離れて日本に来たのは、云ふまでもなく、日本学生と共同授業を受けたいからであつて、決して、自国同志で一緒になつて全然国内で勉強すると同様で、留学の真意を失ふ様な差別教育は欲しない。それにつれて、両国の学生が接触する機会が少く、又、正しい認識と深い諒解が出来難いので、感情の融合する機会が少ないばかりでなく、動もすれば誤解し易いのである[1]。

特設予科が特設高等科に改編されたことによって、一高における留学生と日本人学生との接触の機会が失われ、留学の意味がなくなってしまったと同時に、友情も育ちにくくなったという認識である。

しかし、特設高等科制度が従来の特設予科制度に劣っているという上述の意見に対しては、留学生の中には異なる意見を持つ者もいた。例えば、姚継崇は、特設高等科制度及び留学生と日本人学生との関係について、「駒場諸賢に告ぐ」と題する文章を『向陵時報』（77号、1935年）に載せた。彼はまず「先年の予科制度に較べれば、吾々はそれ（特設高等科制度—筆者注）に反対する理由もあるが、他面から考へれば特高の存在理由はないともいへない」と態度を表明したうえで、その根拠を次のように述べた。

そもそも一国の健全なる発展には各種の人才を要する。お医者ばかりでは国家を立てることは出来ないと同様に、政治家丈では一国を強盛の域に導入することは冗談にすぎないのである。帝大への橋である処の特高には文科もあれば、理科もある。互の交際によつて文科の人と理科の人の間に連絡が取られる。三載□□（判読不能）の間、朝夕苦楽を共にする。特高を出て北海道や九州に別れて行つても、将来祖国で会へば依然として濃厚なる友情が存することは明

1 廖済寰「感想—向陵に於ける本科生と留学生について」『向陵時報』58号、1934年4月。

かである。彼等は祖国の各方面の領袖になる。善き連絡と友情と学力とを以て祖国の確乎たる棟梁となる[1]。

彼は、眼ざしを特設高等科内部に向けているのである。中国各地から選ばれた秀才は、特設高等科で三年間寝食を共にし、友情を培養して、帝大を経てから、中国に戻って、中国の発展に貢献する。そこにこそ、一高特設高等科の存在理由がある、と姚は新しい留学生受け入れ制度を積極的に評価している。しかし、姚は留学生内部の問題に注目したとはいえ、必ずしも日本人学生との接触・融合を否定した訳ではなかった。姚は当時における日中外交関係に注目して、日本留学の意義を次のように捉えていた。

満洲事件と上海事件は吾々中国青年に莫大なる刺戟と感奮とを与へた。日本は果たして吾々の敵か、それとも吾々の友か！苟くも中国の熱心にして冷酷なる思考を持つ青年であればその問題に悩まされざるを得ないであらう。しかしながら敵であるにしても日本に敵対する為に吾々は日本そのものを知らなければならない。友であるにしても、孔子のいはれたが如し『知之者不如好之者、好之者不如楽之者』吾々はその第一歩たる『知』に向かつて努力しなければならない。故に二三年中国留学生は澎湃たる潮の如く日本へ流れ込んで来た[2]。

「同文同種共栄共存」を標榜しながらも、九一八事変や第一次上海事変などを引き起こした日本をさらに「知る」ために、多くの留学生が日本にやってきたのだと彼は言う。彼は「知己知彼」という目的から、大いに日本人学生と接触するよう提言した。

姚と同じように、特設高等科生内部の問題に目を向ける一方、日本

1　姚継崇「駒場諸賢に告ぐ」『向陵時報』77 号、1935 年 11 月。
2　同上。

人学生との接触をも呼びかける留学生は少なくなかった。姚が文章を
載せた二ヶ月後、留学生蔡耀祺も『向陵時報』に投稿し、特設高等科
に対する彼の見解を表明した。彼は、特設高等科では半数は新渡来の
留学生で、半数は華僑の子であり、言語の不通などによる誤解や日本
育ちの留学生が陥りやすい祖国の現状に対する認識不足の問題を指摘
した[1]。また、彼は、寮の一室あたりに配分される留学生は多くても4
名までなので、留学生内部での交際範囲が狭いことを指摘し、「将来
祖国の第一線に立つて活躍すべき我々にとつて友は鳥の両翼の如く、
車の両輪の如く相提携すべきもので、従つて交際は広く且深くなけれ
ばならぬ」という。これらの問題の対策として、彼は一年生を対象
に、特設高等科の組選部屋[2]の設立などを主張した[3]。蔡もまた日本人
学生と積極的に接触して、彼らの世界に深く入りこんでいくべきだと
主張した。その理由は次のようであった。

（前略）留学の本義とは、いふまでも無く、第一に日本が明治維
新後、近々六十有余年間に、一小国から発して、堂々世界の大国と
肩を並べるに至りし原動力が何に在つたかといふ事を考究せねばな
らぬ。この一事は最も我等の重大視すべきもので、この一事を忘却
せんか、留学の本義の大部は消失せりと断言するも過言ではない。
次に日本の進歩発達せる芸術なり、科学なり、或は、教育、風俗、
その他あらゆる方面に亘つて研究の槌を振らねばならぬ。この二つ

1　前掲『向陵誌・駒場篇』(47 頁) には「昭和十年春からは、国籍の如何を問わず、
　　日本の中学出身者が新入生の約半分、華僑が約五分の二を占めるようになり、
　　その内部構成ははなはだ複雑となっていた」という記述がある。
2　組選とは学校のクラス（合計 10 クラス）区分による対抗試合である。組選
　　の選手は一年生に限られる。寮の室割りでも、組選部屋は一年生を対象に、
　　組の数だけ、すなわち十室を割り当てられた。二年生はそのコーチとなり、
　　一年生の生活まで指導し、三年生が応援する。組選と組選部屋はクラスの団
　　結のよい機会であった。
3　蔡耀祺「特高組選設立の必要性」『向陵時報』79 号、1936 年 1 月 17 日。

は最も肝要な事であつて、この目的達成の手段としては親しく日本
の学生諸君に接して、共に共同生活を営むにある。特高が設けられ
たる所以は、実にここに存するのであつて、即ち一高の寮生活を味
はせる為に外ならない[1]。

彼は、日本人学生との接触の必要性と意味を、日本の急速な発展の
原動力を理解し、それを学び、将来の中国の発展に生かすという点に
帰着させる。蔡はこのように寮生活で日本人学生と密接に接すること
で留学の目的を達成しようと呼びかけたが、留学生江右書はさらに一
歩進んで、留学生の全員入寮を提唱した。1932 年度の留学生の在学
者数は 107 名で、そのうち在寮者は 87 名であった[2]が、江は留学生全
員が寮に入り、日本人学生の世界に深く入り込んで、彼らと有意義に
接触すべきだと主張したのである[3]。

以上見てきたように、留学生たちが留学生教育制度のあり方や日本
人学生との接触問題を考える際、中国の現実と当時の日中関係に正面
から向き合わざるを得なかった。従来の特設予科制度と新しい特設高
等科制度の優劣を論じるにあたって、その根本的な出発点は帰国後の
中国の厳しい現状を打開するのに役立つかどうかにあった。また、特
設高等科制度を肯定するにせよ、否定するにせよ、日本人学生と積極
的に接触しようと主張することについては、みな共通している。しか
も、その目的はいずれも「日本」という国、「日本人」という国民を
より深く認識して、その認識を中国の発展や中国の対日外交における
方針策定に役立たせることにあった。

1　前掲蔡耀祺「特高組選設立の必要性」。
2　前掲『向陵誌・駒場篇』47 頁。
3　江右書「留学生近感」『向陵時報』80 号、1936 年 2 月 1 日。

第二節　特設高等科をめぐる日本人学生の議論

　上で見てきたように、1936年上半期まで、『向陵時報』紙面における特設高等科に関する議論は、井上彬夫を除いて、すべて留学生同士のみで行われ、日本人学生は議論に参加しなかった。特設高等科問題が日本人学生の関心に上るきっかけとなったのは、1936年9月の附属予科増設計画であった。

　前述した通り、一高の特設予科が特設高等科へと改編された後でも、特設予科時代からすでに存在していた留学生の学力不足問題は、依然として学校側にとって頭痛の種であった。学校側はそれを打開しようとして、直接特設高等科に入学するには学力がやや不足している留学生を30名収容し、特設高等科への入学に先立ち、更に附属予科で一年間の予備教育を行い、基礎学力を養成しようとした。一高が文部省、外務省と検討した結果、1936年9月特設高等科附属予科設置案がまとめられた。ところが、この設置計画が一高生に伝えられたところ、大問題に発展してしまった。というのは、学校当局はこの附属予科制度を導入するにあたり、附属予科生を正規の一高生とは見なさず、彼らを全員通学生として、その統制も寮委員の管轄外に置こうとしたのであった。しかし、附属予科生の「全員通学」を認めるということは、日本人学生にとって「理解し難い所」[1]であった。前述したとおり、一高の長い歴史の中で、「学校即寮」、つまり学生の全員入寮[2]が伝統として定着していた。それは外との関係において俗世と一線を画し、籠城主義を固く守り、内との関係において学校即寮と自治を原則とし、寮の共同生活の中で友愛と真理を追求することを旨としてい

1　隅谷三喜男ほか五人「特高予科問題」『向陵時報』87号、1936年10月。
2　健康上などの理由で「通学届け」を提出して、通学する場合もあるが、原則上、全員入寮を建前としている。

た。したがって、附属予科生を一高生と見なすにしても、見なさない
にしても、日本人学生にとって、附属予科生の「全員通学」は一高の
伝統に反するものであった。一高生と見なす場合、通学を認めること
は一高の全員入寮の原則と矛盾する。一高生と見なさない場合、「一
高生に非ずして校門を出入する」ことは「籠城主義から見れば正に
苦痛」[1] であった。さらに、附属予科生が寮委員の管轄外におかれるの
は、一高の自治伝統を脅かすものだとされた。そこで、附属予科生の
存在は一高の伝統を破壊するものだとして、日本人学生たちは特設高
等科に附属予科を増設することに強く反発したのである。

　例えば、隅谷三喜男ら五人の学生は、『向陵時報』に「特高予科問
題」という論説を寄稿し、「この新しい問題、而も極めて特異な問題
に対しては、寮自体として充分考へねばならぬ問題が多い」として理
由を挙げ、「本問題の実行を延期すべく、学校当局に請願」[2] すべきだ
と主張した。議論の出発点について、彼らは次のように語っている。

　　予科制度の効果の如きは、全く教育上の問題に属する事で、吾人
　　はかゝる問題を云々する事は許されぬし、又、すべきでないと信じ
　　てゐる。何故に予科問題を論ずるかと言ふに、それが深く寮の問題
　　と関係して来るからである[3]。

　一方、「あの永い四囲の柵も結局は精神的独立のシムボル」でしか
なく、「予科生が出入した所で固より籠城の本質に関するものでもな
い」[4] として、附属予科の設置に反対しない立場を表明する学生もい
た。

1　今井明保「留学生に就いて」『向陵時報』89 号付録特高問題特集号、1936 年
　　11 月。
2　前掲「特高予科問題」。
3　同上。
4　前掲「留学生に就いて」。

そうしたなか、附属予科の設置可否のみならず特設高等科自体のあり方、その存否に関する問題さえ盛んに議論が交わされたようになった。ついに、『向陵時報』の89号には付録として特高問題特集号がつけられた。付録特高問題特集号では特設高等科問題に関連する投稿が数多く掲載されているが、ほとんど日本人学生や特設高等科関係教官の議論であった。以下、これを手がかりに、留学生の教育制度に対する彼らの考えを考察する。

特設高等科主事の竹田復は「特設高等科設立の精神は、従来の特設予科制度を拡充し、出来得る限り多数の隣邦留学生を収容して、之に官立大学進入の便を与へ、所定の年限内に我国最高の学術を修得せしめその間能く本邦の事情を知悉理解せしめ以て善隣友誼の一端に為すに在り」とした上で、次のように述べた。

文部外務両省が特設高等科を本校に委託せるは、上述の設立精神に拠り、本邦高等学校高等科教育を完全に授くるに在り。故に学力の養成と共に、訓育の一事は、最も重視せざるべからず、而して、本校訓育の根底は実に、寄宿寮生活に存すると謂ふも不可なきなり。是を以て、留学生も全然本校生徒と同様に取扱ひ、其の全員を寄宿寮に収容し、然かも本校生徒と同室に混合起居せしめて、薫化影響を与へ、以て制度に依る差別授業の短を補ひ、真に第一高等学校における、学生生活の訓練を享けしむることとせり[1]。

大塚隆之は、次のような意見を発表した。すなわち、留学生と日本人学生との授業分離は特設予科から特設高等科への改革によってもたらされた。それに対して学校側は寄宿寮の共同生活によって両者の融合を図ろうとしたが、それは十分な効果を挙げられなかった。その原因は一高寄宿寮の組織形態にあった。

---

1 竹田復「特設高等科解説」『向陵時報』89号付録特高問題特集号、1936年11月。

　留学生を高等学校で養成しようとする時、一高の寄宿寮を選んだのは留学生養成といふ点より我寄宿寮に生活を共にする次第になつた。然るに、その時、我が寄宿寮の組織といふ事に何故もつと留意しなかつたのか。(中略)抑々現在の一高は、一年及び各部会の室は何れも各組混合であるから之は問題はない。然し、二年三年は将来はいざ知らず少くとも現在は各々組別である。組が異ふから他を排斥するといふのではないが、留学生をして―即ち他国人をして―我々と寮を共にせしめる際に何故、寮を共にせしむるのみに留まりて学校即ち学級をも共にせしめなかつたのか。もつともつと寮の現組織を考慮してやらねばならなかつたのではあるまいか。(中略)然らば俺は宜しく、留学生は或る特別の規約の下で一高の学級中二、三名宛編入し、全く本科生と同様に取扱ふべきだと信ずる[1]。

　日本人学生と留学生が寮生活を共にすることは建前としてあるが、寮室がクラス別に編成されるという一高の寮の組織形態から考慮すれば、クラスを異にする留学生が寮に編入されても、日本人学生との融合や同化に大いに役立つことはないと、大塚は言うのである。彼は寮の組織形態の視点から問題を検討し、結論として、日本人学生と留学生との共学を特徴とする特設予科の復活論を提出するのである。
　しかし、特設予科と特設高等科の優劣に拘らずに、現在の制度の下で、両者の融合と同化は必要か、必要ならば、如何にしてその融合を実現するのか、それこそが両者の当面の問題ではないかという立場に立って発言する者も少なくなかった。この立場に立つ村上昭の発言をまず見てみよう。彼は「特高問題私見」において、留学生問題の現状及びその発生の原因、解決方法などを論じた。彼は留学生の同化を留学生に対する取るべき方針、且つ基本目標としていた。

1　大塚隆之「偶感」『向陵時報』89 号付録特高問題特集号、1936 年 11 月。

　　我々は徹底的教化一高を完了したる学徒として留学生を卒業させ
るべき義務をもつ若し我々にして留学生の中途手立なる一高生と
して卒業するを拱手傍観するが如きことありとせばそれは一高本来の
精神に則り、断じて為すべき態度ではない。(中略) 我々の方針は
量的多数を要望せんとするに先立ち、先づ個々の留学生同化の完璧
を期するに在る。然も、その個々の留学生は遂に本科生と完全に等
質化する程度を目標とするは云ふ迄もない[1]。

　村上は留学生と日本人学生の芳しくない現状の要因を次のようにま
とめた。一つは特高生の学力・能力の低調であり、もう一つは一室内
の留学生の人数が多すぎること、さらに日支・日満融合の積極的運動
の不足も原因の一つとして挙げた。

　留学生の学力低下への対策として、村上は入学試験の厳格化による
留学生の減員を主張した。彼によれば、「友情が愛と尊敬とより成る
ものとすれば、本科生にとり心底より特高生の素質才能、教養等を尊
敬し得ることは必須の条件」であり、「尊敬し得ずとせば致命的であ
る」。入学試験を厳格化することによって、特設高等科留学生の質を
高めるべきであるという。留学生の部屋割りについては、村上は一室
一人の原則を出した。現状では、三年部屋平均一人で、二年部屋四人
余り、一年部屋三人足らずの比率であるが、留学生は朝から晩まで、
留学生同士中国語で語り合い、自分たちの時間割の下で起居してい
る。それを避けるためには、一室に留学生を一人のみ収容するのが同
化、融和に役立つ、と言うのである。

　三木久男も「特高問題雑感」という一文を『向陵時報』に載せ、次
のようにその問題に対する考え方を表明した。

1　村上昭「特高問題私見」『向陵時報』89 号付録特高問題特集号、1936 年 11 月。

　高等学校其他学校とは全体の社会と有機的連関は保ちつゝも、社会生活のルテンから遊離して、社会の発展、生成、現在構造等を客観的に観想し得る存在であり、（中略）その故にそれは社会の制約する政治的、外交的なものを排除しなければならぬ。（中略）一高に政治的理由を以て、特高予科、特高の如きを押付けるのは誠に社会の責任転嫁といはねばならぬ。（中略）一歩譲つて、容認したとしても徹底的に同化し得る程度までゝある。（中略）要するに、私は人数の制限をしなければ、一高は特高自身の消化不良に陥り、一高自身の生長にも害があると考へる[1]。

　村上と三木は、いずれも、日中両国の現実的な政治的、外交的問題からではなく、一高の伝統と校風から留学生問題を考えていた。彼らは留学生の徹底的な同化論の立場に立って、同化を果たすため、留学生の減員まで主張した。

　留学生と日本人学生は、いずれも留学生教育機関の制度的改革を機に生じた両者の接触・融合の問題に関心を寄せていた。しかし、日本人学生は留学生のように厳しい現実問題を抱えていたわけではなく、現実的な国際情勢や外交関係と距離をおいて、校風や友情などの理想を高く語り、留学生を一高の校風に同化させ、融合させることを目指していた。

第三節　特設高等科問題の結末

　特設高等科や附属予科増設をめぐる日本人学生の見方を『向陵時報』を中心に検討してきたが、日本人学生は、特設高等科の改革や附属予科の増設問題をめぐって、寄宿寮委員を代表として実際に学校側

1　三木久男「特高問題雑感」『向陵時報』89号付録特高問題特集号、1936年11月。

と交渉を続けていたのである。その詳細は『向陵誌・駒場篇』に記録されている。以下、『向陵誌・駒場篇』の記述に沿って、その交渉過程を見てみよう。

1936年9月に、学校側は附属予科増設案を寄宿寮委員に示した。同年10月、一高寄宿寮委員長岡鍈太郎及副委員長村上昭が外務省文化事業部の一高先輩を訪問して以下のように語った。

①特設高等科は別の建物において留学生のみを一団として授業を行う。また、寄宿寮の一室に二名ずつ以上の留学生を収容することは、留学生を徹底的に日本人学生の生活に同化させることを不可能にしてしまう。そうすると、寄宿寮においても教室においても、留学生は日本人学生とまったく接触しないことになってしまう。一室に一名ずつの留学生を収容すべきで、現在運動部部員以外の学生を収容する寄宿寮が全部50室に過ぎないため、留学生全体の定員が60名を超えないように、すなわち毎年20名以内に収容すべきである。

②特設高等科に附属予科を設置するにあたり、制服を一高生と異なる、一高生でない附属予科の学生が一高の敷地内で授業を受けることには絶対に反対する。それは一高の自治精神を涵養するため、世間と没交渉に身心の修練をなすという一高の伝統と矛盾するものである[1]。

この一高生の訴えに対して、外務省文化事業部は「一般に斯ふ云ふ問題は大局に立つて考へれば直き分かることだ」[2]と返答を返した。

10月25日、寄宿寮委員はさらに会議を開いて、さらに対応を検討したが、全寮生緊急総代会を開いて、そこで次の議案を上程することを決めた。

① 自治寮本来ノ主旨ニ則り明年度ヨリ特設高等科採用人員ヲ左ノ
　　如ク改ムル事ヲ学校当局ニ請願スルノ件

1　「便宜供与」1936年。『在本邦留学生予備教育関係雑件　特設予科関係』第2巻。
2　「特設高等科新設を寮総代会で承認す　一高多年の懸案解決か」『帝国大学新聞』第652号、1936年12月14日。

特設高等科採用人員ヲ昭和十二年度ヨリ二十名以内トス
②特設高等科予科ヲ校内ニ設置セザル様学校当局ニ請願スルノ件[1]

　一方、11月9日には、学校側は、寄宿寮委員と面談して、特設高等科及び附属予科設置の趣旨をあらためて説明した。その後、寄宿寮委員はさらに学校側と協議を重ねて、特設高等科の減員について、数を確言することができないが、実際には多くとも一年当たり30人を上回ることはなく、しかも、附属予科の設置も人員増につながることはない、との内意を得た[2]。このため、寄宿寮委員は特設高等科減員を学校に要求することをやめ、附属予科の校内設置の可否のみを問題とすることにした。寄宿寮委員は、連日会議を開き、「積極的賛成から積極的反対に至る選択肢のうちどの態度をとるべきか」、「予科の校外設置の可能性はないか」などを検討した[3]。

　こうして附属予科設立の当否問題が盛んに議論された末、遂に1937年1月の生徒総代会に持ち出されることとなった。当日、「傍観席は満員の盛況を呈し終始白熱的論戦が展開された」という有様であった[4]。生徒総代会で出された寄宿寮委員会の提案は以下の通りであった。まず附属予科の設置に関して、これを学校構内に設置することには反対はしない。しかし、外務省と文部省が交渉開始以前に寄宿寮委員に通告せず、寮生に考慮の余地を与えなかったことに対しては、遺憾の意を表するという態度を学校当局に提示する。寄宿寮副委員長はこの提案理由について次のように説明した。

　　予科は寮にとり不都合遺憾の点なしとしないが、僅々十数名の予科生が朝に特高校舎の一室に来り昼過ぎて帰り行くことが果して寮

1　前掲『向陵誌・駒場篇』49頁。
2　同上、50頁。
3　同上、51頁。
4　「予科設置に決す　記念祭二日案も可決」『向陵時報』91号、1937年1月19日。

生活を脅かし甚だしく悪感情を抱かしめるに足らうか吾々寮委員は結局予科設置により一高が何等本質的阻害を受けず寮生が純正なる向陵生活を歪曲せられる事の断じてなきを確信したるが故に当局の切なる希望を入れるのである[1]。

　上述の提案及び提案理由をめぐって、各室総代は激しく議論したが、最後の採決では、賛成54票、否決18票、棄権11票、無効3票で、過半数をもって委員提案が可決された[2]。以上のように日本人学生は一高の伝統や校風を守る立場にたって、特設高等科に附属予科を増設することに反対したが、設置案がすでにまとめられ、公開された時点で、やむをえず妥協したのである。こうして、特設高等科問題も、附属予科の増設によって一段落を見たのである。

第四節　棣華会の活動

　留学生と日本人学生は、接触・融合問題、さらには両者間の感情問題を解決するために、議論を重ねただけでなく、実際的な努力もそれなりに払った。たとえば留学生たちが結成した、華僑の子弟向けの「中華民国語講習会」には、日本人学生の参加も歓迎されていた。一方、日本人学生たちの「瑞穂会」も中国思想専攻の教授麓保孝を招いて「支那語講習会」を組織していた。
　そうしたなか、1934年4月に結成された「棣華会」の活動には注

1　前掲「予科設置に決す　記念祭二日案も可決」『向陵時報』91号。
2　同上。

目すべきものがあった[1]。この会は、日本人学生が留学生と日本人本科
生との親睦融和を図るために結成したもので、会の名称は特設高等科
生徒主事竹田復が命名したという。「棣華」とは「にわうめ」の花の
ことで、重弁花を開くため、兄弟仲のよいことにたとえられる。会員
を募るというような会ではなく、年に何回か、生徒主事の主催で総会
が開かれ、誰でも出席できるような組織であった。教師も列席し、留
学生と日本人学生が食事を共にしながら、自由に発言して交流すると
いうような組織であった。

　しかし、一高が駒場に移転する 1935 年以前、この会合は二三回開
かれていたが、寮生たちの関心は薄かった。だが、上述のような特設
高等科に関する論議の高まりが、棣華会の活動を刺激する契機となっ
たのである。1936 年 6 月駒場移転後の第一回事業として、留学生と
日本人学生有志が協議のうえ、棣華会春季大会が開催され、三十数名
が参加した。特設高等科生徒主事竹田復及び教授佐々木順三、麓保孝
も列席した。当時の模様について、『向陵時報』は「東洋の文化使命―
棣華会春季大会」として、次のように報じた。

　　一同歓談裡に晩餐を共にし、やがて猪野君起つて開会の辞に代へ
　て堂々抱負を述ぶるや、朱君起こつてこれに応じ、つづいて荻原君
　司会の下に佐々木、竹田、麓の三先生、棣華会の功労者、常見、宇
　都宮、増田の三先輩は交々感想を披瀝される。参会者は次々と起立
　して所感、自己紹介、珍芸を披露し第一回大会にふさはしき和気漲
　る。かくて午後十時半、『玉杯』二唱を終れば、竹田先生、『華会万
　歳』を三唱、一同これに和し、名残惜しき会を閉ぢた[2]。

1　棣華会の活動の概要について、『向陵史・駒場篇』及び「東洋の文化使命―
　棣華会春季大会」『向陵時報』85 号、1936 年 6 月、「機熟して　動く棣華会」『向
　陵時報』89 号付録特高問題特集号、「若宮卯之助氏講演"日本人と支那人"―
　棣華会」『向陵時報』89 号付録特高問題特集号、「東亜の明日を背負ふ両国青
　年の結び堅し―棣華会例会」『向陵時報』107 号、1938 年 5 月、を参照した。
2　「東洋の文化使命―棣華会春季大会」『向陵時報』85 号、1936 年 6 月 25 日。

　11 月の秋季例会は時期あたかも特設高等科問題をめぐる議論の最中なので、寮生の関心は自ずと高く、70 余名も集まった。そのほか、棣華会は講演会や日帰り旅行などのさまざまなイベントも主催した。1936 年 11 月 9 日には、日本新聞社主事若宮卯之助を招いて、「日本及び支那の民族性の対照に就き」という主題の座談会が開かれた。若宮卯之助は「日本人と支那人」をテーマとして二時間半にわたる講演を行っている。参加者は 20 人あまりであった。さらに、棣華会は 1937 年、1938 年、1939 年、1940 年のそれぞれの夏休みに、寮生を募集して満洲旅行を企画した。それは外務省文化事業部による事業の一部として、旅費の補助も受けた。参加者はいずれも数名、全員が日本人学生で、留学生で参加した者はなかった。その後も年に何回か例会が開かれたが、最終回は 1942 年であったという。

　しかし、棣華会は親睦を主とする会で、会の目的を達成するために具体的に何をするかというような討議は余りなされていないので、その実際の効果は薄かったと考えられる。満洲旅行のような留学生参加者のいない日本人学生のみでの催事が、両国学生相互間の理解と親善に果たしてどの程度貢献することが出来たか、疑問がある。

　また、この会は、「起りつゝある政治上のそして殆んど利害のみをその根本の動機としてゐるかの如き解決」[1] ではなく、「権謀術数を裏にもたない人間と人間との理解に基づいた向上」[2] を主旨としていたが、実際には教師の命名によって成立し、会合のたびに、教師も出席し、指導していたように、学生間の自治組織ではなく、学校側の官僚的唱導機関の色彩も濃厚であった。学校側の庇護の下で成立した日中学生の親睦を目的とする棣華会のような組織は、その成果が期待できるものだろうかと、一高生自身がよく指摘する所であった。例えば、杉山伊佐武は次のように批判を行っている。

1　「棣華会ニュース」『向陵時報』92 号、1937 年 2 月。

2　同上。

学校当局の保護の下に所謂向陵名士を以て組織せる棣華会の如き
存在は、先生の御尤もな訓話を拝聴し、各々御尤もな説を述べ、金
何十銭也の夕飯を食ひ、その瞬間一寸和やかな気分になつて見たり
するだけで、唱導機関としては兎も角、両者の本当の親善融和には
大して役立たない事を知らねばならない[1]。

棣華会委員自身もその活動が実際に挙げた効果には満足できなかっ
た。根本的な原因はやはり基本の留学生受け入れ制度にある、と認識さ
れていたようである。「棣華会ニュース」に次のように記されている。

棣華会は理想を掲げる前に先づ具体的運動として本科生、特高生
の個人的接触を計るべく、一泊旅行や日帰り遠足を企てたのであ
る。しかしかかる行事に対する寮生間の関心は、特殊の有志者を除
いては、両者共に浅く、予期の成果を挙げ得なかつた事は、頗る残
念であつた。（中略）寮生活に於ける両者間の精神的問題を云々す
る前に、我々は現在の特高制度そのものを、もう一度振返つて見る
必要があるのではなからうか。そこには幾多の複雑な問題が横はつ
てゐるのであるが、こゝではその一つを取上げて見る。即ち寮生活
は共にしながらも、而も教場が異るといふ根本的な矛盾である。特
高生が日本語に不自由であるといふことを度外視するわけではない
が、特高設置以前の一高に於ける留学生が、本科生と全く同じ課程
を学びながらそれ程の不便を感ずる事なく、学ぶべきものを学んで
行つた事から推して、教授内容及び試験の同一課程は、当然合併授
業を行つてこそ、留学の意義も深くなり且両者間の精神的融合も円
滑に行はれるのではなからうか[2]。

1　杉山伊佐武「留学生について」『向陵時報』86 号、1936 年 9 月 17 日。
2　「棣華会ニュース」『向陵時報』号外、1941 年 1 月 23 日。

　棟華会委員の努力にもかかわらず、この会の活動を通して両国学生の感情問題が必ずしも好ましい方向へ向かうには至らなかった要因には、やはり特設高等科の単独授業という問題が根底にあった。制度の改革による授業分離がもたらした日中両国学生の感情上の隔たりは、棟華会のような学校唱導機関の活動では埋めることが結局できなかったのである。

　外務省は、文部省と共に特設予科制度を改め、特設高等科を設立することによって積極的に留学生受け入れ体制を整備しようとした。しかし、この改編は、留学生と日本人学生との授業分離をもたらし、両国学生間の接触・相互理解の機会を削る結果になった。この時期に至り、特設予科時代には大きな問題にならなかった留学生と日本人学生との融合問題が、日中両国学生の間で盛んに議論されるようになった。

　ところで、この問題を検討するにあたって、日本人学生は国家レベルの政治的、外交的な観点から留学生との関係を考えたわけではなかった。彼らは、留学生を日本人学生と接触・融合させることで同化させ、一高の校風や伝統を維持することに主要な関心があった。籠城主義を掲げ、自他の区別を鮮明にさせる一高生はとうてい自治寮における異質的な者の存在を受け入れることができず、留学生に対しても生活上や言語上の不便への特別な配慮はなく、それらを徹底的に同化させる態度で彼らと接した。その場合の「同化」は国の政治外交的な立場からのものではなく、あくまで一高の排他的な思想的な伝統によるものだと言ってもよいであろう。

　一方、留学生たちも日本人学生との接触と融合を強めることには賛成したが、その出発点は違っていた。彼らは、日本人学生との接触を留学目的の達成手段と見なす傾向があり、またその関心は、留学生内部の連絡を通じて、中国の現実問題を解決することに重点が置かれていた。

　相互の接触・融合を促進するため、両者はそれぞれそれなりの努力
をした。しかし、その成果は限られたものにとどまった。棣華会のよ
うな学校の唱導の下で成立した両国学生の親睦を目的とする組織は、
その成果をほとんど出すことはできず、留学生教育制度の改革による
両国学生の感情上の隔たりが依然として存在していた。

第八章　戦時下の一高特設高等科
―元留学生の回想文を手がかりに

　戦時中、特設高等科で勉強していた留学生はすべて 1937 年前に来日した留学生や、華北・華中及び偽満洲国などの傀儡政権からの留学生であった。日本侵華戦争の進行に伴って、学校側の特設高等科留学生に対する監督や管理が一層厳しくなったことは言うまでもない。また、祖国で日本の侵略が進められていく緊迫した状況の中で、特設高等科の留学生は、どのような思いで日本へ留学に来たのか、彼らの留学生活はいかなるものであり、彼らはどのように日本人や日本社会と触れたか、彼らにとって留学経験とは何だったのか、彼らがいかにその後の人生を歩んでいったのか、戦時下における日本留学の実態、とくに留学生の個人としての側面を語る必要がある[1]。

　本章は戦時下における特設高等科の留学生受け入れ状況及び彼らに対する学校側の訓育内容、さらに当時の留学生の心境及び彼らのその後の人生の軌跡を明らかにしたいと思う。しかし、1941 年より、外務省が所管してきた留学生受け入れ事業は外務省文化事業部の廃止により興亜院に移管され、さらに 1942 年 11 月、興亜院が大東亜省に吸

1　戦時中の留日経験が留学生に対するその後の影響について、以下のような研究がある。川島真「過去の浄化と将来の選択―中国人・台湾人留学生」と王雪萍「『留日学生の選択』―〈愛国〉と〈歴史〉」劉傑・川島真編『1945 年の歴史認識―〈終戦〉をめぐる日中対話の試み』東京大学出版会、2009 年 3 月、河路由佳・淵野雄二郎・野本京子『戦時体制下の農業教育と中国人留学生』農林統計協会、2003 年 12 月。

収されたため、その以後の留学生の勉学や生活、思想状況を反映でき
る史料の保存状況は極めて悪く、戦時下における特設高等科の留学生
の全体像を把握するのは、至難のわざである。幸いに、特設高等科留
学生の回想録などの資料が数多く公開されている。それは、彼らの留
学動機や実態、その心理状態、あるいは意識などを知るための重要な
手がかりであり、この時期留学史研究の基本的な資料の一つである。

　そこで、本章ではまず史料の許す範囲内で戦時下における特設高等
科の状況を把握した上、そこで学んだ留学生たちの中から何人かを選
び、彼らの回想文を手がかりとして、戦時下という特殊な状況の下で
日本留学という道を歩んでいた留学生たちの勉学や生活の様子を描き
出すことを試みる。資料として用いるのは留学時代から何十年以上も
後の回想であるため、細かなところでは当時の状況と乖離している可
能性は否めない。また、これらの回想が語られる時間と空間は当時の
状況と大きく変わり、これらの回想からどこまで歴史を再現できる
か、つまり回想録の持つ信憑性の問題を克服しがたいのは確かであ
る。しかし、この章においては、戦時下における留学生の一高時代の
生活や勉学の様子などについて、客観的な事実として述べるわけでは
なく、あくまでも彼らの中で生きている一高時代、彼らの青春の思い
出として述べることをことわっておく。

第一節　戦時中の特設高等科

1. 盧溝橋事変後の特設高等科

　1937年7月の盧溝橋事変が勃発する以前、日本に学ぶ中国人留学
生は約6000人にも及んでいたが、事変後9割が帰国し、10月には駐
日留学生監督処も閉鎖されるに至った。一方、中国では、傀儡政権が
立てられた。1937年12月には、華北に王克敏による「中華民国臨時

政府」が成立し、また、1938年3月には南京に「中華民国維新政府」が作られた。さらに汪兆銘は1940年3月南京に中華民国国民政府」を設立した。それにともない、「中華民国維新政府」は取り消され、華北の「中華民国臨時政府」は汪兆銘政府に合併された。これらの新しく成立した傀儡政権から派遣された留学生は、偽満洲国派遣留学生や全面戦争勃発前に渡日した留学生、華僑留学生と加わり、日本侵華戦争期においても数多くの留学生が日本で勉強していたのである。

表8-1 中華民国留日学生数の推移 （1939～42年）単位：人

年度	1939年	1940年	1941年	1942年
人数	1005	1204	1466	1341

出典：日華学会『中華民国留日学生名簿』1942年4月現在。

表8-2 偽満洲国留日学生数の推移 （1938～44年）単位：人

年度	1938	1939	1940	1941	1942	1943	1944
人数	1519	1182	1234	1255	1310	1004	933

出典：沈殿成『中国人日本留学百年史』遼寧教育出版社、1997年、576頁。

特設高等科は創立以来、学力低下や大学進学問題、日本人学生との融和困難などのさまざまの難関にぶつかりながら発展してきたが、1937年7月の盧溝橋事変は特設高等科に最も深刻な影響をもたらした。中華民国出身の留学生の大部分が10月になっても登校せず、特設高等科は「その存続さへ危まれる様な危機」に立ち至った[1]。事変前、留学生は三学年合わせて94名で、その内枠は偽満洲国出身者37名、中華民国出身者57名であった。ところが、事変後は、偽満洲国出身の留学生が病気休学者を除いて「元気に出席」しているのに対して、中華民国出身の留学生の大多数を占める35名が、学資送金不能

---

1 「緊張の時局を反映 一高特設高等科 中国留学生影なし」『帝国大学新聞』第688号、1937年10月4日。

や国民的感情のために復校しなかった[1]。一方、特設高等科附属予科は
一高日本人学生の反対を押し切って愈々1937年7月に設置され、授
業を開始したが、事変後はわずか10名の学生のうち3名が欠席し続
け、開設早々から人員不足ですでに各方面の期待を裏切るものであっ
た[2]。このような局面に対して、外務省と一高側は、一高特設高等科は
中華民国からの留学生だけでなく、偽満洲国の留学生もいるので、こ
れを廃止することは全く考えられないとして、現状維持することを決
めた[3]。

　その後、傀儡政権からの留学生の増加にともない、1940年度の一
高特設高等科の募集では、志願者90余名のうち、中華民国から新し
く来日したものが50余名にも達した[4]。その後も、1945年まで毎年多
くの留学生が特設高等科に入学した。しかし、国内からの送金の中断
や日本憲兵による監視あるいは迫害など、留学生をめぐる生活環境は
極めて不安定なものがあり、特設高等科の設置以来の入学者429名の
うち、最終的に卒業できたのは375名であった[5]。

表 8-3 特設高等科卒業生年度別統計　　　単位：人

卒業年度	文科	理科	計	卒業年度	文科	理科	計
1935 年	6	7	13	1943 年	12	15	27
1936 年	10	15	25	1944 年	5	14	19
1937 年	7	13	20	1945 年	18	24	42
1938 年	11	22	33	1947 年	7	7	14

1 「緊張の時局を反映　一高特設高等科　中国留学生影なし」『帝国大学新聞』
　第688号、1937年10月4日。
2 「当局期待に反して生徒の僅少に悩む　特高予科愈々開校す」『帝国大学新聞』
　第688号、1937年10月4日。
3 前掲「緊張の時局を反映　一高特設高等科　中国留学生影なし」。
4 「新しき支那双肩に　殺到する留学生　今年は去年の十倍」『東京朝日新聞』
　1940年2月28日。
5 前掲『第一高等学校同窓生名簿』、北京一高同窓会『嚶鳴』2004年、1頁。

1939 年	6	11	17	1948 年	11	13	24
1940 年	4	11	15	1949 年	4	20	24
1941 年	3	9	12	1950 年	17	11	28
1942 年 3 月	6	8	14	1951 年	24		24
1942 年 9 月	8	16	24	合計	375		

　　出典：一高同窓会『第一高等学校同窓生名簿』2001 年。

　　注：1945 年以降、それまで日本国民として取扱われてきた台湾や朝鮮からの留学生は自動的に外国の国籍に戻り、特設高等科に入ったが、それまで特設高等科で勉強していた留学生にはそうした植民地からの留学生は含まれなかった。

2. 特設高等科留学生に対する訓育事業の強化

　　1935 年の特設予科主任者会議での外務省文化事業部長の発言によれば、留学生教育及びその重要な一環としての予備教育は、次のように意味づけられていた。

　　留学生ノ教育ハ我国策上実ニ意義深キモノデ、将来ニ於ケル日満支三国親善ノ楔子ヲ作ルモノデアルト信ジマス。随テ優秀ナル楔子ヲ作ルニハ其ノ予備教育ガ善クナクテハ駄目デアルト思ヒマス[1]。

　　このように、中国人留学生のための予備教育は「将来ニ於ケル日満支三国親善ノ楔子ヲ作ル」ためとされた。戦時中、一高特設高等科を含む各特設予科はいずれも「日満支三国親善ノ楔子」を養成するところとして位置付けられ、留学生を引続き多く受け入れていた [表 8-4]。

1　「昭和十年度特設予科主任者会議」『在本邦留学生予備教育関係雑件　特設予科関係』第 4 巻。

表 8-4 戦時中における各特設予科志願者と入学者数（1938 ～ 44 年）単位：人

学校名	年度	1938	1939	1940	1941	1942	1943	1944
一高	志願者	31	40	57	93	84	95	44
	入学者	13	18	27	38	30	37	44
東京高工（東京工大）	志願者	26	30	43	73	45	51	
	入学者	17	23	29	29	29	29	
東京高師	志願者	10	14	18	37	22		5
	入学者	8	8	8	24	14		5
奈良女高師	志願者	3	9	12	14	9	8	5
	入学者	3	9	10	10	6	6	5
長崎高商	志願者	7	9	9	11	13	19	
	入学者	6	8	8	9	10	18	
広島高師	志願者	3	7	5	11	3	6	3
	入学者	3	7	4	6	3	4	3
山口高商	志願者	11	8	10	11	6	10	10
	入学者	8	8	8	11	6	10	10

出典：各年度『文部省年報』。

　以上の教育目的を達成するため、そこで勉強している留学生に対
する訓育は留学生教育における重要な一環として強化されていった。
1940 年度、一高側の外務省文化事業部に提出した事業報告から、当
時学校側の特設高等科の留学生に対して行った訓育内容の一端を読み
取ることが出来る。

　本校留学生指導ニツイテハ、学業上ハ本科生ニ準ズル学力ヲ得シム
ル目的ヲ以テ教官教科書等ノ配当選択ヲ工夫シ、訓育上ハ向陵伝来ノ
精神ニ深ク触レシムル趣旨ヲ以テ、寄宿寮ニ於テ本科生ト同一ノ共同
生活ヲナサシメ居レリ
　一、各組担任教官主催トナリ、時々クラス会ヲ開キ学業ソノ他勉学
上ノ誘掖指導ヲナス

　一、留学生全部ヲ会員トスル同学会ヲ組織セシメ新入生ノ歓迎会、卒業生ノ送別会ソノ他臨機ニ会ヲ開キ、生徒主事担任等モ列席シ、習学上参考トナルベキコトヲ懇談ス

　一、又本科生ト留学生トノ交渉ヲ密ニシ、相互ノ理解ヲ深カラシメ、以テ新東亜ノ建設ニ協力スル目的ヲ以テ棣華会ナルモノ組織セラレ

　一、留学生ノ保健及心身練磨ノ為運動ヲ奨励シ、特ニ留学生専用ノ運動器具ヲ備ヘ彼等ヲシテ進ンテ運動ヲ楽シム風ヲ助長ス。今後モ各種ノ設備ヲ計画シ居レリ

　一、第三学年ノタメ、外務省文化事業部ノ後援ヲ得テ毎年約一週間ノ国内旅行ヲ実施シ、我国ノ産業名所旧跡、自然ノ風景等ヲ紹介シテ日本ノ理解ニ資セシム [1]。

　この報告書の示す通り、この時期、棣華会は留学生の訓育内容の一環として、「東方文化事業」の中に組み込まれた。その目的は留学生と日本人学生との交渉を緊密にして、相互の理解を深めさせることによって、彼らをともに「新東亜ノ建設ニ協力」させることにあるとされた。

　また、学校側は生徒主事を特設高等科の新入生の歓迎会や卒業生の送別会などによく列席させ、「学業ソノ他勉学上ノ誘掖指導」を行わせた。1938年の場合を例に取ると、留学生に対して行われた「思想善導に関する訓話」は全部で11回にも亘ったという [2]。

　さらに、学校側は、「対支文化事業部」の資金補助を申請し、特設高等科第三学年の留学生を対象に、特設高等科生徒主事の引率の下で毎年一週間の修学旅行を実施した。1939年の一高側の外務省文化事

1　「昭和十四年度留学生訓育事業報告」『在本邦留学生に対する諸補給関係雑件訓育費関係』。

2　「昭和十三年度留学生訓育事業報告」『在本邦留学生に対する諸補給関係雑件訓育費関係』。

業部に提出した修学旅行報告によると、第三学年留学生 14 名は奈良
や京都、名古屋などを旅行し、神武御陵や桃山御陵、名古屋城、奈良
博物館などの名所旧跡を見学し、乃木神社や橿原神宮、諏訪神社など
を見学した。旅行の目的は「日支古代文化交渉の跡を目睹し、平常習
得せる我国情を一層深く印象し得たる」[1] ことや「日本ノ理解ニ資セシ
ム」[2] ことに置かれたため、日本の歴史文化を代表する史跡が主な見学
先として選ばれた。

　留学生の訓育事業内容に関する費用は、すべて外務省文化事業部の
「対支文化事業特別会計」から支出されていた。「東方文化事業」発足
後、中国人留学生を教育する各校及び団体によって主催される留学生
の懇話会など、留学生の訓育に関する活動の費用は、ほとんどすべて
外務省文化事業部から支出されていたが、1936 年 5 月に至り、文化
事業部は「満洲国及中華民国留学生訓育費支出ニ関スル高裁案」を通
過させ、「満洲国及中華民国留学生教育ノ為文化事業部ト特種関係ア
ル学校及学生教育ニ関シ特ニ熱心ナル」官立学校 13 校に限り、その
成績を一層良好にするため、引き続き「対支文化事業特別会計」より
訓育費を支給することにすると決定した。そうしたなか、一高は引続
き訓育費の支出対象とされた。

　ほかの特設予科も一高と同様に、戦争の進行にともなって、留学
生に対する監督管理を強化していった。東京工大附属予備部の場合、
1938 年留学生の学生主事を 1 人より 2 人に増員した。その理由は次
のように述べられていた。

　　予備部生徒ハ中華民国人及満洲国人ナルモ、日本ノ国状其ノ他ノ

1　第一高等学校竹田復教授より外務省文化事業部長岡田兼一あて「昭和九年特
　　設高等科第三学年生徒旅行」1934 年 12 月 12 日。『在本邦留学生本邦見学旅
　　行関係雑件』第 5 巻。
2　第一高等学校長橋田邦彦より外務省文化事業部長あて「修学旅行報告書提出
　　ノ件」1939 年 6 月 19 日。『在本邦留学生本邦見学旅行関係雑件』第 13 巻。

事情ニ通セサルノミナラズ、誤レル認識ヲ抱ケルモノ無キニシモアラズ。而モ右予備部修了者ハ、引続キ我国ニ於ケル最高ノ工業教育ヲ修メテ母国ニ帰リ、工業教育界又ハ産業界ノ有力ナル地位ヲ占ムベキ者ニシテ、我国ニ在留中ノ修学ニ関シテハ、適切ニシテ慎重ナル指導監督ヲナスノ必要アリトス。（中略）近時各般ノ事情変化ニ伴ヒ、生徒ノ指導監督上ニ関連スル事務モ愈々複雑多岐ニ渉リタルト、昭和 12 年度ヨリ新ニ生徒ノ収容力ヲ増加シタル等トニヨリ、益其ノ事務ノ範囲ハ拡大セラレ甚敷増加シタルヲ以テ、其ノ完璧ヲ期センガ為之等ノ職務ヲ助クヘキ学生主事補 1 人ノ増員ヲナサムトス[1]。

　この官制改正は、理由書にあるとおり、将来中国の産業界や教育界などに重要な地位を占めると予想される附属予備部留学生の指導監督の徹底を図るためであった。なお、東京工大では、一高の棟華会と同じような趣旨のもと、興亜会が設けられた。この会は日本人学生と留学生により組織され、「亜細亜諸民族親善の実を挙げ其の共存共栄に資するを目的とし」、相互の人情・風俗・産業・交通の紹介或は国語の交換練習などの会合を催し、遠足、旅行を実施するなど、「相互の理解及精神的融合上に至大の効果」を挙げることが期待されていた[2]。

第二節　わが回想の中の一高

　以下、一高特設高等科元留学生朱紹文、林連徳、李徳純、趙安博、喬鐘洲の事例研究を通じて、戦時下における特設高等科留学生の勉学と生活の実態及び彼らのその後の人生軌跡の一端を描いていくことにする。

1　前掲『東京工業大学九十年史』520 頁。
2　前掲『東京工業大学六十年史』912 頁。

1. 朱紹文（1935 年特設高等科入学・1938 年同科卒業）

①日本留学にいたるまで

朱紹文（別名朱朝仁）は 1915 年江蘇省の中産階級の家で生まれ、中学から上海で勉学しはじめた。彼は日本留学を決心した当時の心情をこう語った。高校一、二年生の頃といえば、日本がすでに中国の東北部を侵略し偽満洲国を作ろうとしていたときで、ほどなく第一次上海事変が起き、中国全体には抗日の機運があふれ、民族主義運動の最高潮の時代であった。そうしたなか、1934 年 7 月高中を卒業したが、就職か、大学進学か、卒業後の進路に迷っていた時、日本から帰ってきた先生から、日中問題が遅かれ早かれ勃発するから、長期的な心構えで百年の大計を立てるべきで、日本へ行きなさいと言われた。ほかの学友たちが欧米へ留学する中で、朱は日記に『虎穴に入らずんば虎児を得ず』と書いて、日本留学を決心した [1]。

②最初の日本印象

朱は 1935 年 9 月上海から出発し、日本に向かった。日本に着いて、最初に付き合ったのは警察であった。というのは、彼が最初着いたのは長崎であったが、長崎から東京に着くまで、ずっと警察に尾行され、ないし尋問された。朱は非常に不愉快に感じ、「ふつうの留学生でも容赦なく尋問し、尾行し」、「日本の軍国主義はこんなにも徹底しているんだ」[2] とはじめて経験したという。

朱は東京帝大経済学部入学を目指していた。彼が日本に赴く前に、日本の学校制度がよく分からずに、中国で高級中学校さえ卒業していれば、日本の大学にも入れるはずだろうと思っていた。しかし、東京に着いてから、帝国大学に入るためには、高等学校に入らなければな

1　「『虎穴に入らずんば』の思いを秘めて―朱紹文」鐘少華編著・泉敬史・謝志宇訳『あのころの日本―若き日の留学を語る―』日本僑報社、2003 年 1 月 29 日、16 ～ 17 頁。
2　同上、18 頁。

らないことをはじめて知り、そのため一高の受験準備をはじめた。と
りあえず、日本語を勉強しようとして東亜学校（東亜高等予備学校）
に入った。松本亀次郎が当時も教鞭を執っていたという[1]。

　朱は東亜学校近くの神保町に部屋を借りて一人暮らしをはじめた
が、その部屋に引越した最初の晩は、非常に恐ろしい気持ちを抱えた
という。

　　同じ中国人の仲間といっしょにいるあいだは、中国を離れたとい
　うことはあまり感じなくて、安心で問題がない。ところが、じぶん
　で部屋をさがして、日本人の貸間にひっこしたその晩、思いまし
　た。ああ、どうか日本人が殺しにきませんように、と。日本人の部
　屋はふすまで仕切られているから、安心かどうかわからないし、最
　初の夜は胸がどきどきして、不安でした。日本に恐怖心をもってい
　たのです。

　　だんだんまわりの環境がしずかで、落ちついていることがわかっ
　てきて、平気になりました。

　　ホームシックにかかったときも、なんのために日本にきたのか、
　だから中国はだめだといわれないように、勉強の目的をとげよう、
　前進あるのみ、とじぶんでじぶんを励ましました[2]。

③一高入学

　朱は 1935 年春の受験で、特設高等科に合格し、本郷一高における
最後の学年の学生になった。朱は入学してすぐ「破れ寺のような学生
寮」[3]に入寮した。初日の夜おそく、上級生のストームに驚いた。朱も
ほかの新入生の真似をして、先輩たちの教訓を傾聴し、「一高精神」

1　前掲「『虎穴に入らずんば』の思いを秘めて―朱紹文」19 頁。
2　同上 22 頁。
3　同上 26 頁。

が強調されたという[1]。

朱の部屋の中では留学生が彼一人のみであった。「質実剛健」の武士道的精神を重んじ、質素な生活を、精神と意志を錬成する手段として看做した寮生活に対して、朱は「東方人の刻苦奮闘、志士仁人の生活態度と精神状態というものは、自分に深く刻みつけられ、私の個性の形成におおいに役立ちました」という[2]。

1935年、一高は本郷から駒場に移転することになった。朱紹文を含む留学生も移転のための武装行進のパレードの中にいた。当時の様子について、朱は次のように回想している。

　　私もゲートルを巻き、銃を担いで皆の中を武装行進で歩いて行った。日本軍国主義の幽霊が一高生のなかにまで襲ってきたような気がした。当時、武装行進に反対論があった。曰く「われわれは軍人ではなく、真理のみを対象とする。われわれはその本分に鑑み、徒手で行進すべきだ」と。武装行進の案が可決された。誇りある一高精神も帝国主義侵略に悪化され利用されるようになった[3]。

④勉強生活

一高の勉学に対して、朱は次のように回想している。一高から東京帝大にあがった卒業生が日本のエリートになるので、日本人学生が一高に合格すれば、もう天下の秀才、日本の最高学府の秀才になる。みんなうれしがっており、一高にいる三年間は、酒を飲んだり、遊んだり、本を読んだりして、自由に個性を発揮した[4]。しかし、中国人留学

1　朱紹文「一高生活の思い出」『新墾―第一高等学校卒業半世紀記念文集』昭和13年―高会、1992年4月13日、423頁。

2　同上、27頁。

3　朱紹文「暗い谷間時代の思い出―歴史の証言として」『向陵』一高同窓会、1999年10月号、49～50頁。

4　前掲「『虎穴に入らずんば』の思いを秘めて―朱紹文」『あのころの日本―若き日の留学を語る―』24頁。

生の彼にとっては、一高に入ったことをなにも自慢する気はなく、い
かに日本の成功の秘訣を身につけるか、いかに日本を徹底的に理解す
るか、ということだけを考えていた[1]。朱は一高にいる三年間、勉強に
非常に励んでいた。彼は一高の留学生生活をこう回想している。

　上海の高等中学では成績はずっと一番だったが、一高に入ってか
らは、勉強では相当に苦労した。とりわけ日本の古典文学である。
菊池寛や夏目漱石の小説なら読めても、源氏物語、平家物語、雨月
物語といった古典文学はすべて一から調べなくてはならない。毎
晩、その準備に追われた。

　次に大変だったのはドイツ語である。最初に発音を教わったかと
思うと一週間もしないうちにゲーテの原文を読まされ、その後はす
ぐ『若きウェルテルの悩み』を読まされるという調子である。

　英語は私は好きだったし、上海の高校では経済なども原書で授業
があって読むには苦労はなかったので、和文英訳はなんとかなっ
た。しかし日本流の厳密な英文和訳には本当に手こずった。三年間
ほとんどそういう勉強に追われていたのに、日本の友達はみな自由
気ままに旧制高等学校生活を楽しんでいるのが本当にうらやましか
った[2]。

⑤朱紹文と「一高同窓会」

　朱にとって、一高にいる三年間は「立派な学者たる恩師達から基礎
たる学問を教えていただき、同室の友人達からの友情などは生涯忘れ
られない」が、「この自由の学園たるべき吾が一高も、軍国主義の目
から逃がれられ」なかったという[3]。

1　前掲「『虎穴に入らずんば』の思いを秘めて─朱紹文」27 頁。
2　加藤千洋「日中の暗い谷間を超えて─朱紹文氏に聞く（三）」前掲『嚶鳴』351 頁。
3　前掲「暗い谷間時代の思い出─歴史の証言として」『向陵』1999 年 10 月号、
　　50 頁。

入学後まもなく、軍国主義すでに一高にも染み込んできたことについて、朱は次のように回想している。

　翌年（1936 －筆者注）のある晩、寮にいて銃の音が遠くに聞こえたような気がした。後に二・二六事件だったことを知る。翌日は、先生も学校に来られず、われわれも学校の門の外に出られなかった。この頃から蓑田胸喜[1]（一八九四〜一九四六。右翼運動家）という人がよく一高に来て、皇国史観を宣伝する集会などを開いて、一高生に働きかけていた記憶がある[2]。
　一番常識外れのことは、当時日本駐中国南京総領事須磨という外交官が講演に来て、彼の話の中で突然英語で、“ What is China?”という問いを出し、そして答えて曰く“ China is a geographical name”と。その暴言を聞いて、全くあきれかえった。日本帝国主義の野心が日本の高官の口を通して、吾が天下の秀才たる一高生に訴えようとした[3]。

偽満洲国建国後、学校側は文部省の命令にしたがって、留学生に同学会を改組して中華民国同窓会と別に偽満洲国同窓会を作るように要求した。その際に、特設高等科生徒主事が学生リーダーとしての朱を家に招いて説得したにもかかわらず、朱は仲間と相談して、第一に、同窓会は二つにしない、第二に、学校からの指図は受け入れないと決めた。その後、朱が総幹事となって、中華民国と偽満洲国の留学生からなる一つの「一高同窓会」を作った。これについて、「留学生たち

1　蓑田胸喜（1894 年―1946 年）熊本県出身、国家主義者、右翼思想家。東京帝国大学卒業後、慶応義塾大学予科教授を経て国士館専門学校教授となる。1925 年原理日本社を設立し、狂信的な日本至上主義の立場から左翼学者や自由主義的学者を攻撃した。
2　前掲「日中の暗い谷間を超えて―朱紹文氏に聞く（三）」『嚶鳴』351 頁。
3　前掲「暗い谷間時代の思い出―歴史の証言として」『向陵』1999 年 10 月号、51 頁。

は……その大勢は抗日に固まっていた。偽満洲国留学生同窓会と中華民国留学生同窓会の二つの同窓会を作らせようとした特高生徒主事の努力にも拘わらず、彼らは一つの一高同窓会を創設して団結した」と、『第一高等学校自治寮六十年史』にも記されている[1]。朱は、この事件があったため、留学生が猛省し始め、皆「団結」「沈黙」「勉学」とのスローガンの下に一致団結し、かえって抗日の途に走ったという。しかし、その事は、その後、朱が監獄に入れられた罪状の一つともなった[2]。

朱の回想によると、一高同窓会は留学生ための図書館も作った。放課後、留学生たちはよくその図書館で雑談した。のちに留学生の思想も分かれて、共産党もあれば、国民党もあったが、対立が激しいものはなく、主流は抗日だったという[3]。

⑥受けた迫害

1938年、朱は一高を卒業したとき、無試験入学の京都帝大ではなく、試験のある東京帝大の経済学部を受験した。その年には合格せず、一年の浪人生活を経て翌年入学した。先生は大河内一男（河合栄治郎の弟子で、のちに東京大学総長となった）であった。1943年12月東京帝大経済学部を卒業して、同大学大学院に入った。

1944年、日本の敗戦が目前となって、官憲当局は思想犯の逮捕に乗り出した。朱は一高を卒業して東京帝大に入った後でも、一高留学生の会合に講演に呼ばれ、抗日などを宣伝していたので、「重慶のスパイ」として憲兵隊のブラックリストに入った。ついに1944年5月20日に憲兵隊に逮捕され、個人蔵書も大型トラック二台で運ばれて

---

1 『第一高等学校自治寮六十年史』一高同窓会、1994年4月、235頁。

2 前掲「『虎穴に入らずんば』の思いを秘めて―朱紹文」『あのころの日本―若き日の留学を語る―』36頁。

3 前掲「『虎穴に入らずんば』の思いを秘めて―朱紹文」『あのころの日本―若き日の留学を語る―』36頁。

いった。朱とともに、一高に在校している、或はすでに卒業した一高
同窓会関係留学生、全部で12名が同時に逮捕された。のちに、留学
生たちはこれを「同窓会事件」と呼んだ[1]。朱は憲兵隊で三ヶ月にわた
って、残酷非道の拷問を受けてから、東京地方検事局に引き渡されて
たが、1944年12月にようやく証拠不充分で無罪釈放された。1945年
3月貨物船で下関より帰国した[2]。

⑦帰国後の活動

帰国後、朱は上海で復旦大学で教授をつとめていたが、時の国民党
政府を批判する地下の民主化運動に参加したため、逮捕された。1949
年後、中央銀行の中国人民銀行の金融研究所専門委員に招かれたが、
1957にはじまる「反右派闘争」に巻き込まれ、ブルジョア思想に染
まった「右派」として批判を受け、社会との接触も学問の研究もで
きなくなった。1979年6月、朱はようやく右派のレッテルを見直さ
れ、名誉回復された。その年、朱は中国社会科学院に入り、また大河
内一男の招聘により東京大学経済学部を訪問し、講演を頼まれた。そ

1　前掲「『虎穴に入らずんば』の思いを秘めて―朱紹文」64頁。この事件の詳
　　細について、当事者としての程万里（1943年特設高等科卒業）が「一高留学
　　生の愛国抗日行動の回想」（『向陵』2004年10月号、p167）で「不幸にして、
　　一九四四年五月に、東京憲兵隊が突然留学生の図書室を捜索し、同窓会の委
　　員達も逮捕された。現任委員常文達、王紹序、王忠義、在校の前任委員房潤泰、
　　于長江、大学に在学の前任委員朱紹文、曹立民、陳国賢、1943年10月から
　　帰国した前任委員崔鎮華、姜紹呂、程培之、李其華など、合わせて12名で
　　あった。のちに、証拠不足で、1944年の暮から翌年の1月までに次第に釈放
　　された」と記している。常文達（1943年特設高等科入学）、王紹序（1942年
　　特設高等科入学）、王忠義（1942年特設高等科入学）、房潤泰（1944年特設
　　高等科卒業、京都帝大理学部）、于長江（1943年特設高等科入学）、曹立民（1943
　　年特設高等科入学）、陳国賢（1943年特設高等科卒業、京都帝大医学部）、崔
　　鎮華（1942年特設高等科卒業、東京帝大農学部）、姜紹呂（1942年特設高等
　　科卒業、東京帝大農学部）、程培之（別名程万里、1943年特設高等科卒業）、
　　李其華（1942年特設高等科卒業、東京帝大農学部）。

2　同上、66頁。

の後、東京大学客員教授として招聘された[1]。それ以降、中国社会科学院で日本市場経済研究センター理事長をつとめ、同所の大学院の博士指導教官として改革開放期の多くの若手研究者を育てた。また、中国の現代化には日本の市場経済から学ぶべきところが多いという考えから、宮崎義一、堤清二、生野重夫の日本経済学者の名著を翻訳・編集し、日本の経済学理論及び経済事情の紹介に努力してきた。彼をリーダーとした中国社会科学院日本市場経済研究中心によって編集された『日本市場経済叢書』には、彼が翻訳した生野重夫の『現代日本経済歴程』(中国金融出版社、1993年)、堤清二の『消費社会批判』(経済科学出版社、1998年)、彼が主編した『日本市場経済与流通』(経済科学出版社、1997年)などがある。また、同研究中心が『現代日本社会科学名著译叢』を編集する際にも、彼がみずから菊池悠二の『日円国際化：進程与展望』(中国人民大学出版社、2002年)、宮崎義一の『泡沫経済的経済対策』(中国人民大学出版社、2000年)の翻訳・校正に関与していた。そのほか、北京大学現代日本経済研究客座教授、中華日本学界顧問、中華全国日本経済学界顧問などを兼任した。また、朱は日本を何回も訪問し、関西、四国などで中国の経済発展状況をテーマとして講演を行い、日中友好の促進、経済学の学術交流に多くの仕事をしてきた[2]。

　また、朱紹文の同級生隅谷三喜男との交流も特筆に値する。二人はともに 1935 年旧制一高本郷寮の最後の入寮生であり、しかも東京帝大経済学部で大河内一男について労働問題と経済思想史を勉強した同期生であった。朱を介して、隅谷三喜男は 1980 年代より中国社会科学院との学術交流を始めた。1990 年頃から、中国の日本経済研究者に対して協力・援助するという考えの下、隅谷は中国社会科学院に日本研究基金を寄付し、学術交流を行っており、彼も中国社会科学院より「名誉交流研究員」の尊号を授与された。日本国内においても、隅

1　前掲「『虎穴に入らずんば』の思いを秘めて―朱紹文」56 頁。
2　前掲『嚶鳴』26 頁。

谷は東方学術交流協会を発足させ、中国の近代化のために本格的な長期的学術友好交流に踏み切った[1]。一高、東京帝大で同級生であった二人はともに日中の学術交流に大いに貢献したと言えよう。

⑧日本人学生の回想の中の朱紹文

一高では、朱紹文と同室であった日本人学生に、1935 年一高理科に入学した河西健一という人がいた。一高卒業後、河西は東京帝大工学部に入り、そこを卒業した後、陸軍短期現役の技術将校の試験を受け、陸軍技術中尉となり、兵器本部に勤めていた。彼はその頃朱紹文と偶然会ったときの二人の会話を次のように回想している。

昭和十八年の秋のある日、本郷通りの東大正門のあたりを軍服姿で歩いていた私は、突然、後ろから「カサイ君、カサイ君」と呼ばれた。(中略)よく見ると、一年部屋で同室だった朱朝仁ではないか。我々は久しぶりの再会を喜び、近くの喫茶店に入った。

東大の経済学部の大学院生であった彼は、周囲をそっと見ながら声をひそめて言った。「河西君、日本の戦況はあまり良くないぞ。僕の方の情報では大体分かるんだ。君は軍人だから分かるだろうが、いざというときのために準備しておいた方がいいよ」。私はあわてて言った。「おい朱君、こんなことは絶対に言うなよ。もし、その筋に聞かれたら命がないよ。君もよくまあ、軍服を着た俺みたいな奴に話したもんだ。君の度胸には感心するよ」

すると、彼はいわく。「そんなこと分かっているよ。一高の寮で寝食をともにした君だから言えるんだ。僕はシナから日本に来て一高に入ってほんとに良かったと思っている。今の東大の経済は面白くない。一高の寮生活は良かったな。僕は何でも言える本当の友達

1 　朱紹文「我らの時代」『隅谷三喜男著作集第七巻』岩波書店、2003 年 10 月。

を一高の寮生活で得ることが出来たんだ[1]。

交戦中の敵国の青年同士という関係でありながらも、二人が互いに相手の安否を心配したこのエピソードは、一高の寮生活を通じて朱と河西の間で築いた国境と利害関係を超えた友情と信頼関係を物語っているであろう。

2. 林連徳（1944年特設高等科入学・1947年同科卒業）

①特設高等科入学

林連徳は1923年に中国福建省生まれ、1943年留日し、東亜学校での受験勉強を経て、1944年特設高等科文科に入学した。林は、入学最初の様子についてこう回想している。

最初あの「正門主義」の門をくぐった際、目につくものは告示板に貼られた「新入生に告ぐ」という「檄」であった。「咄、竪子、何所為而来乎？」と切り出した和式漢文調の文章である。仲々上手な漢文だと中国人留学生としての私が感心した。ところで南寮十二番の勉強部屋に入ると、デカデカと壁一面に無造作な筆の大文字で塗った落書にびっくりした。「大東亜共栄圏痴人説夢」と大分前に書き残したものらしい。時は終戦一年半前の昭和十九年四月であるから、「一高生の大胆不敵」にもう一度感心した[2]。

入学最初に、反戦の落書きを見て一高のリベラリスト精神にとくに印象深かったと林が言っている。

1 　河西健一「朱朝仁のこと」『新墾―第一高等学校卒業半世紀記念文集』昭和13年一高会、1992年4月13日、305頁。

2 　林連徳「向陵に想いを寄せて」『向陵』1997年4月号、106頁。

②一高生活

寮生活について、林は、入学試験では留学生は激しい日本人学生の
入学競争を避けて大変優遇されたが、「寮生活や勉強や運動部屋など
は日本人学生と一緒になって別段優遇も差別視もなかった」と述べ
た[1]。

当時、戦争の泥沼化によって、食糧不足はすでに深刻な問題になっ
ていた。林はその様子を次のように証言している。

　悩みの多い青春の一番の「なやみ」はエッセン（食べ物）であ
る。大食堂に行列して貰った一食分は、塩水に浮かんだ「水トン」
ひとつだけだから、食欲の旺盛な若者には大変だった。（中略）「雑
炊行列」風景は忘れられない。十一時半から渋谷駅近所の食堂で売
るので、「もうそろそろ雑炊の時間だなァ」と留学生に親しまれた
阿部秋生先生が笑いながら、『源氏物語』の授業を早めに終わらせ
て下さった。雑炊食堂の「慣行」は、持参食器の大小を問わず、「一
人当り一杯」というから、防空用鉄かぶとをドンブリの代りに「一
杯」入れて貰って、すぐ平らげる「餓鬼大将」もいた。もっとも空
襲警報が鳴り響くと、例の鉄かぶとを慌てて被って一目散というこ
とにならざるを得ないが[2]。

③留学生の合言葉

林は戦時下における一高中国人留学生の会合の様子を次のように回
想している。

　戦時中、同窓会館の二階で留学生のコンパを何回か催したことが
ある。「エッセン」は全く無く、皆が集まっておしゃべりをするだ

1　前掲林連徳「向陵に想いを寄せて」106頁。
2　同上、107頁。

けだったが、とても印象が深い。いわゆる「満洲」から来た或る先
輩が立ち上がって「おれたちはみんな中国人なのだ。満洲とかモン
ゴルとか台湾とか大陸などの区別は押しつけられたものだ。みんな
中国人ではないか」と大喝して万雷の拍手を浴びた[1]。

　林はまた、当時、特高警察が中国人留学生に目を光らせて、留学生
数人を逮捕し、留学生所有の図書類を押収したことがあると証言し
た。「Schweigen」（沈黙）「Arbeiten」（勉学）「Eintracht」（団結）が戦時中
一高留学生の合言葉であり、国内の抗日戦場から遠ざかった留学生こ
そ、この合言葉の意味を深く理解することができると林が回想してい
る[2]。

　④日本で終戦を迎える

　1941 年から、文部省は学校の戦時体制移行を進め、一高生も各学
年生が順次に各地勤労作業所に出動し、勤労奉仕を行った。特設高等
科の留学生もついに 1943 年 6 月 19 日に埼玉県で十日間の勤労作業に
従事した[3]。首都圏の軍部や警察当局は、防諜上のことを考慮して敵国
人の中国留学生を疎開させるよう大東亜省に要求した。最終的には一
高留学生は山形県の高湯温泉への疎開が決められたが、到着したのは
すでに 8 月 11 日で、そのわずか四日後に終戦となった。一緒に疎開
地に行ったのは、市原豊太（フランス語）、荒又秀夫（数学）、堀大司
（英語）、小島精一（物理）、簗田秀治（体育）の 5 名の教師とその家族
4 名、中国留学生 28 名であった。東京に戻ったのは二ヶ月後であっ
た[4]。

1　前掲林連徳「向陵に想いを寄せて」106 頁。

2　同上、108 頁。

3　前掲『第一高等学校自治寮六十年史』275 頁。

4　小足兵衛「中国留学生高湯温泉疎開同行記」『運るもの星とは呼びて―終戦
　　前後の一高』〈終戦前後の一高〉刊行会、1991 年 10 月 30 日、99 頁。

　林はその28名のうちの一人であった。疎開先での勉学と生活について、林は留学生が勉強のかたわら、蔵王山の荒地を開墾して野菜を作り、市原先生の奥さんも一緒に疎開し、乏しい食事のことを心配して配給の馬鈴薯を工夫しておいしく作ってくれたと回想している[1]。また、林は市原先生のことについて、こう回想した。

　　引率者は市原豊太先生というフランス語の教授だったが、単位をとっていない私たち留学生までご自分の部屋に呼んでフランス語を教えてくださった。空いている時間でもう一つ外国語を習っておけばきっとプラスになるよと熱心に誘われた。あの真剣なお姿は、いまだに忘れられない[2]。

⑤帰国後の活動

　林は1947年一高を卒業して、東京帝大経済学部に入学し、1950年に卒業し1951年帰国した。文革中、牢屋生活を送っていたが、文革が終わった後、中国国際貿易促進会、中国対外経済貿易部、中国駐日本大使館商務処などで仕事し、中日貿易事業にたずさわっていた。定年後、中国国際貿易学会顧問を任じており、同時に『当代中日貿易関係史』や『当代中日関係』など日中貿易や日中関係の著作を数多く著し、さらに中国において最も影響力のある日本語月刊『人民中国』に『中日交友録』を連載して、日本経済社会の友好人士を紹介し、日中交流に大いに貢献した人物である[3]。

⑥「北京一高会」の幹事として

　1980年代より、北京にいる元一高特設高等科留学生は「北京一高

1　林連徳「悼恩師―市原豊太先生（七言律詩）」『運るもの星とは呼びて―終戦前後の一高』505頁。

2　林連徳「一つの特徴、二つの美徳、三つの不思議」『嚶鳴』35頁。

3　前掲『嚶鳴』31頁。

会」を組織し、年に一回集まり、留学時代の思い出を交わしたり、現況を報告しあったり、日本にある一高同窓会と交流を続けたりしていた。北京一高会はさらに 1995 年より、会誌を作りはじめ、一高の嚶鳴堂とちなんで『嚶鳴』と名づけた。林がこの北京一高会の世話役をつとめた。

1999 年、一高百二十五周年記念として、林は五首の詩を寄贈した。以下はそのうちの二首である。

一高百二十五周年祭	嚶鳴堂・棣華会
世紀更新祭向陵　得天独厚育群英	一衣帯水二千年　風雨恩仇溢九天
玉杯三唱慷而慨　難忘青春旧友情	史鑑如山君莫忘　嚶鳴棣華譜新篇 [1]

さらに、2004 年 11 月、一高開校百三十年記念大会に際して、林は北京一高会を代表して日本の一高同窓会に祝賀のメッセージを送った。

　二十世紀の初頭から中国の若者は近代化の道を求めて日本に渡り、名に負いし一高に暖かく迎え入れられました。世紀の風雲が激しく変わるに変ったものの、われらは一高諸先生の教え、学友たちの励まし、自治寮の高邁な理想と情熱を雨に風につけても思い出ずるものであります。

　一高はリベラル・アーツの学園であり、人間形成のルツボであります。われらはここにいろんなものを学びましたが、何よりも学問の根本は、独立の精神、自由の思想を育てるところにあると思います [2]。

1　林連徳「向陵懐旧（七言絶句五首）」『向陵――高百二十五年記念号』一高同窓会、1999 年 10 月、199 頁。

2　前掲『嚶鳴』303 頁。

　林にとって、日本侵華戦争の真最中でありながら、リベラル・アーツの学園である一高における友情や青春の思い出が忘れがたいものであった。

3. 李徳純（1944 年特設高等科入学・1945 年中退）

①一高入学

　李徳純は中国遼寧省出身で、6 歳の時から満鉄設立の奉天公学堂で勉強した。その後、日本留学を決心し、新京留学生予備校に入った。戦争の泥沼化のため、日本留学を見送ることにしたクラスメートが相次いでいたが、彼は「一高進学の熱望黙し難く、せめて一分間でも憧れの弊衣破帽の夢をかなえたかった」[1] ため、日本留学を決意した。1944 年始め日本に到着し、一高受験のため、二ヶ月間厳しい受験勉強を送った。1944 年 4 月試験に合格し、一高に入学した。彼の一高入学に対して、親は非常に喜んでいたという。

　　一高の門を潜ったのが桜咲きみだれる昭和十九年の春だった。二、三年私塾でしか教育を受けたことがないおやじは、親ばかといえばそれ迄だが、一高入学は針の穴を通るほどの狭き門であるがゆえに、息子の合格をことのほか喜び、タバコ小売店の机に、分厚い旺文社刊行の『全国大学高校一覧』を置き、知り合いが来る度に、首頁を飾る一高の数ページを自慢げに見せ、歴代内閣の少なくとも五、六名の閣僚が一高出身だと吹聞していたことを、弟の手紙から知った[2]。

1　李徳純「旧夢記趣—わが一高留学の記」『運るもの星とは呼びて—終戦前後の一高』462 頁。
2　同上、463 頁。

②民族意識の目覚め

李が留学する前、満鉄の学校では、中国語の科目を除いてすべて日本語で教えられた。中学生のとき、いろいろ骨を折って、やっと巴金の『家』や『春』などを入手し、涙をこぼしながら読んでいたのにもかかわらず、民族意識はまだ萌芽的段階にとどまっていたという[1]。一高入学後、中国留学生は伝統に基いて、倫理講堂裏の同窓会館で三日間合宿した。それを通じて、李は始めて中国人としての民族意識が目覚めたという。

先輩の『鴨緑江から珠江までみな中国の領土だ』『赤い簫はいまや中華大地に燃え広がり、中華熱血男児よ！立ちあがれ』という驚く程大胆な熱弁に魂をゆるがせられ、ずっと『満洲国』国歌をうたっていた旧満州出身の我々は、生まれて初めて中国国歌を教えられ、何か熱いものがこみあげて来て、涙があふれた。

（中略）留学生合宿の三日間毎日欠かさず、新しく覚えた国歌を歌い続け、飾らず隠さず自由に語り合い、それは安っぽい正義や感傷ではない、本当の感激そのものだった。それによって人生観、世界観に絶大な影響を与えられ、植民地少年から中国青年への脱皮のための洗礼でもあった[2]。

留学生が代々連綿と受け継いだキーワードは「Arbeiten（努力）Schweigen（沈黙）Eintracht（団結）」で、或る意味において、自分自身に厳しい"アスケーゼ"を課さなければならない。そこには悩み、戸惑い、乗り越えた心の軌跡が窺われる。当時の社会情勢下にしろ、誰にも干渉されない一高の自由な雰囲気はこよなく貴重だった。何十名の留学生のぶつかりあいと、植民地政策の否定の上に形成され伝えられる自分達の民族意識も、今に生きる原体験だ。我々

1　李徳純「民族愛に目覚めた留学生活」『向陵』1986 年 4 月号、83 頁。

2　前掲「旧夢記趣―わが一高留学の記」『運るもの星とは呼びて―終戦前後の一高』463 ～ 464 頁。

新入生がどれほどの恩恵を受けたか計り知れないものがある[1]。

③一高の学園生活

李徳純は、入学後、校友会の弁論部に入り、寮も弁論部部屋であった[2]。旧制高等学校の名物のストームと寮歌がとくに留学時代の思い出に残った。

旧制高校名物のストームは留学生からの批判が絶えなかったのも事実である。『受験と学生』『螢雪時代』は、中学生頃から愛読し、それによってストームに或る種の神秘感を持っていたが、いざストームされて、これは全然違う。（中略）寮歌をぬきにして、一高寮生活は成り立たない。寮歌によって受験勉強の桎梏から解放されて、新しい世界が開かれた喜びを満喫した。我々新入生は毎晩寮歌稽古の連続だ[3]。

また、李は一高日本人学生が軍国主義から自治の伝統を守り続けた姿を次のように回想している。

戦時中の一高では、自治の伝統が厳然として守られ、記念祭の晩餐会に、配属将校が壇上にあがって、まだ口を開かない前に、学生から猛烈なる野次を浴びせられ、弁論部一年先輩の安井誠氏（大蔵省証券局長から東邦生命保険相互会社取締役会長）が「ここは市ヶ谷じゃねえぞ」と気焔をあげたシーンは、いまでも記憶に鮮やかだ[4]。

1　前掲「旧夢記趣―わが一高留学の記」467頁。
2　同上、465頁。
3　前掲「民族愛に目覚めた留学生活」『向陵』1986年4月号、85頁。
4　前掲「旧夢記趣―わが一高留学の記」『運るもの星とは呼びて―終戦前後の一高』470頁。

④一高における師友

李は留学中、日本人学生とくに「弁論部の仲間から友情溢れるもてなしを受けた」[1]。李の回想によると、二年先輩の栂沢又治は、中国に行った日本人がいろいろ悪いことをしているが、それは皆教育を受けていない人間ばかりで、一高生のようなインテリはそれに反対していると言った。また、李は、空襲の場合、関東大震災のとき朝鮮人の虐殺事件が再び起りはしないかと心配して栂沢に相談したら、栂沢はいざの時、僕の家に泊まりなさいと答えた。それについて、李は「窒息するような重苦しい迫害の数々の傷が目の前に浮かびながら、これまでの日本人と異なる日本人像が示され、日本人イメージの一つの転機とな」[2]り、「その国境を越えた友情は、四十年ずっとわたしの脳裏に焼付いており、感謝にたえない」[3]と述懐した。

李が弁論部入部して間もなく、新入生の練習会があって、題は「現実と我」であった。李は、軍靴高鳴る戦争中で、中国留学生として何を喋っていいのかと迷い、当日渋谷あたりをさまよい、欠席しようかと思ったが、考えた挙句、思い切って講演中の会場に姿を現したら、彼を迎えた皆のひとみは、友情の耀きで光っていたと彼が回想している[4]。

李徳純はまた留学中の指導教官であった藤木邦彦先生のことを次のように回想している。

　　留学生の指導教官の藤木邦彦先生は温厚篤実なお人柄であり、静

1　前掲「民族愛に目覚めた留学生活」『向陵』1986年4月号、85頁。
2　前掲「旧夢記趣―わが一高留学の記」『運るもの星とは呼びて―終戦前後の一高』465頁。
3　前掲「民族愛に目覚めた留学生活」『向陵』1986年4月号、85頁。
4　前掲「旧夢記趣―わが一高留学の記」『運るもの星とは呼びて―終戦前後の一高』470頁。

かな中に落ちついた品が漂い、西洋的教養が光る。何時もにっこり
して、よく留学生の会合に出席された。東大の先輩たちが激励をか
ねて訪問し、愛国言論を気軽く語り、全然藤木師を恐れていなかっ
た。先生は端然と坐り、好きな煙草をくゆらせて、あどけない笑顔
を浮かべながら皆が率直な思いを述べるのに耳傾け、一度も止めは
しなかった。こういう先生が留学生指導に廻されたのは、無論老リ
ベラリスト安部能成校長の御仁徳にもよるが、軍靴高鳴るあの暗黒
時代からいうと、一高自治は別世界のようで、かつてない解放感を
与えてくれた[1]。

⑤自由の制限と監視

しかし、いくら自治寮と銘打っても、時の政治潮流に抗しえない現
実があり、一高での留学生活がすべて自由なものであったかという
と、必ずしもそうではなかった。李徳純も一高在学中、夏休み中何度
も渋谷警察署に帰国許可を申し込んだが、そのたびに却下され、帰国
の自由さえ奪われた[2]。また留学生はいつもに警察の監視の下に置かれ
ていた。それについて、李は次のように回想している。

　五月四日は中国全土を震わせた日本帝国主義反対の記念日であっ
て、一高留学生は毎年欠かさず記念会をやっていた。その日、私
は、東中野のアパートに宿泊していた東京外語独逸語科留学の伝元
済君の所から大きい風呂敷で包んだ書斎をぶらさげて、夜の記念会
に間に合うよう、急いで省線（いまの国電）に乗った。新宿で乗り
換える時、突然私服がずっと尾行している事に気付き、ふと恐怖を
感じた。乗換えの度にわざとドアの閉じる直前に乗車していたが、
その私服は電車最後部の乗務員室にちゃんと乗り込んでいた。私は

1　前掲「旧夢記趣—わが一高留学の記」66頁。
2　同上、469頁。

嫌悪と恐怖の念が混じった思いで、北寮十五番弁論部に帰った。丁度同年の坂本義和君が一人で読書していた。彼とは親しい間柄で相談したら、校庭に出てその人物に質問したらとアドバイスしてくれたので、私はすばやく北寮を出て、どうしてずっと尾行したのかとその私服に尋ねたら、彼は狡猾な笑顔を浮かべて、たどたどしい中国語で話しかけてきた。私は黙って睨み、踵を返した。私服はさすがに新米らしく、そのまま引き揚げた。（中略）我々の胸に去来するのは、将来への漠然とした不安であった[1]。

⑥帰国後の動き

李は 1945 年終戦直前に一高を中退し帰国し、中国東北大学に転入した。1949 年後、中華人民共和国外交部アジア局に勤めたが、1964 年、中国社会科学研究院外国文学研究所に入り、日本文学の研究に専念した。中国日本文学研究会名誉会長、中国翻訳工作者協会理事、文学芸術委員会委員などを歴任した。著書には『戦後日本文学管窺』（日本明治書院、1986 年）、『愛・美・死』（中国社会出版社、1994 年）、『戦後日本文学史論』（訳林出版社、2010 年）などがあり、日本の戦後文学を中国へ紹介していた。また三島由紀夫、司馬遼太郎、井上靖に関連する論文などを数多く書いた。

李と元一高生、とくに同じ部屋だった政治学者・東京大学名誉教授坂本義和と文芸評論家進藤純孝との交流は長く続いている。進藤純孝は『毎日新聞』に「旧制一高の寮で机を並べ」という文章を寄稿し、1980 年 4 月、東京で李徳純と 36 年ぶりに再会した時の気持ちとそれ以来の二人の文学上の交流を紹介している。その中で、彼は、「あの窮屈の戦時中、机を並べながら、加害国と被害国の青年という立場がお互いの友情に垣根を作り、なんとも寂しいままに別れるほかはなかった」が、36 年ぶりに再会できて、その気がかりがようやく融けた

1　前掲「旧夢記趣―わが一高留学の記」468 頁。

と述懐している[1]。

坂本義和は 2011 年に刊行した自伝『人間と国家―ある政治学徒の
回想』の中で、「中国人留学生とのきずな」という一節を設けて、李
徳純と一高時代以来の友情を回想している。在学当時における李徳純
との接触の様子について次のように述べている。

　弁論部の同期生には、李徳純という遼寧省から来た中国人の留学
生がいました。明るい青年で、私が中国にいたこともあってか、と
くに親しくしていました。ところが、ある時、二晩ほど寮に帰って
こないことがありました。やがて帰寮した時には、非常に硬い表情
をして無言でした。一両日して、彼はポツリと「特高は怖いね」と
言い、どうも殴られたり、柔道で投げつけられたりしたようなこと
をつぶやきました。彼は特高警察に監視されており、拷問を受けた
のでした。(中略) 間もなく彼は「故郷に帰りたい。しかし表立っ
て帰国の届出をすると、厄介なことになるので、何かいい方法で手
伝ってくれないか」と頼むのです。そこで、母の知人に手を回して
もらい、出国しました[2]。

坂本は李徳純との交流は現在まで続いており、中国とのきずなの一
つだと述べている[3]。

4. 趙安博（1935 年特設高等科入学・1937 年帰国）

①一高入学
趙は 1915 年 1 月上海生まれ、上海同済大学附属中学で勉強してい

1　進藤純孝「旧制一高の寮で机を並べ」『毎日新聞』1981 年 8 月 31 日、第 2 版。
2　坂本義和『人間と国家―ある政治学徒の回想 (上)』岩波書店、2011 年 7 月、
　　65 頁。
3　同上。

たが、中国で就職が難しく、生活費も日本と同じくらいだったので、日本留学を決心した[1]。1934年9月東京に到着し、まず東亜学校に入って日本語の勉強をはじめた。東亜学校に入るには、手続きは一切要らず、名前を登録して写真を一枚出すだけで良かったという[2]。東亜学校での勉学では、とくに松本亀次郎と魚返善雄が印象深かったという。

　わたしがこの学校に入学したとき、松本先生はすでに頭髪に白髪がまじり、古希にちかいお年だった。先生の授業は活発さがあふれており、疲れなど毛ほどもみせず講義された。学生の出す難問にもいちいち根気よく答えてくれる。先生はまた、中国の留学生が一日も早く日本語を物にできるようにと、ご自分で何冊も日本語のテキストを編集した。それらのテキストはわたしたちの勉強に大いに役立った。（中略）松本先生のほかにも、東亜高等予備校でわたしたちに日本語を教えてくださった先生が何人かいる。魚返善雄先生もその一人で、わたしにはとくに印象が深かった。先生は中国文学の専攻で、当時すでに名をなしておられた[3]。

②一高の生活
　1935年3月、彼は帝国大学に入るため、一高特設高等科の入学試験に受験し、合格した[4]。趙によると、特設高等科の第一学年の授業には文語と口語があったが、文語のテキストには兼好法師の随筆『徒然草』を使い、口語のテキストは二葉亭四迷の『浮雲』や森鴎外の『雁』

1　「日本で学んだマルクス主義―趙安博」前掲『あのころの日本―若き日の留学を語る―』152頁。

2　同上、152頁。

3　趙安博「私の一高時代」。人民中国雑誌社編『わが青春の日本―中国知識人の日本回想』東方書店、1982年9月29日、176頁。

4　前掲「日本で学んだマルクス主義―趙安博」『あのころの日本―若き日の留学を語る―』152頁。

などを使った[1]。一高の教授陣は「大した豪華版で、文科も理科も錚々たる学者が肩をならべていた」という[2]。

　また、趙によると、当時の留学生も一高の軍事訓練に参加した。夜半にラッパが鳴りたら、急いで制服を着て、行軍に行った。銃の使い方をも練習させられた。趙はその時、「将来自分が銃を向けるのは中国人なのか、それとも日本人なのか、どちらもわからないと思って」いた[3]。

　趙の一高生に対する印象というと、

　　一高の学生はとても風変わりでした。アメリカの気風をまねたのか、破れた服や帽子が好きでした。夜は勉強をおえると学校の近くにある店へいき、日本酒やビールを飲んで、飲みおわると隊伍を組んで歌いおどります。寮へ帰ると眠っている仲間をたたきおこして大騒ぎをして、最後は重なりあうようにして眠ってしまいます。私たち中国人留学生を見ると、よくこう話しかけてきました。「きみたちは帰国してから偉くなって中国民衆の指導者になるのだろう。ぼくも日本で偉くなり、日本人の指導者になる。将来日中は力をあわせて、東洋の発展に尽くそうじゃないか」[4]。

　当時の先生については、とくにドイツ語の片山敏彦先生が印象深かったという。

　　片山先生は四国の高知県の出身で、あの頃は三十を少し出ていただろうか。当時、中日関係は日一日と悪化の途をたどりつつあった

1　前掲「私の一高時代」『わが青春の日本—中国知識人の日本回想』177頁。
2　同上、178頁。
3　前掲「日本で学んだマルクス主義—趙安博」『あのころの日本—若き日の留学を語る—』157頁。
4　同上、156頁。

が、先生は中国の学生にとても友好的で、民族的な差別などいささかもなく、講義の態度もしごく真面目であった。先生は文学に造詣がふかく、フランスの作家ロマン・ロランと彼の作品の専門家で、それまでにドイツやフランスの有名な作家の作品を数多く翻訳されていた。しかし、わたしたち特別高等科の理科の学生に授業をするときは、ドイツ語で理科の原書が読めるようにと、文学作品のテキストを使わず、ドイツの物理学者M・プランクの『量子仮説』を教材に採用した。このことからもわかるように、先生は学生のためにいろいろこまかく気を使っていた。

片山教授は自由主義者で、政治にはあまり興味をもたないようだった。わたしたちと話す場合も政治にふれることはほとんどなかった。しかし、あの頃日一日と猖獗をきわめはじめた軍国主義には、ひじょうな反感をもっていた。その後、日本が中国への侵略戦争をすすめるようになると、先生は一高教授の職を決然となげだされ、芸術的抵抗の立場に移った。先生のこうした高尚な人柄には、今考えてもまったく頭のさがる思いがする[1]。

③帰国後の動き

1937年7月盧溝橋事件がおき、趙は留学を中断して帰国した。

帰国後、八路軍に従軍し抗日戦争に参加し、40年11月には延安の八路軍総政治部に転勤になり、翌年5月、延安の日本人捕虜の教育のために設立された日本労農学校の教務長、副校長を務めた。1945年11月、東北へ行き、日本人居留民の送還に携わっていた。1951年、中国共産党中央対外連絡部の幹部として日中関係に携わっていた。この間、共産党中央対外連絡部副秘書長をつとめたが、文化大革命中、下放された。十年の受難の日々を耐え抜いた後、中日友好協会事務局長・顧問、中国国際交流協会理事、中国人民政治協商会議全国委員会

1　前掲「私の一高時代」『わが青春の日本—中国知識人の日本回想』178頁。

委員などを歴任した [1]。

5. 喬鐘洲 （1939 年特設高等科入学・1942 年逮捕）

①思想犯として逮捕

喬は中国東北の出身で、1939 年特設高等科文科に入学した。1941 年一高の国民党秘密組織に加入したため、1942 年 2 月卒業直前に、「貞星事件」の中で、治安維持法違反容疑で特設高等科の先輩の留学生とともに検挙された [2]。逮捕された日の様子について、本人はのちに次のように回想している。

　検挙された当日は土曜日で、試験は正午までに全部終った。陽気も良かったし、寮で一息休もうとしたところ、思いも掛けず、生徒主事室に呼び出されたのである。

　「君の部屋を見たい人が来ているから、案内してあげなさい」

　と副主事から告げられた。見ると私服の中年男が二人居合わせた。（中略）この時、部屋には同期生の垣花秀武氏しかいなかった。自習室（勉強部屋）と廊下反対側の寝室をそれぞれ、ほんの一、二分間覗いた。そこで、私服の一人は、

　「ちょっと聞きたいことがあるから、一緒にきてくれないか」

　と言い出した。私はただ

1　前掲『嚶鳴』28 頁、李徳純「趙安博氏の思出─中日関係に尽した生涯」『毎日新聞』2000 年 2 月 22 日夕刊第 2 版、姫田光義・水谷尚子「趙安博回想録」『世界』岩波書店、1998 年 10 月号。

2　喬とともに逮捕された一高留学生は、王長新（1937 年特設高等科文科卒業、東京帝大法学部）、劉世恒（1938 年特設高等科理科卒業、東京帝大農学部）、李其振 (1941 年特設高等科文科卒業)、張福臣（1939 年特設高等科入学、中退）。喬鐘洲「受難の日々（上）」『向陵』1996 年 10 月号、95 頁。この事件は、中国では「国民党 12・30 事件」と、日本では「憲兵隊貞星事件」と呼ばれる。安藤良夫（1942 年一高卒業）「開戦を挟み短縮された一高生活」『嚶鳴』76 頁。

「はい」

と返事した。私が部屋から連れ出されようとした時に、垣花氏は事情を感知したのか、右手の親指を上に向けて、

「喬君、ロゴス、ロゴス、ロゴスは一つ」

と力強い別れの言葉を述べてくれたのである[1]。

②監獄における恩師との面会

喬はその後、東京巣鴨拘置所から関東軍憲兵隊本部、さらに新京（長春）監獄と移送された。1943年新京高等裁判所で十五年の有期懲役の判決を言い渡された。拘置されていた間、喬を面会に行った人は、家族のほか、一高の生徒主事佐々木喜市のみであった。それについて、喬はこう述懐している。

私の罪名はいわゆる思想犯で、その時分一般社会では、これを「反満抗日」と呼んでいた。あからさまに言えば、先生の祖国である日本に対して、教え子である私は反感を持っていたわけである。それなのに、先生はそれを百も承知の上で、ご高齢にもかかわらず、わざわざ面会に来てくださったのだ。私にとっては予想外の出来事でまことに感激の極みであった。

（中略）先生は先生で、最初から涙ぐんでおり、何から話したらいいか、まごついておられたようだ。その証拠に、短い対面の中で「体だけは大事にしなさい」を三回も繰り返されたのをはっきりと覚えている。

このようなわけで、あまり内容のある対話ではなかった。しかし話そのものが問題なのではない。対話よりも対面することに意義があったのだ。家族以外、面会に来て下さったのは佐々木先生だけで、それも私が反感を持っていた日本の国籍をもつ恩師であった。

1　前掲「受難の日々（上）」『向陵』1996年10月号、63〜64頁。

それだからありがたいと感じた[1]。

③10年後の卒業証書

1945年、日本の敗戦により、喬は三年半ぶりに自由の身に戻った。彼はその後、1948年に台湾へ渡り、1952年再び日本へやってきた。1943年の15年懲役刑との判決にはさらに「卒業取消」という結果がもたらされていたので、1953年、喬は一高の後身である東京大学教養学部へ訪れ、教務課へ行って、卒業証明書の申請を申し入れた。交渉を経て、卒業予定の年より10年遅れて、喬は一高卒業証書を授与された[2]。

6. 林義春（1943年特設高等科入学・1944年9月〜1946年3月休学・1949年3月卒業）

①華僑の子として

林義春は長崎生まれの二世華僑であり、小学校は華僑居留地に設立された華僑小学校であった。北京から特別に派遣された教師を中心に、中国語による中国式教育を受け、教科書も九一八事変や第一次上海事変などを忘れるなという抗日思想に関するものであった。そのためか、小学校二、三年の頃から特高警察の監視下にあって、旅行するにも常に当局の許可申請が必要であったという[3]。

1　同280頁注釈1、94〜95頁。

2　喬鐘洲「受難の日々（下）」『向陵』1997年4月号、105頁。

3　林義春「異国、日本に生を受けて」第一高等学校昭和24年卒業文集編集委員会『ひたぶるに求めしもの』1995年1月、476頁。

②一高時代

中学校が終わると、彼は同じ九州の熊本にある五高への進学を志望していたが、外国人の入学を絶対に歓迎しないという情報に基づいて、一高を受験し入学した。入学後、特高警察と憲兵、そして NHK に勤務していた中国語が流暢な、当局より一高に派遣されて外国人の動向を常に監視通報していた人物以外は、個性のある異色に富んだ先生たちに恵まれたという[1]。

③終戦を迎えて

1944 年 9 月彼は一高を休学し、上海に帰国し、上海同仁大学医学院に在籍していた。終戦の日を迎えて、最初に感じたことは、「あの忌まわしい特高警察や憲兵の監視から漸く解放されると言う安堵感、そして涙ながらに寮歌『手折りてし…自由の扉、開きてあり、自由の扉、開きてあり。』を高唱した事」であると述懐している[2]。

終戦後、林は日本に戻り、1946 年 4 月一高に復学し、1949 年 3 月卒業した。帝大卒業後、開業医として日本で生涯を送った。

7. まとめ

戦時下という特殊な環境下で日本で勉強していた六人の中国人留学生の回顧録を取り上げてきた。見てきたところから明らかなように、彼らは出身の背景、信奉する思想、留学の目的など多岐に分かれ、さまざまであった。偽満洲国の出身の者もいれば、中華民国出身の者もいた。1937 年の前に来日した者もいれば、1937 年以降、傀儡政権から派遣された者もいた。敵国日本を知るために留学に来た人もいれば、専ら学問のために来日した人もいた。一高を選択したのは、それ

1　前掲林義春「異国、日本に生を受けて」、477 頁。
2　同上、479 頁。

が帝国大学に進学するためのルートであるからという者もいれば、一高の伝統や校風に憧れていたからという者もいた。1937年の盧溝橋事変が起きた際に、ただちに帰国し抗日に参加したものもいれば、日本に残り、学業を終えてから、ないし終戦後、帰国した人もいた。しかし、これらの回想録で表れた留学時代の心情や体験、帰国後の動きなどが広く一高留学生全員に等しく共有されていたところが多いと考えられる。

①一高のリベラリズムと日本人学生との友情

以上、取り挙げた留学生はほとんど戦争中における一高の強い自由主義の傾向に印象深いと証言した。

一高はもともと国の将来を担う、体制維持に役立つ人材の養成を目的として作られた学校であった。しかし、自由と自治を高く語った一高生の中では、戦争の進行にともなって熱烈な戦争支持者もいたが、すべての権力を否定し、あくまで自由を尊ぶことを理想として、極端な国家主義に同調せず、戦争に対して冷静な批判的な態度を持ち、リベラルな精神を堅持した一高生も多くいた。1941年特設高等科を卒業した留学生張家銘は外界における軍国主義の猖獗に対して、一高内の自由主義について、こう述べている。

　　一高には当時の外界の輿論、ファッショの猖獗と較べて、ある程度自由な空気が濃く、学問に対する真剣さなど寮歌の中にもよくそれらの精神が歌われている。国士を自任する一高の自治精神に対して、自分は良い学校に入ったと喜んでいた。またそれが慰めであった[1]。

1937年12月の南京陥落と1938年10月の武漢陥落にあたり、文部省は祝賀を表すべきことを学校に通達してきたが、一高生の間で、祝賀行進の賛否をめぐる議論がさかんに行われ、否定的な見解が強かっ

1　　張家銘「一高時代の思い出」『嚶鳴―第一高等学校昭和16年卒業記念文集』
　　1991年4月、456〜458頁。

た。学校は文部省の指令に基づいて、学校主催で武装行進することになったが、「寮生に熱意なく、帰路では半数が脱落して市電等を利用して帰寮した」[1]。

一高生の気持ちの発露とされる寮歌も、戦時に入ってから変化しつつあった。日露戦争当時に作られた、護国愛国を示唆するいくつかの寮歌、「都の空に」、「混濁の浪」、「王師の金鼓」などには、抵抗感さえ感じられるようになったのに対して、非戦の寮歌である「運るもの星とは呼びて」の歌だけが愛唱されるようになったという[2]

一高名物の落書きを通じても、戦時下の一高生の思想状況の一端を把握することができよう。例えば、当時有名な落書き、「打倒ファッショ！」「山のあなたの空遠く、戦なき国ありといふ」「戦争は冷血なる国家の利己主義である」「初めだと思ったら終わりの始めだったとさ、運命は皮肉に笑ふ」などがいずれも反戦の匂いがする文句であった[3]。

前述のように、1944 年に 4 月一高特設高等科に入学した林連徳も一高生の書いた反戦の落書きを見て、「一高生の大胆不敵」に感心したという。趙安博も自由主義者のドイツ語の片山敏彦先生を高く評価し、彼の日本の中国侵略への抵抗に敬意を表した。

留学生張家銘の回想によれば、彼が一高在学中の寮祭のとき、ある部屋の窓口に「黄河の中の島」という飾り物があった。当時東京帝大の河合栄次郎教授の思想が自由主義とか左翼の温床とか新聞で批判されていた時で、それは、「黄河の中の島」はいつも氾濫する川は左に流れる時は島は右だ、右に流れる時は島は左だ、実際島そのものは動いていないということを喩えるものであった[4]。

そうした自由の学園の中で、留学生は一般的には一高の学園生活に慣れており、そこの学風や慣習、さらにそこで寝食をともにする日本

1　前掲『向陵誌・駒場篇』85 頁。

2　稲垣真美『旧制一高の非戦の歌・反戦譜』昭和出版、1994 年 3 月、26 頁。

3　吉岡周正（1940 年一高卒業）「彌生道」。同上、163 頁。

4　前掲張家銘「一高時代の思い出」457 頁。

人学生に親しむことができたと思われる。

1940 年 12 月、日華学会が特設高等科留学生 10 名及びその附属予科 3 名を対象に行った生活調査の結果からみれば、一高入学の理由として、「帝大入学」のほか、「好き」「自治を求めて」「天下の一高」「有名」など、一高の伝統や校風などに憧れを持っているため、一高入学を選んだ留学生も少なくなかった。入学後の感想についても、「学生間の感情よし」「自治制度」「寮生活」などがとくに印象に残ったと答えた学生も少なからずいた。そのほか、普通、日本人学生とも親しめると答える留学生が多かった。この調査から見れば、留学生は大抵一高生としての誇りを持っており、日本人学生とも親しく交流していたと考えられる[1]。

中国人留学生と日本人学生はそれぞれ戦っている二つの国の青年という関係でありながら、多くの友好の物語を作り、しかもその友情が戦後の長い国交断絶の年月を経てもなお変わらなかったと言える。朱紹文と河西健一や隅谷三喜男、李徳純と坂本義和、進藤純孝の日本人学生とのエピソードは、戦時下の一高で生まれた国境と利害関係を超えた友情を物語っているであろう。

②戦時下の苦しい留学経験

しかし、戦争の進行にともなって、一高を包む空気も日増しに軍国調を増していき、思想の統制がだんだん厳しくなってきた。一高寄宿寮が発行した寮報である『向陵時報』は日増しに文芸化しつつあり、校友会も文部省の指令により解散を余儀なくされ、それにかわって1941 年 3 月「護国会」が正式に発足した。1942 年、ついに、一高を含むすべての高等学校は在学年限が従来の三年から二年に短縮され、その年 10 月閣議決定により、大学、高等専門学校の文科系学生の徴兵猶予が停止され、いわゆる学徒出陣が行われるのはその年の 12 月

1　「中華民国留日学生生活概況　（その二）」『日華学会』第 86 号、1941 年 11 月、44 〜 45 頁。

のことであった。一高の文科生も多く学園を去って、陸海軍に入隊しなければならなかった。1944年7月、自治寮制度は全面的に改革され、総代会は廃止され、寮委員は学校任命の幹事制になり、日本人学生に対する思想の監視がいっそう厳しくなった。

このように軍国主義がすでに一高にも染み込んできた中、特設高等科で勉強している中国人留学生にとって、その留学生活が必ずしも愉快なものではなかった。留学生張家銘は当時、中国人留学生をめぐる状況と彼の心情を次のように語った。

青春時代は夢の多い時代で誰も楽しかった、嬉しかったと言うのが普通であらう。ことにあこがれの一高に入った時は本当に嬉しかったと言うべきである。何事も時間がたてばいいことだけ残って綺麗なバラ色になるのが人間のうるわしさであらう。しかし、私にとって、一高の三年間、ひいては京大工学部時代、常に幸と不幸の対立、喜びと悲しみとが交織され、ジレンマに陥る事が多かった。当時私は楽しかったと大声で叫ぶだけの心境ではとてもなかったのだ。私達が一高在学中の三年間は日中戦争の最中だった。（中略）若き一留学生として我が祖国の運命に対する深い憂ひと悲しみ、戦乱の中にいる父母の安否、我家の盛衰……かような陰影はいつも我が胸から離れなかったのは当然だらうと思う[1]。

このように祖国や家族への憂いや自身の将来への不安は留学生全員を包む陰影のように離れなかった。そうしたなか、留学生は「一高同窓会」の下で固まり、「沈黙」「勉学」「団結」のスローガンで留学生活を送っていた。また、一高において一部留学生からなる秘密の抗日組織も活動していた。一つは共産党指導下の「新知識研究会一高小組」であり、もう一つは、国民党の指導下にあった一高学生秘密組織であ

---

1 前掲「一高時代の思い出」『嚶鳴―第一高等学校昭和16年卒業記念文集』456〜458頁。

ったという[1]。

　戦争が進んでいく中、特高警察や憲兵が留学生に対する監視の目は
いっそう厳しくなり、一高学内を歩き回り、抗日の留学生を監視した
り、尾行したり、ないし逮捕したりしていた。1937年特設高等科に
入学し、1940年東京帝大文学部に入学した白金山は一高と東京帝大
留学中の思い出がたくさんあるが、中でも一高寮生活の楽しさと当時
の日本に存在していた特高警察の憎らしさがなかなか脳裏から消さ
れなかったと述べた[2]。ここで取り上げた元留学生の中で、李徳純は私
服の警察に尾行された経験を持っており、喬鐘洲と朱紹文はそれぞ
れ1942年の「貞星事件」と1944年の「同窓会事件」の中で仲間の特
設高等科留学生や元特設高等科留学生とともに逮捕された。朱は厳し
い酷刑を経て半年後無罪釈放されたが、喬は国民党の地下組織に加入
したことで有罪判決を言い渡され、三年余りの牢獄生活を経て、1945
年日本の敗戦により、ようやく自由の身に戻った。

　③日本留学経験者として
　日本侵華戦争期に中国から日本への留学生には三つの負い目があっ

1　程万里「一高留学生の愛国抗日行動の回想」『向陵』2004年10月号、
　170〜172頁。
2　白金山「私の五十年」『弥生道――高卒業50周年記念文集』昭和15年一高
　会卒業50周年記念文集刊行会、1990年4月、495頁。白金山は帰国後、偽
　満洲国の学校で教諭に任ぜられたが、1945年以後、転々と職を変え、1948
　年当時の東北大学に落ちついた。1949年以後、東北大学は校名が東北師範大
　学に改められ、白は教授法の研究に乗り出したが、文革期に入るや、革命の
　対象とされ、農民の「再教育」を受けるべく、三年間農村山に下放され、農
　耕以外の事に従事することができなかった。1972年日中国交回復後、東北師
　範大学の外国語学部に日本語科を設立するよう命ぜられ、教育学の研究から
　日本語教育に切り替えられた。文革終了後、中国政府は多くの国費留学生を
　日本に派遣する政策を打ち出し、東北師範大学に「赴日留学生予備学校」を
　設置した。白はその学校の設立と運営に当たった。1984年、財団法人日中友
　好会館が発足するや、彼は中国政府の推薦で中国側のはじめての常駐理事と
　して東京に三年近く駐在した。

た。第一には、重慶へ行かなかったこと、第二には、欧米へ行かなかったこと、第三には敵国日本へ来たこと、である[1]。そうした経験は彼らにとって払拭しがたい「汚点」であったに間違いない。以上の元留学生のうち、朱、林、趙、李は後の文化大革命の中で、何れも苦しい思いを余儀なくされた[2]。それが単に「知識階級」あるいは「資産階級」としてであったなのか、それとも日本の対中国侵略に協力したと思われる傀儡政権より派遣され、戦時中、敵国の日本における留学経験を持つ人として「漢奸」と看做されたからだったのか、いまだに明らかではないが、傀儡政権より派遣された留学生という経験は彼らにとって負い目だったことは否めないであろう。ところが、日中国交正常化と文化大革命の終結にともなって、彼らがほとんど日本で勉強した技術や知識を生かす機会を得て、日本関係や中日交流関係の仕事を携えていた。朱は現代中国の著名な経済学者、とくに日本経済の専門家で、日中両国の経済交流に従事していた。林連徳は一生にわたって中日貿易事業に取り込んでいた。李徳純は日本戦後文学の専門家であり、現在まで文学研究において日本との学術交流を深めている。趙は中日友好協会や中国共産党中央連絡部などで要職をつとめ、中日友好事業に従事していた。戦時下の特設高等科から戦後の日中友好交流事業のために多くの担い手が出たといえる[3]。

　本章では、特設高等科の留学生のうち、六人を選んで彼らを歴史の証言者として取り上げ、その留学経験とその後の人生の軌跡を回想談を手がかりとして考察してきた。

　彼らは生い立ち、留学の目的、一高入学の理由などにおいてさまざ

1　週刊朝日編『青春風土記　旧制高校物語』朝日新聞社、1979 年 2 月、233 頁。

2　前掲『嚶鳴』47 頁と 67 頁。

3　同じことが、ほかの各特設予科の場合でも言える。東京高師特設予科出身の蕭向前、張香山、東京工大附属予備部出身の孫平化はいずれも戦時中の留日経験を持つ、戦後の日中友好活動に従事していた有名な人物である。

ま違っていたが、戦時中の留学生活について感じたこと、思ったこと、語ったことが彼らの中で共有されている部分が多かったと思われる。戦時中、一高特設高等科で勉強していた留学生は、複雑な気持ちを抱えて、祖国の将来と家族の安否を心配しながら、日本の警察や憲兵による監視、ないし迫害の中で勉学を続けていた。幸いに、外の空気と異なった一高の自治の世界で、彼らはある程度の自由と尊厳を保つことが出来た。そうした世界の中で、彼らは一部の日本人学生と寝食をともにすることによって、国境と利害関係を超えた友情と信頼を築いた。また、戦時中の留日経験が彼らに負い目をもたらした一方、両国の交流を促進するための堪能な日本語や日本の社会状況や文化への深い理解と豊かな人脈関係などをも与えた。

　本書で取扱った留学生はあくまで一高特設高等科の一部の留学生にすぎない。留学生活を公的な場で語るチャンスがなかったり、または様々な理由で語りたくない、というような留学生もたくさんいると思われる。従って、本書で取り上げた事例をもって一高全体、あるいは一高以外に広く一般化するのは無理かもしれない。しかし、戦時中という特殊な状況の下でそうした事例があったこと自体は非常に重要なことであると思われる。

第九章　東亜高等予備学校の中国人留学生予備教育

　前述したとおり、「東方文化事業」の下で整備された留学生の予備教育機関は、以下の三種類に分けられる。官立高等専門学校七校に設置された特設予科、私立の東亜高等予備学校、及び東亜同文会が中国国内に設けた天津・漢口両同文書院、がそれである。

　本章では、東亜高等予備学校の留学生予備教育のあり方について、特設予科との関係を軸に考察を試みる。国の文化事業に組み込まれた民間の一留学生教育機関の教育活動がどのような特徴を有し、また同事業下に置かれた他の留学生予備教育機関と如何なる関係を持っていたのかなどの問題について検討してみたいと思う。

　なお本章では、外交史料館所蔵の『日華学会関係雑件』『東亜学校関係雑件』『在本邦留学生予備教育関係雑件　特設予科関係』のほか、当時日華学会が発行した『日華学報』及び『日華学会二十年史』なども資料として使用する。

第一節　「東方文化事業」下における東亜高等予備学校の整備

1.　明治大正期の私立留学生特設教育機関

　近代日本において、最初に上級学校進学のために留学生予備教育を

行ったのは、1899年に東京帝国大学教授高楠順次郎によって作られた日華学堂であったと思われる。その設立趣旨に「専ら清国学生を教養し、務めて学生をして速かにわが語言を講習し、わが風俗に暗熟し、並に普通各科の学を修め、而して専門学科を修むるの地歩たらしむ」[1]とある。その趣旨に基いて、日華学堂は以下のような科目を設けていた。

表 9-1 日華学堂学科設置

	科名	修業年限	目的	科目
正科	普通予備科	2年	高等専門学校入学	日本語、英語、ドイツ語、地理、数学、物理、化学
	高等予備科	1年	帝国大学分科入学	法学、文学、工学、理学、農学など
別科	予備選科	無定期	普通科に通ずる者帝大等に入るため	高等予備科の中から選習
	日語専修科	約1年	速かに日本語に通ず	日本語のみ

出典：実藤恵秀『中国留学生史談』第一書房、1981年5月、37頁。

学堂の設立趣旨及び学科設置から見れば、この学校は高等専門学校または帝国大学に入ろうとする留学生を対象に日本語及び各普通学の教授を行う留学生特設予備教育機関であったことが分かる。日華学堂はその後長く続かず、卒業生合わせて26人を出しただけで門を閉じた。これら26人のうち、唐才常の事件[2]で謀反者として死刑に処された4名、及びその後経歴不明の3名を除く19名が日華学堂を卒業の

---

1 前掲『中国人日本留学史稿』78頁。
2 1900年義和団事件が発生すると、唐才常らは正気会（後に自立会と改称）を結成し、総司令を自任した。同年7月、上海で維新派の人物が集まり、「中国国会」が開かれた。唐才常は総幹事長に選ばれ、満州人の政府が清国の統治権を有することを認めないと決議した。会後、自立軍が各地で同時蜂起することが計画されたが、清朝政府の察知するところとなり、唐らは逮捕され、翌日処刑された。

後、帝国大学や早稲田大学などに進学した[1]。そのなかには章宗祥、呉振麟、金邦平などの著名人がいる[2]。

　20世紀に入り、1904～06年頃中国人の日本留学は全盛期を迎えることになるが、当時の留学生教育は、速成・普通学中心で、いずれもそれ自身を教育の終点（目的）としており、いわゆる完成教育であった。そこでは、日本語教育を中心とする予備教育は付属的な機能に過ぎなかった。弘文学院を例に取ると、そこを出た留学生の中で、魯迅のようにさらに仙台医学専門学校に進学するケースもあり、実際上ある程度は、ほかの専門学校や大学に進学するための予備教育機関としての役割は果たしていたが、大半は弘文学院で速成教育あるいは普通教育という留学の目的を達成すれば、ただちに帰国するというのがほとんどであった[3]。日本語の教育も上級学校進学のための予備ではなく、日本の書物の意味が分かる程度になればいいという留学生たちの希望で行われていた。例えば、弘文学院速成師範科では、平均8～9ヶ月の短期間に倫理・心理・教育・教授法・物理・化学・博物・生理・数学など、教育者として必要な諸学科を通訳を介して教授し、日本語の教授には週3～4時間があてられる程度であった。当時、同学院の四川省師範班で日本語の教授にあたっていた松本亀次郎によれば、「日本語を習ふのは日本の書物を目で見て意味が分かる様になればよろしい。漢字の意味は分るから仮名で書いた部分の意味を教へて貰へ

1　実藤恵秀『中国留学生史談』第一書房、1981年5月、43～48頁。
2　章宗祥は日華学堂から一高を経て帝国大学に入った。民国になって、司法総長、農商総長に歴任し、1916年駐日公使となった。1919年に三年間の任期が終わって帰国した時、五・四運動が起こり、章は売国奴として攻撃の対象となった。呉振麟は宗とともに当時留学生界のリーダーであり、日華学堂から一高を経て帝国大学法科に入学した。金邦平は日華学堂から早稲田大学に進学した。民国後、袁世凱政権の農商総長となった。
3　前掲『中国人日本留学史稿』252頁。

ばそれで用は足りる」というのが留学生らの要求であったという[1]。課
程修了後すぐに帰国して職に就き、日本の高等専門学校や大学に進学
するつもりのない留学生が、日本語の学習にそれほど熱心でなかった
のは当然のことであろう。

　1906年以後になると、留学生教育には「量」から「質」への転換
が始まる。これまでのような速成教育や普通科教育を施す留学生のた
めの特設教育機関の必要は当然なくなって来る。その一方で、留学生
の志望先が高等専門学校や大学に変ったため、そこに入るための予備
教育機関が必要とされるようになった。こうした中、私立の留学生教
育機関の間に新しい動きが見えはじめ、高等教育をめざす留学生の
ために予備教育を実施することが課題とされるようになる。弘文学
院は1906年に改組委員会を組織し、速成科を廃止し、普通科の修業
年限を延長することを決定すると同時に、新に予科を設置した。予科
は日本国内の特設教育機関卒業者及び中国の中学校卒業者のうち、日
本の高等教育機関への入学を志望する者を対象に、一ヶ年間予備教育
を実施するもので、高等師範予備科、高等予科及び高等補習科に分け
られ、それぞれ東京高師、官公立高等専門学校、私立専門学校の入学
準備を担うものであった。1906年高等師範予科に入学したのは16名
で、高等予科及び高等補習科の入学者数はそれぞれ16名と14名であ
った[2]。また普通科の教育にも上級学校進学の目的が付与されるように
なり、1906年弘文学院入学者140名のうち、少なくとも118名が上
級学校進学を希望し、そのうち68名（58％）が官公立学校に、50名
（42％）が私立学校に進学することを望んでいたという[3]。

　これと同様に、法政大学も1907年より速成科のほかに普通科を設

1　松本亀次郎「隣邦留学生教育の回顧と将来」『教育』7-4、岩波書店、1939年
　　4月、51〜62頁。
2　清国遊学日本学生監督処『官報』第11期、1907年10月。
3　酒井順一郎『清国人日本留学生の言語文化接触―相互誤解の日中教育文化交
　　流』ひつじ書房、2010年3月。

け、同大学の予科あるいは専門部に入ろうとする留学生に対して、予備教育を施すようになった[1]。このように、留学生教育機関は新しい情勢の中で徐々に予備校化していった。

　後に留学生数の激減状況が続くなか、ついに 1909 年に弘文学院、1910 年には経緯学堂、早稲田大学清国留学生部が閉鎖されたが、その一方、専ら高専や大学に入るための予備教育を行う留学生教育機関への需要が増して来るのは自然の成行きで、成城学校、東京同文書院などの予備教育機関のほか、新たに高等日語学堂が生まれた。「高等日語学堂」の名称にも表されているように、この学校は上級学校に入学するための準備を行うことを究極の目的としていた。

2. 東亜高等予備学校の創設と松本亀次郎

　1911 年辛亥革命が勃発すると、日本在留の留学生は相次いで帰国した。そのため、留学生を受け入れる教育機関は、長沢吉享の高等日語学堂が辛うじて教育活動を継続したほかは、すべて閉鎖を余儀なくされた[2]。その後中華民国が成立し、政情がやや安定するのにともなって、留学生が再び来日するようになり、彼らのための教育機関が必要になってきた。こうして成城学校や東京同文書院が再開され、前弘文学院教授松下大三郎によって日華学院[3]が新しく設立された。この時期の留学生教育機関は、かつてのような速成・普通科教育により完成教育を行うものではなく、高等専門学校に入学するための予備教育を行うことを目的としていた。この傾向を最も明確に表現していたのは、1914 年、長年中国人留学生教育に携わってきた松本亀次郎が創設した東亜高等予備学校である。この学校は、近代における私立留学

1　前掲『中国人日本留学史稿』107 頁。
2　前掲『中国人日本留学史』112 頁。
3　同上、113 頁。

生教育機関の代表として、その後も長く存続することになる学校である。

　松本亀次郎（1866 ～ 1945 年）は、静岡県小笠郡大東町の生まれ、静岡師範学校を卒業し、小学校の訓導兼校長を経て、静岡・三重・佐賀の師範学校で教鞭を執った後、1903 年 5 月嘉納治五郎の招きに応じ、弘文学院の教壇に立って、留学生に日本語を教授し、日本語教科書『言文対照漢訳日本文典』を編纂した。1908 年 4 月、日本語の教習として北京の京師法政学堂に招聘され、厳谷孫蔵や井上翠とともに教授にあたったが、辛亥革命の勃発とともに日本教習のほとんどすべてが帰国、松本亀次郎も 1912 年 3 月には日本に帰国して、東京府立第一中学校の教諭をつとめた。

　前述したとおり、辛亥革命後の 1913 ～ 14 年に、中国人日本留学の第二次ブームを迎えることになった。彼らのための予備教育が緊急課題となってくるのである。そうした中で、1913 年 8 月、松本は再び中国人留学生のための教育活動に携わることになる。かつて弘文学院で教えた湖南省からの留学生曽横海の懇請によるものであった。初めは日本大学や大成館などの教室を借り、講師を雇って留学生数百人に日本語の教授を行ったが、その後、留学生の数が増えるにつれて、三、四の教室を借りたくらいでは、収容しきれない状態になった。そのため 1914 年 3 月、神田区中猿楽町に木造二階建て百十余坪の校舎を新築して、学校を設立し、「日華同人共立東亜高等予備学校」と名づけ、自ら校長をつとめた。校名に「日華同人共立」の六字を冠したのは、学校設立にあたり曽横海が精神的に尽力した功労を記念する意味があったという[1]。

　同校の学科目には日本語のほかに、英語、数学、物理、化学、用器画があり、それぞれ専門の教師が担任した。学校は学年制を取らず、講座式とし、一分科ごとに一日の授業時間を二時間とし、いずれも二

1　日華学会『日華学会二十年史』1939 年 5 月、102 頁。前掲『中国近現代教育文献資料集 2』。

ヶ月ないし三、四ヶ月を修業期間としていた[1]。1915 年に、学校は賛助
会を設けて資金を募集し、三井、満鉄などの会社からの寄付を受け、
校舎の増築に着手した。1919 年には財団法人となり、校名も「財団
法人東亜高等予備学校」と改称し、校舎も更に増築され、千名前後の
留学生を有する学校に発展した[2]。これにともない日華学院や高等日語
学堂はいずれも門を閉じ[3]、以後留学生のための私立の特設予備教育機
関は東亜高等予備学校と成城学校留学生部二校だけとなった。

3. 日華学会との合併

　「東方文化事業」発足後、外務省文化事業部は、私立の留学生予備
教育機関として、成城学校留学生部に比べて施設や経費の面で著しく
劣っていた東亜高等予備学校の改善にとくに力を注いだ。まず、関
東大震災により同校の校舎及び設備品が全部焼失したため、1924 年
3 月学校再興費として金三万円を同校に交付した。4 月より仮校舎の
建築が開始され、8 月に竣工した[4]。これは外務省文化事業部の東亜高
等予備学校に対する資金援助の始まりであるが、それが本格化するの
は、1925 年 4 月東亜高等予備学校が日華学会の傘下に入ってからの
ことである。

　日華学会は、活動を展開するにあたり、早くから留学生予備教育機
関の設置の必要性を痛感していたが、資金が調達できないため着手を
見るに至らなかった。このたび日華学会も東亜高等予備学校も、とも
に外務省文化事業部の所管に入り、「対支文化事業特別会計」から助
成を受けるようになったため、文化事業部のなかに、東亜高等予備学

1　前掲日華学会『日華学会二十年史』102 頁。
2　同上、102 頁。
3　前掲『中国人日本留学史』113 頁。
4　前掲『日華学会二十年史』102 頁。

校を日華学会に合併させようとする構想が浮上してきた[1]。日華学会としては、「新に此の種学校を設け、多額の資金を投ずるよりも、寧ろ相当の経歴を有し、且留学生間にも古くより親み深き東亜学校を譲受くるのが、教育上又経済上最も得策」[2]との考えをもっており、一方大震災の直撃を受けて経営難に陥った東亜高等予備学校としても、安定した財政基盤を確保して態勢を立て直すことは切実な念願であった。そうした中、1924年外務・文部両省の主導の下、日華学会と東亜高等予備学校との交渉が開始され、同年末には両者間に意見の一致を見るに至り、各種の準備が進められた結果、1925年3月合併の手続きが完了した。

「対支文化事業調査委員会」幹事長出淵勝次は、合併の経緯について、次のように報告している。

　　東亜学校ノ内容ヲ革メ、留学生予備教育改善ニ資スヘシトノ意見開陳アリタルカ、右ハ当局ニ於テモ至極同感ナルニ付、文部省トモ協議ノ上、日華学会ニ於テ之カ経営ニ当リ、財政上ノ基礎ヲ安固ニスルヲ最適当ト認メ、(中略) 客年中ニ関係当事者奔走ノ結果、財団法人東亜学校ハ一旦解散ノ形式ヲ執リ、同校関係ノ資産及負債ハ日華学会ニ於テ其ノ侭承継シ、引続キ経営スルコトニ略ホ両団体ノ議決機関ニ於テ決定ヲ見ルニ至レリ。(中略) 右ノ如ク日華学会ニ於テ経営スルコトトナリ、東亜学校ノ財政上ノ基礎ヲ安定セシムルト共ニ、漸次其ノ内容ノ改善ヲ図リ、文部省トモ能ク連絡ヲ取リ、留学生ノ予備教育機関トシテ理想的ノモノトナシ度キ意向ナリ[3]。

合併後、学校設立者が「財団法人日華学会」に改められ、日華学会

1　前掲「隣邦留学生教育の回顧と未来」。
2　前掲『日華学会二十年史』103頁。
3　「対支文化事業調査会第四回会合ニ於テ前回会合以後ノ経過ニ関スル出淵幹事長報告要旨」1925年1月16日。『東方文化事業調査会関係雑件』。

長細川護立が校長に、松本亀次郎が教頭にそれぞれ就任し、教職員と生徒はそのまま引き継いだ。1925 年 4 月 1 日授業が開始され、学級の編成、学科目、教授の要旨、学課の程度などすべて従来通りで、生徒数は当時 126 名であった[1]。

外務省は、日華学会の経営下に入った東亜高等予備学校に対し、早速「対支文化事業特別会計」より継続的な資金援助を開始した。1925 年から 1937 年まで外務省が東亜高等予備学校に対して行った援助資金の金額は下表のとおりである。

表 9-2 外務省援助資金表（1925 〜 37 年）　　　単位：円

年度	1925	1926	1927	1928	1929	1930	1931
金額	22,000	23,000	30,000	30,000	30,000	29,250	29,250

年度	1932	1933	1934	1935	1936	1937	
金額	27,788	27,788	27,788	27,788	27,788	23,288	

出典：『日華学会二十年史』154 頁。

4. 東亜高等予備学校の改善

合併後まもなく、外務省より「東亜学校経営及教務ノ改善ヲ図ル為メ、之ガ評議機関ヲ設クヘシ」[2]との命令が下され、東亜高等予備学校には評議員会を設けることになった。評議員は外務省より 1 名、文部省より 4 名、東京高師、一高、東京高工よりそれぞれ 1 名、日華学会から 3 名、合わせて 11 名が選ばれた。その氏名を挙げれば、以下の

1　前掲『日華学会二十年史』106 頁。
2　同上、107 頁。

とおりである[1]。

外務省	木村惇
文部省	赤間信義
同	山内雄太郎
同	菊池豊三郎
同	矢野寛城
東京高等師範学校	馬上幸太郎
第一高等学校	斉藤阿具
東京高等工業学校	奥田寛太郎
日華学会	服部宇之吉
同	江口定條
同	山井格太郎

　第一回評議会は1926年3月に開催され、そこで東亜高等予備学校の学則が作られた。それによれば、学校は「中華民国人ニシテ日本ニ於ケル高等程度ノ学校ニ入学セントスル者ニ適切ナル予備教育ヲ施スヲ以テ目的」とする。修業年限は、予科六ヶ月と本科一年、計一年六ヶ月とし、毎年4月から9月、及び10月から3月の二つに分けられ、生徒はいずれの学期からも入学できるとされた。予科と本科それぞれの学科目は、次のとおりである。

　予科（六ヶ月）：修身と日本語

　本科（一年）：修身、日本語、英語、歴史、地理、数学、物理、化学、博物、図画

　このうち修身は「道徳ノ要領ヲ授ケ実践躬行ヲ推奨」すること、日本語は「発音、読方、解釈、書取、話方、文法、作文ヲ授ケ普通ノ口語及文語ニ習熟」させることをそれぞれ目的に掲げ、英語以下については、「中学校ノ課程ニ準シテ之ヲ授ケ中学校卒業者ト同等以上ノ学力ヲ付与スル」ものとされた。毎週授業時間数は下表のとおりである。

1　前掲『日華学会二十年史』108 ～ 109頁。

表 9-3 東亜高等予備学校学科課程 単位：時間

科目	予科	本科	
		第一期	第二期
修身		1	1
日本語		14	8
英語		8	8
歴史・地理	前半期 24・後半期 30	2	3
数学		7	7
博物		2	3
物理・化学		2	4
図画			2

出典：『日華学会二十年史』1939 年 5 月、111 頁。

　生徒数は、予科と本科合わせて定員 500 人以下と規定したが、このほか、修業年限一年の専修科を設け、本科所定科目のうちとくに一科目の修業を希望するものを収容できるとした。

　1925 年 12 月から東亜高等予備学校には学監が置かれることになった。最初は台北高等学校長松村伝が就任したが、翌 26 年 9 月同氏が水戸高等学校長に任命されたため、前山形高等学校長三輪田輪三が学監に就任することになった。

　就任後、三輪田学監がまず着手したのは教科書の改訂で、1926 年より教職員に対し夏休みを利用して教科書の編纂を嘱託した。以後同校が編纂した日本語教科書中、主要なものを列挙すれば、次のとおりである。

　1926 年　『日本語読本』巻一、二

　1927 年　『日本語読本』巻三

　1928 年　『日語会話』

　1930 年　『日本口語文法教科書』

　1932 年　『日本語会話教科書』

　1932 年　『日本語のはじめ』

　1938 年　『東亜日本語辞典』

　三輪田はまた、他の学校との連絡を図ることにも力を注いだ。国内
の各学校との交渉を試みたほか、中国の諸学校、ことに中学校以上の
学校長に書類を送付して東亜高等予備学校を広く宣伝することに努
め[1]、1927年9月には中国を訪問した。その際各地の教育機関を視察し
て、その教授、訓練及び管理などの実情並びに教科書を調査し、教育
関係者と意見を交換するとともに、将来日本に留学しようとする者へ
の参考として、東亜高等予備学校の主義、目的を宣伝している[2]。

　こうして、「東方文化事業」の補助団体である日華学会の経営下に
置かれた東亜高等予備学校は、経済的には安定した基盤を持つように
なり、三輪田をはじめとする学校幹部の努力の下で留学生教育の経験
を蓄積し、私立の留学生予備教育機関の中で最も実績を有する学校の
一つとして発展していくのである。

第二節　東亜高等予備学校と特設予科

1. 東亜高等予備学校における留学生予備教育の実態

　前述したとおり東亜高等予備学校は、中国人で日本国内の高等程度
の学校に入学を希望する者に対して予備教育を施し、彼らに中学校卒
業者と同等以上の学力を付与することを目的とした。そのため修業年
限を予科六ヶ月、本科一年とし、まず予科で日本語予備教育を行い、
その上で本科において中学校の課程を補習するというのが、同校の留
学生予備教育の基本的なあり方だとした。しかし、実際、東亜高等予
備学校にとって、それが目指す留学生予備教育機関としての望ましい
あり方は構想レベルにとどまり、容易に実現あるいは展開することは

1　「東亜高等予備学校創立及経営変更」『日華学報』第1号、1927年8月、97頁。
2　前掲『日華学会二十年史』131頁。

できなかった。

東亜高等予備学校本科は、期待された役割をほとんど果たすことができなかった。同校では、「本科の卒業生は、官立学校内に設けてある特設予科と同程度の学力及び効力を有し、将来高等学校及び専門学校に、無試験入学の資格を有する」ことを以て「究竟の目的」とし、学生に対しては、本科を卒業するまで在学するよう奨励していた[1]。ところが、学校によれば、実際上、留学生の多くは「自己ノ素養如何ヲ顧ミズ一日モ早ク上級学校ニ入学セントスル傾向」[2]があり、予科修了後本科に進む者は予科卒業者の一割程度に過ぎなかった。また本科に入学しても一、二ケ月のうちに漸次退学していき、卒業の時には四、五名程度しか残っていない状態であり[3]、学校は「単ニ半ケ年間日本語ヲ課スルノ講習所」[4]に過ぎないという状況であった。

表 9-4 東亜高等予備学校卒業終了者数（1927 ～ 31 年）　単位：時間

	1927 年		1928 年		1929 年		1930 年		1931 年	
	3 月	9 月	3 月	9 月	3 月	9 月	3 月	9 月	3 月	9 月
予科	67	58	166	138	217	133	319	96	163	37
本科	7	12	14	33	42	29	24	8	11	
専修科	1			1	1	17	25	19	23	19
その他									18	20

出典：『日華学報』第 29 号、1931 年 11 月、44 頁。

一方、同校予科のほうは、上に見た本科の場合とは異なり、官公私立学校を目指す留学生を数多く受け入れ、彼らに対して効率的に日本

1 　松本亀次郎「中華民国留学生教育の沿革（其の四）」『日華学報』第 5 号、1928 年 9 月、27 頁。

2 　「東亜高等予備学校学制改正」1931 年 6 月。『在本邦留学生予備教育関係雑件 特設予科関係』第 1 巻。

3 　「昭和三年度特設予科主任者会議」『在本邦留学生予備教育関係雑件 特設予科関係』第 4 巻。

4 　前掲「東亜高等予備学校学制改正」。

語の予備教育を施していた。日華学会学務部の調査によれば、1931
年4月の各官公私立学校の中国人留学生入学者数は543名であるが、
そのうち、全体の58％を占めた315名は東亜高等予備学校の出身者
であった[1]。東亜高等予備学校予科は留日学生の半分以上に日本語の予
備教育を行っていたことがうかがわれる。しかしそれは、同校の期待
と異なり、同校本科進学のための予科としてではなく、あくまでほか
の上級学校に入るためのものであった。

表 9-5 東亜高等予備学校出身者上級学校入学統計（1931 年 4 月調査）

単位： 時間

学校別	部科別	入学総数	そのうち東亜出身者数	学校別	部科別	入学総数	そのうち東亜出身者数
東京帝大	大学院	7	4	仙台高工		7	5
九州帝大		5	4	秋田鉱専		4	4
北海道帝大	実科	9	4	警察講習所		20	5
東京商大		8	3	警察練習所		9	4
神戸商大		4	0	東京鉄道局教習所		40	24
東京工大		2	0	陸軍士官学校		85	41
東京文理大		6	2	早稲田大学		62	35
広島文理大		5	2	慶応大学		6	6
東京高師	特設予科	22	16	明治大学		24	16
広島高師		12	12	法政大学		36	21
広島高師	特設予科	13	12	中央大学		5	3
一高	特設予科	29	17	専修大学		10	4

---

1 『日華学報』第 29 号、1931 年 11 月、44 頁。

奈良女高師		8	6	東京慈恵医大	10	3
	特設予科	7	6	東京農大	2	2
長崎高商	特設予科	11	7	東京歯科医学専門	2	2
明治専門	特設予科	12	10	日本美術学校	2	2
東京高蚕		1	1	女子美術専門学校	3	1
京都高蚕		1	1	東京女子医専	6	3
東京女高師		3	2	日本女子体育専門	3	3
水戸高校		1	1	東洋音楽学校	2	1
山口高商		2	0			

出典：『日華学報』第 29 号、1931 年 11 月、44 頁。

　また、上表の示すとおり、同校予科を修了した留学生は主に下記の三種類の学校に流れていった。

　①文部省直轄高等専門学校に設置された特設予科

　②早稲田大学、法政大学、明治大学などの私立大学

　③陸軍士官学校と東京鉄道局教習所など

　ここで明らかになったように、東亜高等予備学校と各官立高等専門学校の特設予科はいずれも高等専門学校を目指す留学生のために日本語教育及び中学校程度の学力補充を行うことを留学生教育の目的として掲げていたが、実際には、こうした本来ほぼ同じ目的を有する二つの留学生予備教育機関の間は、やや複雑な関係を持っていたのである。それは両者の間に存在していた大きな差異によるものであった。

というのは、

①東亜高等予備学校本科は特設予科の存在により、官立高等専門学校を目指す留学生のためには機能できなくなったのである。特設予科修了生は無試験でそのまま各高等専門学校に入学できるのに対して、東亜高等予備学校は各高等専門学校とは直接連絡関係がなかったことである。官立高等専門学校を目指す彼ら留学生にとって、上級学校と連絡のない東亜高等予備学校本科に進学するメリットはなく、上級学校と直接連結している特設予科を選択するのは当然であった。

②一方、東亜高等予備学校予科は特設予科への主要進学ルートの一つとなっていたのである。東亜高等予備学校には入学試験がなく、まったく日本語ができなくても入学できるのに対して、特設予科に入るには選抜試験が必要であった。特設予科の入学試験では日本語能力が検定されるため、特設予科を目指す留学生はほとんどすべて、まず東亜高等予備学校の予科で日本語教育を受け、ここを経て特設予科の入学試験に参加するのである。1915 ～ 29 年における東亜高等予備学校出身者の各特設予科入学者全体に占める割合を見ると、一高特設予科では 538 名中 387 名（71.9%）、東京高工特設予科で 541 名中 402 名（74.31%）、東京高師特設予科で 425 名中 300 名（70.6%）、また明治専門特設予科では 80 名中 70 名（87.5%）を占め、その割合は 7 割以上を超えていた[1]。

外務省文化事業部が、1927 年度から東亜高等予備学校の代表者を「特設予科主任者会議」に招くようになったのは、上掲のように東亜高等予備学校が多くの生徒を特設予科に送っている事実にもとづくものであったと思われる。

---

1 「東亜高等予備学校概要」『日華学報』第 36 号、1932 年 8 月、49 頁。

2. 日華学会高橋君平の『意見書』

　以上に見たように、そもそも同じ「東方文化事業」の下、東亜高等予備学校と特設予科は、留学生教育機関として存在しながら、両者はほぼ同じような目標の下、相互に役割分担を行うこともなしに予備教育に従事し、結果として東亜高等予備学校本科はほとんどその機能を発揮できない状態となっていた。

　上述のような留学生予備教育の問題状況を踏まえて、日華学会北京駐在員高橋君平は1927年2月外務省文化事業部あてに要望書を提出し、東亜高等予備学校の立場から、特設予科制度のあり方に対して異議申し立てを行うのである[1]。彼は、まず留学生予備教育の必要性とそこに存在する問題点について、次のように厳しく指摘した。

　　支那の中等学校と日本の上級学校との間には、過去現在とも何等の連絡がなかつたから、之等学生の殆んど全部、九割八分迄が、日本留学の言はゞ第一関門として先づ一様に日本に於ける、留日学生予備教育施設を通過して来なければならなかつたである。処が此の予備教育施設と云ふのが過去に於ては勿論今日に於ても、留日予備教育として、全般的に見る時は、全く不自然極まる状態に停滞して居るものであつて、従の関係に於ても横の関係に於ても、系統が立つてゐず、連絡も缺けてゐると云ふ訳で、之が為めに当の留学生が非常な不利益を甘受してゐる[2]。

　続いて、彼はこう述べていた。日本における中国人留学生のための

1　高橋君平より外務省文化事業部あて、1927年2月8日。『日華学会関係雑件』第1巻。同じ趣旨の、「現在日本に於ける留日中華学生予備教育我観―特設予科存立の疑義―」と題する文章は『日華学会』第4号、1928年6月にも載せられた。

2　高橋君平「現在日本に於ける留日中華学生予備教育我観―特設予科存立の疑義―」『日華学会』第4号、23頁。

予備教育機関が二種類に分けられている。文部省直轄高等専門学校に
設置された特殊な予備教育機関としての特設予科と、東亜高等予備学
校、成城学校留学生部のような一般的な予備教育機関がそれである。
東亜高等予備学校は、課程の編制、教授法の研究、教科書の改善など
において改善しつつ、内容形式ともに整備されたが、「惟最も肝要な
学校連絡―本校と上級学校との連絡―の一点に於てまだ満足なる諒解
を見ない為めに、一般的予備校としての機能を十分に発揮し得ない状
態にあるのである」[1]。いずれの学校に入るにも一々試験を経なければ
ならず、学生はみな上級学校入学ということだけを考えて、真面目に
東亜高等予備学校で予備教育を受けて実力を身につけることをなおざ
りにしてしまっている。特設予科の試験が一般的に早く、とくに一高
の場合正月に行うため、そのたびに東亜高等予備学校在学生は動揺
し、東亜高等予備学校の本科を卒業するまで止まる者は僅か数人だけ
であった。こうして、「学生が途中から動揺四散する為めに一般予備
教育と云ふものが始終不安なる状態に浮動して居るのは畢竟予備教育
の上方連絡が全然缺如してゐるからである」[2]という。

　彼はさらに東亜高等予備学校と特設予科との関係について述べ、特
設予科制度の存続に異議を申し立てる。高橋によれば、東亜高等予備
学校も特設予科も入学資格を中等学校卒業程度と規定しているので、
両者の予備教育には程度上の差は存在しないはずである。ところが、
東亜高等予備学校は無試験入学であるのに対し、特設予科が日本語を
含む選抜試験を行うため、留学生は満洲や天津、漢口の東亜同文系の
出身者のごく少数を除いて、一般の留学生はみな東亜高等予備学校或
は成城学校留学生部で日本語の予備教育を受けてから、選抜試験を経
て特設予科に入学しなければならない。いわば、東亜高等予備学校は
特設予科のまた「予科」となってしまっている。特設予科がまた「予

1　前掲高橋君平「現在日本に於ける留日中華学生予備教育我観―特設予科存立
　　の疑義―」24頁。

2　同上、24頁。

科」の存在を必要とするのは、それ自身が教育の予備施設として完全
なものではないということの証ではないかと問い糾すのである。

　最後には解決方法として、高橋は次のように述べていた。東亜高等
予備学校と特設予科はともに「東方文化事業」によって成立維持され
ている予備教育機関であるにもかかわらず、両者は「互に他の存在を
否定し少くとも発達を阻害する関係」にあり、「並立し得ない二個が
並立し而も両者の間に分担さるべき受持の範囲程度等に付き何等の諒
解と連絡とがないと云ふのは確に正常な状態ではない」。その現象は
「高所から眺むるならば留日学生予備教育は乍遺憾不統一不徹底と評
する」しかない。「当面の対策としては両者の間に諒解と連絡を遂げ
る外はないであらうが、早晩は統一策として数学上の最小公倍数を求
むる方法で特別性質の予科を一般性質のものに合併する事が尤も合理
的」ではないかというのである[1]。

　高橋の提出した最終的な解決策は、特設予科を廃止し、留学生の予
備教育が完全に東亜高等予備学校によって担われる、という方法であ
る。高橋は東亜高等予備学校がただ「半ケ年間日本語ヲ課スルノ講習
所」として存在することに満足できず、本科の持つべき学力補充の役
割も立派に果たせることを期待していた。

　高橋の意見を受けたのであろうか、外務省文化事業部は東亜高等予
備学校と上級学校、とくに各特設予科設置校の本科との間に制度的な
連絡を付けることを試みた。例えば、1928 年 10 月に開かれた特設予
科主任者会議では、外務省文化事業部長は「東亜高等予備学校の本科
卒業生を他の学校が買ってやるという様な事になれば、自然に連絡
が出来て、幸い」[2]であると問題提起を行い、各学校の意見を尋ねてい
る。この外務省の提案に対して、各学校はそれぞれ以下のように回答
した。

1　高橋君平より外務省文化事業部あて、1927 年 2 月 8 日。『日華学会関係雑件』
　　第 1 巻。
2　「昭和三年度特設予科主任者会議」『在本邦留学生予備教育関係雑件　特設予
　　科関係』第 4 巻。

広島高師は同校の特設予科生が「東亜高等予備学校ニ於テ短日月ノ
修業ニテ入学スル状態ナル故」、一般的に「日本語ノ素養不十分」で
あり、特設予科入学後の「学力低下ノ最大原因ハ之ニ基因スルモノ」
として、なるべく東亜高等予備学校で本科を卒業してから特設予科に
入学することを奨励すべきで、そのために東亜高等予備学校の本科卒
業生でなくては特設予科に入れないというような規則を設けてもいい
と答えた[1]。

一高側は特設予科入学において「東亜高等予備学校ニ長ク在学スル
者ニ優先権ヲ与ヘル位」にするのを可能としたが、直接本科に入学さ
せることには難色を示した。特設予科修業年限を一年六ヶ月とする長
崎高商は、同校特設予科第一年は日本語を中心としているが、第二年
は商業予備教育を施すことにしているので、東亜高等予備学校の卒業
生を特設予科二年目に連絡させることは可能であるが、本科への直接
入学は難しいと答えた[2]。

これらの中で長崎高商だけは、東亜高等予備学校本科卒業者の本科
への直接入学は拒絶したものの、特設予科二年目に連絡させることは
可能であるというやや柔軟な態度を示した。これに対して一高と広島
高師は、留学生の学力水準を最優先とし、留学生に東亜高等予備学校
本科まで卒業してから特設予科に入学することを奨励すると提案し
た。それは同時に東亜高等予備学校本科卒業生の高等専門学校本科へ
の直接入学を拒絶することを意味しており、予備教育年限の延長になっ
てしまう提案であった。結局外務省としても、各特設予科設置校に
よる特設予科制度固持の姿勢の前に、現状を黙認するほかなかった。

1932年4月、外務省文化事業部が「将来同部ニ於ケル留学生取扱
ノ参考ニ資スル」ためとして、『支那留学生学業優良者入学前ノ学歴
調査書』を作成した。この調査書は全国79校の官公私立大学、高等
専門学校に学業優良者の入学前の学歴調査を依頼してその報告をまと

1　前掲「昭和三年度特設予科主任者会議」。

2　同上。

めたものである。そこでは、学業優良学生の範囲を「学校ノ標準ニヨリ一学級一両名乃至三四名」とされた。調査に回答した学校は 56 校で、そのうち、「優良生ナシ」と回答した学校は 36 校あり、「優良生あり」と答えた学校は 20 校であった。外務省文化事業部はこの 20 校の回答をまとめて、次のような統計数字を得た。

①官立大学優良留学生 36 名のうち、特設予科を経たものは 21 名、日本語習得のため予備学校を経た者は 15 名で、そのうち東亜高等予備学校出身者は 12 名である。

②官立高等学校、専門学校優良留学生 27 名のうち、特設予科を経たものは 20 名、日本語習得のため日本語予備教育を受けた者は 13 名で、うち東亜高等予備学校出身者は 7 名である。

③私立大学優良留学生 19 名のうち、日本語習得のため予備教育を受けた者は 15 名で、その内東亜高等予備学校出身者は 12 名である。

④私立専門学校優良留学生 15 名のうち、日本語習得のため予備教育を受けたものは 5 名で、その内東亜高等予備学校出身者 3 名である。

これらの統計数字から、外務省文化事業部は次のような総括を行う。

官立学校の優良留学生の大多数は日本語の予備教育を受けて後、特設予科をも修了したものであり、私立学校の優良留学生の大多数は日本語の予備教育を受けたものである。また、日本語の予備教育について東亜高等予備学校で修了したものが最も多数を占める。最終の結論として「特設予科ト東亜高等予備学校トハ留日支那学生教養上極メテ有意義ナル教育機関ト称スル」ことができるというのである[1]。このように、最終的には、外務省文化事業部は東亜高等予備学校及び特設予科のそれぞれ果した役割を認め、高く評価した。

その後も、東亜高等予備学校は、一高と東京工大以外の特設予科の

---

1 外務省文化事業部『支那留学生学業優良者入学前ノ経歴調査書』1932 年 4 月。京都大学文書館所蔵。

廃止を度々外務・文部両省に建議した。1933 年 3 月の特設予科主任
者会議では、東亜高等学校学監三輪田輪三が「留学生教育私案」と題
する意見書を外務・文部両省に提出した。その中で、彼は特設予科の
現状について、次のように指摘していた。

　　支那ノ教育制度漸ク定マリ教育ノ進展梢々見ルベキモノアルニ於
　テハ、留学生ノ素質モ向上ヲ告グルハ当然ノ情勢ニシテ、昭和四年
　以来支那ノ大学卒業者、高級中学、専門学校卒業者ハ留学生ノ大多
　数ヲ占ムルニ至リ今日ノ状況ヲ以テ推移セバ、本邦ニ於テハ留学生
　ノ大多数ノ利便ヲ省ズ留学資格ヲ有ゼザル少数者ノ為ニ特設予科ヲ
　設置スルノ奇観ヲ呈スル（後略）[1]。

彼は、高級中学以上の留学生の増加により、従来高級中学以下の者
のために設立された特設予科を廃止し、日本語能力のみを試験し、合
格者を高等専門学校の第一学年に入学させるべきであると主張した。
　しかし、その後の特設予科の動きを見ると、先述したとおり、長崎
高商と明冶専門は修業年限を一年半から一年に短縮させただけで、ほ
かの各特設予科は不振ながらもそのまま続けていった。その結果、高
橋のもつ年来の夢、すなわち東亜高等予備学校が現在果たしている初
歩日本語教育のための講習所的なあり方を脱して、同校が特設予科に
とってかわる存在となり、それにより予科だけでなく、本科にも実質
的機能をもたせ、同校を本格的予備教育機関とすることは、結局実現
されなかった。

1　三輪田輪三「留学生教育私案」1933 年 3 月。『在本邦留学生予備教育関係雑
　　件　特設予科関係』第 4 巻。

第三節　留学生予備教育改編の動きと東亜高等予備学校

1.　留学生学歴の変化と特設高等学校設置案

　前述したとおり、中国におけるアメリカ式の六・三・三制の採用と国民政府の「修正発給留学証書規程」の公布により、従来の旧制中学校卒業生や新制初級中学校卒業生が主流であった日本留学は、新制高級中学校卒業以上の者を主にするようになった。留学生の中で従来の高等専門学校ではなく、大学入学を目指す人が多くなった。この変化により、日本の留学生予備教育も改革を迫られた。従来の高等専門学校進学のための予備教育が大学進学のための予備教育へと改編される必要が生じてきた。東亜高等予備学校は留学生の学歴変化に対応して、1930年9月評議会を開き、もともと新制初級中学や旧制中学校出身の留学生が高等専門学校程度の学校に入るために設けられた本科を、大学進学のための特設高等学校に改編することについて検討をはじめた。

　ところが、東亜高等予備学校の案がまとまらない段階で、特設予科のほうが先に動きだした。というのは、前述したとおり、文部省は特設予科を大学の予備教育機関へ改編するため、1931年1月視察団を中国へ派遣し、1931年3月に視察団の報告書として「特設大学予科案」が提出されたのである。

　そこには三つの具体案が用意されていた。本科二年制の第一案と、本科二年制及び日本語予科一年制の第二案、そして本科三年制の第三案がそれである。これは特設予科の改革案ではあるが、東亜高等予備学校とも深く関わるものであった。そのため東亜高等予備学校三輪田学監は、早速東亜高等予備学校の立場を代表して特設予科の改革に対する「私見」を外務・文部両省に提出した。三輪田によれば、「特設

大学予科案」の三つの実施案のうち、

　①第一案が最も妥当である。

　②第二案は特設大学予科にさらに日本語の教授を中心とする予科を設けて、「特設大学予科トシテハ或ハ相当ノ成果ヲ収メ得ベシト雖モ」、東亜高等予備学校のような「専ラ民国留学生ノ初歩予備教育ニ従事スル者ハ其ノ本体ヲ失」う結果をもたらす恐れがある。

　③第三案は留学年限を長くして、全然中国の高級中学校の課程及びその教育の効果を認めないものであり、「将来留学生ノ激減スルニ至ル」恐れがある「退歩ノ施設」である[1]。

　しかし、三輪田の反対にもかかわらず、第二案が採用され、本科二年、予科一年の大学予科が、今後一高と東京工大にそれぞれ設置されるという確報が東亜高等予備学校側に伝えられた。第二案では日本語教育を中心とする予科が計画されているため、その実施は東亜高等予備学校の本科の低迷の現状を解決できるどころか、同校予科の存在さえ危うくする可能性をも有するものであった。そのため、東亜高等予備学校側は改めて対策を講じ、大学予備教育機関である特設高等学校を設置する案を早急に作成した。次に掲げるのがそれである。

東亜学校学制改正案

　一、東亜学校ヲ改メテ東亜高等学校トス。

　一、東亜学校ニハ本科（三箇年）及専修ノ二科ヲ設ケ、本科ニハ文科、理科、専修科ニハ日本語、英語、数学ノ各学科ヲ置ク。

　一、本科三箇年ニアリテハ第一高等学校又ハ工業大学ニ設置セラルル二箇年ノ入学予科及一箇年ノ予備科ト同一ノ学科目フ授ク。

　一、本校卒業生ハ官公私立大学ノ本科ニ入学スルノ資格ヲ具ヘシム

　一、本校本科第一学年以上ヲ修了シタル者ハ其ノ履修シタル学科ニ応ジテ各専門学校本科又ハ第一高等学校特設予科、東京工業大学予科一年ニ入学スルノ資格ヲ具ヘシム[2]。

1　前掲「東亜高等予備学校学制改正」。

2　同上。

　実際上、特設予科改革の動きは、最終的には第二案ではなく、第三案つまり 1932 年一高における三年制特設高等科の新設と東京工大における三年制附属予備部の発足によって一段落した。この三年制案は留学年限を長くして、留学生の激減をもたらす恐れのあるものであるが、第二案と照らして見ると、日本語教育を中心とする予科が設置されないことが決められたため、日本語の初歩教育を行なう東亜高等予備学校の予科の存在価値が辛うじて保たれたと言える。そのため、東亜高等高等予備学校の特設高等学校案もしばらく棚上げにされた。

　一高と東京工大の特設予科が高等専門学校の予備教育機関から大学予備教育機関へ改編された後でも、東亜高等予備学校の予科は依然として一高特設高等科と東京工大附属予備部を含む特設予科の入学ルートとしての役割を果たしていた。1934、35 年度各特設予科の入学者総数と、その中の東亜高等予備学校出身者数を対比してみると、下表のとおりである。

表 9-6 各特設予科入学者数とその内東亜高等
予備学校出身者数統計 単位: 時間

各特設予科	1934 年度		1935 年度	
	入学者数	その内東亜出身者数	入学者数	その内東亜出身者数
一高	30	12	45	8
東京工大	24	12	23	13
東京高師	29	15	34	9
広島高商	9	3	15	6
長崎高商	12	7	17	6
明治専門	3	3	12	7
奈良女高師	－	－	3	1

　出典:「昭和八年度特設予科主任者会議」『在本邦留学生予備教育関係雑件　特設予科関係』第 4 巻と「東亜学校」『日華学報』第 54 号、1936 年 2 月、45 頁。

2. 校名改称（「東亜学校」）と日本語高等班の開設

　特設高等学校の設置が実現できなかった東亜高等予備学校として
は、依然として半年間だけの日本語予備教育では満足できず、日本語
教育の強化に踏み切った。1935年に東亜高等予備学校は外務省文化
事業部に校名改称及び学則改正を申請した。その改正内容は、従来
の「高等予備」四字を削除して、学校名を「東亜学校」とし、学則も
新しく制定された。従来の学則と比べて、この新学則の特徴は教授の
対象が「中華民国ノ留学生」から「東亜友邦ノ留学生」に改められ、
また日本語教育がより一層強調されたことであった。改正の理由とし
て、第一に、偽満洲国の成立によって、東亜学校が新たな「東亜友
邦」の概念にしたがって、「東亜友邦」の「青年教育事業」に尽力す
べき時期がきたこと、第二に、留学生学歴の変化及び中国各級学校の
教育効果を認めれば、従来旧制中学校や初級中学卒業の留学生を対象
に中等程度の学科の学力補強を内容とする予備教育の必要性は従来と
比べて小さくなり、学科の予備教育より、日本語教育に重点が置かれ
るべきであるとされたことである[1]。

　そうした方針のもと、東亜学校は1935年7月、これまでほとんど
実績のなかった本科を廃止すると同時に、日本語教育を改善するた
め、日本語の臨時高級班を置くことにした。しかし、この臨時高級班
は予期した成績を得ることができなかった。その原因として、東亜学
校の臨時高級班に在籍するだけでは学歴を高めることができないだけ
でなく、各種の補給を得る資格もなかったことが上げられる。日本語
の学習のために東亜学校臨時高級班に通学している留学生には、ほか
の上級教育機関に在籍している者が多く、彼らには本務があるため時
間の関係上その日本語教育には十分な効果が収められない、と東亜学

1　日華学会長細川護立より外務大臣広田弘毅あて「東亜高等予備学校校名改称
　　及学則改正ノ申請」1935年4月19日。『東亜学校関係雑件』第1巻。

校も認識せざるを得なかった[1]。

　以上の事情により、東亜学校は、学歴とならず、また補給を受ける資格のない臨時高級班を、学歴資格のある専門学校程度の日本語高級班に引き上げることにした。

　高級班は具体的に「会話ニ講読ニ演説ニ作文ニアラユル方面ニ於テ完全ニ日本語ヲ習得シ其ノ実用ニ差支ナカラシムル」[2]ことを目的とし、年限を二ヶ年とし、当分の間、毎学年 20 人名ずつ 40 名以内とする。学費は一学期 20 円で、給費は 1 名には毎月 30 円で毎学年 20 人を限度とする、という内容である。しかし、この新設された日本語高級班もその後あまり期待どおりに行かなかった。その理由として、留学生にとって、日本語は上級学校への進学のための一手段に過ぎず、東亜学校で二年をかけて日本語を勉強しようとするものは極めて少なかったためと思われる。結局日本語の高等班も僅か二年継続しただけで募集を中止せざるを得なかった。

3. 第三次留学ブーム時の東亜学校

　留日学生の数は、当然のことながら日中関係に大きな影響を受けるが、専ら中国人留学生の教育に携わる学校としての東亜学校の在籍者数は、とくに敏感に日中関係に呼応するように変化していた。日華学会の経営下に置かれた 1925 年には、最も多い時は 230 余名であり、その後も年々増えて、1931 年にすでに 700 余名となったが、九一八事変、第一次上海事変の影響により 1932 年春にはたったの 45 名に激減した。その後、国際情勢の緩和にともない、1933 年より漸増して、1935 年秋には創立以来の記録を破り、在籍者数は 2000 名近くにまで達し、学校は午前、午後、夜間と三部教授を編成した。それにもかか

1　「東亜学校高級班設置案ト其ノ理由」1935 年 7 月。『東亜学校関係雑件』第 1 巻。
2　同上。

わらず、やむを得ず入学申し込みを拒否することもあったという[1]。

表 9-7 東亜学校年度別学生数（1925 ～ 37 年） 単位：人

年度	1925	1926	1927	1928	1929	1930	1931
人数	371	394	473	836	1120	710	252
年度	1932	1933	1934	1935	1936	1937	
人数	306	865	2392	4402	3757	757	

注：いずれも年間受け入れ数の累計である。

出典：『日華学会二十年史』付録 1。

　上表のとおり、第三次留学ブームで、東亜学校の留学生受け入れ数はピークを迎えた。この時期においても、留学生が東亜学校に求めていたのは、主として各上級学校に入るための日本語の教授であった。1935 年 12 月現在では、東亜学校在籍者数は合計 1323 名であるが、そのうち、日本語高級班 38 名と英語班、物理・化学班など 114 名を除く 1171 名が日本語の教授だけを受けていた[2]。また、東亜学校留学生の上級学校への進学状況などを示すと、下表のとおりである。

表 9-8 東亜学校留学生の上級学校進学状況調査表

学校類別	1935 年度入学者数（人）	そのうち東亜学校出身者数及び全体比
官立大学	243	124（51.0%）
私立大学	917	534（58.2%）
官立高等専門	290	127（43.8%）
私立高等専門	114	70（61.4%）
計	1564	855

出典：「東亜学校」『日華学報』第 54 号、1936 年 2 月、43 頁。

　上表から、下記の二点を指摘できよう。

1　前掲『日華学校二十年史』153 頁。

2　「東亜学校」『日華学報』第 54 号、1936 年 2 月、39 頁。

①各上級学校の進入学者のうち、半分以上の者が東亜学校の出身者である。東亜学校は確実に上級学校への進学のための予備校としての役割を果たしていた。

②東亜学校での勉強を終えた留学生の進路について、私立大学へ進学した者が最も多く534名であり、その次は官立高等専門学校進学者127名と官立大学進学者124名であった。私立大学が東亜学校修了生の主な進学先であった。

4. 大学予備教育へ—高等科文科の設置

前述したとおり、九一八事変後の日本研究ブームや銀貨為替市場の変化などにより、1934～35年頃中国人の日本留学はまた一つのブームを迎えた。これらの留学生の大学入学の需要に応えて、東亜学校は1936年臨時措置として、二年制の高等科を設置し、翌1937年4月外務・文部両省の承認を得て、三年制の高等科が東亜学校に正式に設置された。この高等科の増設にあたって、外務省は臨時費として、高等科設置費及び設備充実費、合計17,700円を下付した[1]。高等科の設置にともない東亜学校学則は以下のように変更された。

（前略）

第二条　本校ノ修業年限ハ四箇年トシ、正科一箇年、高等科三箇年トス。

第三条　正科ノ学科目ハ修身、日本語トス、但シ随時英語、数学物理化学、博物、地理、歴史等ノ学科目ヲ付設スルコトアルヘシ

　　　　高等科ノ学科目ハ修身、日本語、英語、歴史、地理、哲学

1　前掲『日華学会二十年史』154頁。

概説、心理論理、法制経済、数学自然科目トス[1]

（下略）

正科と高等科の週教授時数を示せば、次のとおりである。

表 9-9 学科別教授時間数　　　　　　　　単位：人

科別	学科目	第一期	第二期	第三期	計
正科	修身	1	1	1	3
	日本語	23	17	17	57
	学科目	第一年	第二年	第三年	計
高等科	修身	1	1	1	3
	日本語	15	13	13	41
	英語	7	7	7	21
	歴史	2	4	4	10
	地理	1	1		2
	哲学概説			3	3
	心理論理	2	2		4
	法制経済		2	2	4
	数学	3			3
	自然科学		2	2	4

出典：『日華学会二十年史』119～120頁。

　正科は従来の予科にあたるもので、上級学校に入るための日本語の予備教育を行うところであった。新設された高等科は一高特設高等科と東京工大附属予備部と同様に留学生に大学入学のための予備教育を施すところであった。

　この段階では、高等科は文科のみで、高等学校令に準拠して、法、文、商、経などの文科系の大学学部に進学しようとする学生を教育していた。この高等科は「各学科担任教師の配置、内容諸設備の整備充

1　前掲『日華学会二十年史』149頁。

実等高等学校若は大学予科に比し遜色無きほど」[1] であったが、「日本語ヲ主要ナル外国語トシテ学習スル留学生ノ負担ヲ参酌シ」、「学科目及授業時数ニ若干ノ増減ヲ行」い、「独自の特色権威を有する教育を施」[2] した。一高特設高等科と比較すると、その違いは東亜学校高等科が一高特設高等科の第二外国語と体操の二科目を除いて、その二科目の時間を日本語の授業時数に増加したところにあった[3]。留学生の特設教育機関としての東亜学校は日本人学生の教育を主眼とした各特設予科と違って、留学生の特殊性を何よりも重視していた。これは東亜学校の留学生教育における一貫した姿勢ともいえる。

　1937 年東亜学校高等科文科入学者数は 20 名であったが、盧溝橋事件後、第一回入学者は全部帰国し、当該年度の学級は自然解消し、翌年度に 9 名の入学者で始まった[4]。

第四節　戦時下における東亜学校の動向

1. 戦時中の留学生受け入れ

　1937 年日本侵華戦争の勃発により、東亜学校の留学生数が激減した。1937 年 7 月 1 日中華民国出身者 529 名、満洲出身者 102 名、合計 631 名であったものが、事変勃発後、新学期が始まった 9 月には在籍者は 31 名になり、新入生も中華民国 4 名、満洲 5 名、合計 9 名の

1　前掲『日華学会二十年史』149 頁。

2　谷外務次官より赤間文部次官あて「東亜学校高等科卒業者大学入学方ニ関スル件」1940 年 6 月 8 日。『東亜学校関係雑件』第 1 巻。

3　日華学会長細川護立より外務省文化事業部長岡田兼一あて「東亜学校学則変更ニ関スル件」1937 年 3 月。『東亜学校関係雑件』第 1 巻。

4　前掲「東亜学校高等科卒業者大学入学方ニ関スル件」。

みという具合であった[1]。1938 年 4 月になって、東亜学校在学生は 127
名に増え、その内、中華民国 54 名（河北臨時政府より派遣された 31
名を含む）、蒙古 4 名、偽満洲国 69 名であった[2]。その後、華中各地区
も日本に占領され、これらの占領地より渡日する留学生は日増しに増
え、1940 年 12 月の時点では、在籍者は正科 586 名（中華民国 457 名、
偽満洲国 127 名、蒙古 2 名）、高等科 19 名（中華民国 12 名、偽満洲
国 7 名）、そのほか夜間講習高級班や英数班など 64 名、全部で 629 名
が東亜学校で勉強していた[3]。

　戦時中、東亜学校で勉強していた留学生の生活状況と彼らの東亜学
校に対する評価について、日華学会教育部が 1940 年 12 月に行った調
査から、その様子を知ることができる。この調査は、中華民国出身者
の部と満洲出身者の部に分けられるが、残念なことに現在の段階で入
手できたのは、『日華学報』に載せられた中華民国の部のみである[4]。
調査の方法は文書によるもので、日本語学習、宿舎、食事、環境、学
資、健康、趣味、留学の動機目的、渡来年月、帰国後の志望方面など
の三十数項目の多きにわたる質問事項の下に、250 名の東亜学校在学
生に簡明な答案の記入を求めたものである。以下、その調査結果を簡
単に紹介する。

　①出身地。最も多いのは河北省出身の 104 名、全体の 42％を占め
ており、次は江蘇省 38 名、第三位は広東省 29 名。河北と江蘇省で最
も多くの留学生が日本に派遣されたのは、これらの地方で親日の傀儡
政権が立てられたことによるものであることは言うまでもない。

　②日本留学の動機、目的。学問研究のためと答えた者は 70 名；友
人、親族、先生などの周囲の人事関係のためと答えた者は 32 名；文
化交流、日華親善のためと答えた者は 32 名；留学生派遣試験に合格

1　「東亜学校」『日華学会』第 64 号、1937 年 11 月、63 頁。

2　ここでいう「蒙古」は「蒙疆政権」のことと思われる。以下、同じ。

3　「東亜学校記事」『日華学報』第 83 号、1941 年 2 月、44 頁。

4　「中華民国留日学生生活調査」『日華学報』85 号、1941 年 9 月、43 ～ 75 頁。

したからと答えた者は 24 名；日本語や日本文化、日本国民精神など日本を知るためと答えた者は 21 名である。

③東亜学校を選んだ理由については、日本語勉強や専門校への入学準備のためと答えた者は 93 名；友人や先輩の紹介のためと答えた者は 50 名；歴史が最も長い学校であるからと答えた者は 27 名；友人がいるためと答えた者は 15 名；留学生のための学校であるからと答えた者は 11 名；経験豊富で先生の教授法が上手であるからと答えた者は 11 名である。

④日本語はどこで学んだかという質問に対して、渡日前、学ばなかった、或はほとんど学ばなかったという者は 181 名で、多少学んだという者は 69 名である。

⑤東亜学校で特に感じたところは何ですかという質問に対して、先生が熱心親切という者は 34 名；一クラスの学生が多すぎて、欠席多く無秩序という者は 23 名；設備がよいと答えた者は 10 名；教授法がよいという者は 9 名；教授法の保守や教師の発音不一致など教授法に関する不満を持つ者は 8 名；母校の感覚という者は 7 名；先生が中国語がわかるから便利だという者は 4 名、である。

⑥学資のこと。公費留学生は 141 名であり、その内、外務省の文化補給費を受ける者は 69 名、河北省公費生 51 名、そのほか各省公費など 21 名である。私費留学生は 98 名である。河北省が最も積極的に官費留学生の派遣事業を進めていたことがわかる。

⑦周囲の人と親しめるかという質問。大概親しめるという者は 210 名、親しめないと答えた者は 15 名である。それは、彼らにとっての周囲とは大抵中国人であることと関係していると思われる。

⑧現在の寄宿所。日華学会経営の寄宿寮と答えた者は 110 名である。その理由について、友人や同国人がいること、安いこと、規律的習慣を養えることが最も大きな理由として挙げられた。貸間、下宿に泊まる者が 88 名で、その理由は日本人との交際のためや、日本語練習のため、風俗習慣を知るためなどという者が多かった。アパートに

泊まる人は 21 名である。

⑨帰国後の希望分野についての質問。官界政治界 44 名、教育界 43
名、実業界 40 名、医薬界 30 名、工業界 22 名、農業界 8 名、日華親
善、文化交流の仕事 7 名である。

この調査結果が示すように、戦時中、安定した学習環境を求めて日
本留学に踏み切った留学生が最も多かった。そのほか、交戦中の敵国
を知るためや、または「日華親善」のため渡日した留学生も少なから
ずいた。来日後、東亜学校を選択した最も大きな理由は日本語の勉強
である。また、東亜学校入学は友人や先輩の紹介による事例が多かっ
た。東亜学校が最も歴史の長い中国人留学生のための日本語学校とし
てすでに中国人留学生の中で定評があったことがわかる。東亜学校に
対しての印象といえば、教員が親切で、設備や教授法がいいといった
ような肯定的な評価を与える留学生が多かった一方、人数が多すぎ
て、欠席多く無秩序といった管理上の不備を指摘した留学生もいた。

2. 高等理科の新設

1940 年に至って、1937 年に設置された東亜学校高等科文科に入学
した留学生は卒業期を迎え、彼らの大学入学問題に関して、文部省は
「東亜学校高等科卒業者ハ大学入学ノ関係ニ付テハ之ヲ高等学校高等
科卒業者ト看做ス」[1] という旨の文部省令第 35 号を公布した。民間の
一留学生予備校に対してこのような処遇を与えることに帝国大学の中

---

1 「東亜学校記事」『日華学報』81 号、1940 年 9 月、47 頁。

で不満の声があった[1]が、すでに文部省令として公布された以上、東亜学校高等科が一高特設高等科と東京工大附属予備部とならんで大学への正式進学ルートに加わったことを意味し、制度上の保障を得た。1941年3月高等科第一回卒業生2名が卒業し、それぞれ神戸商業大学、京都帝大経済学部に進学した[2]。

　1937年に設置された高等科は大学文科進学を目指す留学生のために設置されたもので、理科の課程は設置されていなかった。1941年4月、東亜学校は「東亜新秩序建設ノ新段階ニ邁進シ新ニ留学シ来ル者漸次増加シツヽアルノ状勢」の下、東亜学校の果たすべき「重大使命」に鑑み、且つ「此等留学生ガ本国ニ於ケル指導的地位ニ立ツベキ者ナル」を顧み、「精深ナル高等普通教育ヲ為シ興亜ノ精神ヲ体得セシメ有為ノ人物」を錬成するため、新しく高等科理科を設立することにした[3]。

　留学生大学予備教育の体制を整備して、文科と理科を備えた高等科を設置した意味について、東亜学校は次のように述べていた。

　　従来友邦留学生のわが大学に進む径路としては、第一高等学校特設高等科及び東京工業大学附属予備部の両者が僅かにその窄き門を開いてゐたに過ぎない状態で、本国に於いて相等程度の学歴を有してゐない大多数の留学生は、已むなく出来得る限りの安易な途を選んで、辛うじて留学の名目を糊塗し、中には中途にて挫折転変、そ

1　この文部省令を受けて、東京帝大は10月29日と11月6日、評議会が開かれ、「東亜学校高等科卒業生入大学入学方ニ関スル件」について審議した。大学と協議せず、「一片ノ通牒」を出すだけの文部省のやり方が留学生の取扱いに於いて学校側に相当迷惑をかけると、不満の声があがってきた。「東亜学校高等科卒業者大学入学方ニ関スル件」『昭和十五年　文部往復（五）』東京大学史料室所蔵。

2　「東亜学校記事」『日華学報』84号、1941年4月、34頁。

3　東亜学校学監杉榮三郎より外務省東亜局長山本熊一あて「東亜学校学則変更ニ関スル件」1941年3月。『東亜学校関係雑件』第2巻。

の留学の意義を疑はせるものさへ少くなかつたが、新しい東亜学校高等科はこれら方途に迷へる留学生に対し、大学選択のための確実なる門戸を開くと共に、一般高等学校に対応する特殊の基礎教育機関として隣邦教育制度の差異並に外国人たるの特殊事情に由来する諸種の缺陥を補填すべき適正なる教科内容と妥当なる教育方法とを採用して之を指導訓育し以て東亜共栄を担つて立つ優秀なる友邦若人の養成に任じようとしてゐるわけである[1]。

東亜学校は留学生に大学予備教育を行う際に、一般の高等学校に相当する教科内容を教えながらも、「隣邦教育制度の差異」と「外国人たるの特殊事情」にも着目した。東亜学校は専ら留学生のための学校であり、教育法やカリキュラムなどの制定において、常に留学生の特殊性を考慮していたと言えよう。

1941 年の東亜学校高等科募集では、文科 26 名、理科 45 名、総数 71 名の応募者に対して、文科 11 名、理科 16 名、あわせて 27 名の合格者を得た。

また、東亜学校高等科卒業生の進路を 1943 年の場合を例として見れば、文科 6 名、理科 11 名、合計 17 名が大学へ入学することが許可された。彼らの進学先は次のとおりである。

表 9-10 1943 年度東亜学校高等科卒業生進学先

大学	学部	文科	理科
東京帝大	文学部	2	
	農学部		1
	工学部		1
京都帝大	経済学部	2	
	医学部		1
	工学部		3

---

1 「東亜学校記事」『日華学報』84 号、1941 年 4 月、28 頁。

東北帝大	法文学部	1	
九州帝大	法文学部	1	
	工学部		1
名古屋大学	工学部		1
東京工大	機械工学科		1
長崎医科大学			2

出典：「東亜学校記事」『日華学報』第 95 号、1943 年 11 月、46 頁。

なお、理科が新設された後の東亜学校の留学生受け入れの状況を学科別で見ると、1941 年 7 月現在では、東亜学校在籍者は合計 312 名であるが、そのうち、高等科 32 名、正科 235 名、夜間補習班などが 45 名であり、日本語教育を行う正科が中心であった。彼らの出身国を見ると、中華民国 254 名、偽満洲国 55 名、蒙古 3 名である[1]。

3. 戦時下における留学生の指導訓育

東亜学校創立者である松本亀次郎は、かつて彼の考える留学生教育の目的を次のように述べていた。

留学生教育の目的に関し、最も多くの人の念頭に存する者は、日華親善の四字に在る様である。日華親善固より可であるが、予が理想としては、留学生教育は、何等の求める所も無く、為にする事も無く、至純の精神を以つて、蕩々として（中略）大自然的醇化教育を施し、学生は楽しみ有るを知つて憂ひあるを知らざる楽地に在つて、渾然陶化せられ、其の卒業して国に帰るや、悠揚迫らざるの大国民と成り、私を棄て公に殉ひ、協力一致して国内の文化を進め、統一を計り、内は多年の私争を熄め、外は国際道徳を重んじて、独り日本のみなら

1　「東亜学校記事」『日華学会』第 85 号、1941 年 9 月、80 頁。

ず、世界各国に対しても睦誼を篤くし、厳然たる一大文化国たるの域
に達せしめるのが主目的で、日華親善は求めずして得られる副産物で
あらねばならぬ[1]。

　松本亀次郎にとって、留学生教育は「何等の求める所も無く、為に
する事も無く」、「至純の精神を以って」、「大自然的醇化教育を施」す
ものである。こうした松本によって作られた東亜学校は、かつて「国
際政策等ノ拘束ヲ受ケズ、超然トシテ仰ギ瞻ルベキ純乎タル文化事業
ノ大旗ヲ樹テ丶進マザルベカラズ」[2]とその理想を高く掲げていたが、
戦時下に入り、とくに太平洋戦争勃発後になると、東亜学校は松本の
初志とは異なる方向に向かい始め、国の「東亜新秩序建設」に協力し
て、戦時中ならではの留学生指導訓育を行うことになる。

　1941年11月22日、日比谷公会堂において開かれた日独伊親善協
会その他の合同主催による「枢軸必勝総進軍大会」に、東亜学校正科
の留学生は教師の引率の下で参加させられた。また

　同月29日小石川後楽園で開かれた大政翼賛会大日本興亜同盟主催
の「日満華締盟一周年記念学生交歓会」には、東亜学校より留学生
280余名が参加した[3]。1942年10月には、正科留学生全員が東亜学校
教授引率の下で、明治神宮外苑にある聖徳記念絵画館を訪れ、その後
外苑競技場での第十三回明治神宮国民錬成大会開会式及び集団体操競
技を見学したりしている[4]。

　東亜学校における中国人留学生のための高等科の設置自体は、「東
亜共栄を担つて立つ優秀なる友邦若人の養成」のためであると学校側
は自ら語った。当時の新聞も「日華学会では日本を正しく認識させ日

1　松本亀次郎『中華留学生教育小史』1931年、74頁。前掲『中国近現代教育
　文献資料集2』。
2　「昭和十年度特設予科主任者会議」『在本邦留学生予備教育関係雑件　特設予
　科関係』第4巻。
3　「共栄の集ひ」『日華学報』第87号、1942年1月、61頁。
4　「東亜学校記事」『日華学報』第92号、1942年11月、43頁。

華提携の大きな楔にしようと」して、中国人だけの高等学校を作った
と報じていた[1]。この高等科は中国人のための大学進学ルートであると
同時に、まさに報じられているように、「日華提携の大きな楔」を養
成するところであった。1941 年 11 月 3 日の「明治節」には、東亜学
校高等科では奉祝式が行われた。当時の様子は以下のようであった。

　十一月三日東亜学校高等科では職員学生一堂に会し明治説奉祝式
を挙行した。先づ午前九時宮城を遥拝し、森川教頭より明治節の由
来に就て簡単なる講話があり、ついて湯銭講師より、今上陛下の御
厚徳に就て講話があり、最後に陛下の万歳を三唱し奉つて閉式。式
後続いて茶話会を催したが、学生側よりも所信を開陳して、大に奉
祝の誠意を披瀝する所があつた[2]。

また太平洋戦争が開戦するに際して、東亜学校高等科学生は「大東
亜戦争献金」を「献納」した。その詳細は次のように報じられている。

　十二日八日対米英宣戦の大詔が煥発せられるや、同日午後森川教
頭は高等科留学生を集めて一場の訓話をなし、今次聖戦の大目的と
今後我等職員学生の守るべき道に就て諄々と説示したが、留学生自
身に於ても此の大戦の只中、安んじて研学に精励し得るのは、偏に
皇軍将兵各位の献身殉国の活動の御蔭であることを痛切に感銘し、
聊か感謝の意を表せんがため金百円を醸出し十二月二十三日、『高
等科学生一同』の名に於て、陸海軍両省へ金五十円宛を献納した[3]。

1942 年 9 月、中華民国を含む留学生全体に対して、森川教頭は偽

1　「中国人の高等学校」『東京朝日新聞』1941 年 3 月 21 日。
2　「明治節奉祝式（高等科）」『日華学報』第 87 号、1942 年 1 月、60 頁。
3　「東亜学校高等科学生の大東亜戦争献金」『日華学報』第 87 号、1942 年 1 月、
　60 頁。

満洲国建国十周年にあたって訓話を行った。同年10月、留学生全体
は教頭と主事とともに、靖国神社を遥拝し、「英霊に対し感謝の黙祷」
をしたという[1]。

4. 東亜学校の終焉

　戦争の進行にともなって、1941年4月、日華学会はそれまでの外
務省所管から興亜院の管轄
　下に移ることになり、さらに1942年11月には大東亜省の所管と
なった。1944年5月には大東亜省及び文部省の共管となっている。
1945年2月、近衛文麿を会長、細川護立を副会長とする財団法人日
華協会が大東亜省の中で設立され、その下で日華学会や東亜振興会、
大東亜学寮、成城学校留学生部などの諸団体が統合された[2]。これによ
り東亜学校も4月から日華協会の所管となった。その時点における
東亜学校の在籍者は、正科では92名で、高等科では第一学年文科15
名、理科21名、第二学年文科14名、理科20名、第三学年文科8名、
理科13名、高等科合計91名であった[3]。その後まもなく東亜学校は日
華学院と改称され、高等部（前東亜学校高等科）、中等部（前成城学校
留学生部を改造して、中学教育を施すもの）および予備部（前東亜学
校正科）の三部で構成されることとなった[4]。教職員は全部新しい組織
に引き継がれてそのままであった。しかし、新しく来日する留学生は

1　「東亜学校記事」『日華学報』第92号、1942年11月、43頁。
2　「日華協会設立要綱」『日華協会関係雑件』。日華学会や東亜振興会などの団
　　体が日華協会に統合されたほか、個人経営の学寮や東方民族協会、中華民国
　　法制研究会などが日華協会の指導下に、東方文化学院や上海自然科学研究所、
　　北京・上海両近代図書館などが日華協会の管理下に置かれることとなった。
3　『日華学会第28回年報』1945年3月、『日華学会関係雑件』第3巻。
4　「日華協会設立要綱」『日華協会関係雑件』。

殆ど無く、新学期開始以来一人の新入生もない「開店休業」[1] の状態で
あった。

　1945 年 4 月 13 日夜日華学院は空襲を受けたが、大きな被害は出な
かった。その後、まもなく、高等科の 20 数名から順次疎開させる計
画が立てられていたという [2]。8 月 15 日日本の敗戦により、日華学院も
ついにその終焉を迎え、歴史の舞台から消えた。

　東亜高等予備学校は 1914 年に松本亀次郎によって作られた私立の
留学生のための特設予備教育機関であったが、特設予科と同じよう
に、留学生の高等専門学校の予備教育を行う役目をみずから背負おう
とした。しかし、現実はその理想と大きく乖離しており、本科が機能
することは殆んどなかった。東亜高等予備学校は「日本語講習所」と
化せざるを得ず、当初描かれた留学生予備教育の理想は達成できなか
った。30 年代にはいって、留学生学歴の変化により、特設予科がそ
の対応に迫られたと同時に、東亜高等予備学校も留学生予備教育の改
革の動きに乗って、自ら改編を試みた。「特設高等学校案」が作られ
たのはその現れであるが、実現することはかなわなかった。東亜高等
予備学校はその後、教育の重点を日本語教育の強化へ移したが、それ
も留学生の需要と乖離するため、うまく行かなかった。そこで学校は
大学予備教育に踏み切り、ついに 1937 年に高等科文科、1941 年に高
等科理科をそれぞれ設置し、一高特設高等科と東京工大附属予備部と
ともに大学進学ルートに加わった。しかし、わずか四年後、学校は消
滅を余儀なくされ、大学予備教育の機能がほとんど展開されないま
ま、その歴史の幕を閉じた。

　一方、東亜高等予備学校の予科（のちに正科）は、留学生を数多く

1　前掲「東亜学校と松本亀次郎—戦時下の動向を中心として」国立教育研究所
　　紀要、第 121 集、1992 年 3 月。二見剛史『論文集成　中国人留学生教育と松
　　本亀次郎』1994 年、124 頁同上。
2　前掲「東亜学校と松本亀次郎—戦時下の動向を中心として」。

受け入れ、彼らのために日本語予備教育を行いつづけ、終始東亜学校教育の核心であり、大きく評価されたと言える。

　留学生教育にあたって、東亜高等予備学校は留学生の特徴を強調して、留学生に対しての特別取扱いを主張した。それは各特設予科設置校の留学生教育方針と異なる傾向を呈していた。

　1925年経営主体が「東方文化事業」の補助団体である日華学会に移行されることによって、東亜高等予備学校の経営に必要な経費の95%以上が「対支文化事業特別会計」に依存するようになった[1]。安定した経営基盤を獲得したと同時に、明確に半官的な性質を有する学校となった。それは戦時中留学生に対する訓育の内容からもその一端がうかがわれる。戦時中、学校はあきらかに国策へ傾斜していき、国策と呼応して「日華親善」の人的基礎を育成するように留学生を教育・訓育し、創立者松本亀次郎の初志とかなり違う方向へ発展していった。それは政府の事業である「東方文化事業」に整備された一民間教育機関の宿命と言っても過言ではないであろう。

1　二見剛史「松本亀次郎の中国認識」『論文集成　中国人留学生教育と松本亀次郎』1994年、298頁。

第十章　天津中日学院・江漢高級中学校の留日予備教育

　「東方文化事業」によって整備された中国国内における予備教育機関は天津中日学院と江漢高級中学校である。これら両校の前身はいずれも東亜同文会によって設立された天津同文書院と漢口同文書院であった。1923 年 3 月、「対支文化事業特別会計法」が制定され、同会がこの「特別会計」の補助金交付団体として指定され、それにより天津・漢口両同文書院も外務省の対中国文化事業の一環として補助金が支給されることになった。1925 年頃、中国ナショナリズムの、教育面での具現化としての教育権回収運動の中で、両校は、日本の単独経営から日中共同経営へと組織変更がなされ、名称もそれぞれ天津中日学院と江漢高級中学校に改められた。両校は、1945 年日本の敗戦により閉校されるまでに、情勢の変化に対応しながら中国人教育に従事し、それぞれ 537 名と 300 余名の卒業生を送り出している[1]。

　本章は、中国人留日予備教育機関という角度から、両校の成立・発展・改革の過程を再整理し、その留学生予備教育の実態と役割を検討することによって、近代日本が中国国内に創設した日本留学予備教育機関の役割、特質とその問題点を明らかにしようとする。

　本章では、資料として外交史料館所蔵の『東方文化事業』関係資料と『東亜同文会史』の「明治・大正篇」・「昭和篇」などを主として使

1　霞山会『東亜同文会史　昭和篇』2003 年 8 月、44 〜 45 頁。

用した[1]。

第一節　天津・漢口両同文書院の創立

1. 東亜同文会の留日予備教育機関の設立構想

　中国ではじめての留日予備校は 1905 年頃中村蘆舟が上海で設立したといわれた留学高等予備学校だと思われる。その発端について中村蘆舟は「留学高等予備学校章程」の中で次のように語っていた。

　およそ中国の学生初めて東渡するの時、往々日文日語に通ぜず、即ちあるひは日文日語に通ずるも、而も普通学問なし、此等の学生の我が国に遊学するも、勢必ず専門学校に進み難し、而してあるひは語言文学を予備し、あるひは中学校に入りて普通資格を造成するに、或は一年、或は二三年。その間の学費毎年四五百元の数を下らず、もしこれらの学生、内地に於て之を予備すれば、その学費の多寡、判として天淵の如し[2]。

　1907 年頃、留学高等予備学校は校舎を拡張し、定員を増加した[3]が、

1　外交史料館所蔵資料のうち、両校と関係が深い資料として、主に『東亜同文会関係雑件』(9 巻)、「東亜同文書院関係雑件」(5 巻)、「天津中日学院関係雑件」(2 巻)、「漢口江漢中学校関係雑件」(1 巻)がある。また、『東亜同文会史』の「明治・大正篇」と「昭和篇」は、それぞれ 1988 年 2 月と 2003 年 8 月に霞山会から発行され、東亜同文会の諸活動資料を、活動編、解題編と言論編に分類し、さらに東亜同文会本部、東亜同文書院、天津同文書院、漢口同文書院、東亜工業学院、華北高等工業学校、北京興亜学院などの項目に分けてその記録をまとめた詳細な資料集である。

2　前掲『中国人日本留学史稿』160 頁。

3　同上、210 頁。

その後の詳細は不明のままである。ところで、この時期、中国で留日予備校を設置し、留学生に留学前の予備教育を受けさせることの重要性が既に認識されたことは確かである。この事業はのちに東亜同文会によって受け継がれていった。

　東亜同文会は 1898 年 11 月に、東亜会と同文会が合併し、近衛篤麿を会長として成立したものであり、次の四条を綱領としていた。

　①支那を保全す。

　②支那及び朝鮮の改善を助成す。

　③支那及び朝鮮の時事を討究し実行を期す。

　④国論を喚起す[1]。

　東亜同文会は上掲の綱領のもと、教育事業と調査研究という二大事業を展開した。そのうち教育事業としては、日本人を対象とする東亜同文書院のほか、中国人を対象に以下の教育機関を経営した。

　①東京同文書院　1899 年に創設された留学生教育機関。その後、中国人の日本留学の低落にともなって、この学校も経営不振に陥り、1922 年に閉校し、目白中学校に吸収された。

　②東亜同文書院中華学生部　1920 年上海東亜同文書院に附設されたもので、商業専門教育を実施。1931 年閉鎖された。

　③天津同文書院　1921 年設立の中等教育機関。1926 年中日学院に改組。1945 年まで存続した。

　④漢口同文書院　1922 年設立の中等教育機関。1926 年江漢高級中学校に改組。1945 年まで存続した。

　⑤東亜工業学院　1942 年イギリスのレスター工業職業学校、及びレスター工芸専科学校を接収改組し、工業専門教育及び中等教育を行う。1945 年まで存続した。

　このうち、天津・漢口両同文書院は中国人を対象に中学校教育を施しながら、留日予備校としての役割も果たしていた。

1　東亜文化研究所編『東亜同文会史』1988 年、98 頁。

　東亜同文会は明治末期からすでに中国人の留日予備教育の必要性を意識していた。1908 年 6 月発行の『東亜同文会報告』は、論説「外国ニ於ケル清国学生ト清国ニ於ケル其予備教育」において、外国に赴く中国人留学生数と中国国内の留学予備教育の関係及び中国人留学生の留学予備教育における日本と欧米の差異を指摘した。報告書では、まず日本における清国留学生教育の失敗の原因について次のように述べていた。

　　一時八千ノ自費及官費ノ清国留学生ハ二箇年ノ修学期限ニテ東京及大阪ノ諸大学ニ入リシガ、今日迄ノ経験ニヨレバ此等ノ学生ハ其母国ノ為ニ有用ナルヨリモ寧ロ有害ナリトセラレタリ。第一ニ彼等ノ多数ハ語学及科学上ノ素養ニ乏シキヲ以テ、先ヅ日本語ニ通ズル迄ニ多ノ日月ヲ費サザルベカラズ、漸ク日本語ヲ解スルニ及ビテモ、其母国ニ於テ受ケ来レル教育頗ル不満足ニシテ科学上ノ素養ヲ缺クヲ以テ日本ノ各専門学校ニ於ケル講義ヲ有効ニ理解スルコト能ハザルナリ[1]。

　留日学生の学習が十分な効果が得られないのは、中国における留日予備教育の不備が大きな要因になっているというのである。一方、これとは対照的に、欧米における中国人留学生の教育が大きな成果を上げていることについて、報告書は次のように述べていた。すなわち、アメリカにおける中国人留学生の一部は英語を教授語として用いる香港の中国人学校より進んだ人であるが、その多くは中国でアメリカ人が豊かな資本をもとに経営している伝道学校で学び、外国で講義を聞くことができるまで予備教育を与えられた後、アメリカに渡り、コロンビア大学、エール大学、ハーバード大学に入ったものである。イギ

1　「外国ニ於ケル清国学生ト清国ニ於ケル其予備教育」『東亜同文会報告』1908年 6 月 26 日。前掲『近代日本のアジア教育認識－明治後期教育雑誌所収中国・韓国・台湾関係記事―』第 18 巻、38 頁。

リスも香港で中国人のためにクエーンス・カレージを立て、その優秀者をイギリスに入学させているが、中国のほかの大都会にイギリス人によって立てられた学校も、同様の役割を果たしている。そのため、アメリカ及びイギリスなどに赴いた中国人留学生は一般的に成績が良好である[1]。

　この報告書の指摘したとおり、これらのキリスト教学校が留学予備校としての役割を果たしていた。そのほか、前述したとおり、アメリカ政府が義和団事件賠償金を利用して北京に設けた清華学校も、中国人海外留学の流れをこれまでの日本留学中心からアメリカ留学中心へと転換させる上で大きな役割を果たした[2]。

　東亜同文会は、中国人日本留学の質を改善するため、すでに大正初期の頃からアメリカなど欧米各国に倣って、中国国内に留学予備教育機関を設立することを計画していた。1917 年 12 月、外務省あてに提出した「東亜同文会事業拡張補助申請書」の中で、中国内地の重要地点を選んで中国人を対象とした中学校を設立する計画を表明したのがそれである。同申請書によれば、この学校は「一面ニハ地方中学ノ模範タラシメ一面ニハ日本留学ノ予備タラシメムコト」を期し、学校設置の予定地を南京、南昌、広東、済南、福州、長沙、成都にするとあった[3]。

　外務省は東亜同文会のこの計画を直ちに承認することはなかったが、独自に調査を行い、1918 年 4 月『支那人教育ニ関スル欧米諸国及本邦ノ事業現況概要』をまとめた。それによると、1918 年 4 月の時点で、中国でアメリカ関係の教育施設は学校数 431 を数え、生徒数 30480 名にも達したが、それに対応して、1916 年末におけるアメリカにおける中国人留学生総数は 1596 名にのぼり、経費別で見ると、義和団事件賠償金による留学生 289 名、各種官費 152 名、私費 1155 名

1　前掲「外国ニ於ケル清国学生ト清国ニ於ケル其予備教育」。

2　前掲「中国近代における海外留学の展開—日本留学とアメリカ留学」。

3　「東亜同文会事業拡張補助申請書」1917 年 12 月。『東亜同文会関係雑件』第 3 巻。

であった。一方、日本の場合は、満洲方面など日本人居留民が多い地
方で日本人子弟教育のため設立された実業学校、小学校などは全国
で50校ほどあるが、中国人を収容する学校は、わずか19校で人数も
900名程度に過ぎず、しかもその多くが満洲地方に集中し、南満洲鉄
道会社または同会社の関係組織を経営主体とする学校で、卒業生はそ
の会社やその他日本人経営の会社、商店に雇われるため、日本留学に
赴く者は極めて少ないという状況であった[1]。

　そうした中で東亜同文会は、1918年7月改めて外務省に「事業再
拡張補助申請書」を提出し、中国人を対象とする中等教育機関新設の
必要性を次のように力説した。

　　支那内地ノ各重要地ニ学校ヲ興シ、支那人子弟ヲ教育スルハ今日
　ノ急務ニシテ、本会カ今後大ニカヲ注カント欲スル処タリ。現在欧
　米各国カ支那内地ニ開設セル学校数ハ驚クヘキ多数ニ上リ、就中米
　国ノ如キ其最タルモノニシテ、基督教会ノ手ヲ経テ設立セル専門学
　校及大学一五、中学校及女学校一三八、師範学校五六、小学校二、
　九〇九校ニ上リ、学生ノ総数一〇万ヲ超ユルニ至レリ。然ルニ支
　那ノ開発ヲ以テ自任セル我日本ノ設立セルモノハ、満洲ヲ除キ支那
　本部ニ於テハ殆ント一ノ見ルヘキモノナシ。依テ本会ハ、北京、漢
　口、広東、成都、南京、長沙ノ六個所ニ此種ノ学校ヲ開キ、以テ支
　那ノ文化ニ貢献シ、併セテ日本留学ノ予備タラシメント欲スルナ
　リ[2]。

東亜同文会のほか、前で述べたように、この時期、多くの識者の間
でも、日本の対華二十一ヶ条要求を機とする中国人反日運動の高ま

1　外務省『支那人教育ニ関スル欧米諸国及本邦ノ事業現況概要』1918年4月。『外
　国ニ於ケル支那留学生調査関係雑件』。
2　「東亜同文会事業再拡張補助申請書」1918年7月。『東亜同文会関係雑件』第
　3巻。

り、及び中国におけるアメリカの影響力の増大に対する対策として、対中国人教育施設の改善を図る必要があることが認識され始めており、帝国議会においても、中国人教育問題に関する議論が交わされるようになっていた。こうした動きの中で、外務省も東亜同文会の学校設立計画の一部を認め、1919 年度から国庫より補助金を支出することとし、東亜同文会に対して次のように命じていた。

①中国人に対して高等普通教育を授けるために、1919 年に北京及び広東の二ヶ所に学校を設立すること。

②いずれの学校も修業年限を四ヶ年とし、学生 200 名以上を収容すること。

③1920 年度より毎年 50 名以上の新入学生を募集・教育する[1]。

2. 天津・漢口両同文書院の発足

外務省の委託を受けた東亜同文会は、早速中等学校開設のための準備作業を開始したが、時あたかも五四運動の最中であり、この運動が全国規模の反日・反帝国主義の運動に発展していったため、準備作業を一時延期せざるを得なかった。1920 年春になると、反日風潮が一応の鎮静化を見せたので、東亜同文会は準備作業を再開した。そして中国各地を巡歴した結果、排日風潮がやや微弱な天津及び漢口を設立場所として選定し、学校の名称をそれぞれ天津同文書院及び漢口同文書院とした。

天津同文書院は 1921 年 10 月に開校式を行った。開校に先立ち、同校は天津総領事館の設立許可を得て、さらに直隷省教育庁経由で教育部に対して認可申請を行った。

同文会は、学校の運営を経営面と教育面に分け、経営面は日本人の

1　内田康哉外相より東亜同文会長牧野伸顕あて「大正八年命令書」1919 年 4 月 22 日。『東亜同文会関係雑件』第 1 巻。

幹事、教育面は中国人の教務長を置き、この両者を統合監督するために日本人の監督を据えることとした。開校当時の教職員は日本人4名、中国人10名であった。当時の主要な学校幹部を示せば、以下のとおりである。

名誉院長　郭宗熙（湖南省人、翰林出身、前吉林省長）

監督　　　江藤栄吉（広島出身、東京高師・東京帝大英文科卒業）

教務長　　張庭芝（河北省出身、東京高師留学、直隷省教育庁に就職）

幹事　　　藤江真文（天津日本青年会主事、京都帝大卒業）[1]

　1921年夏の第一回学生募集では、受験者99名のうち、72名が入学試験を通過し、本科生として選出され、2クラスを編成し、25名が実科生として1クラスを構成した[2]。創立当時は四年制の中学校であったが、その後高級中学部が増設され、さらに中国における制度改正に伴い学制制度が度々変更され、四二制と三三制が並存していた時期もあり、1930年以降ようやく初中三年・高中三年の学制に落着いた[3]。

　天津同文書院の設立より四ヶ月遅れて、1922年3月漢口同文書院が開校した。書院の設立目的・修業期間・教科課程・組織構成・経営方式は天津のそれと同様で、創立時の教職員は日本人2名、中国人8名であった。主要な教職員を上げれば、次のとおりである。

名誉院長　何佩容（元湖北省長）

監督　　　斉藤重保（東京帝大卒業）

教務主任　楊昌寿（前襄陽師範学校長、東京高師卒業）

幹事　　　松尾豊徳（東亜同文書院卒業）[4]

　創立当初、修業年限は天津と同様に四年間であったが、翌年に初級

1　前掲『東亜同文会史　昭和篇』96頁。

2　実科は修業年限二年半、日本語及び商業上の知識・技能の習得に重点を置いていたが、第一回限り、臨機の処置として設けたものであった。東亜文化研究所/霞山会『東亜同文会史　明治・大正篇』霞山会、1988年2月、91頁。

3　前掲『東亜同文会史　昭和篇』97頁。

4　前掲『東亜同文会史　昭和篇』97頁。

中学・高級中学の三三制に変更された[1]。

　天津・漢口両同文書院は、中国人を対象とした中等教育機関であると同時に、優秀な卒業生を公費留学生として日本に派遣するという、留日予備校としての役割も、設立当初より期待された。両校の教務主任を始め、招聘された教師の多くが日本留学出身者であったのは、卒業生をスムーズに日本留学に送り出そうという狙いによるものであろう。さらに、教科課程の設置からも両校の日本留学予備校としての性格が窺われる。天津同文書院では、日本語の授業は国文・英語・数学と並び、主要科目とされていた[2]。また漢口同文書院では、初級中学・高級中学の両方において、全ての科目の中で日本語の授業時間数が最も多くを占めていた[3]。

表 10-1　天津同文書院課毎週授業時数（1921 年）

科目	第1学年	第2学年	第3学年	第4学年	合計
修身	1	1	1	1	4
国文	7	7	5	5	24
日語	5	5	4	4	18
英語	4	4	7	7	22
数学	5	5	5	5	20
歴史	2	2	2	2	8
地理	2	2	2	2	8
博物	3	3			6
物理			3	2	5
化学			2	2	4
図画	1	1	1	1	4
体操	3	3	3	3	12

出典：「天津同文書院中学部章程」『東亜同文書院関係雑件』第 1 巻。

1　前掲『東亜同文会史　昭和篇』。
2　「天津同文書院中学部章程」『東亜同文書院関係雑件』第 1 巻。
3　「漢口同文書院中学部章程」『東亜同文書院関係雑件』第 1 巻。

表 10-2 漢口同文書院毎週授業時数（1923 年）

（1）初級中学

科目	第 1 学年	第 2 学年	第 3 学年	合計
公民	1	1	1	3
国文	6	6	5	17
日語	5	7	7	19
英語	7	5	5	17
数学	5	5	5	15
歴史	2	2	2	6
地理	3	2	2	7
理化		2	3	5
図画	1	1	1	3
体育	2	2	2	6

（2）高級中学

文科					理科				
科目	1 学年	2 学年	3 学年	計	科目	1 学年	2 学年	3 学年	計
国文	7	7	6	20	国文	3	3	3	9
日語	6	8	8	22	日語	6	7	7	20
英語	8	6	5	19	英語	6	4	4	14
歴史地理	3	3	3	9	数学	6	6	6	18
自然科学	2	2	2	6	物理	3	3	4	10
法制経済	2	2		4	化学	3	3	3	9
倫理心理		2	2	4	博物	3	3	1	7
論理哲学	1	1	3	5	歴史地理	1	2	2	5
社会学			3	3	倫理哲学	1	1	1	3
体育	3	2	2	7	科学史	1	1		2
					科学方法論			1	1
					体育	2	2	2	6

出典：「漢口同文書院中学部章程」、『東亜同文書院関係雑件』第 1 巻。

　設立当初の時期、新入生の募集にあたり、両学院とも生徒数の確保の困難に直面していた。それについて、江藤栄吉天津同文書院監督は学校設立目的と卒業生進路の不明瞭さを主要原因として次のように指摘していた。両書院の設立目的自体が明瞭さを欠いている。もし中学校としてのモデルスクールを設立するなら、設備内容を完全にしなければならない。一方、もし同校を清華学校のようなものにするというのであれば、日本留学予備校としての性質をもっと明確かつ具体的に打ち出さねばならない。つまり、清華学校とアメリカ諸大学との関係のように、日本留学者の予備教育校としての性格を明確に示し、学校内に日本的な色彩あるいは特色をもう少し濃厚に出したほうが良い。現在はそのいずれの措置も中途半端で、充分ではないというのである[1]。

　江藤は1923年2月、同文書院の日本留学予備機関としての性格をより明確化するため、卒業生の公費による日本留学制度の樹立を趣旨とする「留学規程草案」を作成して同文会に提出した。その概要を示せば、次のとおりであった。

　①天津及び漢口両同文書院の卒業生中、品行・学業・身体の優秀な者を選んで留学予備班に編入する。

　②留学予備班の修業を終え、留学考試に合格した者は、留学経費の全て或いは一部を校費で負担して、日本に留学させる。

　③校費留学生は留学修了後、それぞれの出身校で服務する[2]。

　この「留学規定草案」を受けた東亜同文会は、1924年3月この留学生規程を理事会に提出した。これに対し、理事会はこの草案の趣旨に異議はないとしつつも、その公表を暫時見合わせることに決した[3]。

1　江藤天津同文書院監督より加藤天津総領事あて「天津同文書院ヨリ中日学院ニ変更セラレタル顛末概記」1925年11月。『天津中日学院関係雑件』第1巻。

2　「天津同文書院事業報告書　自大正12年10月至大正13年3月」『東亜同文書院関係雑件』第4巻。

3　「東亜同文会事業報告　大正12年10月から大正13年3月」『東亜同文書院関係』第4巻。

この決定に対して、天津・漢口両同文書院は、「天津漢口両書院ノタメニ切ニ本部ガ百尺竿頭更ニ一歩ヲ進メテ速カニ留学規定ヲ制定公表」するよう本部に強く要望した。その要望書には、「留学規定確定スルニアラザレバ両院ハ共ニ根本的ニ其存在ノ意義ノ一半ヲ忘失セシムベケレハナリ」[1] という厳しい口調さえ見られた。

第二節　天津・漢口両同文書院の組織変更

1.「東方文化事業」の発足と天津・漢口両同文書院

外務省は 1919 年より東亜同文会に国庫より補助金を支給し、それを同会による中国人教育事業に用いさせることを決めたが、その補助金額は年間それぞれ僅か 23,286 円であった[2]。そのため、天津・漢口両同文書院は当時欧米が中国で経営していた中学校と比べて、施設・設備の面で著しく劣っていた。

「東方文化事業」発足後、政府の一般補助金を受けてきた東亜同文会は、同仁会や日華学会とともに「東方文化事業」の補助団体に指定され、外務省文化事業部の管轄下に置かれることになった[3]。そのため、天津・漢口両同文書院も「対支文化事業特別会計」より補助金を受けるようになり、「東方文化事業」傘下に置かれた。しかし、「特別会計」の基本方針は、「団匪賠償金ニ基ク資金ハ主トシテ支那人ノ為

1　前掲「東亜同文会事業報告　大正 12 年 10 月から大正 13 年 3 月」。
2　「大正七年〜大正十一年政府補助金及使途一覧表」『東亜同文会関係雑件』第 1 巻。
3　黄福慶『近代日本在華文化及社会事業之研究』中央研究院近代史研究所、1982 年 11 月、185 頁。

ニスル文化事業ニ使用シ山東省ニ於ケル学校、病院其ノ他現ニ日本団
体ノ支那ニ於テ経営スル文化事業ニ対スル補助ハ専ラ山東関係ノ資金
ヨリ之ヲ支出スル」[1] と規定されているため、同文会の管理下にある天
津・漢口両同文書院は「対支文化事業特別会計」から補助金を受ける
とはいえ、その補助金は義和団事件賠償金からではなく、山東関係資
金の項目から支出されることになっており、金額的に制約があった。
そのため両校は設立直後から、経費の不足により施設・設備充実がで
きない状況であった。1923年7月、「東方文化事業」の諮問機関とし
ての「対支文化事業調査会」が委員入沢達吉及び外務事務官岡部長景
を中国に派遣し、一ヶ月にわたり各地の主要な文化教育施設を巡歴さ
せるが、その際の報告書には、天津・漢口両同文書院について、清華
大学、協和医科大学など欧米人による諸文化教育施設に比べて、その
規模や施設・設備などの面において見劣りがする。しかし、「東方文
化事業」の発足時に際しては多くの新規事業を起こす必要があるた
め、両同文書院のような既存の事業は、当分の間現状維持の程度で改
善を行うほかない、という結論が出されていた[2]。

2. 教育権回収運動と天津・漢口両同文書院

　天津・漢口両同文書院が直面した問題は、上述のような所要経費の
不足のほか、反日運動や教育権回収運動の昂揚と、それに伴う生徒数
確保の困難などもあった。ナショナリズムや教育権回収運動と天津・
漢口両同文書院との関係については、阿部洋がすでに詳細に論じてい
るので、ここで論を進めるため、同氏の研究成果に沿って簡単に紹介
する。

1　「『汪－出淵協定』に関する覚書」1924年2月6日。『日支共同委員会関係一
　　件　汪－出淵協定』。

2　「入沢博士及岡部事務官支那出張報告提要」1923年11月。『東方文化事業調
　　査会配布資料関係雑集』。

　第一次世界大戦後、中国のナショナリズムが昂揚し、それに基く反
日運動も盛んに行われた。天津・漢口両同文書院に最初に大きな衝
撃を与えたのは旅大回収運動である。1923 年は、もともとロシアが
最初に旅順・大連を租借してから期限の二十五年目にあたっており、
中国側は日本の租借をその継続とみて、対華二十一ヶ条に規定した
九十九年延長を認めず、早くからこれを回収しようと主張していた。
1923 年 3 月頃、全国各地に旅大回収期成会、二十一ヶ条撤廃後援会、
市民外交大会などの団体が相次いで組織された。各地の学生も団体を
組織して、集会や街頭遊行などに参加した。両校でも、学校側の制止
にもかかわらず、大半の生徒がこれに参加した。その後、校内の空気
が急速に変わり、学校当局に対する反抗的態度が目立つようになった
という。こうした排日風潮の高まりの下で、新入生募集活動も大きな
影響を受けた。天津同文書院では、1923 年 7 月 10 日と 8 月 18 日と
二回にわたって、北京と天津の二ヶ所で入学試験を行ったが、志願
者は全部合わせても前年度の約半分の 66 名で、その中からようやく
46 名の入学者を得たに過ぎなかった[1]。漢口同文書院も天津の場合と同
様、新入生の確保に苦慮していた。1923 年の生徒募集は、予定人員
50 名に対し、志願者 57 名、入学者 26 名にとどまり、翌年 2 月の挿
班入学生の募集を通じて、ようやく 28 名の入学者を加えることがで
きた[2]。

　抗日運動のほか、中国ナショナリズムの教育面での現われとしての
教育権回収運動の展開も、両校に更なる衝撃を与えた。アヘン戦争以
来、多くの宣教師や外国人が中国で学校を開設し、教育活動を行った
が、それに対して、第一次大戦後のナショナリズムの昂揚を背景に、
教育界は、外国人経営学校が行う教育を中国に対する侵略手段とみな

1　阿部洋「東亜同文会の中国人教育事業—1920 年代前半期における中国ナショ
　　ナリズムとの対応をめぐって—」阿部洋編『日中関係と文化摩擦』巌南堂書店、
　　1982 年 1 月、45 頁。
2　同上、45 頁。

し、その教育権を回収し、それらの学校に対して中国政府の規定する教育基準を遵守させるべきだとする教育権回収運動を展開するに至る。この運動を全国的に燃え上がらせたのは、1925年5月30日上海において英国官憲が学生、労働者の反日示威運動に対して発砲して多数の死傷者を出したいわゆる五卅惨案であった。これをきっかけに大規模な反帝国主義運動が全国に広がり、教育権回収運動もさらに激化して、同盟退学事件にまで発展していった。この動きを背景に、北京政府は1925年11月「外人捐資設立学校請求認可弁法」を発布して、外国人経営学校の規制に乗り出した。

　そうした中で、天津同文書院では、6月12日、寄宿生が舎監の命令を無視して国民大会への参加を決議し、さらに一年生48名のうち、20名が学生連合会の退学勧誘に応じて、学校側に退学を申し出た。それに対して、学校側は直ちに夏休み入りの措置をとり、さらに主謀者の数名を除籍処分にした。これらの事件により1925年の新入生募集も大きな打撃を受けた。それについて、天津同文書院は次のように報告している。

　　本年度募集開始ノ時ハ不幸ニシテ上海事件ノ紛糾ヲ極メタル時ニ一致セリ。而シテ先ヅ最モ困難セシハ益世報ノ如キ有力ナル新聞ガ学生連合会ノ圧迫ヲ受ケテ我ガ書院ノ募集広告ノ掲載ヲ謝絶シ来リタルコト是ナリキ。次ニ困難セシハ教育権回収ノ声一部学生間ニ唱ヘラレタリシ為メ北京ノ人々ガ之ヲ憚リテ受験シタルモノ殆ド無カリシコト是ナリ[1]。

　漢口同文書院においても、既に1925年3月に学生らが校内で秘密結社を作り、武漢学生連合会と連絡していたが、五・三〇事件の後、学生の間には学生連合会の呼びかけに応じて、同盟休校運動に参加す

1　『東亜同文会事業報告書　自大正十四年四月至大正十四年九月』天津同文書院の項、5〜6頁。

る動きが出た。その後、武漢学生連合会が学生二、三百人を動員して学校を包囲し、愛国運動への参加勧誘を行った。そのため学校当局は、夏休みの繰り上げ措置を取るほかなかった。この年の新入生募集は9月に武昌と漢口で各二回入学試験を行ったが、入学者はわずか18名であった[1]。

3. 学校の組織変更

　以上見てきたような時代背景の下、東亜同文会は外務省文化事業部と共に、両書院の経営難の打開方策を検討しはじめた。その結果、両校の救済案として、次の四案が出された。

　①両校とも廃止して、これを中国側に提供する。

　②天津、漢口の両校を天津一校にまとめ、経費を重点的にこれにあて、充実を図る。

　③両校の中学校制を廃して、純然たる日本語学校とする。

　④両校をどこまでも中学校として残し、優秀な卒業生を日本に留学させる予備教育機関としての性格を持たせる[2]。

　その後外務省は、東亜同文会理事で「対支文化事業調査会」委員でもあった大内暢三を中国に派遣して、両書院の改革に着手させた。その結果、大内が同文書院関係者と協議して打ち出したのは第四案であった。つまり、両同文書院を中学校として残しながら、同時に日本留学予備教育機関としての役割をも持たせるという方針である。こうして、従来両校の持ってきた二重性格が再確認された。

　両書院の性格を再確認した後、大内理事は両校が直面する諸問題の解決を目指して、その改革に取り組み始めた。

　①「対支文化事業特別会計」の補助金を、少額の山東関係資金から

1　前掲「東亜同文会の中国人教育事業―1920年代前半期における中国ナショナリズムとの対応をめぐって―」『日中関係と文化摩擦』54頁。

2　前掲「天津同文書院ヨリ中日学院ニ変更セラレタル顛末概記」。

ではなく、多額の資金を有する義和団事件賠償金のほうから取得して、経費不足の問題を解決する。

②中国のナショナリズムに対処して、「外国人経営学校」の色合いを薄める。

③中国の各大学と連絡関係を立てることによって、一定数の生徒を確保し、学校の経営不振を打開する。

④「東方文化事業」を対華文化侵略事業とみなし、これに批判的な北京大学教授を同文会事業の経営に引き込むことによって、彼らを「東方文化事業」反対運動から切り離す。

大内理事はまず1925年8月北京に赴いて北京大学の日本留学出身者の教授らと会見し、東亜同文会の単独経営から、日中両国人で構成する組織による共同経営へと天津同文書院の組織を変更するよう提案した[1]。この組織変更を通じて、天津同文書院を日本留学予備校にとどまらず、北京大学東方学系が希望するような予備教育機関としても改編しようとした。大内としては、天津同文書院と北京大学など中国各地の大学と連絡関係を築くことにより、一定数の生徒を確保し、学校の経営不振を打開したいとする思惑があったであろう。

双方が協議を重ねた結果、北京大学5名（陳大斉・沈伊黙・周作人・馬裕藻・張鳳挙）、東亜同文会1名（大内暢三）、天津同文書院2名（江藤栄吉・張庭芝）の代表者によって組織される、中日教育会が学校経営を行うことで一致した。1925年9月、中日教育会が成立し、経費は東亜同文会が負担し、教育方面は専ら中国人が担任することで協定が結ばれた。契約書には、中日教育会は中華民国教育令に準じて中等教育を施行し、並びに下記の二つの目的を達成することを期するとある。

一、天津同文書院高級中学卒業生ヲシテ、中華民国各大学入学ノ資格ヲ得シメ、且ツ北京大学東方文学系ノ入学ニ関シ特ニ密切ノ連

1　前掲「天津同文書院ヨリ中日学院ニ変更セラレタル顛末概記」。

絡アラシムルコト。

　二、天津同文書院高級中学第一学年修了ノ学生ヲシテ、日本各高
等学校及ヒ高等専門学校入学ノ資格ヲ得シメ入学ヲ許可セラレタル
モノニハ、公費（校費若クハ文化事業補助金）ヲ以テ学資ヲ支弁シ
留学セシムルコト[1]。

　1926年4月天津同文書院はその正式名称を天津中日学院と改めた。
中日学院は発足当初、初級中学三年、高級中学三年の制度を採用して
いたが、半年後校則を改正して、初級中学四年、高級中学二年の制度
を取ることにした。1928年には再び三・三制となっている。
　天津同文書院の組織変更の準備を終えた大内は、1925年10月漢口
に赴き、天津の例にならって、漢口同文書院の組織変更に着手した。
彼は日本諸学校との連絡を考慮の上、湖北教育界の日本留学出身の教
育関係者と教育団体を組織し、これに漢口同文書院の経営を引き受け
させるという方針を打ち出した。1925年10月31日、以下6名が教
育団体「東方学会」を組織することで一致し、契約が結ばれた。
　　薛徳焴　　国立武昌大学教授（東京高師卒業）
　　大内暢三　東亜同文会理事
　　陳英才　　省立女子師範学校長（東京高師卒業）
　　楊昌寿　　漢口同文書院教務主任（東京高師卒業）
　　孫振　　　同教授（東京高師卒業）
　　斉藤重保　同監督[2]
　日中双方の役割分担や経費負担などは、「中日教育会」のそれと同
様の規定になっている。また、従来から経営してきた初級中学部を拡
充して、高級中学部を開設することが決定され、書院の名称を江漢高
級中学校と改称し、会員陳英才を校長に推薦した。また武漢各大学と

1　前掲「天津同文書院ヨリ中日学院ニ変更セラレタル顛末概記」。
2　「江漢高級中学校大正十五年度上半期事業報告」『東亜同文会史　昭和篇』
　　446頁。

の連絡を円滑にするため、武漢各大学校長を、江漢高級中学校の諮問機関としての董事会の理事として推薦した[1]。同年11月同文会は外務省に対し、東方学会設立に関する申請書を提出し、直ちに外務省の承認を得た。12月には江漢高級中学校の章程が策定され、北京政府教育部に対し立案を申請した。

第三節　天津中日学院・江漢高級中学校と特設予科

1. 校費による特設予科入学奨励制度

組織変更と相前後して旧同文書院時代の生徒が卒業期を迎えたため、天津・漢口両同文書院はこの時期より、日本留学予備教育施設としての機能を実際的に果たし始めるのである。

両校にとってかねてから課題になっていた校費留学生制度が、この時期より実施に移されることになった。両校は文部省直轄官立学校、なかでもとくに特設予科への入学を奨励しており、両校の校費留学生選定試験を合格した者に対しては、校費で特設予科入学試験に参加させ、試験に合格すれば、在学中、校費を支給するという方針を打ち出すのである。

天津中日学院では、1925年6月旧同文書院第一回生54名の卒業生を対象に、校費留学生選定試験が行われた。試験科目は日本語、英語、漢文、数学で、試験問題は主として1925年度における日本高等専門学校入学試験問題の中から選んだものであった。その結果、艾秀峰、楊永芳の2名が選ばれた。二人はその後日本に赴き、東京高師特

1　大内暢三「漢口同文書院組織変更と東方学会成立の経過」1915年11月。『東亜同文書院関係雑件』第1巻。

設予科入学試験に参加し、66名受験者の中、第2位・第3位の成績
で合格し、1926年4月に入学した[1]。学校側はその後も、これら両名と
の連絡を絶やさず、学校の報告書の中でも彼らの留学後の様子を紹介
していた。

　　艾秀峰ハ一種天才的ノ青年ニシテ曽テ本校ニ学ヒシ際モ常ニ級中
　ノ首位ヲ占メタリキ、楊永芳ハ之ニ反シ刻苦精励ヲ以テ進メリ。四
　月特設予科ニ入学ノ最初ハ艾秀峰ハ第二位楊永芳ハ第三位ナリシ
　カ、学期末ノ成績ハ艾秀峰遂ニ級中第一位ヲ占メタリ[2]。

　第二回校費留学生選定試験は1926年に行われ、5名が合格した。
彼らは、その後特設予科の入学試験を経て、1927年4月3名が東京
高師特設予科に、2名が長崎高商特設予科にそれぞれ入学した。さら
に長崎高商特設予科に入学した自費生1名に対しても、天津同文書院
から補助金として毎月10円を支給されることになった[3]。
　一方、江漢高級中学校では、1926年11月に校費留学生選定試験が
行われ、第一回生の陳礼節と高光遊、第二回生の蕭民涛の3名が合格
した。陳は1927年1月の一高特設予科入学試験において、180余名
の志願者中、首席で合格し、特設予科に入った後でも首席の成績を獲
得し、1928年3月一高本科に入学した。蕭は1927年3月長崎高商特
設予科第二学期編入試験に合格し、特設予科在学中も優秀な成績を
上げ、1928年3月長崎高商本科一年に進級した。高は病気のため一
年遅れて渡日したものの、1928年1月一高特設予科入学試験に応じ、
150余名の入学志願者中12位の成績を得て、入学を許可された[4]。

1　前掲「中日学院大正十五年度上半期事業報告」『東亜同文会史　昭和篇』338頁。
2　同上。
3　「中日学院昭和二年度上半期事業報告」『東亜同文会史　昭和篇』342頁。
4　「江漢高級中学校大正十五年度下半期事業報告」「江漢高級中学校昭和二年度
　　下半期事業報告」『東亜同文会史　昭和篇』450～456頁。

1927年春、両校の「留学選定規程」が正式に発表された。内容は次のようなものであった。

第一章　校費留学生

第一条　本規定ニ於テ校費留学生ト称スルハ、本校ニ於テ三三制高級第一学年若クハ四二制初級第四学年ヲ修了シ留学選定試験ニ及第シタルモノガ日本ニ於ケル特設予科及ビ文部省所官ノ官立諸学校ニ在学セルモノヲイフ。

第二条　本校ニ於テ三三制高級第一学年若クハ四二制初級第四学年ヲ修了シ留学選定試験ニ及第シタル学生ガ満洲医科大学、旅順工科大学、上海同文書院ニ入学シタルモノハ校費留学生ニ準ズ

第二章　選定試験

第三条　校費留学生候補者ヲ選定スルタメ、本校ニ於テ三三制高級第一学年若クハ四二制初級第四学年ヲ修了シタル学生ニ対シ、選定試験ヲ行フ

第四条　前条ノ選定試験ハ日本ノ中学第四学年修了ノ程度ニヨリ国文、日語、英語、数学、物理、化学、博物ノ七科目ニ就キ之ヲ行フ

学術試験ノ外身体検査ヲ行フ。

第五条　前二条ノ選定試験ニ及第シタルモノハ、校費ヲ以テ日本ニ赴キ特設予科入学ノ試験ヲ受ケシム

入学試験ニ及第シ特設予科若クハ文部省所管ノ官立学校ニ入学シタルモノハ、在学中校費ヲ以テ所定ノ留学費ヲ支給ス

第六条　校費補助学生ヲ選定スルタメ本校ニ於テ高級中学ヲ卒業シタルモノニ対シ選定試験ヲ行フ。試験ハ日本高等学校第一学年修了ノ程度ニヨル。試験科目ハ別ニ之ヲ定ム。

第七条　第六条ノ試験ニ及第セルモノガ日本ニ赴キ特設予科若クハ文部省所管ノ官立学校ニ入学シタルトキハ、在学中校費ヲ以テ第十条第二項ノ留学費ヲ支給ス。但シ赴日旅費並ニ準備費ハ支給セズ

第八条　選定試験ハ毎年十一月十二月中ニ於テ一回之ヲ行フ

日本又ハ極メテ遠隔セル地方ニアル受験者ノタメニ十一月十二月以外ノ時日ニ於テ特ニ選定試験ヲ施行スルコトヲ得

第九条　特設予科在学者ヲ除ク外凡ベテ校費ノ支給ヲ受クルモノハ再ビ選定試験ヲ受クルヲ得ズ

第三章　給費

第十条　第三条第四条ノ選定試験ニ合格シ、日本ノ特設予科又ハ文部省所管ノ官立諸学校ニ入学セル学生ニ対シテハ、左ノ標準ニヨリ留学費ヲ支給ス。

一、最初ノ一箇年　赴日旅費並ニ準備費 200.00 円

学費宿泊費一箇月 50 円　600.00 円

計 800.00 円

二、次年度ヨリ毎一箇年　学費宿泊費一箇月 50 円　600.00 円

（下略）[1]

また、両校では、日本留学の補習組織が立てられたのである。1926年 6 月中日学院は旧同文書院第二回生として卒業した 23 名から、10名を選んで 9 月に補習科を組織し、日本語・英語・中国語・数学の補講を実施し、日本留学の準備を行った[2]。一方、江漢高級中学校でも1926 年 3 月旧同文書院第一回生が卒業期を迎え、4 月 1 日より卒業生のうち日本留学を希望する者を対象に留学予備班を編成し、日本語及び主要教科である日本地理・歴史・日本社会事情等の補習授業を開始した。そこでは中国語と英語を除き、出来る限り日本語で教授する方針が採られた[3]。但し、その後国民革命軍による北伐戦乱などの影響により、両校の日本留学補習組織はいずれも生徒数が減少し、中止せざ

1　「中日学院改善方ニ関スル件」『天津中日学院関係雑件』第 1 巻。
2　「中日学院大正十五年度上半期事業報告」『東亜同文会史　昭和篇』337 頁。
3　「江漢高級中学校大正十五年度上半期事業報告」『東亜同文会史　昭和篇』
　　446 頁。

るを得なかった。

2. 留日予備校としての機能強化の構想と特設予科

　前述したように、1926年両同文書院は従来の同文会単独経営から日中共同経営へと転換し、再出発した。しかし、改組後の両校では、その運営は必ずしも期待どおりには進まなかった。

　1926年夏、北京と天津において、二回にわたる天津中日学院の第一回学生募集が行われた。高級中学では5名のみが入学し、初級中学では、54名の志願者に対して合格者は26名にとどまった[1]。1926年末の在学者数は開校以来最少の91名であった[2]。募集成績が思わしくなかった最大の理由は、軍閥戦乱の影響であるが、北京政府の反動的な文教政策により、北京大学が過激派の本拠と見なされて解体の危機に直面し、中日学院が北京大学東方学系との連絡をとることで一定数の生徒を確保するという当初の期待が実現できなくなったことも、重要な要因であった[3]。1927年夏の応募者の状況を見ても、新入生の大部分は「同文書院時代ノ縁故者」であり、「北京大学諸教授ニ関係アルモノガ絶無」という状況であった[4]。

　江漢高級中学校は、国民革命軍の武漢占領により、天津中日学院より一層激しい国民革命の政治的社会的激動の嵐に巻き込まれ、長期間にわたる休業を余儀なくされ、事実上の閉校状態となった。

　こうした状況を受けて、東亜同文会理事大内暢三は、1927年10月外務省岡部文化事業部長あてに電報を送り、両校の共通問題として新

1　「中日学院大正十五年度上半期事業報告」『東亜同文会史　昭和篇』337頁。

2　「中日学院大正十五年度下半期事業報告」『東亜同文会史　昭和篇』340頁。

3　阿部洋「東亜同文会の中国人教育事業—1920年代後半期、国民政府の教育権回収政策との対応をめぐって—」阿部洋編『日中教育文化交流と摩擦』第一書房、1983年11月、228頁。

4　「中日学院昭和二年度上半期事業報告」『東亜同文会史　昭和篇』342頁。

事態に適応する対策を早急に講じる必要があると述べていた。

　　北京大学組織変更ノ結果、従来我方ト関係深キ教授連カ大部分辞
職スルニ至リタル趣ニ有リ。（中略）卒業生ト上級校トノ連絡ノ如
キモ北京大学ノ現状ヲ以テ見レハ果シテ当初ノ計画通リ行ハルルヤ
甚タ疑ナキ能ハス候。右ハ独リ中日学院ノミニ限ラス在漢口江漢高
級中学ニ付テモ大体同様ニ有之、殊ニ同校ハ武漢地方カ南方ノ勢力
ニ帰シタル以来生徒ノ訓育方針ニ蹉跌ヲ来シ、僅ニ名義上ノ開校ヲ
為シ居ルニ過キサル現在ナルニ想到スルトキハ、両校ノ共通問題ト
シテ新事態ニ適応スル対策ヲ講スルノ要ア（リ―筆者注）[1]。

その年 11 月、大内暢三と中日学院総務長江藤栄吉は加藤天津総領
事を訪問し、中日学院の現状とその対応策について協議を行った。そ
の協議結果にもとづき、彼らは「天津中日学院改善ニ関スル具体案」
を作成し、加藤総領事を経由して、外務大臣に提出した。その中で中
日学院改善の方法として、以下のような提案を行っていた。

　　従来中日学院ガ実行シ来リタル日本語ヲ教科中ニ加フルコト、成
績優良ノ学生ヲ選ビ校費ヲ以テ日本ニ留学セシメシコトノ特色ヲ更
ニ拡大発達セシメ学院ヲシテ留学予備、留学生選定ノ機関タルベキ
中学タラシムルコト（デアル―筆者注）[2]。

具体的な実施案とは次のようなものである。

　①中学校の組織を保留して学校の基礎とすること。留学予備の性
質を持つ中学校として、日本語教授の一層の強化と、理科・数学の
教授と設備を改善する、

1　前掲「中日学院改善方ニ関スル件」。
2　在天津総領事加藤外松より外務大臣田中義一あて「天津中日学院改善ニ関ス
　ル具体案」1927 年 11 月 14 日。『天津中日学院関係雑件』第 1 巻。

　②中日学院の四二制高級中学の第一学年修了者に対して、日本の外務文部両省の委任を受けて、中日学院が自ら日本の高等専門学校入学試験の程度により留学選定試験を施行する。試験問題の選定・採点・及落の決定などすべて中日学院が行う。合格者を直接高等・専門学校に設置された各特設予科に入学させる、

　③他校の四二制初級中学修了者、又は三三制の高級中学第一学年修了者のために、留学予備科を設立する。中国華北における日本留学志望者をこの学級に集めて、日本語の基礎習得や各基本教科の補習を内容とした一年間半の速成教育を授けることによって、特設予科との連絡を図る、

などである[1]。同案の趣旨について、次のような補充説明がなされていた。

　中日学院ガマダ天津同文書院ト称ヘテ居タ時カラ既ニ此ノ方針ハ採ツテ居リ、同文会モ熱心ニ之ヲ奨励シ来ツタノデハアルガ、経費ノ問題モアリ外務省、文部省トノ諒解ノ不足モアリ、従来学校ノヤツテ来タ処ハドウ見テモ不徹底ノ歎ガアツタ。タトヘバ四年五年ノ永イ課程ヲ終ヘタ学生ガ、卒業試験ノ後ニ更ニ留学選定試験ヲ学校デ受ケ、コレガマタ日本ニ赴イテ、再ビ入ラントスル当該校ニ於テ特設予科入学試験ヲ受ケネバナラヌ。此ノ間ノ時間金銭ノ空費ノ外ニ学生ヲ困ムルコトハ並大抵デハナイ。コンナ点ノ改正ニヨツテ、出来得ル丈選択セラレタル優良ノ支那学生ガ、出来得ル丈円滑簡明ノ手続ニヨツテ各々望ム所ノ日本高級ノ学校ニ入リ得ルヤウニナリタイ、トイフガ乙案ノ趣旨デアル[2]。

　つまり、今まで中日学院は日本留学予備校の役割を果たしてきた

1　前掲天津総領事加藤外松より外務大臣田中義一あて「天津中日学院改善ニ関スル具体案」。

2　同上。

が、限定的なものに過ぎなかった。また、今まで日本留学を志望する
中国人は、天津中日学院と江漢高級中学校の長い課程を卒業しても、
留学選定試験、さらに特設予科などの志望学校の入学試験を経なけれ
ばならず、時間的にも経済的にも大変不利益であった。そのため、優
良な中国人学生ができるだけ簡明な手続きで志望学校に入れるように
させるというのが、本案の趣旨だというのである。

　総じて見ると、「天津中日学院改善ニ関スル具体案」は、学校を現
在のまま日中共同経営の中学校としながらも、同校が従来保持してき
た日本留学予備校の特色をさらに拡大発展させようとするものであっ
た。従来は、天津中日学院の生徒のみを対象に予備教育を実施してき
たのに対し、今後は留学予備科を設立し、他校の日本留学志望者をも
収容して、予備教育の対象者の範囲を拡大させようとするのである。
また、これまでのような留学予備教育機関としての機能のみにとどま
らず、「留学生選定の機関」として、文部省官立学校、特に各特設予
科設置校の委託を受けて、留学生の入学試験を実施し、合格者が直ち
に特設予科に入学できるようにさせる、という構想であった。実は、
長崎高商は1927年度から、天津中日学院や江漢高級中学校の在籍者
の便宜を図るため、特設予科入学試験を両校でも実施するようになっ
た[1]。すでに同校では、両校の出身者が日本語能力も学力も一般に良好
なので、特設予科の第二学年に編入させていた[2]。その結果、長崎高商
特設予科では中日学院と江漢高級中学校の出身者が入学者全体に占め
る比率が、ほかの特設予科より高かった。例えば1932年度の場合、
同校特設予科在籍者7名のうち、中日学院出身者3名、江漢高級中学
校出身者2名であった。それは長崎高商が中国で入学試験を実施して

1　嶋津拓「戦前戦中期における文部省直轄学校の『特設予科』制度について―
　　長崎高等商業学校を事例として」『長崎大学留学生センター紀要』第15号、
　　2007年6月、67頁。
2　「昭和六年度特設予科主任者会議」『在本邦留学生予備教育関係雑件　特設予
　　科関係』第4巻。

いたことが最も大きな要因であったと考えられる[1]。天津中日学院としては、この長崎高商特設予科との連絡関係を、他の特設予科設置校にまで拡大させようと願っていたのである。

　この留日予備校としての機能強化を狙いとする改善案は、その時点では外務省文化事業部の同意を得ることはできなかったが、その後、時局がさらに変化し、両校をめぐる環境が一層悪化していったので、外務省文化事業部もやむを得ず天津中日学院と漢口高級中学校の改革に踏み切ることを決心した。

　1928年の済南惨案を機に、天津でも反日・排日運動がさらに昂揚したので、学校は中日教育会中国側会員の反対を押し切って、日本軍の保護を要請して、一個中隊が校内に駐屯することになった。これをきっかけに、中日教育会における双方の対立が高まり、中国側会員は中日学院経営への参与の意欲を急速に喪失していった[2]。1928年6月北京政府が倒壊し、国民政府による全国統一が実現された。そして国民政府が打ち出してくる三民主義の教育方針、及び教育権回収のための私立学校規制策は、さらに両校を苦境に立たせることとなった。外務省としても、そういう厳しい状況認識の下、中日学院及び江漢高級中学を日本留学予備校の方向へ改組することを決断せざるを得なかったのである。それについて岡部外務省文化事業部長は次のように述べていた。

　　最近支那政府ノ教育方針改メラレタル結果、支那学生ニ中等教育ヲ授クルコトモ日本側ノ意ニ任セサル点アリ。寧口同校ヲ日本ニ渡来スヘキ留学生養成ノ予備教育機関トスルコト適当ナルヘク、右改革ニ当リテハ関係方面ト隔意ナキ協議ヲ遂ケ、慎重ナル態度ヲ執ル

1　前掲「戦前戦中期における文部省直轄学校の『特設予科』制度について─長崎高等商業学校を事例として」『長崎大学留学生センター紀要』68頁。
2　前掲「東亜同文会の中国人教育事業─1920年代後半期、国民政府の教育権回収政策との対応をめぐって─」『日中教育文化交流と摩擦』231頁。

コト必要ナルヘシ[1]。

　その具体的方策として、外務省文化事業部は、「選抜留学生」制度
の中に特別枠を設け、中日学院と江漢高級中学出身者に対して、一定
人数の学資補給を保証する措置を取ることとした[2]。

　そして、両校により特設予科入学試験を実施することの可否につい
て関係部局との間で協議をはじめた。1930 年 11 月に開催された第五
回特設予科会議において、外務省文化事業部の担当官は、「本国ニ居
ル時ヨリ日本ノ一定ノ学校ニ入学スルコト」を決めておくことが留学
生にとって便利であり、中国から「善良ナル学生ヲ入学セシムル」た
めには、入学試験の手続きを簡便にする必要があるとして、中国で入
学試験を実施することの可否について各特設予科関係者に意見を打診
している。それに対して漢口高級中学校、天津中日学院、旅順二中に
委託して試験を行っている長崎高商は、「各地ニ於ケル日本人卒業生
ニ立会ハシメ監督ヲ行ヒツツアリ何等ノ不都合」がないが、「手数ハ
繁雑」で、しかも試験は日本語、英語だけにしており、「此以外ニ科
目ヲ増シテハ実施困難」と自身の経験を紹介していた。文部省側は
「学校ニ依テハ日本人卒業生ヲ支那ニ持タヌ」ところがあり、また天
津・漢口以外のところにも多数志願者を持つ学校もあるため、「一律
ニ実施ハ困難」であるとした[3]。最終的には、この問題は各校の自由裁
量に委ねることになるが、その後、長崎高商以外には、両校で入学試
験を実施する特設予科は見られなかった。また、長崎高商も、「中日

1　「岡部前部長ヨリ坪上文化事業部長ヘノ事務引継内容」1929 年 2 月。『東方文
　　化事業関係雑件』第 1 巻。

2　前掲「東亜同文会の中国人教育事業―1920 年代後半期、国民政府の教育権回
　　収政策との対応をめぐって―」『日中教育文化交流と摩擦』235 頁。

3　「昭和五年度特設予科主任者会議」『在本邦留学生予備教育関係雑件　特設予
　　科関係』第 4 巻。

学院、江漢高級中学の卒業生なれば本科に入学せしめられたし」[1] という外務省側の提言に対して、「特設予科の課程中には普通科のみならず商業科もあり」[2] として、これを拒否した。

　両校を留学生選定機関にする構想は、結局実現できなかったのである。天津中日学院と江漢高級中学校の両校は、特設予科の入学ルートの一つとして特設予科に多くの留学生を送り出したが、特設予科としては、あくまで独自の留学生選抜方針を堅持し、両校を特設予科の選定機関とするという提案を受け入れなかった。共に文化事業部所管の留学生教育機関でありながら、両者における連絡と協力の関係は必ずしもうまく行ったとは言えない。

　また、中日学院に留学予備科を設立し、華北における日本留学志望者をこれに受け入れるという計画も、経費面では「対支文化事業特別会計」に全面的に依存するものであるため、文化事業部からは直ちに予算的裏づけを伴う支持を得られず、これも結局構想の段階にとどまった。

　そうした中、中日学院と江漢高級中学校は、いずれも自ら教育内容の面で留学生予備教育を強化していった。中日学院は 1929 年 8 月、新学年の開始に先立って、日本語教育の充実を図るためにその授業時数を増やす一方、これらの授業をすべて日本人教員が担当することとし、新たに日本人教員を補充した[3]。またこれと並んで英語の授業では、従来の授業時間に加えて、上級学年では英文和訳、及び和文英訳を課し、日本人英語教員を採用したことなどが挙げられる。これは、同校出身で日本に留学している者の成績不振の理由の一つが、英語の学力不足にあるためにとられた措置であった[4]。

1　「昭和七年度特設予科主任者会議」『在本邦留学生予備教育関係雑件　特設予科関係』第 4 巻。

2　同上。

3　「中日学院昭和四年度上半期事業報告」『東亜同文会史　昭和篇』351 頁。

4　前掲「東亜同文会の中国人教育事業—1920 年代後半期、国民政府の教育権回収政策との対応をめぐって—」『日中教育文化交流と摩擦』245 頁。

　江漢高級中学校も、天津の場合と同様、正規の中学校としての枠内にとどまりながら、その一方で自らの日本留学予備校としての性格を強化するという方向で学校を整備していった。1919 年 8 月同校は、高級中学では、選修科として日本人教師による英文和訳・和文英訳を課することとした。

　これまで見てきた通り、両校の留学生予備教育機能の拡大強化構想は、完全には実現できなかったものの、留学生予備教育がある程度強化されていったことは確かである。

第四節　留日予備教育機関の教育実態

1. 留日予備教育と学生数の確保とのジレンマ

　天津中日学院と江漢高級中学校は、その後も日中関係の緊張や、中国国内の混乱の中でその経営を維持していった。では、一体どのぐらいの生徒が在籍していたのであろうか。下表は、各年度の第一学期開始後一ヶ月を経過した 9 月の時点での天津・漢口両校の在籍者数を集計したものである。初級中学・高級中学いずれにおいても、学年が上がるにつれて、生徒数が減少しており、中途退学者が多いことを示している。

表 10-3 中日学院学生在籍数（1926 ～ 43 年）

年度 / 学年	初級 1 年	初級 2 年	初級 3 年	高級予科	高級 1 年	補習科		計
1926 年	31	26	23	6	14	10		110
年度 / 学年	初級 1 年	初級 2 年	初級 3 年	初級 4 年	高級 1 年			
1927 年	32	32	19	20				103
1928 年	30	33	20	16	8			107

1929 年	37	28	28	20	23			136
年度 / 学年	初級 1 年	初級 2 年	初級 3 年	初級 4 年	高級 1 年	高級 2 年		
1930 年	48	31	18	21	16	7		141
年度 / 学年	初級 1 年	初級 2 年	初級 3 年	高級 1 年	初級 2 年	初級 3 年		
1931 年	109	35	32	18	10	11	留華予科 2	217
193 年	19	37	14	16	11	1		98
1933 年	89	38	23	13	10	6		179
1934 年	111	68	28	15	13	5		240
1935 年	136	89	53	16	12	10		316
1936 年	138	85	62	41	18	9	補習班 7	360
1937 年	51	49	48	31	20	18		217
1938 年	54	41	35	27	17	13		187
1939 年	96	52	35	30	20	15		248
1940 年	181	84	45	33	24	16		383
1941 年	136	115	51	30	49	21		402
1942 年	171	88	85	33	27	32		436
1943 年	182	117	68	87	15	22		491

出典：『東亜同文会史　昭和篇』99 頁。

表 10-4 江漢高級中学校学生在籍者数（1926 ～ 43 年）

年度 / 学年	初級 1 年	初級 2 年	初級 3 年	初級 4 年	高級 理科	高級 文科			計
1926 年	-	37	16	15	5	10			83
年度 / 学年	初級 1 年	初級 2 年	初級 3 年	高級 1 年	高級 2 年	高級 3 年			
1927 年	82	-	50	19	-	-			151
1928 年	57	44	-	41	-	13			155

	初級1年	初級2年	初級3年	高級1年	高級2年	高級3年	留日予備1年	留日予備2年	計
1929年	69	37	29	-	20	-			155
1930年	73	49	32	38	16	-			208
1931年	1931年9月から1932年8月まで休校								
1932年	26	21	12	48	20	-			127
1933年	46	27	22	30	28	16			169
1934年	49	29	20	39	21	27			185
1935年	55	38	21	50	22	12			198
1936年	48	36	30	48	28	20			210
	1937年9月から1941年8月まで四年間休校								
	初級1年	初級2年	初級3年	高級1年	高級2年	高級3年	留日予備1年	留日予備2年	計
1941年	60	34	25	-	-	-			119
1942年	50	47	35	12	-		16		160
1943年	56	51	39	23	9	-	18	13	209

出典：『東亜同文会史　昭和篇』108頁。

　このような生徒の転退学率の高さは、天津・漢口両校だけに特有の現象ではなく、実は他の公私立学校すべてに見られ、それは当時の中国の政治的混乱や社会的不安定、あるいは学生・生徒の政治活動への参加などに起因するものであったが、両校の場合は、五卅惨案、済南惨案、九一八事変、第一次上海事変などにより当時日増しに高まりつつあった排日・反日運動の影響が特に強く出ていた。このほか、両校特有の性格が大きく影響していたことも指摘しなければならない。前節でも見たとおり、両校は不振状況を打開するため、日本留学の予備機関としての性格を強めることで学校の特色を打ち出そうとし、日本語教育に重点を置いた。しかし、そのことが一方で、生徒数の確保に

支障をもたらすという皮肉な結果にもつながっていくからである。中日学院は、東亜同文会本部への報告のなかで、次のように述べていた。

　（学生数が減少する最も重要な原因は一筆者注）当学院ガ日本語ヲ外国語トナセル為メニ学生ガ減少スルコトアルモ之ヲ補充スル途ナキコトナリ。

　支那人又ハ外国人経営ノ何レノ中学ト雖モ英語ノミヲ外国語トセル学校ハ年々歳々補欠（支那語挿班考試）募集ヲナスニ当リ、之ニ応ズルモノ少カラズシテ上級ヨリ下級ニ至ルマデ何レモ相等ノ数ヲ保ツコトヲ得ト雖モ当学院、南満中学堂（奉天）、孔徳学校（北京、仏語ヲ外国語トス）ノ如キハ学生ガ減スレバ減ズルマヽニシテ補充ノ途ナク此点共通ノ弱点ナリ[1]

つまり、中日学院は、日本語教授を特色としているがために、他校からの転入生の受け入れが難しく、欠員者を補充できない。そのため学年が上がり、転校者や退学者が出てきても、それを補充する方途がなく、生徒数は減少の一途をたどることになる、というのである。

　江漢高級中学校も、同じような問題に直面していた。同校の事業報告にある次の一節はこれをよく示している。

　民国諸学校の間に在りて、本校が日本人経営の学校として、その特色を発揮するには、日本語の教授を一層徹底せしめざるべからざるは言を俟たざる処なるべし。然るに民国学生等は中途転退学する者頗る多数に上ぼり、初級中学入学当初にありては在学々生一学級四五十名あるも、初級中学卒業の際には僅かに十名内外に減少するを常とせり。現に本年本校初級中学を卒業せし学生は僅々九名に過

1　「中日学院大正十五年度下半期事業報告」『東亜同文会史　昭和篇』340 頁。

ぎず故に本校に於ては毎学年高級中学第一学年学生を募集せざるべからざる実情なり。然るに民国各中学に於て日本語を外国語として教授しつゝある学校は殆んどなく、又多少日本語を学習せる者無きに非ざるも、その学力は本校初級中学卒業生と非常の懸隔あるを以て、到底同一程度の課程を課する能はざるが故に（高級中学の募集は順調にいかない―筆者注）[1]。

2. 日本留学の状況

では、天津中日学院と江漢高級中学校は、実際にどのぐらいの卒業生を送り出したのか、またその中での留学者の割合はどの程度なのだろうか。中日学院を中心に見ていこう。1939年4月、同校が外務省文化事業部に提出した「中日学院学生異動報告」の中で、以下のような統計が出されている。

表 10-5 中日学院卒業生進路（1921～39年）

入学	学級	入学者	卒業生	留学日本	中国上級学校進学	本学進学	就職	自営	その他
第一回	初中	120	39	9	-	-	17	5	8
	高中	-	-	-	-	-	-	-	-
第二回	初中	84	24	10	-	-	9	1	4
	高中	-	-	-	-	-	-	-	-
第三回	初中	52	17	5	5	-	2	1	4
	高中	14	-	-	-	-	-	-	-
第四回	初中	65	20	10	6	-	2	-	2
	高中	18	-	-	-	-	-	-	-
第五回	初中	43	16	4	3	(5)	2	-	2
	高中	26	5	1	2	-	1	-	1

1 「江漢高級中学校昭和十年度上半期事業報告」『東亜同文会史 昭和篇』504頁。

第六回	初中	46	17	7	-	(9)	1	-	-
	高中	16	10	4	4	-	2	-	-
第七回	初中	51	15	7	2	-	3	1	2
	高中	10	-	-	-	-	-	-	-
第八回	初中	51	17	9	1	(4)	1	1	1
	高中	17	3	1	-	-	1	-	1
第九回	初中	55	15	8	1	(1)	1	-	4
	高中	16	-	-	-	-	-	-	-
第十回	初中	64	15	4	-	(8)	1	-	2
	高中	15	10	6	1	-	3	-	-
第十一回	初中	110	16	1	2	(10)	-	-	3
	高中	14	9	4	2	-	2	-	1
第十二回	初中	51	19	-	2	(13)	-	-	4
	高中	19	17	5	4	-	2	-	6
第十三回	初中	107	47	-	4	20	11	-	12
	高中	40	-	-	-	-	-	-	-
第十四回	初中	115	42	-	5	13	18	-	6
	高中	30	-	-	-	-	-	-	-
第十五回	初中	146	42	-	3	23	8	-	8
	高中	27	-	-	-	-	-	-	-
合計			431 (50)	95	48	57 (50)	100	9	72

出典：「中日学院学生異動状況報告ノ件」『天津中日学院関係雑件』第 2 巻。

注：(1) この表の第一回と第二回に関する統計数字は、『東亜同文会史　明治・大正篇』の数字と違うが、ここで原文のままにした。(2)（）内の数字は初級中学部と高級中学部を共に卒業したものの数字である。

　上表にある通り、1939 年 4 月までの時点で、中日学院では、初級中学部・高級中学部がそれぞれ送り出した卒業生は合わせて 431 名に達したが、初級中学部と高級中学部を共に卒業した 50 名を除くと、中日学院は 1939 年 4 月まで全部で 381 名の卒業生を送り出している。その内、日本留学者は 95 名で、卒業生全体に占める割合は 25％であ

った。

さらに、この95名の日本各地の学校への入学状況を見ると、最も
入学者が多いのは、東京工大・長崎高商・東京高師・一高などの特設
予科を有する各学校であった。そして、これらの学校を卒業した後、
さらに各帝国大学まで進学した者も多かった。そのほか、日本人を対
象とする上海東亜同文書院や満洲医科大学に入学した卒業生も10数
名いた。

表 10-6 中日学院卒業生留日学生入学学校状況（1921 ～ 39 年）

学校名	総数	備考
東北帝国大学	5	東京高師卒業生4名、二高卒業生1名
九州帝国大学	3	長崎高商卒業生2名、一高卒業生1名
京都帝国大学	5	一高卒業生4名、三高卒業生1名
大阪帝国大学	1	一高卒業生1名
東京工業大学	17	
東京商科大学	1	
神戸商科大学	1	長崎高商卒業生1名
満洲医科大学	8	
新潟医科大学	1	
旅順医科大学	2	
東京高等師範	13（4）	卒業後4名とも東北帝大へ
広島高等師範	3	
長崎高等商業	14（3）	卒業後、2名が九州帝大へ、1名が神戸商科大学へ
東亜同文書院	8	
明治専門学校	2	
陸軍士官学校	1	
経理学校	1	
第一高等学校	7（6）	卒業後、4名が京都帝大へ、1名が九州帝大へ、1名が大阪帝大
第二高等学校	2（2）	卒業後、1名が東北帝大へ、1名が新潟医大へ
第三高等学校	1（1）	卒業後、京都帝大へ

学校名	総数	備考
東京鉄道学校	3	
航空学校	1	
警察官講習所	1	
早稲田大学	1	
明治大学	2	
法政大学	1	
其の他	3	
入学準備	3	
合計	95	

出典：「中日学院学生異動状況報告ノ件」『天津中日学院関係雑件』第2巻。

　これらの留学者95名のうち、1939年4月の時点で在学中の36名を除く59名は、すでに就職済みであった。彼らの就職先を見ると、最も多いのは、中国政府機関に就職した者で、18名である。次に日本語教師を含む各教職に就職した者が10名である。その他の人の就職先は、商社や新聞社、医学界などで、その内日本人が中国で設立した官公機関や商社に2名が就職していた[1]。

　江漢高級中学校の場合、1936年6月までに233名の卒業生を送り出したが、その内47名が日本留学に赴いた[2]。卒業生全体に対する日本留学者の割合は20％程度である。

　このように、天津中日学院・江漢高級中学校は留学の派遣数においてかつてのアメリカ留学予備校である清華学校と比べ、小規模にとどまった。両校は終始、普通の中国人のための中学校としての性格を有し、留学生予備教育機関というのはあくまで両校の二次的な役割に過ぎなかったからである。

1　在天津総領事田代重徳より外務大臣有田八郎あて「中日学院学生異動状況報告ノ件」1939年4月15日。『天津中日学院関係雑件』第2巻。

2　「江漢高級中学校昭和十年度上半期事業報告」『東亜同文会史　昭和篇』516頁。

第五節　戦時下における天津中日学院と江漢高級中学校

1. 日本語教授による日本化教育―天津中日学院の場合

　1938年10月の興亜院の設置にともなって、天津中日学院・江漢高級中学校も外務省所管より興亜院の管轄下に置かれることになった。この間、天津中日学院と江漢高級中学校は戦争の嵐の中で揺れながら、日本の対中政策の変化に応える形で教育方針を修正していた。

　前にも触れたが、天津・漢口両校成立後、いわば恒常的に排日・反日運動の嵐に巻き込まれており、休校を余儀なくされる場合も少なくなかった[1]が、1937年日本侵華戦争の勃発は、両校をさらに厳しい状況の下に置くことにになった。まず天津中日学院の場合を見よう。

　1937年の日本侵華戦争の勃発により、天津中日学院は激烈な抗日

1　学校が休校措置を取った事例をまとめて挙げよう。

　　天津中日学院の場合、

　　1928年済南惨案のため、5月中旬より暑中休暇の繰上げ措置を取る。

　　1930年4月、北京大学生らが反蒋デモに90名拘束されることを受け、中日学院学生が全学ストライキに入る。学校側は休校措置を取る。休校は三週間近く続いた。

　　1931年九　八事変の勃発により、10月15日から10月末まで休校。11月8日天津事変により、直ちに休校措置を取る。学校再開したのは1932年8月であった。

　　江漢高級中学校の場合、

　　1927年2月、日英租界に暴動が起き、1月10日から3月14日まで休校。同年、教育権回収運動により、暑中休暇は10月20日まで延長した。

　　1929年漢口で工人対日総罷業が起こる。そのため、冬休みの開始を繰り上げ、期間を延長。

　　1931年9月の九一八事変と1932年1月の第一次上海事変のため、1931年9月から1932年8月まで休校。

運動の標的となった。1938年5月、天津中日学院図書館が放火され、一部が焼失し、8月には入学試験会場で爆破事件が起こり、受験生1名が軽傷を負った[1]。さらに9月の新学期開始早々、抗日殺奸団の名で中国人教職員に辞職を迫る脅迫状が届いたことから、彼らの間に激しい動揺が起こり、学校は「危急存亡、未曽有の難局に逢着」[2]という状態になった。この年の入学志願者はわずか60名であった[3]。

ところが1939年になると、事態は「全く平静に復した」[4]感があった。1940年以降、生徒数は増加している。これは他の欧米系学校や公立学校が日本軍占領下で運営が困難になったこと、また日本軍占領地内で日本人や日本系企業が激増したことなどの影響があると思われる。一方、卒業生に対する日本留学者の割合は減少している。それは交戦国に留学することへのためらいと、この時期、卒業生採用の申し込みが激増したことと関係があるのであろう。各年度の事業報告によると、1936年の高級中学卒業生9名に対して、日本留学者が7名も出たが、1941年・1942年となると、高級中学卒業生はそれぞれ12名と19名であり、日本留学者はそれぞれわずか3名と4名であった[5]。

また戦時中、学校側は、日本語教授の目的を日本留学の予備教育から中国人の日本化教育へと転換させた。1938年以降、日本の対中政策が中日学院の教育方針に色濃く現れてくる。1938年には、近衛首相の東亜新秩序建設声明に呼応して、中日学院は、学校の教育方針を従来の「中国に忠良なる学生を養成すること」から「東洋精神の真髄に則り中華民国子弟の教育をなし、以て新時代に適応する人材を養成

---

1 「中日学院昭和十三年上半期事業報告」『東亜同文会史 昭和篇』411頁。

2 前掲『東亜同文会史 昭和篇』101頁。

3 前掲『東亜同文会史 昭和篇』101頁。

4 「中日学院昭和十三年度下半期事業報告」『東亜同文会史 昭和篇』415頁。

5 「中日学院昭和十一年上半期事業報告」『東亜同文会史 昭和篇』399頁、「中日学院昭和十六年上半期事業報告」『東亜同文会史 昭和篇』431頁、「中日学院昭和十七年上半期事業報告」『東亜同文会史 昭和篇』437頁。

し、東亜永遠の平和に資せんとす」[1]と改めた。

そうした教育方針に基いて、学校側は生徒の訓育にも特に留意し、以下のような要領で生徒の管理と監督を行っていた。

一、日常の工作事項の計画を立てゝ之を実施し、

一、生徒に対して節約励行、時間遵守、奢侈陋習の糾正をなし、勤苦耐労の精神と習慣を養成し、

一、随時随地に「親日」「滅共」には教職員輪番にて滅共の講演をなし、以て東亜及全世界の和平を謀り、

一、随時随地に東亜固有の美徳を提唱し、以て生徒の思想を善導し東亜新秩序建設に努めしむ[2]。

1942年以降になると、この傾向がさらに進み、中日学院は「その任務愈々重大」となったことを「自覚」し、「決戦体制に最も適応すべく教育にも施設にも画期的躍進を志」し、「訓育上教授上一層の強化を図」[3]るという趣旨の下、特に日本語普及の強化に力を注いだ。中日学院の事業報告のなかの次の一節からも、当時の学校側の考え方をよくうかがうことができよう。

本校に於ける日本語教授は本学院使命の第一にして之により日本精神を把握し、大東亜精神を体得せしめ以て大東亜共栄圏建設の中堅分子たらしめんとするにあるを以て担任教員は日本語教授にありてはこの点に特に留意し居れり[4]。

日本語教育をして、華北教学の根本的刷新の中心的教科たらしむべく、単なる思想伝達技術としての日本語にとゞめず、日本思想了

1　「中日学院昭和十三年度上半期事業報告」『東亜同文会史　昭和篇』412頁。

2　「中日学院昭和十五年下半期事業報告」『東亜同文会史　昭和篇』426頁。

3　「中日学院昭和十七年下半期事業報告」『東亜同文会史　昭和篇』438頁。

4　同上。

解のための否、日本思想との共感のための日本語にまで引上げ、共に世紀の聖戦完遂、大東亜共栄圏確立の線に沿つて、真剣なる努力を払いつつあり[1]。

日本語は一外国語であるにとどまらず、日本精神を理解し、大東亜精神を体得するものと看做された。ここでは、日本語は、日本留学の予備科目というよりはむしろ、日本の戦時体制に応じて、中国人を日本化させるための手段として教授されるようなったと言えよう。

2. 留学予備教育の再強化—江漢高級中学校の場合

盧溝橋事変、さらに第二次上海事変の勃発を機に、武漢でも抗日運動が頻発した。1937年8月6日、漢口領事館より在留日本人に引き上げ命令が出たので、江漢高級中学校の日本人教員が全員上海を脱出することになり、学校は休校することとなった。1938年10月、武漢が日本に占領され、1941年9月の新学年より、学校が初級中学部119名で再開された[2]。

再開に向けて、学校は章程を改訂し、下記のような校歌・誓詞を新に制定した。

校歌　①親訓銘心　師教書紳　遜順復篤敬　修己作完人
　　　　　貢献於国家　竭力與致身　貢献於国家　方與致身
　　　　②善隣友好　共存共栄　団結秉至誠　相愛如弟兄
　　　　　樹立我東亜永遠的和平　樹立我東亜永遠的和平
誓詞　①我等必須本善隣友好之精神　向樹立東亜永遠之和平
　　　　②我等必須培養道徳　精研智識　深造技能　努力東亜新文

1　「中日学院昭和十八年度下半期事業報告」『東亜同文会　昭和篇』444頁。
2　「江漢高級中学校昭和十六年度下半期事業報告」『東亜同文会　昭和篇』537頁。

化之建設
③我等必須尊奉師長父母之教訓　貢献於中国之繁栄発展[1]

そこには当時の日本の東亜新秩序建設の原則が如実に反映されていると言えよう。

再開の際に、学校の教育方針が「英才教育主義に基きて教育を施し、大多数の学生をして日本に留学するに足る学力と、強靭なる体躯とを養成する」[2]と改訂された。この新しい教育方針は、日本留学予備校としての性格を強化する方向で、学校再建の姿勢を打ち出したものである。この方針を貫徹するため、学校側は日本留学に必須の学科の教授に重点をおき、特に日本語では、その1週あたりの配当時数を、国民政府教育部公布の中学規程に基づき、5時間として教授したが、それに加えて、補習授業としてさらに毎週3時間を課し、合計8時間を充てた[3]。1942年、江漢高級中学校はさらに日本留学予備校の性格を更に強化すべく、留日予備班の開設に踏み切った。留日予備班を開設するに至った経緯とその趣旨について、学校側は次のように述べている。

新中国の建設に方り、尤も欠乏を告げつゝあるは人材にして、特に日本を正しく認識し、大東亜新秩序建設の意義を理解する人材なり。特に武漢地区にありては、蒋介石政権は当地撤退に際し、周到なる計画準備の下に、各方面の人材殊に日本留学生出身者を悉く奥地に強制移転せしめたるを以て、人材の欠乏は北支或は江浙方面に比し、更に一層甚だしきものあるなり。これを以て、武漢に於ける陸海外三省連絡会議は、人材の育成、特に日本留学生の養成を急務となし、中支に於ける唯一の邦人経営対支教育機関として、多年中国人青少年等を教養し来りたる本校は、日本に留学すべき優秀なる

1　「江漢高級中学校昭和十六年度上半期事業報告」『東亜同文会　昭和篇』533頁。
2　同上。
3　同上。

中国人学生を出来得る限り短期に育成せんことを委嘱し、其の経常
費基金として金五拾万円を寄贈せられたり[1]。

つまり、蒋介石が武漢を撤退する際、各方面の人材を奥地に強制移
転させたので、武漢などの華中地区の人材、とくに「日本を正しく認
識し、大東亜新秩序建設の意義を理解する人材」の欠乏は、華北や江
浙より一層甚だしくなったため、日本留学生の養成が急務であると言
うのである。

1942年9月、留日予備班が発足したが、それに先立って行われた
入学試験では、32名の応募者があり、その中から16名が入学を許可
された[2]。留日予備班は基礎教科のほか、日本語や日本歴史、地理など
の授業を授けて、生徒の日本事情の全般的な習得を目指すものであ
り、以下のような内容をもつものであった。

①宗旨　中華民国教育法令に拠る高級中学の課程を履修させる
　と同時に、留学の際日本では予備教育を受ける必要がなく、
　直ちに大学、専門学校等に入学できるほどの学力を授けるこ
　とを目的とする。
②修業年限　二年半とする。中華民国教育法令に拠る高級中学
　第1学年第2学期、同第2学年上下両学期、同第3学年上下
　両学期の5学期。
③学級編成及学生定員
　第1学年下半期　一学級　学生定員30名
　第2学年　　　　一学級　学生定員30名
　第3学年　　　　一学級　学生定員30名

1　「江漢高級中学校昭和十六年度下半期事業報告」『東亜同文会史　昭和篇』
　544頁。
2　「江漢高級中学校昭和十七年度上半期事業報告」『東亜同文会史　昭和篇』
　548頁。

④ 課程　中華民国中学規程高級中学の課程及びその標準に準拠
し、特に留学に必要な課程の教授に力を注ぐ。
⑤ 入学資格　初級中学を終え、高級第1学年上学期を修了した
者、又は之と同等学力を有する者とする[1]。

　中日学院は、日本語教育を、従来の日本留学予備科目としてではな
く、中国人の日本化の手段と位置づけた。一方、江漢高級中学校は依
然として留日予備班の開設による留学予備教育の強化に力を注いだ。
戦時中、両校はやや異なった動きを示しているが、日本の戦時体制と
対中政策に対応するという点では同様であった。「東方文化事業」が、
外務省文化事業部から興亜省に移管され、これにより「東方文化事
業」が完全に日本の対中軍事侵略政策の一環に組み込まれていったと
指摘されている[2]が、この「東方文化事業」の動きと呼応するように、
天津中日学院と江漢高級中学校の中国人教育も、この時期完全に日本
の「大東亜新秩序」の建設のための人材養成に役立つよう期待される
のである。

　以上、東亜同文会が中国国内で経営した、中国人を対象とする天津
中日学院及び江漢高級中学校を取り上げ、それを「東方文化事業」の
下における日本留学予備教育機関としての角度から、その教育実態と
役割を分析してきた。これら両校は、中国国内における日本留学予備
教育機関の創設が期待される中で設立された。その運営にあたって
は、中国のナショナリズムを背景とする教育権回収運動の昂揚や日中
関係の緊張化などに直面しながら、度重なる改組と改革を行った。そ
うした中で、両校は日本留学予備校としての機能を終始発揮して、多
くの日本留学者を送り出したのである。しかし、両校は最終的には中
国の普通中学校としての枠内にとどまった。そのため、派遣留学生数

1　「江漢高級中学校昭和十六年度下半期事業報告」『東亜同文会史　昭和篇』
　544頁。
2　前掲『「対支文化事業」の研究―戦前期日中教育文化交流の展開と挫折』920頁。

は極めて限られ、アメリカの留学生予備教育機関である清華学校ほど
には、その留学生予備教育機関としての機能を十分に発揮できなかっ
たのである。

　戦時中では、中日学院が日本語教授による中国人の日本化に重点を
置いているのに対して、江漢高級中学校は日本留学予備校としての性
格をさらに強化することに努めた。このように両校はそれぞれやや異
なった動きを示しているにもかかわらず、ともに日本の戦時体制の下
に整備され、教育の面から日本の対中侵略に呼応していた点では共通
していたと言える。中国に対する日本の軍事侵略の下では、教育事業
としての留日予備教育も結局自律的に展開されることはなく、政治や
国際関係に影響され、制約され、しかもそれに「奉仕」していったの
である。

　東亜同文会や日本政府などは、多くの「親日」人材を養うため、中
国国内における日本留学の予備教育機関の整備に努めていたが、日本
国内における受け入れ機関はあくまで独自の教育方針を堅持してい
た。天津中日学院・江漢高級中学校の派遣留学生の中では、いずれ
も「東方文化事業」の下で整備された各特設予科設置校に入学した卒
業生が最も多く、両校が特設予科生徒の持続的な供給源の一つとして
の役割を果したと言える。しかし、特設予科のほうでは、留学生を自
ら選抜する方針が終始堅持され、中国国内における特設予科の留学生
選定代理機関たらんとする両校の要望をそのまま受け入れることはな
かった。同じく「東方文化事業」下の留学生の教育機関でありながら
も、両者の協力関係は十分とは言えないものがあった。

　以上、本章は天津中日学院・江漢高級中学校の成立・発展・改革の
過程及びその実態や役割を分析してきた。但し、その際、そこで働い
た中国人教師や教育の対象である生徒の学習や思想状況などについ
ての解明は不充分なまま残されている。江漢高級中学校で 1926 ～ 36
年 3 月まで 10 年間にわたり校長を務めた陳英才は、回想の中で、自
分が、留学を餌に日本に従順な、日本帝国主義に忠誠な人材を養成す
るという中国人学生の日本への公費留学の持つ文化侵略の実質を知ら

ず、帝国主義植民政策を知らず、傀儡となっていた10年を回憶し、
思い出すと慚愧に堪えないと複雑な心境を述べていた[1]。両校で働い
た、また学んだ中国人の記録には未見のものが少なくないであろう。
それは、他の外国人経営学校の多くが新中国成立後、国公立学校の一
部に改編されたのと異なって、両校は日本の敗戦により、関係人員が
日本に引揚げ、図書資料も散逸し、学校自体が完全に消滅したことと
関係している。資料の更なる発掘にともなうこれらの問題の解明が不
可欠である。

1　陳英才「我在江漢中学十年的経過」『湖北文史資料』1992年第3輯、
　　193〜194頁。津久井弘光「漢口同文書院（江漢高級中学校）について―斉
　　藤重保の報告書を中心に―」『近きに在りて―近現代中国をめぐる討論のひ
　　ろば』第46号、2004年12月、68頁。

終　章　結論と本書の意義

第一節　結論と課題

　本書は近代日本の中国人留学生予備教育の成立・整備・発展の過程
を考察し、教育現場における留学生教育の実態を一高特設予科の場合
を手がかりに解明し、留学生予備教育が近代の留学生教育において果
たした役割とその問題点を明らかにしようと試みたものである。終章
において、本書で明らかにし得たことをまとめ、残された課題を示し
たい。

1.　留学生予備教育の役割と問題点

　本書は特設予科制度の成立と展開の過程を明らかにした。特設予科
制度は「五校特約」の締結とともに成立した。1905 ～ 06 年頃をピー
クとした中国人日本留学の全盛期には、留学生教育は私立の留学生特
設教育機関が行った速成教育と普通科教育を中心としていたが、1907
年にいたり、清朝政府はより多くの留学生を高等専門学校などの日本
の高等教育機関で日本人学生と同様に高等教育を受けさせるため、文
部省との間で「五校特約」を結んだ。それにともなって、一高、東京

高工、山口高商などの特約実施校にそれぞれ本科に入るための準備教育機関としての特設予科が設置されることとなった。これらの高等専門学校に専ら中国人留学生のための特設予科が設置され、そこを修了した留学生が無試験で本科に配分されることによって、中国人留学生は日本の高等専門学校に入学し、日本人学生と共学することが保障されるようになった。大正期に入り、特設予科制度は日本の国家レベルの対外文化事業である「東方文化事業」によって再整備された。「東方文化事業」は、日本政府が中国人の反日感情を緩和するため、アメリカが義和団事件賠償金を中国人留学生教育事業に利用することによって中国におけるアメリカの勢力を増大させることに成功したのに倣い中国に対して展開した、医療・衛生・教育及び学術研究などの文化事業である。特設予科の拡充と改善を含む留学生の予備教育態勢の整備も「東方文化事業」の重要な一環として進められていた。その結果、「五校特約」以来続けられて来た一高及び東京高工の特設予科以外にも、新たに東京高師、広島高師、奈良女高師、明治専門、長崎高商にも特設予科が設置された。

　20年代末期に至り、中国の六・三・三制の定着と新たな「留学生規程」の発布の影響により、中国人留学生の学歴が大きく変わり、高等専門学校を目指す留学生は減少する一方、大学教育を志す留学生が多くなった。こうした状勢のもと、中国側は日本に対して大学の門戸を開放すると同時に、従来の高等専門学校入学のための特設予科を廃止し、大学直結の予備教育機関を創設するよう求めた。日本側は中国人留学生の需要に応えるため、1932年一高特設予科を廃止し、新たに高等学校高等科にあたる留学生のための特設高等科を設置した。一方、東京高工の特設予科も同校が東京工大に昇格したのに伴って、高等学校高等科理科にあたる附属予備部に改編された。一高特設高等科の卒業生は日本全国の帝大・官公立大学に入る資格を持っているのに対して、東京工大附属予備部の卒業生は専ら東京工大に進学するための予備教育機関であった。両者の創設は留学生のための大学直結の予

備教育機関の成立を意味した。

　一高と東京工大の特設予科は自ら高等専門学校のための予備教育機関から大学のための予備教育機関へ改編することによって留学生の学歴変化に対応したが、ほかの各高等専門学校の特設予科は留学生の学歴の変化に対応できずに、不振のまま続いていき、その後の役割はほとんど果たせなかったと言えよう。

　上述の特設予科のほか、本書は留学生のために特設された私立の予備教育機関である東亜高等予備学校及び東亜同文会が中国国内に設置した留日予備校が行っていた留学生予備教育についても、特設予科との関わりを軸に考察した。

　日本留学全盛時代では、私立の留学生教育機関の留学生教育は速成教育と普通科教育を中心としており、そのいずれも完成教育であり、予備教育ではなかった。明治末年以降速成教育や普通科教育ではなく、高等教育を目指す留学生が増えるにつれて、上級学校進学のための予備教育が必要となった。東亜高等予備学校はこうした需要の下で1914年に松本亀次郎によって創設された私立留学生教育機関であった。「東方文化事業」発足後、東亜高等予備学校は同事業の補助団体である日華学会に合併され、同事業の傘下に組み込まれるようになった。その後、東亜高等予備学校は最も大きな留学生受け入れ校として多くの中国人留学生のために日本語教授を中心とする予備教育を行っていた。本文で明らかになったように、当時留日学生の半分以上が東亜高等予備学校の出身者であった。しかし、同時に、東亜高等予備学校の教育実態から見て、必ずしも期待通りに展開されなかったことが本書の考察で明らかになった。というのは、東亜高等予備学校の留学生予備教育は予科と本科の二段階に分けられていたが、実際、本科は、ほとんどその機能を果たすことができず、予科だけが留学生教育を行うという形となっていた。外務省文化事業部としては、東亜高等予備学校と各特設予科が設置された文部省直轄高等専門学校との接続関係を構築しようとしたが、各高等専門学校は特設予科を固持する態

度を取り、東亜高等予備学校との接続を拒絶した。

　一方、東亜同文会が中国に創設した天津・漢口両同文書院は中国人を対象とする中学校であると同時に、中国国内の留日予備校としての役割をも果した。「東方文化事業」発足後、東亜同文会が同事業の補助対象となるにともない、これら両校も同事業の下に組み込まれた。さらに、1926年、天津・漢口両同文書院は中国国内の教育権回収運動の中で組織変更を経て、それぞれ天津中日学院と江漢高級中学校とに改称され、名義上、日中共同運営となった。組織変更後、天津中日学院と江漢高級中学校は校費留学制度を打ちだし、卒業生の日本留学、とくに特設予科入学を奨励していた。そのため、日本留学に赴いた両校の卒業生の中で、その留学先を特設予科に選択した人が最も多かった。しかし、留学生予備教育機関というのは終始両校の二次的な役割であり、両校の留学生派遣数は小規模にとどまった。

　また、本書で取扱った留学生予備教育機関は「東方文化事業」によって整備された教育機関として、それが持っていた中国人留学生の管理・監督機関としての側面と役割を看過してはいけない。「東方文化事業」が留学生のための予備教育機関を整備し、優秀な中国人留学生を招致する目的は、中国内での日本の影響力を強め、「日中親善」の人的基礎を養成することにあったことは言うまでもない。大きく見て、留学生予備教育機関には日本の利害関係が貫徹されるところとして期待されていた。

　特設予科が「東方文化事業」に組み込まれたことによって、特設予科で勉強している留学生への監督管理も「東方文化事業」体制の下に整備され、留学生の学習状況から、生活状況、さらに思想状況まですべてが「東方文化事業」の実施機関である外務省文化事業部に細かくかつ厳しく管理されていた。偽満洲国の成立にともなって、中国人留学生の国籍は偽満洲国と中華民国に分けられたが、偽満洲国と日本との特殊な関係により、偽満洲国の留学生が特設予科学生全体を占める割合は年毎に増え、専ら偽満洲国留学生を収容する山口高商特設予科

も作られた。とくに戦時期に入ると、特設予科で勉強している留学生に対する訓育工作は一層強化された。留学生の訓育に関しては、特設予科は国の対華方針と呼応する形で行動したと言える。

　また、東亜高等予備学校と天津中日学院、江漢高級中学校も、いずれも私立の教育機関でありながらも、「東方文化事業」に組み込まれ、その枠組みの中で対中国人教育を行った。戦時中、東亜高等予備学校は中国人留学生を数多く受け入れ、しかも彼らに対する訓育工作を強化していった。また中国内の予備教育機関として、天津中日学院が日本語教授による中国人の日本化に重点を置いた教育活動を行ったのに対して、江漢高級中学校は日本留学予備校としての性格をさらに強化したが、両校とも日本の対中侵略に呼応するような形で中国人教育を行うという点では共通していた。

2. 留学生を日本人並みに取扱う教育方針

　本書は、また日本人学生のための高等教育機関がいかに中国人留学生を教育していたのかについて、一高特設予科留学生のカリキュラムや成績、進級状況などを分析することによって解明することに努めた。「五校特約」期の特設予科から「東方文化事業」下の特設予科へ、制度的に変遷したが、一高やほかの高等学校は留学生に対して終始日本人学生と同様な学力を求め、同様な取扱い方で対応した。そのため、一高特設予科出身の留学生の中で、落第者や中退者が数多く存在した。1932年、一高特設予科が特設高等科に改編され、留学生は日本人学生と分離して、独立したクラスで授業を受けるようになった後でも、特設高等科の教育内容は、カリキュラムから教師陣、教科書まで日本人学生とほぼ同様であった。一高の留学生に対して日本人と同様な学力を求める方針に変更はなかった。留学生に対して日本人並みの高いレベルの教育を施すことは評価すべきであるが、留学生であるがゆえに生じた言語上の差異や不便などに柔軟に対応するという姿勢

は欠けていたと言わざるを得ない。

　また、本書は日本人学生を教育現場のもう一つの重要な要素として取扱い、彼らの留学生に対する考え方を考察した。特設予科から特設高等科への改編が中国人留学生と日本人学生との授業分離をもたらし、両国学生間の接触の機会を削ることになったため、この留学生予備教育の改革は一高学生の中で大きな波紋を引き起こした。一高生は一般的に留学生を同化させることを主張していた。留学生は外国人としての言語上や生活習慣上の特殊性をまったく考慮されずに、日本人並みに取扱われていた。

3. 留学生受け入れにおける国と教育現場のずれ

　特設予科は留学生の監督・管理において国の指針に従っていたが、留学生の学科教育そのものにおいては、かならずしもそうではなく、その留学生取扱い方針は国の留学生誘致政策と矛盾していたところも少なくなかった。例えば、一高特設予科の入学試験において厳選方針が貫かれていた結果、入学者数が定員を大きく下回る状態が続いていた。留学生教育においても、一高特設予科は学力至上の原則と日本人並みに取扱う方針を貫徹し、結果的には留学生数の減少をもたらした。また、帝国大学、とくに東京帝大は自国学生の教育需要を優先させる原則を堅持して、留学生を日本人学生との自由競争に参加させるという態度を取り、終始留学生の入学に対して消極的な態度をとっていた。そのため、大学入学難の問題がしばしば出現した。つまり、一高特設予科や特設高等科は留学生が日本の学歴エリートコースに入るための「入口」としての役割を果たしたが、その「出口」は留学生の学力や日本の教育事情の変化により変化し、常に用意されている訳ではなかった。

　また、特設予科設置校と東亜高等予備学校、特設予科設置校と天津・漢口両校の協力関係が終始築かれることがなかったのも、特設予

科が自身の学力至上の原則と日本人並みに留学生を取扱う方針を固持し、国の留学生誘致政策に妥協しなかった結果であろう。

　国として、優秀な中国人留学生を数多く日本に招致するため、留学生予備教育の態勢を「東方文化事業」の一環として整備したが、教育現場では、必ずしも国の政策と歩調を一つにしているとは限らなかったと言えよう。

　当時の外交政策の一部としての留学生受け入れ政策に同調せずに、教育の自律性や独自性を保とうという教育現場の姿勢を評価すべきであるが、教育効果という角度から客観的に言えば、留学生受け入れ政策における国と教育現場のずれは結果的には留学生教育の効果を大きく制限したと言えよう。

4. 国家関係を超えた人間のネットワーク

　本書が取扱った時期は歴史上日中関係が最も悪かった時期であろう。日中関係がますます悪化していく中、一高では、留学生と日本人学生との関係が微妙に変化しつつあったところもあろうが、しかし、そうした両国の政治関係を超えた友情が留学生と日本人学生の間で生まれた事例が少なくなかった。

　日本人学生は一般的に留学生を同化させることを主張していた。しかし、それは一般的に異質的なものに対して排斥的であるというエリート校としての一高の思想伝統によるものであり、当時両国間の政治的・外交的な観点からのものではなかったと思われる。

　とくに戦時期に入り、留学生を取り巻く環境がいっそう厳しくなったが、俗世と一線を画く一高の自治の世界で、留学生は一部の日本人師友と両国の利害関係を越えた信頼関係を築いた。留学生らは帰国後、とくに文化大革命の中で戦時中の日本留学経験者として迫害を受けたが、その後、それぞれ活躍の機会を得て、とくに日中友好交流の

分野でその貢献するところは大であった。日中関係が最も険悪だった時期にも拘わらず、かつて一高に学び日本人学生との間に築いた美しい友情と信頼関係こそが、元留学生をして日中友好事業に取り組む原動力になったと言えよう。

　本書は、依然として多くの検討すべき課題が残されている。その主要なものを挙げると、次のようなものがある。

　①本書は特設予科を中心に論を展開したため、東亜高等予備学校や東亜同文系学校における留学生教育の実態についての解明を十分行うことができなかった。今後の課題である。

　②本書では日本に所蔵されている資料を中心に取扱った。今後、中国における関係史料の発掘と解明により、当時、日本が展開した留学生予備教育をめぐる中国側の評価などを詳細に考察することが不可欠である。

　③各予備教育機関で勉学している留学生の生活、思想状況及び一般社会との関わりなどをさらに解明する必要がある。

第二節　本書の現実的意義

　歴史研究は今日の諸問題を解決するためのものであることは言うまでもない。大学の国際化や教育における国際交流の発展にともなって、今後来日する中国人留学生はさらに増えていくと思われる。本書は、今後の留学生教育においていくつかの課題を検討するための分析視点の示唆を試みた。

　①今日において日本と中国における教育の普及程度の格差や、中国における基礎教育の不足などの問題は既になくなったと言えるが、日本語の中国における普及度は依然として高くない。また、留学前の学習歴とまったく無関係な大学院・学部への入学や編入を希望する留学生が少なくない。さらに、留学生教育の目的を果すため、留学生をた

だちに日本人学生と共学させ、同様に教科の教育をすればよいという
訳にはいかず、外国人であるがゆえに発生する、学習上におけるさま
ざまな問題を克服しておかなければならない。その意味で、留学生の
ための予備教育の必要性は依然として高いものがある。予備教育はど
こで、いかに、何を行うべきか、これらはいずれも留学生教育におけ
る重要な課題である。

　②留学生教育において、留学生を特別に取扱うのか、日本人並みに
取扱うのか、それは極めて重要な問題である。日本人学生とまったく
区別せず留学生を扱うことには多くの困難がある。言語の問題、文化
的適応の困難、帰国後のことへの見通しと配慮の必要、教育・研究及
び生活の両面で「特別の配慮」を必要とするのが留学生である。しか
し、これらの配慮は極端の場合、差別と紙一重である。しかし、逆
に、日本人並みに取扱うのは、異文化理解を促進することやカルチャ
ーショックを事前に避けることを名目として、実際には一方的な同化
主義を働きかけてしまうことになることもあるであろう。日本人学生
と同じ教室で勉強する留学生をいかに取扱うのか、それはきわめて重
要な課題であり、今後十分な議論を重ねることが必要である。

　③現在においても、日本と中国は政治外交的問題で両国関係ないし
両国国民感情にはたびたび摩擦や問題が生じている。しかし、それに
もかかわらず、留学生を送り出しつづけ、受け入れつづけることは間
違いないであろう。国家と国家、あるいは政府と政府の関係は変わり
やすいが、青春時代に信頼と友情で築かれた人間のネットワークは揺
るがないものがある。留学生教育を通じて、人間のネットワークを築
くことは重要であり、大事にしけなければならないのである。

参考文献

資料

1. 外交史料館所蔵史料

『在本邦留学生予備教育関係雑件　特設予科関係』5 巻

『在本邦留学生関係雑件』12 巻

『在本邦一般留学生補給実施関係雑件』3 巻

『在本邦留学生ニ対スル諸補給関係雑件　訓育費関係』1 巻

『諸調査委嘱関係雑件』5 巻

『参考資料関係雑件　学校及び学生関係』8 巻

『在本邦中国留学生関係雑件』1 巻

『漢口江漢中学校関係雑件』1 巻

『天津中日学院関係雑件』2 巻

『東亜同文書院関係雑件』5 巻

『東亜同文会関係雑件』9 巻

『東亜学校関係雑件』2 巻

『日華学会関係雑件』1 巻

『在本邦清国留学生関係雑纂　陸海軍外ノ部』1 巻

『在本邦清国留学生関係雑纂　雑ノ部』4 巻

『各国へ派遣ノ清国留学生関係雑纂』1 巻

『外国ニ於ケル支那留学生調査関係雑件』1 巻

『欧米諸国ニ於ケル支那留学生ノ状況調査ニ関スル件』1 巻

『民国政府ノ外国留学生ニ対スル諸調査関係雑件』1 巻

『東方文化事業調査会関係雑件』2 巻

『日支共同委員会関係一件　汪 - 出淵協定』1 巻

『東方文化事業調査会配布資料関係雑集』2 巻

『東方文化事業関係雑件』5 巻

2. 駒場博物館所蔵―高関係史料

『外国人入学関係書類』（1903 年～ 1912 年）

『支那留学生入学試験書類』（1908 年～ 1915 年）

『特設高等科退学願・死亡届綴』（1933 年～ 1945 年）

『留学生書類』（1927 年～ 1931 年）

『外国人教師・外国人入学』（1892 年～ 1902 年）

3． その他の未公刊史料

『認定指定雑載』(国立公文書館所蔵)

外務省文化事業部「支那留学生学業優良者入学前ノ経歴調査書」『支那留学生ニ
　　関スル書類』（京都大学文書館所蔵）

『昭和九年　文部往復』（東京大学史料室所蔵）

『中国留日学生監督処文献』（早稲田大学中央図書館所蔵）

4. 新聞・定期印刷物

『日華学報』日華学会、1 号～ 95 号、1927 年 8 月～ 1945 年 10 月

『文部省年報』1923 ～ 45 年

『官報』清国遊学日本学生監督処、1908 年 1 月～ 1911 年 2 月

『向陵時報』第一高等学校寄宿寮、1922 ～ 49 年

『校友会雑誌』第一高等学校校友会　1890 年 11 月～ 1944 年 6 月

『嚶鳴』北京一高会、2006 年 1 月合訂本

『帝国大学新聞』1911 ～ 45 年

『京都帝国大学新聞』1912 ～ 45 年

『東京朝日新聞』

『読売新聞』

『外交時報』

『教育雑誌』第 1 巻～第 33 巻、商務印書館、1909 ～ 48 年

5. 学校史・会史

『向陵誌　第一巻・第二巻』一高同窓会、1984 年 12 月

『向陵誌　駒場篇』一高同窓会、1984 年 12 月

『第一高等学校六十年史』第一高等学校、1939 年 3 月

『第一高等学校同窓生名簿』一高同窓会、2001 年 9 月

東京大学百年史編集委員会『東京大学百年史　通史二』1985 年

京都大学百年史編集委員会『京都大学百年史』1997 年〜 2000 年

『山口高等商業学校沿革史』山口高等商業学校、1940 年 2 月

『奈良女子大学六十年史』奈良女子大学、1970 年 3 月

『奈良女子大学八十年史』奈良女子大学、1989 年 3 月

『広島大学二十五年史　包括校史』広島大学、1977 年 1 月

『創立六十年』東京文理科大学・東京高等師範学校、1931 年 10 月

『東京工業大学六十年史』東京工業大学、1940 年 11 月

『東京工業大学百年史　通史』東京工業大学、1985 年 5 月

『東京工業大学九十年史』財界評論新社、1975 年 5 月

『私立明治専門学校史』明治専門学校、1922 年 6 月

『長崎高等商業学校三十年史』長崎高等商業学校、1935 年 10 月

『日華学会二十年史』日華学会、1939 年 5 月

『東亜同文会史　昭和編』霞山会、2003 年 8 月

『東亜同文会史　明治・大正編』霞山会、1988 年 2 月

清華大学校史編写組『清華大学校史稿』1981 年

陳明章編『国立清華大学』台北南京出版有限公社、1981 年

野上暁一『九州工業大学へ明治専門学校 40 年の軌跡』明専史刊行会、1994 年 5 月

『東京帝国大学一覧』東京帝国大学

『京都帝国大学一覧』京都帝国大学

『九州帝国大学一覧』九州帝国大学

『第一高等学校一覧』第一高等学校

6. 伝記・回想・書簡・文集

『柏影回顧』（1919 年一高卒業生記念文集）1941 年 8 月

『再び語ることやある』(1935 年一高卒業生記念文集)1985 年 1 月

『惜春賦　卒業五十年』(1936 年一高卒業生記念文集)1988 年 4 月

『本郷から駒場へ』(1937 年―高卒業生記念文集)1987 年 5 月

『新墾』(1938 年―高卒業生記念文集)1992 年 4 月

『彌生道』(1940 年―高卒業生記念文集)1990 年 4 月

『嚶鳴』(1941 年―高卒業生記念文集)1992 年 4 月

『若駒のいななく丘』(1942 年―高卒業生記念文集)1992 年 12 月

『風荒ぶ曠野の中に』(1943 年―高卒業生記念文集)1995 年 9 月

『運るもの星とは呼びて』(1945 年―高卒業生記念文集)1991 年 10 月

『ひたぶるに求めてしもの』(1949 年―高卒業生記念文集)1995 年 1 月

『向陵』一高同窓会、1972 〜 2004 年

郭沫若『沫若自伝　革命春秋』上海文芸出版社，1952 年 6 月．

武継平『異文化のなかの郭沫若』九州大学出版会，2002 年 12 月．

郁達夫著・呉秀明編『郁達夫全集第四巻　遊記・自伝』『郁達夫全集第五巻　日記』
　　浙江大学出版社，2007 年 11 月．

郭沫若著・大高順雄・武継平等訳『桜花書簡―中国人留学生が見た大正時代』東
　　京図書出版会，2005 年 6 月．

周恩来著・鈴木博訳『十九歳の東京日記』小学館文庫，1999 年 10 月．

龔徳柏『龔徳柏回憶録』龍文出版社，1990 年 8 月．

陳公博・周佛海『陳公博周佛海回憶録合編』春秋出版社，1967 年 4 月．

張資平『張資平自伝』江蘇文芸出版社，1998 年 9 月．

松枝茂夫『中国現代文学選集 5　郭沫若・郁達夫』平凡社，1962 年 12 月．

泉敬史・謝志宇訳『あのころの日本―若き日の留学を語る』日本僑報社，2003 年
　　1 月．

人民中国雑誌社編『わが青春の日本―中国知識人の日本回想』東方書店，1982 年
　　9 月．

7. 資料集・名鑑・年鑑

安部磯雄編『帝国議会・教育議事総覧　第四十議会より第四十八議会まで』厚生
　　閣，1933 年 2 月．

興亜院『日本留学中華民国人名調』，1940 年 10 月．

興亜院『日本留学支那要人録』，1942 年 3 月．

外務省亜細亜局『義和団事変賠償金還付問題』，刊行年不明．

外務省『対支文化事業ノ概要』，1927 年，阿部洋・佐藤尚子等編『中国近現代教
　　育文献資料集 2』日本図書センター，2005 年 1 月．

日華学会『日華学会二十年史』，1939 年 5 月，阿部洋・佐藤尚子等編『中国近現代教育文献資料集 2』日本図書センター，2005 年 1 月．

外務省文化事業部『文化事業部事業概要』，1931 年，阿部洋・佐藤尚子等編『中国近現代教育文献資料集 2』日本図書センター、2005 年 1 月．

拓殖局『北清ニ於ケル諸外国ノ教育上ノ効果ニ関スル調査』，1911 年 6 月，阿部洋・佐藤尚子等編『中国近現代教育文献資料集 2』日本図書センター，2005 年 1 月．

外務省『支那人本邦留学状況改善案』1918 年 6 月、阿部洋・佐藤尚子等編『中国近現代教育文献資料集 2』日本図書センター、2005 年 1 月．

外務省『在本邦支那留学生養成待遇法改善案』，1920 年 1 月，阿部洋・佐藤尚子等編『中国近現代教育文献資料集 2』日本図書センター，2005 年 1 月．

近代アジア教育史研究会編『近代日本のアジア教育認識－明治後期教育雑誌所収中国・韓国・台湾関係記事 -』（中国の部）龍渓書舎，2002 年 7 月．

舒新城『近代中国教育史料　第一冊』中華書局，1928 年 3 月．

『民国史料叢刊　中国教育年鑑』第 3 冊、伝記文学出版社，1971 年 10 月．

研究文献

1. 著書

松本亀次郎『中華留学生教育小史』，1931 年．

実藤恵秀『中国人日本留学史稿』日華学会，1939 年 3 月．

同上『中国人日本留学史』くろしお出版，1960 年 3 月．

同上『中国人日本留学史』（増補版）くろしお出版，1970 年 10 月．

同上『日中非友好の歴史』朝日新聞社，1973 年 1 月．

同上『中国留学生史談』第一書房，1981 年 5 月．

阿部洋『中国の近代教育と明治日本』福村出版，1990 年 8 月．

同上『「対支文化事業」の研究：戦前期日中教育文化交流の展開と挫折』汲古書院，2004 年 1 月．

舒新城『近代中国留学史』中華書局，1927 年 9 月．

大里浩秋・孫安石『中国人日本留学史研究の現段階』東京御茶の水書房，2002 年 5 月．

同上『留学生派遣から見た近代日中関係史』東京御茶の水書房，2009 年 2 月．

厳安生『日本留学精神史－近代中国知識人の軌跡－』岩波書店，1991 年 12 月.

同上『陶晶孫　もう一つの中国人留学精神史』岩波書店，2009 年 3 月.

黄福慶『清末留日学生』中央研究院近代史研究所，1975 年 7 月.

同上『近代日本在華文化及社会事業之研究』中央研究院近代史研究所，1982 年 11 月.

陳学恂・田正平『留学教育』上海教育出版社，1991 年 7 月.

劉真主『留学教育』国立編訳館，1980 年.

田正平『留学生与中国教育近代化』広東教育出版社，1996 年 11 月.

王奇生『留学与救国　抗戦時期海外学人群像』広西師範大学出版社，1995 年 12 月.

謝廷秀『満州国学生日本留学拾周年史』満州国大使館内学生会中央事務所，1942 年.

謝長法『中国留学教育史』山西教育出版社，2006 年 7 月.

沈殿成『中国人日本留学百年史』遼寧教育出版社，1997 年.

李喜所『中国留学史論稿』中華書局，2007 年 4 月.

同上『近代留学生与中外文化』天津教育出版社，2006 年 1 月.

周一川『中国人女性の日本留学史研究』株式会社国書刊行会，2000 年 2 月.

山根幸夫『近代日中関係史研究入門』研文出版，1992 年.

同上『東方文化事業の歴史―昭和前期における日中文化交流』汲古書院，2005 年 1 月.

熊本史雄『大戦間期の対中国文化外交―外務省記録にみる政策決定過程』吉川弘文館，2013 年 2 月.

酒井順一郎『清国人日本留学生の言語文化接触―相互誤解の日中教育文化交流』ひつじ書房，2010 年 3 月.

王樹槐『庚子賠款』中央研究院近代史研究所，1974 年 3 月.

霞山会『東亜同文会史論考』霞山会出版，1998 年 6 月.

衛道治編『中外教育交流史』湖南教育出版社，1999 年 7 月.

丁暁禾『中国百年留学全記録』珠海出版社，1998 年 1 月.

平野日出雄『日中教育のかけ橋―松本亀次郎伝』静岡教育出版社，1982 年 4 月.

任達著・李仲賢訳『新政革命与日本 中国 1898-1912』江蘇鳳凰出版社，2006 年 9 月.

小野信爾『五四運動在日本』汲古書院，2003 年 2 月.

王嵐『戦前日本の高等商業学校における中国人留学生に関する研究』学文社，

2004 年 2 月.

河路由佳・淵野雄二郎・野本京子『戦時体制下の農業教育と中国人留学生』農林
　　統計協会，2003 年 12 月.

劉傑・川島真編『1945 年の歴史認識－〈終戦〉をめぐる日中対話の試み』東京大
　　学出版会，2009 年 3 月.

稲垣真美『旧制一高の非戦の歌・反戦譜』昭和出版，1994 年 3 月.

週刊朝日編『青春風土記　旧制高校物語』朝日新聞社，1979 年 2 月.

折田悦郎『九州帝国大学における留学生に関する基礎的研究』九州大学史料室，
　　2004 年 3 月.

竹内洋『学歴貴族の栄光と挫折』中央公論新社，1999 年 4 月.

高橋佐門『旧制高等学校の教育と学生』国書刊行会，1992 年 9 月.

同上『旧制高等学校全史』時潮社，1986 年 9 月.

江淵一公『大学国際化の研究』玉川大学出版部，1997 年 8 月.

旧制高等学校資料保存会『旧制高等学校史研究』，1974 年～ 1978 年.

2.　論文

二見剛史「戦前日本における中国人留学生予備教育の成立と展開」『国立教育
　　研究所紀要 94 集　アジアにおける教育交流－アジア人日本留学の歴史と現
　　状』，1978 年 3 月.

同上「戦前日本における中国人留学生の教育－特設予科制度の成立と改編－」『日
　　本大学精神文化研究所教育制度研究所紀要』第 7 集，1976 年 3 月.

同上「第一高等学校における中国人留学生教育」『国立教育研究所紀要』第 95 集，
　　1978 年 3 月.

同上「戦前日本における中国人留学生教育－東亜高等予備学校を中心として－」
　　阿部洋編『日中関係と文化摩擦』厳南堂書店，1982 年 1 月.

同上「東亜学校と松本亀次郎－戦時下の動向を中心として」国立教育研究所紀要、
　　第 121 集、1992 年 3 月、『論文集成　中国人留学生教育と松本亀次郎』，1994
　　年 10 月.

二見剛史・佐藤尚子「中国人日本留学史関係統計」『国立教育研究所紀要第 94 集
　　アジアにおける教育交流－アジア人日本留学の歴史と現状』，1978 年 3 月.

嶋津拓「戦前戦中期における文部省直轄学校「特設予科」の留学生教育について：
　　長崎高等商業学校の場合」『長崎大学留学生センター紀要』15，2007 年 6 月
　　30 日.

同上「戦前戦中期における文部省直轄学校の「特設予科」制度について：長崎高
　等商業学校を事例として」『長崎大学留学生センター紀要』15，2007 年 6 月
　30 日.

蔭山雅博「宏文学院における中国人留学生教育－清末期留日教育の一端－」『教
　育史学会紀要　日本の教育史学』第 23 集，1980 年 10 月.

同上「宏文学院における中国人留学生教育の展開－清末期留日教育の一端
　（二）－」『教育の中の民族—日本と中国』明石書店，1988 年 4 月.

同上「明治後期教育雑誌所収中国教育文化関係記事の資料価値について—中国人
　留学生関係記事を手がかりとして—」『アジア教育史研究』第 10 号，2001 年
　3 月.

川島真「日本と台湾における清末民初留日学生関係史料－中国留日学生監督処文
　献・外務部档案・教育部档案」『中国研究月報』，1994 年 7 月号.

同上「日本占領期華北における留日学生をめぐる動向」『中国研究月報』，2007 年
　8 月号.

阿部洋「東亜同文会の中国人教育事業—1920 年代前半期における中国ナショナリ
　ズムとの対応をめぐって—」阿部洋編『日中関係と文化摩擦』巌南堂書店，
　1982 年 1 月.

同上「東亜同文会の中国人教育事業—1920 年代後半期、国民政府の教育権回収
　政策とノ対応をめぐって」阿部洋編『日中教育文化交流と摩擦』第一書房，
　1983 年 11 月.

同上「中国近代における海外留学の展開—日本留学とアメリカ留学」『国立教育
　研究所紀要　アジアにおける教育交流—アジア人日本留学の歴史と現状』第
　94 集，1988 年 3 月.

張金塗「戦前の日本における中国人留学生に対する日本語教育の歴史的研究－日
　本留学の理由と目的について」中国四国教育学会『教育学研究紀要』第 2 部
　40 号，1995 年 3 月.

同上「戦前の日本における中国人留学生に対する日本語教育の歴史的研究—東亜
　学校を中心に」日本語教育学会『日本語教育』86 号，1995 年 7 月.

同上「戦前の日本における中国人留学生に対する日本語教育の歴史的研究—宏
　（弘）文学院を中心に」『広島大学教育学部紀要』第 2 部 43 号，1994 年 3 月.

見城悌治「明治～昭和期の千葉医学専門学校・千葉医科大学における留学生の動
　向」『国際教育』第 2 号，2009 年 3 月.

菊池一隆「日本国内における在日中国・「満州国」留学生の対日抵抗について－

戦時期日本華僑史研究の一環として」『愛知学院大学人間文化研究所紀要　人間文化 23』，2008 年 9 月.

呂順長「清末『五校特約』留学と浙江省の対応」『中国研究月報』，1998 年 2 月号.

夏目賢一「第一高等学校における留学生教育の再編と日中関係－特設予科および特設高等科の事例―1908 年～ 1937 年」『東京大学史紀要』第 25 号，2007 年 3 月.

容応萸「清末留日学生派遣政策の研究」衛藤瀋吉編『共生から敵対へ－第四回日中関係史国際シンポジウム論文集』東方書店，2000 年 8 月.

永田英明「戦前期東北大学における留学生受入の展開－中国人学生を中心に＜資料＞戦前期東北大学の留学生に関する統計調査」『東北大学史料館紀要』1 号，2006 年 3 月.

許晨「北海道帝国大学の中国人留学生」『北海道大学大学文書館年報』5 号，2010 年 3 月.

張玉法「中国留日学生的経歴与見聞（1896 年－ 1945 年）―以回憶録為主体的探討」衛藤瀋吉編『共生から敵対へ－第四回日中関係史国際シンポジウム論文集』東方書店，2000 年 8 月.

小林共明「留日学生史研究の現状と課題」辛亥革命研究会編『中国近代史研究入門』汲古書院，1992 年 3 月.

河路由佳「盧溝橋事変後（1937 － 1945）の在日中国留学生 :実藤恵秀の『中国人日本留学史』再考」『一橋論叢』第 126 巻第 3 期，2001 年 9 月.

周一川「日中戦争時期の留日学生―概況と事例研究」『人間文化論叢』1 号，1998 年.

同上「『満州国』の留学政策と留日学生―概況と事例研究」『アジア教育史研究』8 号，1999 年 3 月.

同上「中国人女子留学生を受け入れた官立三校について」『史学』67 号、慶応義塾大学，1997 年 9 月.

李麗君「『大正日本』の留学生郁達夫」立命館アジア太平洋大学言語研究センター『ポリグロシア』11 期，2006 年 3 月.

蔡数道「東亜同文会の中国教育事業に関する一考察―東亜同文書院を中心として―」『中央大学社会科学研究所年報』第 14 号，2010 年 7 月.

津久井弘光「漢口同文書院（江漢高級中学校）について―斉藤重保の報告書を中心に―」『近きに在りて―近現代中国をめぐる討論のひろば』第 46 号，2004 年 12 月.

陳競蓉「孟禄与中国留学生」『長江大学学報』第 30 巻第 2 期，2007 年 4 月.

同上「哥倫比亜大学与中国留学生」『河北師範大学学報』第 12 巻第 7 期，2010 年
　7 月.

田中剛「『蒙疆政権』の留学生事業とモンゴル人留学生」『歴史研究』38 号、大阪
　教育大学，2001 年 3 月.

薩日娜「旧制第一高等学校に学んだ初期京師大学堂派遣の清国留学生について」
　日本科学史学会『科学史研究』第 49 巻（256 号），2010 年.

厳平「近代中国留学日本大学予科研究―以『五校特約』為中心」『清史研究』第 4 期，
　2012 年 11 月.

3. 学位論文

陳昊『近代日本における中国人留学生受け入れに関する研究―明治専門学校、東
　京・九州帝国大学の事例に即して―』九州大学博士学位請求論文，2008 年.

徐志民『近代日本政府对中国留日学生政策研究：1896 − 1931』北京大学博士学
　位請求論文，2007 年.

孫穎『二十世紀上半叶日本的"对支文化事業"研究：基於"東方文化事業総委員
　会"与"日華学会"的考察』東北師範大学博士学位請求論文，2008 年.

沈嵐霞『20 世紀上半叶美国对華教育伝播研究―以哥倫比亜大学師範学院為例』華
　東師範大学博士学位請求論文，2010 年.

・塔鵠塔『20 世紀前半期日本留学的蒙古学生的考察』内蒙古大学修士学位請求論
　文，2010 年.